财政部规划教材
"十三五"普通高等教育规划教材
黑龙江省高等教育研究成果"一等奖"教材

政府与非营利组织会计
（第2版）

主　编　杨　明　晋晓琴　卢凤娟
副主编　刘　娅　郑　珺　杨　慧

中国财经出版传媒集团
中国财政经济出版社

图书在版编目（CIP）数据

政府与非营利组织会计／杨明，晋晓琴，卢凤娟主编．－－2版．－－北京：中国财政经济出版社，2020.5（2022.6重印）

"十三五"普通高等教育规划教材

ISBN 978-7-5095-9592-3

Ⅰ.①政… Ⅱ.①杨… ②晋… ③卢… Ⅲ.①单位预算会计－高等学校－教材 Ⅳ.①F810.6

中国版本图书馆 CIP 数据核字（2020）第 024433 号

责任编辑：田明晖　　　　　　　　　责任校对：徐艳丽
封面设计：陈宇琰

中国财政经济出版社出版
URL：http://www.cfeph.cn
E-mail：cfeph@cfeph.cn
（版权所有　翻印必究）
社址：北京市海淀区阜成路甲 28 号　邮政编码：100142
营销中心电话：010-88191537　编辑部门电话：010-88190670
北京时捷印刷有限公司印刷　各地新华书店经销
787×1092 毫米　16 开　23 印张　538 000 字
2020 年 5 月第 2 版　2022 年 6 月北京第 5 次印刷
定价：49.00 元
ISBN 978-7-5095-9592-3
（图书出现印装问题，本社负责调换）
本社质量投诉电话：010-88190744
打击盗版举报热线：010-88191661　　QQ：2242791300

第2版前言

党的十八届三中全会正式开启了我国政府会计全面系统改革的步伐。当前，政府会计相关的法律法规准则体系已经基本配套齐全：以会计法和预算法为统领，政府会计基本准则、政府会计具体准则、政府会计具体准则应用指南、政府会计制度（行政事业单位），以及相关行业事业单位执行政府会计制度的补充规定和衔接规定等均已出台，并且已经在全国各类行政事业单位全面执行。

这些新近出台的相关制度准则内容，使高校政府与非营利组织会计课程更新、教材换代迫在眉睫，同时也为了满足行政事业单位财务人员和管理人员对新准则新制度的培训学习的需要，我们组织长期从事政府与非营利组织会计教学研究的教师和专家，对《政府与非营利组织会计》教材进行修订改版。

在继承第1版的"以读者为本，力求通俗易懂，去重复性"特色的基础上，结合财政部最新公布的政府会计相关准则制度规定，使读者通过本教材，能够较全面系统的了解和掌握政府会计改革的最新内容和业务核算特点。同时还增加了教学目标、重点难点、课前案例等内容，方便读者学习和理解。全书分四篇（总论篇、政府单位会计篇、政府财政会计篇、民间非营利组织会计篇）共计十章和附录。由杨明（东北农业大学）、晋晓琴（华北水利水电大学）、卢凤娟（哈尔滨商业大学）担任主编，刘娅（四川师范大学）、郑珺（四川师范大学）、杨慧（黑龙江八一农垦大学）担任副主编，毛绮（中华女子学院）、唐宝（东北农业大学）、尹丽丽（黑龙江八一农垦大学）、施飞峙（云南财经大学）、姚艳（东北农业大学）、王艺臻（鹤岗市萝北县财政局）、曹思琪（东北农业大学）、朱佳男（东北农业大学）、赵雨欣（东北农业大学）等参与编写。具体分工如下：杨明编写第一章，施飞峙编写第二章，郑珺编写第三章，刘娅编写第四章，晋晓琴编写第五章和第十章第一节，尹丽丽编写第六章，卢凤娟编写第七章，毛绮编写第八章第一节和第二节，王艺臻编写第八章第三节，杨慧编写第九章，唐宝编写第十章第二节，姚艳编写第十章第三节和附录，曹思琪、朱佳男和赵雨欣参与教材的文字整理和校对工作。最后由主编对全书进行了修改和整理。

本书的编写参考了有关专家、教授编著的教材、专著以及期刊论文，在这里一并表示由衷的感谢。由于近年来政府会计改革持续进行，更由于我们水平有限，书中难免有错误或不当之处，敬请各位专家和读者批评指正。

编　者
2020年4月

目录

第一篇 总论

第一章 政府与非营利组织会计概述　　3

第一节　政府与非营利组织会计的概念和特征　　4
第二节　政府与非营利组织会计的组成体系及分级　　7
第三节　政府财政预算管理制度　　8

第二章 政府会计的核算基础和核算方法　　32

第一节　政府会计的核算基础和原则　　33
第二节　政府会计的核算方法　　36
第三节　政府会计的会计要素与会计科目　　43

第二篇 政府单位会计

第三章 资产的管理与核算　　51

第一节　资产的概述　　52
第二节　流动资产核算　　54
第三节　非流动资产核算　　73
第四节　经管资产核算　　92

第四章 负债的管理与核算　　106

第一节　负债的概述　　107
第二节　流动负债的核算　　110
第三节　非流动负债的核算　　136

第五章 收入和预算收入的管理与核算　　142

第一节　收入的概述　　143

目 录

第二节	预算收入的概述	144
第三节	收入和预算收入的核算	145

第六章　费用和预算支出的管理与核算　　158

第一节	费用的概述	159
第二节	预算支出的概述	159
第三节	费用和预算支出的核算	161

第七章　净资产和预算结余的管理与核算　　180

第一节	净资产的管理与核算	181
第二节	预算结余的管理和核算	188

第八章　政府会计报告　　205

第一节	政府财务会计报告	206
第二节	政府单位预算报告	229
第三节	政府综合财务报告	237

第三篇　政府财政会计

第九章　政府财政会计的管理与核算　　251

第一节	政府财政会计概述	253
第二节	财政预算收入和支出的管理与核算	256
第三节	财政总预算资产、负债和净资产的核算	272
第四节	财政会计财务报告	287

第四篇　民间非营利组织会计

第十章　民间非营利组织会计的管理与核算　　301

第一节	民间非营利组织收入费用和净资产管理与核算	302
第二节	民间非营利组织的资产和负债管理与核算	318
第三节	民间非营利组织会计报表	335

附录　政府综合财务报告样式　　348

第一篇　总论

第一章

政府与非营利组织会计概述

【教学目标】

通过本章的学习,要求学生了解政府与非营利组织会计的概念特征、组成体系和分级,以及政府财政预算管理制度的主要内容。

【重点难点】

政府与非营利组织会计的概念和组成体系、国库集中收付制度。

【关键名词】

政府与非营利组织　政府与非营利组织会计　国库集中收付制度　政府采购　政府预算

课前案例:

三部门携手畅通政采消费扶贫渠道

财政部、国务院扶贫办、供销合作总社近日联合出台《政府采购贫困地区农副产品实施方案》,明确任务目标、重点工作分工、工作机制以及实施步骤,为进一步运用好政府采购政策畅通渠道,鼓励动员各级预算单位等购买贫困地区农副产品,实施精准消费扶贫,带动建档立卡贫困户增收,助力打赢脱贫攻坚战。

《方案》设定了此项工作实施的"时间表"和"路线图"。其中提出,2019年9月15日前,各省级扶贫部门将本地区贫困县填写的《贫困县重点扶贫产品供应商推荐名录》和审核认定后的《贫困县重点扶贫产品供应商建议名录》报国务院扶贫办汇总。2019年10月底前，网络销售平台上线运行，消费扶贫数据库系统启用，部分地区启动试点示范。国务院扶贫办会同有关部门发布首批供应商名录，供销合作总社启动供应商培训工作。各省级财政部门会同扶贫部门按要求汇总本地区预算单位预留采购份额比例报财政部备案。2020年起，各级预算单位全面启动贫困地区农副产品采购工作，财政部、国务院扶贫办定期通报预算单位购买贫困地区农副产品、有关省份推进政府采购支持脱贫攻坚、供应商带贫益贫等情况，国务院扶贫办组织开展核查评估等工作。

（资料来源：中国财经报，2019年8月30日）

思考： 政府采购业务流程。

第一节

政府与非营利组织会计的概念和特征

一、政府与非营利组织会计的概念

（一）政府与非营利组织会计的定义

政府与非营利组织会计是各级政府财政和非营利组织反映和监督政府财政资金和非营利组织业务资金活动情况的会计。它以货币为主要计量单位，对各级政府财政资金和各类非营利组织业务资金活动的过程和结果，进行完整、连续、系统的反映和监督的一种专门方法和管理活动。它是政府宏观管理的重要信息系统，也是各单位经济管理的重要组成部分。

（二）政府与非营利组织会计的适用范围

按照适用范围和核算对象的不同，会计可以分为两大类：一类是营利组织会计（即企业会计），反映和监督社会再生产过程中生产、流通领域的企业经营资金的活动，这些企业的主要特征是以营利为目的；另一类是非企业会计，即政府和非营利组织会计，反映和监督社会再生产过程中分配领域、精神生产和社会福利领域的政府财政机关、行政单位财政资金和事业单位、其他非营利组织业务资金的活动，这些单位的主要特征是不以营利为目的，而以社会效益为目的。

非企业会计按会计主体的职能，分为政府会计和非营利组织会计。政府会计以政府总预算会计、行政单位会计为主要组成部分，此外还有参与总预算执行环节的会计（收入征缴会计、国库会计等）、政府性基金会计、财政托管基金会计、国有资产监管机构的国有资本金会计，政府委托管理机构的社会保障基金会计和国家重要物资储备部门的战略物资储备会计也是财政管理和政府会计的重要内容。

非营利组织会计包括公立非营利组织会计（即事业单位会计）和民间非营利组织会计。

改革开放之前，我国民间非营利组织在国民经济中所占比重很小，政府和非营利组织主要包括政府行政单位、事业单位和社会团体，而这些组织的资金来源主要是纳入政府财政预算的财政拨款。因此，我国一直沿用苏联的提法，将其称为预算会计，即"反映和监督国家预算执行情况的会计"。

但是随着改革开放的进一步深化，出现了一些新的问题：首先，各种事业单位，其资金并非全部来自国家预算，有的甚至是基本依靠自身创收，更不要说那些民间非营利组织了，因此这些组织的资金核算并不仅仅是国家预算的执行情况。其次，就政府会计而言，也并不是只核算国家预算的执行情况，而是要全面反映和监督各项财政资金的活动情况以及政府财务状况。在西方，预算会计规范是政府会计规范的组成部分，美国政府会计准则委员会的《政府会计与财务报告准则汇编》将"预算会计和预算报告"作为其中的一个专题来表述，预算会计只是政府会计的一部分。所以，用预算会计作为非企业会计这一独立会计分支的名称，不能反映其实际内涵。现在多数学者主张采用政府和非营利组织会计这一名称。

政府和非营利组织等单位的业务活动，不同于企业的生产经营活动，表现为处于非物质生产领域，以社会效益为基本目的，其资金活动过程与企业也不一样。这样，在财政、行政、非营利组织等单位中反映和监督资金活动的会计也就有了自己的特点。政府与非营利组织会计，就是适用于财政、行政和非营利组织的，以政府财政资金和非营利组织业务资金为对象的一种会计。

二、政府与非营利组织会计的特征

政府与非营利组织会计的特征，主要是同企业会计相比较而言的。政府和非营利组织的性质、任务、资金运动方式与企业不一样，两者核算的对象、任务不同，核算的内容、方法也有很大的差别。

企业是进行生产经营活动的经济组织，其经营目标是谋取盈利，实现资产增值，其各项日常开支均依靠自身的生产经营收入来抵补。企业会计的主要特点是，核算费用成本、计算经营盈亏、会计核算以经营盈亏核算为中心。

政府与非营利组织属于非物质生产部门，其业务目标在于谋求最广泛的社会效益。它们的资金来源除非营利组织有程度不同的交换性收入以外，大都直接或间接来自纳税人及其他出资者的无偿出资，在此条件下力求做到收支相抵。政府与非营利组织会计的主要特征是计算收、支、结余，会计核算以收、支、结余核算为中心。政府与非营利组织会计的特征具体表现在以下几个方面：

（一）出资者提供的资金不具有营利性、增值性，但具有限制性

企业资财的供给者称为投资者，其所投入的资金称为资本金。资本金的特征是要能为投资者谋取利润，实现资产增值。企业会计首先表现为资本金会计，要能反映企业资本金经营的成果。政府和非营利组织资财的供给者称为出资者，涉及纳税人、捐赠人、受益人等广大的人群，他们提供的资金原则上称为基金。基金的特征是要按出资者的意愿完成一定的任务，实现社会效益，政府与非营利组织会计首先表现为基金会计，要能反映各项基金按预期目的运用的结果。

企业的投资者要求投资回报和投资回收，即要求按各个投资者提供的出资额获得投

资收益，并在一定条件下收回投入的资财。为此，企业会计不仅要按各个投资者分别核算资本金的增减变化，而且要着重核算资本增值和收益分配情况，上市公司则要经常关注股票的市场价格，研究企业价值的变化。政府和非营利组织的出资者不要求投资回报和资本回收，但要求按法律规定或出资者的意愿把资金用在指定用途上，即要求资金有限制性。在这些单位中不仅像固定基金、留本基金、专用基金、拨入专项资金等具有特定的用途，就是经费拨款、事业基金等实际上也都有严格的具体用途，不能挪作他用。资本金的增值性体现了企业投资者的权利，而基金的限制性则体现了政府和非营利组织出资者的权利。为此，政府与非营利组织会计要按不同的项目核算基金的使用情况，尽管对各项基金不一定要分别设置有关的资产、负债、收入、支出等科目进行核算，但必须提供各项基金的收支结余情况，以便考核各项基金的使用效果。

（二）有关财政资金的收支项目要适应国家预算管理的要求

政府与非营利组织会计所反映和监督的资金，相当一大部分直接或间接属于政府财政资金。政府与非营利组织会计的指标体系，要同国家预算的收支科目相一致，以反映国家预算的执行情况。在政府总会计中，决算报表的收支科目与国家预算收支科目完全一致，其预算收入、预算支出等明细核算也要按预算收支科目来进行。在行政、事业单位，有关科目的明细核算也要按预算收支科目进行，并在会计报表中按预算收支科目的类、款、项、目分别列示。只有严格按照预算收支科目组织核算，才能保证各单位核算的口径一致，才便于汇总编报政府总会计的决算报告，用以反映和监督总预算的执行情况。在政府决算报告中，对企业单位只反映其缴款、拨款情况，并不要求其使用的会计科目与预算收支科目相一致。政府决算报告要直接反映行政、非营利组织的财政性收入和支出，以及部门预算单位的全部收入和支出，因此，这些单位有关收入、支出的核算必须与预算科目衔接。至于某些非营利组织的自筹资金，在管理上则比较灵活，但也要比照财政资金的管理做出一致的规范。

（三）政府与非营利组织会计一般不进行盈亏核算，着重核算有关资金的收支结余

企业会计必须按照经济核算的原则，进行成本核算，确定企业盈亏。政府与非营利组织不以营利为目的。政府总预算和单位预算的收入和支出，其收支差额不反映经营成果，只反映资金使用的余缺，所以一般不核算成本，不计算盈亏。至于非营利组织的收入和支出，有的有较紧密的配比关系，有的则并无严格的配比关系，只能在一定意义上实现收支相抵。

在某些非营利组织中，为了考核经济效益，促进增收节支，改善管理，也可以进行成本核算，如科研课题成本核算、医疗成本核算、人才成本核算等。但是非营利组织的成本核算同企业的成本核算相比问题较为复杂，主要是费用的计量和分配比较困难，有关基础工作也比较薄弱，只能逐步完善。目前仅在少数行业的部分单位中实行。

（四）政府会计原则上实行收付实现制，非营利组织会计原则上实行权责发生制

在政府会计中，为了如实反映当期预算收入和预算支出的货币金额，平衡当期的货币收支，一般都采用收付实现制的收支确认原则。但是，对于已在预算中安排而未拨付的费用，可作为应付费用处理，在决算中列为本年支出，对于预收来年的某些款项，则不列为本年的财政收入。

非营利组织为了对收入、支出进行配比核算，考核业务成果，同时也为了充分反映

单位在财务活动中的权利和义务，原则上可采用权责发生制。但是，对于某些规模较小的单位或次要的经济业务，则可采用收付实现制。权责发生制和收付实现制在应用上并不是绝对的，在实际工作中还有修正的权责发生制和修正的收付实现制。对各单位可以根据具体情况有选择地加以规范。权责发生制和收付实现制在一定条件下同时并用，是政府与非营利组织会计的一个特征。

第二节 政府与非营利组织会计的组成体系及分级

一、政府与非营利组织会计的组成体系

政府与非营利组织会计从总的方面来看由政府财政会计、行政单位会计、事业单位会计和民间非营利组织会计四部分组成。民间非营利组织会计相对而言比较特殊和独立。在我国政府财政会计、行政单位会计和事业单位会计是政府和非营利组织会计的主要组成部分，通常称为预算会计，是由国家预算的组成体系决定的。我国国家预算的组成体系，根据国家政权结构和行政区划建立，包括中央预算和地方预算。中央预算由国务院直属各部门的预算组成，地方预算由省、自治区、直辖市及以下各级人民政府的预算组成。国家预算按照预算收支管理范围，又分为总预算和单位预算。总预算是指一级政府全部财政资金的收支预算；单位预算是指列入总预算的国家机关和其他单位的收支预算。各个政府部门所属单位的单位预算汇总，形成政府各个部门的部门预算，进而成为总预算的组成部分。

二、政府与非营利组织会计的分级

（一）政府财政会计的分级

按照我国政府的行政体制，政府分为中央政府和地方各级政府。各级政府按照"统一领导，分级管理"的方式，贯彻"划分各级政府事权、财权，事权与财权相匹配"的原则。各级政府会计都以本级政府为会计主体，进行会计核算和提供财务报告。所以，有一级政府，就有一级政府财政会计。我国政府财政会计从总体上看包括中央、省、市、县、乡五个层级。

（二）行政事业单位会计的分级

行政事业单位会计组织系统主要依据预算经费的管理层次来进行设置，因此与预算的管理层次相对应。行政事业单位的会计组织系统分为一级预算单位（一级会计单位）、二级预算单位（二级会计单位）和基层预算单位（基层会计单位）。我国目前的预算经费拨付方式正在进行改革，由过去的向预算单位逐级直接拨付经费逐步改为国库单一账户体系—存储、支付和清算。行政事业单位会计组织系统中各级组织的职责也发生了相应的变化。

1. 划拨资金方式下行政事业单位会计组织系统

在划拨资金的方式下，向同级财政部门领报经费，并对下一级会计单位转拨经费的行政事业单位，为一级会计单位。向上一级会计单位报领经费，并对下一级会计单位转拨经费的行政事业单位，为二级会计单位。向同级财政部门或上一级会计单位报领经费，没有下级会计单位的行政事业单位，为基层会计单位。

上述行政事业单位会计组织系统的级次，决定了各级行政事业单位在国家预算执行和经费拨领过程中的财务关系和会计信息报送、监督关系。

一级会计单位直接与财政部门发生经费领报关系。它向财政部门报送分月用款计划并依据该计划从财政部门取得预算经费，其中既包括本单位的经费，也包括由其转拨的所属会计单位的经费。一级会计单位对下属单位预算管理和会计核算负有指导和监督职责，它不仅有权支配本单位经费，还在一定程度上有权在所属的各单位之间分配预算拨款和预算外财政资金，调剂各所属单位的资金供应。

二级会计单位和基层会计单位分别向上一级会计单位报送分月用款计划，其经费由一级会计单位或上级会计单位逐级转拨，不能越级发生经费领报关系。非隶属关系的单位之间也不能发生经费领报关系。

2. 国库单一账户体系下的行政事业单位会计组织系统

在国库单一账户体系下，资金不再通过各级会计单位的账户层层下拨，而是由财政国库统一管理和支付。各预算级次单位的财务关系亦有所变化。

一级预算单位是指向财政部门汇总报送分月用款计划并提出财政直接支付申请的预算单位。二级预算单位是指向一级预算单位汇总报送分月用款计划并提出财政直接支付申请且有下属单位的预算单位。基层预算单位是指只有本单位开支，无下属单位的预算单位。一级、二级预算单位的本单位开支，视为基层预算单位管理。

第三节

政府财政预算管理制度

我国政府财政预算管理制度是依据《中华人民共和国预算法》（简称预算法）来制定处理和解决政府财政预算管理中的相关业务和问题的制度体系，主要包括：政府预算组织程序制度、国库集中收付制度、政府采购制度、政府债务管理制度、财政转移支付制度、政府收支分类制度等相关制度。

一、政府预算组织程序制度

政府预算组织程序，即国家在预算管理方面依序进行的各个工作环节所构成的有秩序活动的总体。包括预算的编制、审批、执行和调整等环节。

（一）政府预算概述

1. 政府预算概念及其分类

政府预算，是指经法定程序编制、审批和执行的具有法律效力的政府财政收支计划，是政府筹集、分配和管理财政资金及宏观调控的重要工具。政府预算可以按照以下不同的标准分类。

(1) 按预算的级次分类，可分为中央政府预算（简称中央预算）和地方政府预算（简称地方预算）。

中央预算是指经法定程序审查批准的，反映中央政府活动的财政收支计划。由中央政府各部门的预算组成。

地方预算是指经法定程序审查批准的，反映各级地方政府收支活动计划的总称。地方预算由各省、自治区、直辖市总预算组成。地方预算级次包括省、市、县、乡（镇）四级预算。

(2) 按预算作用的时间分类，可分为年度预算和中长期预算。

年度预算是指预算有效期为1年的财政收支预算。这里的年度是指预算年度，有公历年制和跨历年制。

中长期预算，也称中长期财政计划（规划），一般1年以上10年以下的预算称中期预算，10年以上的预算称长期预算。

目前我国中期财政规划按照三年滚动方式编制，第一年规划约束对应年度预算，后两年规划指引对应年度预算。中期财政规划对年度预算起到约束作用，年度预算编制应在中期财政规划框架下进行编制。

2. 政府预算的级次划分

国家实行一级政府一级预算，设立中央，省、自治区、直辖市，设区的市、自治州，县、自治县、不设区的市、市辖区，乡、民族乡、镇五级预算。

全国预算由中央预算和地方预算组成。地方预算由各省、自治区、直辖市总预算组成。地方各级总预算由本级预算和汇总的下一级总预算组成；下一级只有本级预算的，下一级总预算即指下一级的本级预算。

本级预算由本级政府各部门预算组成，各部门预算由本部门所属各单位预算组成。如中央本级预算，由中央政府各部门的单位预算（含直属单位）的预算组成。中央预算包括地方向中央上解的收入数额和中央对地方返还或者给予补助的数额。它在国家预算体系中占主导地位。

3. 政府预算体系

我国实行全口径预算管理，各级政府的收入和支出全部纳入预算管理。从政府预算体系看，各级政府预算包括一般公共预算、政府性基金预算、国有资本经营预算和社会保险基金预算（简称四本预算）。四本预算收支范围明确、定位清晰、分工明确并保持完整、独立。

(1) 一般公共预算。一般公共预算指政府凭借国家政治权力，以社会管理者身份筹集以税收为主体的财政收入，用于保障和改善民生、推动经济社会发展、维持国家安全、维持国家机构正常运转等方面的收支预算。

一般公共预算是对以税收为主体的财政收入，安排用于保障和改善民生、推动经济社会发展、维护国家安全、维持国家机构正常运转等方面的收支预算。

一般公共预算划分为一般公共预算收入和一般公共预算支出，收支范围按照法律、行政法规和国务院的规定执行。

（2）政府性基金预算。政府性基金预算是对依照法律、行政法规的规定在一定期限内向特定对象征收、收取或者以其他方式筹集的资金，专项用于特定公共事业发展的收支预算。

政府性基金预算包括政府性基金预算收入和政府性基金预算支出。收支范围按照法律、行政法规和国务院的规定执行。政府性基金预算的管理原则是以收定支，专款专用，结转结余下年继续使用。

政府性基金是指各级人民政府及其所属部门根据法律、行政法规和中共中央、国务院文件规定，为支持特定公共基础设施建设和公共事业发展，向公民、法人和其他组织无偿征收的具有专项用途的财政资金。财政部实施全国政府性基金和行政事业性收费"一张网"。

政府性基金属于政府非税收入，全额纳入财政预算，实行"收支两条线"管理。政府性基金收支纳入政府性基金预算管理。

（3）国有资本经营预算。国有资本经营预算指国家以所有者身份依法取得国有资本收益，并对所得收益进行分配而发生的收支预算。包括国有资本经营预算收入和国有资本经营预算支出，国有资本经营预算的收支范围，按照法律、行政法规和国务院的规定执行。

国有资本经营预算收入主要包括从国家出资企业取得的利润、股利、股息和国有产权（股权）转让收入、清算收入等，支出主要用于支持国有经济和产业结构调整以及弥补国有企业的改革成本等。

我国 2007 年开始中央试编国有资本经营预算。2012 年汇总编制全国国有资本经营预算，各级地方政府按照财政部制定的国有资本经营预算收支科目，单独编报预算。国有资本经营预算应当按照收支平衡的原则编制，不列赤字，并安排资金调入一般公共预算。

（4）社会保险基金预算。社会保险基金预算是对社会保险缴款、一般公共预算安排和其他方式筹集的资金，专项用于社会保险的收支预算。包括社会保险基金预算收入和社会保险基金预算支出，社会保险基金预算的收支范围，按照法律、行政法规和国务院的规定执行。

我国 2010 年开始试编社会保险基金预算，2013 年首次编报了全国社会保险基金预算。社会保险基金预算应当按照统筹层次和社会保险项目分别编制，做到收支平衡，适当留有结余。

社会保险基金的收入不全是财政收入，主要是社会保险缴费，还包括来自于一般公共预算中转移进来的。社会保险缴费虽然不是财政资金，但也是公共资金。另外，还有大量的资金来自财政补贴，因此社会保险基金预算也是政府预算体系组成部分。其他三本预算是来自于税收、收费和政府性基金等，或者是国有资本经营收益。

上述四本预算并非完全独立，而是有机衔接的整体。按照各自功能和定位，科学设置政府预算。将应当统筹安排使用的资金统一纳入一般公共预算；将具有专款专用性质且不宜纳入一般公共预算管理的资金纳入政府性基金预算；将国家以所有者身份依法取得的国有资本经营收益，并对所得收益进行分配而发生的各项收支统筹纳入国有资本经营预算；将通过一般性税收、社会保障费（税）及其他渠道筹集和安排的、专门用于社会保障的各项收支纳入社会保险基金预算。

一般公共预算是国家预算体系的基础，政府性基金预算、国有资本经营预算和社会保险基金预算相对独立，各预算可进行适当调剂。政府性基金预算、国有资本经营预算、社会保险基金预算应当与一般公共预算相衔接。深化预算管理制度改革的趋势是加大政府性基金预算、国有资本经营预算与一般公共预算的统筹力度，建立将政府性基金预算中应统筹使用的资金列入一般公共预算的机制，加大国有资本经营预算资金调入一般公共预算的力度。

（二）预算的编制

预算的编制，是指国家制定取得和分配使用预算资金的年度计划的活动，是一种基础性的程序。这一阶段编制的预算实际上是预算草案，即不具备法律效力的政府预算。预算编制包括收入预算编制和支出预算编制。

1. 预算编制责任主体

根据《预算法》"预算管理职权"规定，预算编制的责任主体和流程如下：

（1）国务院编制中央预算草案，国务院财政部门（即财政部预算司）具体负责编制中央预算草案和汇总全国总预算草案。向全国人大作关于中央和地方预算草案的报告；将省、自治区、直辖市政府报送备案的预算汇总后报全国人大常委会备案。

（2）县级以上地方各级政府编制本级预算、决算草案；地方各级政府财政部门（即财政部门预算处、科、股）具体负责编制本级预算、决算草案；编制汇总本级总预（决）算草案。

（3）县级以上地方各级人大批准本级预算报告。各级政府向本级人大作关于本级总预算草案的报告；将下一级政府报送备案的预算汇总后报本级人大常委会备案。

（4）各部门（单位）编制本部门（单位）预算、决算草案。

各部门、各单位应当按照国务院财政部门制定的政府收支分类科目、预算支出标准和要求，以及绩效目标管理等预算编制规定，根据其依法履行职能和事业发展的需要以及存量资产情况，编制本部门、本单位预算草案。

2. 预算编制方法

（1）增量预算（Incremental Budget）又称调整预算方法，是指以基期成本费用水平为基础，结合预算期业务量水平及有关影响成本因素的未来变动情况，通过调整有关原有费用项目而编制预算的一种方法。这是一种传统的预算方法。

（2）绩效预算（Performance Budget），就是政府首先制定有关的事业计划和工程计划，再依据政府职能和施政计划制定计划实施方案，并在成本效益分析的基础上确定实施方案所需费用来编制预算的一种方法。

（3）零基预算（Zero-base Budgeting，缩写 ZBB），是指不考虑过去预算项目和收支水平，以零为基点编制的预算。

（4）项目预算（Program Budget），是依据实施项目或执行的功能的总成本来组织提议的支出预算。

3. 预算编制程序

为提高财政资金分配和使用的规范性、安全性和有效性，从 2000 年起，我国开始实行部门预算编制管理模式。各级政府预算编制程序采用"二上二下"业务流程。

(1) 一上,是指各基层预算单位按照规定的格式和要求,根据填报说明填报本单位预算收支建议数,上报上级部门,然后逐级审核汇总,并最后将本年部门预算建议数报送至同级财政部门归口管理的业务处室。

(2) 一下,是指财政部门对各预算单位报送的部门预算建议数进行审核,在审核结束后,根据预算年度本级综合财力(可支配财力情况)和预算单位收入状况后,将政府批准预算控制数下达到各主管部门,再层层下达到基层预算单位。

(3) 二上,是指各预算单位根据财政部门下达的年度预算控制数,按照规定的格式和要求,编制本单位预算草案,由主管部门汇编成本部门的部门预算草案,经审核汇总后报送财政局归口管理的业务处室。

(4) 二下,是指财政部门对预算单位报送的部门预算草案进行审核、汇总,形成本级政府预算草案;将本级预算草案与下级总预算草案汇总编制成本级总预算草案,报同级人民政府审核后,按程序报经同级人大审议批准后,必须依法自下而上地向相应的国家机关备案。各级政府财政部门在规定期限将预算批复给各部门。

(三) 预算的审批

预算的审批包括审核、审查批准和批复环节。

1. 审核

(1) 财政部门审核。财政各业务处室、职能科股。各级政府财政部门负责对同级各主管部门的部门预算进行审核。具体分工:各级政府财政部门预算处室(如预算处、科、股等)负责审查、报批和批复部门预算。负责各级部门预算审核、批复、调整工作;财政各归口管理业务处室(如行政政法处、教科文处等)负责提出所联系单位(如公安厅、教育厅)的部门预算审核和安排的建议,负责对口预算单位预算建议数和部门预算草案的初审。

(2) 政府领导审核(审定)。各级财政部门预算处室汇总部门预算,编制本级预算草案,并将本级预算草案连同各部门预算送本级政府领导审核,经审核批准后方可以本级政府名义送同级人大初审。

2. 审查批准

(1) 初审。根据《预算法》规定,一级政府实行一级预算,地方各级政府预算草案由同级人大审查批准。市级以上人大的初步审查,由财政经济委员会或有关专门委员会进行,县级人大由其常委会进行。市级人大也可以由其常委会有关工作机构研究提出意见;县级人大常委会在进行初步审查时,可以由有关工作机构研究提出意见。

(2) 审批。中央预算由全国人大审查和批准。地方各级预算由本级人大审查和批准。

3. 批复

各级预算经本级人大批准后,本级政府财政部门应当在 20 日内向本级各部门批复预算。各部门应当在接到本级政府财政部门批复的本部门预算后 15 日内向所属各单位批复预算。

(四) 预算的执行

预算执行管理,是指财政部门依据国家法律法规等有关规定,对预算收支执行全过程进行计划、组织、实施和监督等一系列管理活动。

预算执行管理是财政管理的重要组成部分，是预算实施的关键环节。涵盖了国库集中收付、国库现金管理、政府采购管理、预算执行情况报告、政府会计核算管理以及财政国库动态监控等诸多方面，并形成相互促进的有机整体。

（五）预算的调整

预算的调整是指经全国人大批准的中央预算和经地方各级人大批准的本级预算，在执行中因特殊情况需要增加支出或者减少收入，使原批准的收支平衡预算的总支出超过总收入，或者使原批准的预算中举借债务的数额增加的部分变更。预算调整必须提请本级人大常委会审查和批准。未经批准，不得调整预算。

（六）决算

决算，在形式上是对年度预算收支执行结果的会计报告，在实质上则是对年度预算执行结果的总结，它是国家管理预算活动的最后一道程序。决算制度主要包括决算草案的编制和审批两个方面的内容。

1. 决算组成

决算管理是反映预算执行结果以及国家方针政策执行情况的重要手段，是分析研究和调整完善国家财政经济决策的参考依据。

（1）财政总决算。财政总决算是指各级政府依照法律法规和法定程序编制，经同级人大常委会批准的全面反映各级政府年度预算收支执行结果的综合报告。

现行的财政总决算由中央财政决算和地方财政总决算构成，与预算体系相适应分别按收入分类和支出功能分类，全面反映政府收支活动，体现了一年来政府活动的范围和方向，是政府收支预算执行的最终结果。财政总决算在改进预算编制、规范预算执行、促进提高预算管理水平等方面发挥了重要作用。

（2）部门决算。部门决算是指全面反映各部门（单位）年度预算执行情况的综合财务报告。部门决算数据是分析预测社会事业发展和编制部门预算的重要依据。通过对决算数据进行深入分析，能够揭示单位年度预算执行情况及财务管理和会计核算方面的问题，从而加强和改进财政财务管理。

2. 决算草案的编制和审批

决算草案，是指各级政府、各部门、各单位编制的未经法定程序审查和批准的预算收支的年度执行结果。决算草案的编制和审批程序与预算草案相同。

二、国库集中收付制度

（一）现代国库管理制度

传统意义上的国库（是国家金库的简称）是指负责办理财政收入收纳、划分、留解和库款支拨的"国家金库"。随着经济与政府财政活动的日益扩展，现代国库职能逐渐拓展到公共财政管理的诸多方面。根据国际货币基金组织（IMF）的定义，国库不仅具有国家金库的职能，而且还发挥着财政代表政府控制预算执行，保管政府资产和负债的一系列管理职能。

国库集中收付管理、国债管理和国库现金管理构成现代国库管理制度的核心内容，三者相互促进，有机的融为一体，与其他国库管理制度共同构成现代国库管理制度，形成一个科学的财政预算管理体系。

1. 国库集中收付管理

国库集中收付管理作为现代国库管理的基本制度，是指通过建立国库单一账户体系，规范财政资金收入和支付运行机制，进而提高预算执行的透明度以及资金运行效率和使用效益的财政管理活动。财政部门控制政府现金流、实现对国库现金流的准确滚动预测，为开展国库现金管理和加强国债管理与国库库款紧密衔接提供了条件，为实现提高财政资金运行效益、降低财政筹资成本奠定了基础。国库集中收付管理，奠定了现代国库管理制度的基础，为开展国库现金管理和高效国债管理提供了条件。

2. 国债管理

国债管理是在控制国债规模和国债风险的前提下，通过国债发行、兑付、交易等一系列管理活动，长期以最小的成本满足财政筹资需要，同时促进国债市场发展。国债管理是现代国库管理制度负债管理职能的重要体现，它与国库现金管理密切配合，可以大大提高资产负债管理的效率和效益。特别在国债余额管理方式下，通过准确预测国库现金流，可以合理安排国债发行时间和节奏，使国债管理和国库库款更好地衔接，尽可能降低国债筹资成本。

3. 国库现金管理

财政国库现金是指财政部门尚未支付而暂时闲置在国库单一账户的财政资金。财政国库现金管理是指在确保国库现金支出需要的前提下，以实现国库闲置现金余额最小化而投资收益最大化为目标的一系列财政管理活动，是财政国库管理的重要组成部分，也简称为国库现金管理。国库现金管理是现代国库管理制度改革的重要特征。国库现金管理实现了现代国库管理制度的高层次目标，通过加强财政自身管理实现科学理财，提高财政资金效益。

（二）国库集中收付制度

1. 建立国库单一账户制度的意义

以往我国财政性资金的缴库和拨付主要是通过征收机关和预算单位设立多重账户分散进行的。随着社会主义市场经济体制下公共财政的建立和发展，这种财政资金管理体制的弊端越来越突出。具体来说，主要存在如下问题：

一是重复和分散设置账户，导致财政收支活动透明度不高，不利于实施有效管理和全面监督；二是财政收支信息反馈迟缓，难以及时为预算编制、执行分析和宏观调控提供可靠依据；三是收入执行中征管不严，退库不规范，财政流失问题比较严重；四是支出执行中资金分散拨付，相当规模的财政资金滞留在预算单位，难免出现截留、挤占、挪用财政资金的问题，既降低了财政资金使用效率，又容易诱发腐败现象。

为了适应市场经济体制下公共财政发展的要求，我国财政国库管理制度应当借鉴西方发达国家的经验，建立和完善国库单一账户制度。为此，2001年3月财政部和中国人民银行发布了《财政国库管理制度改革试点方案》，决定从2001年开始在中央部门进行改革试点，"十五"期间在中央和地方全面实施国库单一账户制度。建立和完善国库单一账户制度是我国财政国库管理制度改革的主要内容，这项改革具有如下重要意义：

（1）国库单一账户制度能更好地适应市场经济体制下公共财政的发展要求。公共财政是在市场经济条件下，为满足社会公共需要而进行的财政收支活动模式。财政国库管理制度贯穿于公共财政管理全过程，通过控制财政资金按规范流入和流出各个公共机构的过程来控制预算执行过程,是预算执行的根本性制度。国库单一账户制度通过国库集中进行财政资金的收付,保证各预算单位对财政资金的需求,能更好地为公共财政服务。

(2) 国库单一账户制度可以促进财政资金管理的规范化。国库单一账户制度要财政收入的收缴方式和财政支出的去向及支付方式必须建立在法制的基础上,要求合理界定征收机关、财政部门、预算单位、中央银行国库及代理银行的职责范围,对财政资金实行科学规范管理。

(3) 国库单一账户制度有利于提高财政资金的运行效益,降低财政筹资成本。实行国库单一账户制度后,预算单位不再开设过渡性账户,财政资金都集中存放在国库单一账户。这有利于财政部门对资金加强统一管理,使库款调度更加灵活,资金支付更加及时,提高了财政资金的运行效益,并能有效地降低财政筹资成本。

(4) 国库单一账户制度有利于加强预算监督,提高国家宏观调控能力。实行国库单一账户制度后,可以从机制上保证财政收入及时、足额缴入国库或财政专户,改变以往将资金拨付到预算单位账户上由预算单位自行支付的做法,从而使预算监督方式由过去的事后检查、"秋后算账"转变为事前审核监督、事中实时控制、事后考核评价的全面监督方式。而且,国库单一账户制度以现代信息技术为支撑,大大提高了预算执行信息的全面性、准确性和及时性,提高了预算信息的细化程度,有利于提高国家的宏观调控能力。

2. 国库集中收付制度概念

国库集中收付制度,又称国库单一账户制度,是指将政府所有财政性资金,集中在国库或国库指定的代理银行开设账户,所有财政收入直接缴入相关账户,所有财政支出直接通过相关账户进行拨付的财政资金管理制度。

国库集中收付制度就是各个征收机关和预算单位不再设立过渡性资金账户,而是建立一个统揽所有财政性资金的账户体系,即国库单一账户体系。所有财政性资金都纳入国库单一账户体系管理,实现了"收支直达",即收入直接缴入国库或财政专户,支出通过国库单一账户体系直接支付到商品和劳务供应者或用款单位。

3. 国库单一账户体系的构成

(1) 国库单一账户即国库存款账户。财政部门在中国人民银行开设国库单一账户,按收入和支出设置分类账,收入账按预算科目进行明细核算,支出账按资金使用性质设立分账册。

(2) 零余额账户。财政部门按资金使用性质在商业银行开设零余额账户(简称财政零余额账户);在商业银行为预算单位开设零余额账户(简称预算单位零余额账户)。

(3) 财政专户。指对法律、行政法规和国务院规定的特定专用资金设立的专户。财政专户纳入国库单一账户体系管理。

4. 国库单一账户体系中各类账户的功能

(1) 国库单一账户,亦称为国库存款账户,是财政部门在中国人民银行开设的国库存款账户,用于记录、核算和反映纳入财政预算管理的财政收入和支出活动,并用于与财政部门在商业银行(也称代理银行)开设的零余额账户(包括财政零余额账户和预算单位零余额账户)进行清算,实现支付。

(2)零余额账户,财政部门按规定在商业银行开设的财政零余额账户,用于财政直接支付,并与国库单一账户清算,做到日终零余额管理;预算单位(行政事业单位)按照财政部门要求,按规定在商业银行开设的预算单位零余额账户,用于财政授权支付,并与国库单一账户清算,做到日终零余额管理。

当商业银行根据国库支付中心或预算单位开具的支付令向有关商品和服务提供者支付款项,并按日向中国人民银行国库存款账户申请清算、收回代垫支付的款项后,该账户的余额即为零,表明代理银行当天为国库存款账户代垫资金的款项,可以从国库存款账户收回全部资金,每日终了清算后该账户余额为零。

(3)财政专户账户,财政专户是财政部门为履行财政管理职能,在商业银行开设的用于管理核算特定财政资金的银行结算账户。

财政专户主要是用来满足社会保险基金核算管理、一些具有专项用途的资金管理、非税收入收缴管理、乡级财政资金存放、外国政府和国际金融组织贷款赠款资金管理、外币资金核算管理等需要。

上述账户和专户要与财政部门(财政总预算会计)及其支付执行机构(国库支付中心会计)、中国人民银行国库部门(国库会计)和预算单位(行政事业单位会计)的会计核算保持一致性,相互核对有关账务记录。

财政总预算会计使用的国库单一账户即国库存款账户、国库支付中心使用的财政零余额账户和财政专户、行政事业单位使用预算单位零余额账户。

财政资金集中存放在国库存款账户,财政零余额账户、预算单位零余额账户和财政专户都是过渡账户,用来与国库存款账户进行了清算,实现支付。零余额账户不存在财政资金,只有用款额度。

5. 国库收入集中收缴程序

财政国库集中收付制度实施后,收入的收缴方式分为直接缴库和集中汇缴两种。

(1)直接缴库程序。直接缴库的税收收入,由纳税人或税务代理人提出纳税申报,经征收机关审核无误后,由纳税人通过开户银行将税款缴入国库单一账户。直接缴库的其他收入,比照上述程序直接缴入国库单一账户或财政专户。

(2)集中汇缴程序。小额零散税收和法律法规另有规定的应缴收入,由征收机关于收缴收入的当日汇总缴入国库单一账户。非税收入中的现金缴款,比照上述程序汇总缴入国库单一账户或财政专户。

6. 国库集中支付的程序

财政性资金的支付实行财政集中支付方式,除了特殊情况需要实拨方式支付外,按照不同的支付主体,对不同类型的支出,实行财政直接支付和财政授权支付两种方式。财政直接支付和财政授权支付的具体支出项目,由各级财政部门确定。

(1)财政直接支付程序。财政直接支付主要通过转账方式进行。预算单位按照批复的部门预算和资金使用计划向财政部门提出支付申请,财政部门根据批复的部门预算和用款计划及相关要求对支付申请审核无误后,向人民银行国库或代理银行开具支付令,财政性资金通过国库单一账户体系划拨到收款人的银行账户。财政直接支付一般程序如下:

支付申请。地方基层预算单位办理财政直接支付申请时,填制《财政直接支付申请书》，经一级预算单位审核汇总后，填制《财政直接支付汇总申请书》，并附基层单位填制《财政直接支付申请书》报财政国库支付执行机构。

支付指令。财政国库支付执行机构，审核一级预算单位汇总支付申请无误后，开具《财政直接支付汇总清算额度通知书》和《财政直接支付凭证》，经财政国库管理机构加盖印章后，分别送中国人民银行和代理银行。

信息反馈。代理银行根据收到的《财政直接支付凭证》及时将资金支付给收款人和用款单位，代理银行办理资金支付业务后开具《财政直接支付入账通知书》，并在支付资金的当日将支付信息反馈给财政国库管理部门。

代理银行根据财政国库支付执行机构的支付命令，将当日实际支付的资金，按一级预算单位分预算科目（款级）汇总，按实际支付清单与国库单一账户进行资金清算。

代理银行根据《财政直接支付凭证》办理资金支付后，开具《财政直接支付入账通知书》给一级预算单位和基层预算单位，作为一级预算单位和基层预算单位收到或付出相应款项的依据。

基层预算单位收到《财政直接支付入账通知书》后进行相应的会计核算工作。

财政直接支付由财政部门进行审核。财政直接支付由预算单位根据年度预算下达的指标，通过财政一体化系统提出直接支付用款申请，经单位财务主管审核后，提交财政部门审核。

（2）财政授权支付程序。预算单位按照批复的部门预算和资金使用计划，向财政部门申请授权支付的分月用款计划，财政部门将批准后的分月用款计划通知代理银行和预算单位，并通知中国人民银行国库部门。预算单位在分月用款计划内，自行向代理银行开具支付令，代理银行通过银行清算系统先行付款，并在每日轧账前与国库单一账户清算。财政授权支付程序一般程序如下：

额度下达。基层预算单位按照批复的部门预算和资金用款计划，向财政部门申请授权支付的月度用款限额。财政授权支付由主管部门进行审核。财政授权支付由预算单位根据年度预算下达的指标，通过财政一体化系统提出授权支付用款计划申请，经主管部门审核后，提交财政支付中心下达用款额度。

财政国库管理机构，根据批准的一级预算单位用款计划中各基层预算单位月度财政授权支付额度，在每月25日前，分别向中国人民银行和代理银行签发下月《财政授权支付汇总清算额度通知书》和《财政授权支付额度通知单》。

代理银行在收到财政部门下达的《财政授权支付额度通知单》后，将所确定的各基层预算单位财政授权支付额度，通知其所属的有关分支机构。各分支机构根据《财政授权支付额度通知单》向有关预算单位发送《财政授权支付额度到账通知书》。

基层预算单位凭《财政授权支付额度到账通知书》确定的用款额度支用资金。代理银行凭据《财政授权支付额度通知单》受理预算单位授权支付业务，控制预算单位的支付金额，并与国库单一账户进行资金清算。

支付指令。基层预算单位支用款时，填制《财政授权支付凭证》送交代理银行。

代理银行日（月）报表。代理银行根据国库集中支付业务发生情况编报《财政授权支付日报表》《财政授权支付日报表（经济分类）》《财政支出月报表》《财政支出月报表（经济分类）》《财政直接支付业务汇总清单》和《财政授权支付业务汇总清单》

报送财政部门(国库司、处、科、股)。

对账管理。财政部门、预算单位、代理银行之间按照预算科目、区分预算来源进行对账,对账管理有关报表格式和填报要求保持不变。

此外,我国在公务支出中推行公务卡结算方式,公务卡结算方式是指在财政授权支付额度内,预算单位及其工作人员在公务活动中使用公务卡刷卡消费,在规定的期限内按照现行财务制度审核后报销还款的结算方式。

公务卡是指预算单位工作人员持有的、主要用于日常公务支出和财务报销业务的信用卡。2007年7月,我国正式实行公务卡制度改革,对公务消费由公务卡取代现金支付结算,在公务支出中逐步以公务卡支付替代现金支付。

2013年9月财政部会同中国人民银行召开了国库集中支付电子化管理全国推广电视电话会议,对国库集中支付电子化管理全国推广工作提出了明确要求。国库集中支付电子化运行后,将通过电子凭证库比对审核,取消所有纸质凭证传递,预算单位支付款项完全可以在办公室网上操作,真正实现足不出户办理支付业务。并于2017年11月出台了《国库集中支付电子化管理接口报文规范(2017)》(财库〔2017〕201号)。

三、政府采购制度

(一)政府采购的概念

早在20世纪90年代,我国开始进行政府采购制度改革试点。从2003年1月1日正式实施了《中华人民共和国政府采购法》到2015年3月1日起施行的《中华人民共和国政府采购法实施条例》等政府采购法律法规对政府采购制度相关问题进行规范,标志着政府采购制度改革进入了新的历史发展时期。

政府采购是指各级国家机关、事业单位和团体组织,使用财政性资金采购依法制定的集中采购目录以内的或者采购限额标准以上的货物、工程和服务的行为。

(二)政府采购原则

我国政府采购应当遵循以下四项基本原则:公开透明原则;公平竞争原则;公正原则;诚实信用原则。在这些原则中,公平竞争是核心,公开透明是体现,公正和诚实信用是保障。

(三)我国现行的政府采购管理体制

我国现行政府采购管理体制是按政府采购法规定建立起来的,即财政部门为政府采购主管机构,设立政府集中采购机构为执行机构,实行集中采购与分散采购相结合的混合采购模式。

1. 政府集中采购

是指采购人将列入集中采购目录的项目委托集中采购机构代理采购或者进行部门集中采购的行为。集中采购是政府采购的一种主要组织实施形式,由政府将具有规模包括批量规模的采购项目,纳入集中采购目录属于通用的政府采购项目的,采购人应当委托集中采购机构代理采购,有特殊情况报经同级财政部门批准的除外。

2. 部门集中采购

是指主管部门统一组织实施纳入部门集中采购目录以内的货物、工程、服务的采购活动。部门集中采购也属于集中采购,其范围主要是本部门、本系统有特殊要求的采购项目。集中采购目录中涉及某些部门、系统有特殊要求的项目，集中采购目录中属于非通用的，只适合某一部门或者系统使用的项目应当由相关部门实行集中采购，不必委托集中采购机构代理采购。

3. 单位分散采购

是指采购人将采购限额标准以上的未列入集中采购目录的项目自行采购或者委托采购代理机构代理采购的行为。

分散采购是相对于集中采购而言，也是政府采购的一种组织实施形式。分散采购的范围是指除本级政府纳入集中采购目录以外，采购限额标准以上的政府采购项目。

由此可见，列入政府集中采购目录的采购项目实行集中采购。政府集中采购目录之外的采购项目，达到采购限额标准以上的，实行分散采购；没有达到政府采购限额标准的，采购人可以采用《政府采购法》以外的其他采购方式，不属于政府采购范畴。

（四）政府采购监管当局和当事人

1. 政府采购监督管理部门

政府采购监督管理部门是指负责政府采购管理和监督工作的职能机关。各级财政部门是负责政府采购监督管理的部门，依法履行对政府采购活动的监督管理职责。内设政府采购管理办公室（采购办）或采购处、科、股，具体负责本级政府采购活动的日常监督管理。

2. 政府采购人

采购人是指依法进行政府采购的国家机关、事业单位、团体组织。

3. 政府采购机构

政府采购机构，是指集中采购机构和政府采购代理机构。

集中采购机构（政府采购中心或政府公共资源交易中心）是设区的市级以上人民政府依法设立的非营利事业法人，是代理集中采购项目的执行机构。政府采购代理机构是指集中采购机构以外、受采购人委托从事政府采购代理业务的社会中介机构。

4. 政府采购供应商

供应商是指向采购人提供货物、工程或者服务的法人、其他组织或者自然人。也是政府采购当事人之一。

（五）政府采购方式及其程序

政府采购方式是指在政府采购活动中，政府采购人或集中采购机构为了从供应商手中获取工程、货物或服务而采用的方式。

政府采购程序是政府采购活动应当遵循的步骤和次序。各种政府采购方式有不同的采购程序。当政府采购进入组织采购活动时，应按确定的采购方式不同分别采用不同的程序。

政府采购的方式主要有公开招标、邀请招标、竞争性谈判、询价、单一来源和竞争性磋商采购方式，各种采购方式有不同的适用条件和基本程序。

1. 公开招标采购方式

公开招标，是指采购人依法以招标公告的方式邀请非特定的供应商参加投标的采购方式。公开招标是政府采购主要采购方式，与其他采购方式不是并行的关系。

凡达到公开招标数额标准的货物和服务采购，都必须采取公开招标方式。采购人采购公开招标数额标准以下的货物、工程或服务项目，可以采用公开招标或非公开招标方式。

政府采购法明确公开招标的适用范围，规定实行公开招标的具体数额标准，即采购人采购工程、货物或者服务应当采用公开招标方式的，其具体数额标准，属于中央预算的政府采购项目，由国务院规定；属于地方预算的政府采购项目，由省、自治区、直辖市人民政府规定。县级以上地方人民政府采购项目的公开招标具体数额标准，可以由省级人民政府授权的同级地方人民政府制定；达到数额标准的政府采购项目，因特殊情况需要采用公开招标以外的采购方式的，需要在采购活动开始前获得设区的市、自治州以上人民政府采购监督管理部门的批准。

招标投标有一套科学的程序，它是由前后相继、互相衔接的若干阶段组成的。采用公开招标采购方式组织采购时，其一般程序主要包括以下步骤：招标、投标、开标、评标和定标。在这五个阶段中又包含了一些重要的环节，环环相扣，构成政府采购招标投标的完整过程。

2. 邀请招标采购方式

邀请招标，是指采购人依法从符合相应资格条件的供应商中随机抽取 3 家以上供应商，并以投标邀请书的方式邀请其参加投标的采购方式。

邀请招标只适用于以下两种情形：一是只有采购项目比较特殊，如保密项目和急需或者因高度专业性等因素使提供产品的潜在供应商数量较少，公开招标与不公开招标都不影响提供产品的供应商数量；二是若采用公开招标方式，所需时间和费用与拟采购的项目总金额不成比例，即采购一些价值较低的采购项目，用公开招标方式的费用占政府采购项目总价值比例过大的情况，采购人只能通过邀请招标方式来达到经济和效益的目的。

邀请招标与公开招标都属于招标，程序基本相同。

3. 竞争性谈判采购方式

竞争性谈判是指谈判小组与符合资格条件的供应商就采购货物、工程和服务事宜进行谈判，供应商按照谈判文件的要求提交响应文件和最后报价，采购人从谈判小组提出的成交候选人中确定成交供应商的采购方式。

只有符合以下这几种情形之一的采购，才可以依法采用竞争性谈判方式采购。

第一种情形是指经公开招标或邀请招标后，没有供应商投标，或者有效投标供应商数量未达到法定数量，以及重新招标未能成立的。

第二种情形是指技术复杂或者性质特殊，不能确定详细规格或者具体要求的。主要是指由于采购对象的技术含量和特殊性质所决定，采购人不能确定有关货物的详细规格，或者不能确定服务的具体要求的。

第三种情形是指由于公开招标采购周期较长，当采购人出现不可预见的因素急需采购时，无法按公开招标方式规定程序得到所需货物和服务的。

第四种情形主要是指采购对象独特而又复杂，以前不曾采购过且很少有成本信息资料，不能事先计算出价格总额的。

第五种情形主要指由于技艺或工艺方面的原因，或由于保住专属权的原因，服务只能由特定的提供者提供；原合同的履行以需要提供某种补充服务（价值不得超过主合同的 50%）为前提，这种补充服务不可能从技术上或经济上与主合同分开，也就是说，是完成主合同所绝对必需的，所以补充合同还是要给予合同所涉产品和服务的提供者。

竞争性谈判采购程序包括：办理采购委托、签订委托采购协议；编制谈判文件；发布谈判采购公告；制定和发售谈判文件；谈判时间变更；接受投标文件；成立谈判小组；组织谈判，确定成交供应商；签发成交通知书、发布成交公告；签订采购合同。

4. 询价采购方式

询价是指询价小组向符合资格条件的供应商发出采购货物询价通知书，要求供应商一次报出不得更改的价格，采购人从询价小组提出的成交候选人中确定成交供应商的采购方式。

询价采购适用于对合同价值较低且价格弹性不大的标准化货物或服务的采购。根据《中华人民共和国政府采购法》的规定，如果采购项目满足且同时具备以下条件：采购对象是货物；采购的货物规格、标准统一；现货货源充足；价格变化幅度小等必要条件，就可依法采用询价方式采购。

询价采购方式的程序包括：签订委托采购协议；编制询价文件或询价通知书；发布询价公告；发售询价文件；成立询价小组；确定被询价的供应商名单；询价；报价；确定成交供应商；签发成交通知书、发布成交公告；签订采购合同。

5. 单一来源采购方式

单一来源采购是指采购人从某一特定供应商处采购货物、工程和服务的采购方式。

根据《中华人民共和国政府采购法》的规定，只要符合以下三种情形之一的可以采用单一来源采购：第一种情形是指采购的项目只有唯一的制造商和产品提供者；第二种情形是指发生不可预见的紧急情况不能或来不及从其他供应商处采购；第三种情形是指就采购合同而言，在原供应商替换或扩充货物或者服务的情况下，更换供应商会造成不兼容或不一致的困难，不能保证与原有采购项目一致性或者服务配套的要求，需要继续从原供应商处添购，且添购金额不超过原合同采购金额的 10%。

单一来源采购方式的具体程序包括：提出采购理由和依据；受理采购委托；编制采购文件；采购信息公告；组织谈判小组；组织采购洽谈；签发成交通知书；签订采购合同、合同验收付款和采购资料备案与公开招标程序相同。

6. 竞争性磋商采购方式

竞争性磋商采购方式，是指采购人、政府采购代理机构通过组建竞争性磋商小组与符合条件的供应商就采购货物、工程和服务事宜进行磋商，供应商按照磋商文件的要求提交响应文件和报价，采购人从磋商小组评审后提出的候选供应商名单中确定成交供应商的采购方式。

竞争性磋商采购方式的五种适用情形：一是政府购买服务项目；二是技术复杂或者性质特殊，不能确定详细规格或者具体要求；三是因艺术品采购、专利、专有技术或者服务的时间、数量事先不能确定等原因不能事先计算出价格总额；四是市场竞争不充分的科研项目，以及需要扶持的科技成果转化项目；五是按照《中华人民共和国招标投标法实施条例》必须进行招标的工程建设项目以外的工程建设项目。

采用竞争性磋商采购方式开展采购的，按照下列基本程序进行：采购公告发布及报名；资格审查及采购文件发售；采购文件的澄清或修改；响应文件评审等。

第一章 政府与非营利组织会计概述

（六）政府采购流程

政府采购基本操作流程是表现政府采购工作顺序、联系方式以及各要素之间相互关系的一种模式，它是实施政府采购的行为规范。政府采购基本操作程序分为这样几个阶段：编制政府采购预算和实施计划、确定采购需求、组织采购活动、履约验收、采购资金的支付、答复询问质疑、投诉处理及监督检查、采购资料备案保存和绩效考评等重点环节。

四、政府债务管理制度

（一）政府债务概念及其分类

1. 政府债务概念

政府债务（亦称公债）是指政府凭借其信誉，政府作为债务人与债权人之间按照有偿原则发生信用关系来筹集财政资金的一种信用方式，也是政府调度社会资金，弥补财政赤字，并借以调控经济运行的一种特殊分配方式。

2. 政府债务分类

（1）按发行主体可分为中央公债（中央政府债务、国家公债）和地方公债（地方政府债务、地方公债）。中央公债是由中央政府发行与偿还的债务，也称作国债。国债收入列入中央预算，由中央政府安排支出和使用，还本付息也由中央政府承担，用于实现中央政府的职能。

地方公债是由地方政府发行和偿还的债务。债务收入列入地方预算，由地方政府安排使用，还本付息也由地方政府承担，地方公债的发行范围并不局限于本地区。

地方发债有两种模式，第一种为地方政府直接发债；第二种是中央发行国债，再转贷给地方，也就是中央发国债之后给地方用。

（2）按发行地域（地点）可分为内债和外债。内债是政府在本国境内发行的公债，其认购主体是国内法人和本国公民，债权人为金融机构、机关团体、企业和居民个人，其发行与偿还一般以本国货币为计量单位。

政府外债是指财政部代表我国政府对外举借的债务，以国家主权信用为基础，又称主权外债，包括国际金融组织贷款、外国政府贷款和境外发行本外币债券3种形式，可分为中央财政统借统还和统借自还两类。

中央财政统借统还是指财政部统一借入并安排中央财政预算资金对外偿还（计入国债余额）；统借自还是指财政部统一借入，最终由实际使用贷款的部门或项目单位负责偿还（不计入国债余额）。

（3）按举债形式可分为国家借款和发行债券。国家借款是最原始的举债形式，它具有手续简便、成本费用较低等优点，因此现代国家在举借外债和向本国中央银行借债时仍主要采用这一方式。而发行债券具有普遍性、法律保证性以及持久性等特点，应用范围较广，效能较高，因此对公众和企业的借债主要采用发行债券的方式。发行债券的主要缺陷是成本较高，需要有发达的信用。

（4）按偿还期限（发行期限）可分为短期、中期和长期公债。短期公债多指1年以内到期的公债，其特点是周期短、流动性强，近似货币。中期公债一般指1年以上10年以内到期的债券，它与短期和长期公债相配合，有利于吸收资金，既可以用来弥补财政赤字，又可以作为重点建设资金的来源。长期公债是指期限在10年以上的公债，一般用于特大的经济建设项目或应付突发事件。

（5）按政府举债方式和资金用途可分为一般债券和专项债券。一般债券是指政府为没有收益的公益性项目发行的、约定一定期限内主要以一般公共预算收入还本付息的政府债券。专项债券是指政府为有一定收益的公益性项目发行的、约定一定期限内以公益性项目对应的政府性基金或专项收入还本付息的政府债券。

（6）按发行对象可分为储蓄国债和记账式国债。目前，我国国债有储蓄国债和记账式国债两大品种。储蓄国债是财政部在中华人民共和国境内发行的、通过储蓄国债承销团成员面向个人销售的不可流通人民币国债，储蓄国债分为储蓄国债（电子式）和凭证式国债。记账式国债，是指财政部通过记账式国债承销团向社会各类投资者发行的以电子方式记录债权的可流通国债，记账式国债分为记账式贴现国债和记账式附息国债两类。

（二）国债管理概念

1. 国债管理定义

国债管理是指财政部代表中央政府制定并执行中央政府债务结构（包括债务品种结构和债务期限结构）管理计划或战略的过程，目标是在中长期的时间范围内，尽可能采用最低的资金成本和可承受的市场风险的管理方式，确保中央政府的筹资及支付需求得到及时满足。

目前，我国国债管理制度主要包括国债余额管理制度、国债计划管理制度和国债计划执行制度。

《预算法》规定，中央一般公共预算中必需的部分资金，可以通过举借国内和国外债务等方式筹措，举借债务应当控制适当的规模，保持合理的结构。对中央一般公共预算中举借的债务实行余额管理，余额的规模不得超过全国人大批准的限额。国务院财政部门具体负责对中央政府债务的统一管理。

经国务院批准的省、自治区、直辖市的预算中必需的建设投资的部分资金，可以在国务院确定的限额内，通过发行地方政府债券举借债务的方式筹措。举借债务的规模，由国务院报全国人大或者全国人大常委会批准。省、自治区、直辖市依照国务院下达的限额举借的债务，列入本级预算调整方案，报本级人大常务委员会批准。举借的债务应当有偿还计划和稳定的偿还资金来源，只能用于公益性资本支出，不得用于经常性支出。除此以外，地方政府及其所属部门不得以任何方式举借债务。除法律另有规定外，地方政府及其所属部门不得为任何单位和个人的债务以任何方式提供担保。

2. 国债管理形式

国债管理是现代国库管理制度负债管理职能的重要体现，它与国库现金管理密切配合，可以大大提高资产负债管理的效率和效益。

自1981年恢复发行国债以来，我国一直采取逐年审批年度发行额的方式管理国债，这种方式不能全面反映国债规模及其变化情况，也不利于合理安排国债期限结构。2000年预算编制调整后，中央财政安排国债项目资金和当年需归还的债务利息均列入中央预算支出，此后每年的国债发行规模等于"财政预算的赤字额度与当年到期国债需要归还的本金"的总和。直到2006年，财政部才正式推出国债余额管理。

各国对国债规模的控制分为国债发行额管理和国债余额管理两种。

（1）国债发行额管理。是立法机关为政府发行国债设置一个额度限制，在此限额内，政府自行决定国债发行品种、时间和发行方式。

（2）国债余额管理。国债余额是指中央政府历年的预算差额，即预算赤字和预算盈余相互冲抵后的赤字累计额和经全国人大常委会批准的特别国债的累计额。国债余额管理又分为国债限额管理和预算差额管理两种。

（三）地方政府债务管理

1. 地方政府债券

地方政府举债一律采取在国务院批准的限额内发行地方政府债券方式，除此以外地方政府及其所属部门不得以任何方式举借债务。

地方政府债券分为一般债券和专项债券。没有收益的公益性事业发展确需政府举借一般债务的，通过发行一般债券融资，主要以一般公共预算收入偿还；有一定收益的公益性事业发展确需政府举借专项债务的，通过发行专项债券融资，以对应的政府性基金或专项收入偿还。各市、县（区）政府要将一般债务收支纳入一般公共预算管理，将专项债务收支纳入政府性基金预算管理。各部门、各单位要将债务收支纳入部门和单位预算管理。

（1）地方政府一般债券是指省、自治区、直辖市政府（含经省级政府批准自办债券发行的计划单列市政府）为没有收益的公益性项目发行的、约定一定期限内主要以一般公共预算收入还本付息的政府债券。一般债券采用记账式固定利率附息形式。

省、自治区、直辖市依照国务院下达的限额举借的债务，列入本级预算调整方案，报本级人大常委会批准。债券资金收支列入一般公共预算管理。

一般债券由各地按照市场化原则自发自还，遵循公开、公平、公正的原则，发行和偿还主体为地方政府。

（2）地方政府专项债券是指省、自治区、直辖市政府（含经省级政府批准自办债券发行的计划单列市政府）为有一定收益的公益性项目发行的、约定一定期限内以公益性项目对应的政府性基金或专项收入还本付息的政府债券。

专项债券由各地按照市场化原则自发自还，遵循公开、公平、公正的原则，发行和偿还主体为地方政府。

2. 地方政府债务管理

地方政府债务管理经历三个阶段：代发代还、自发代还和自发自还。

（1）代发代还，2009 年起为实施积极的财政政策，国务院同意地方政府在国务院批准额度内发行债券。当时由于地方政府债券发行渠道尚未建立，2009 年和 2010 年地方政府债券由财政部代理发行，代办还本付息。

（2）自发代还，2011 年至 2013 年，经国务院批准，上海等地区试点在国务院批准的额度内自行发行债券，但仍由财政部代办还本付息。

（3）自发自还，在首批试点的上海市、深圳市、浙江省及广东省之外，江苏省和山东省在 2013 年也加入到了自行发债试点的行列中，之后还将试点范围扩大至江西省、宁夏回族自治区、北京市及青岛市。经国务院批准，2014 年上海等 10 个地区开展了地方政府债券自发自还试点工作。

五、财政转移支付制度

(一) 财政转移支付制度概述

财政转移支付制度,是由于中央和地方财政之间的纵向不平衡和各区域之间的横向不平衡而产生和发展的,是国家为了实现区域间各项社会经济事业的协调发展而采取的财政政策。

1994年实行分税制财政管理体制以来,我国逐步建立了符合社会主义市场经济体制基本要求的财政转移支付制度。财政转移支付包括中央对地方的转移支付和地方上级政府对下级政府的转移支付,以为均衡地区间基本财力、由下级政府统筹安排使用的一般性转移支付为主体。

1. 一般性转移支付

一般性转移支付,是指上级政府对有财力缺口的下级政府,按照规范的办法给予的补助。一般性转移支付不规定具体用途,由下级政府根据本地区实际情况统筹安排使用。

在一般性转移支付的具体构成中,均衡性转移支付是主体,主要参照各地标准财政收入和标准财政支出的差额及可用于转移支付的资金规模等客观因素,按统一公式计算分配。除均衡性转移支付外,一般性转移支付还包括基层公检法司转移支付、义务教育转移支付、基本养老金和低保转移支付、新型农村合作医疗转移支付等多项转移支付,这些转移支付主要用于解决地方政府基本公共服务方面的问题,并且按因素分配,具有一般性转移支付特征。

2. 专项转移支付

专项转移支付,是指上级政府为了实现特定的经济和社会发展目标,给予下级政府的资金补助,由下级政府按照上级政府规定的用途安排使用。

专项转移支付主要根据党中央、国务院确定的政策,重点用于农林水、教育、医疗卫生、社会保障和就业、交通运输、节能环保等领域。主要包括:国家重点档案专项资金、监狱和强制隔离戒毒补助资金、补助贫困地区法律援助办案经费、支持学前教育发展资金、排污费支出、粮食风险基金、困难群众救助补助资金和中央集中彩票公益金支持体育事业专项资金等101个项目。

按照法律、行政法规和国务院的规定可以设立专项转移支付,用于办理特定事项。建立健全专项转移支付定期评估和退出机制,市场竞争机制能够有效调节的事项不得设立专项转移支付。上级政府在安排专项转移支付时,不得要求下级政府承担配套资金。但是,按照国务院的规定应当由上下级政府共同承担的事项除外。

(二) 中央对地方的转移支付

目前,中央对地方转移支付分为一般性转移支付和专项转移支付。

1. 一般性转移支付

一般性转移支付指中央政府对有财力缺口的地方政府(主要是中西部地区),按照规范的办法给予的补助,地方政府可以按照相关规定统筹安排使用。

目前,中央对地方一般性转移支付包括:均衡性转移支付、重点生态功能区转移支付、产粮大县奖励资金、县级基本财力保障机制奖补资金、资源枯竭城市转移支付、城乡义务教育补助经费、农村综合改革转移支付、老少边穷地区转移支付、成品油税费改革转移支付、基本养老金转移支付和城乡居民医疗保险转移支付等项目。

2. 专项转移支付

专项转移支付指中央政府对承担委托事务、共同事务的地方政府，给予的具有指定用途的资金补助，以及对应当由下级政府承担的事务，给予的具有指定用途的奖励或补助。

中央对地方专项转移支付（以下简称专项转移支付），是指中央政府为实现特定的经济和社会发展目标无偿给予地方政府，由接受转移支付的政府按照中央政府规定的用途安排使用的预算资金。按照事权和支出责任划分，专项转移支付分为委托类、共担类、引导类、救济类、应急类五类。

（三）地方上级政府对下级政府的转移支付

省以下各级政府比照中央对地方转移支付制度，与省以下各级政府事权和支出责任划分相适应，优化各级政府转移支付结构。对上级政府下达的一般性转移支付，下级政府应采取有效措施，确保统筹用于相关重点支出；对上级政府下达的专项转移支付，下级政府可在不改变资金用途的基础上，发挥贴近基层的优势，结合本级安排的相关专项情况，加大整合力度，将支持方向相同、扶持领域相关的专项转移支付整合使用。

六、政府收支分类制度

（一）政府收支分类概念

政府收支分类科目是反映政府收支活动的分类体系，是各级政府预算和部门预算编制、执行、决算的基础和重要工具，包括收入经济分类科目、支出功能分类科目和支出经济分类科目。

（二）政府收入分类科目体系和内容

收入分类主要反映政府收入的来源和性质。根据目前我国政府收入构成情况，结合国际通行的分类方法，将政府收入分为类、款、项、目四级。

1. 按政府收入的来源和性质划分

最新政府收支分类科目汇总表按照经济性质将政府收入分为类、款、项、目四级。收入分为6类，分别是"税收收入""社会保险基金收入""非税收入""贷款转贷回收本金收入""债务收入"和"转移性收入"。

2. 按政府收入的预算管理划分

在政府收入的来源和性质划分基础上，为了便于预算管理需要，按照一般公共预算、政府性基金预算、国有资本经营预算和社会保险基金预算分列的原则，政府收入分别列入四本预算，形成一般公共预算收入科目、政府性基金预算收入科目、国有资本经营预算收入科目和社会保险基金预算收入科目。

收入具体分类情况如下：

（1）一般公共预算收入科目包括：税收收入；非税收入；债务收入和转移性收入四类。

（2）政府性基金预算收入科目包括：非税收入、债务收入和转移性收入三类。

（3）国有资本经营预算收入科目包括：非税收入和转移性收入两类。

（4）社会保险基金预算收入科目包括：社会保险基金收入和转移性收入两类。

（三）政府支出功能分类科目体系和内容

政府支出分类科目是对支出进行科学分类的具体表现形式，也是政府会计明细科目设置的依据。它从不同角度、不同层次反映预算支出分类的内容。

1. 支出功能分类科目

支出功能分类主要反映政府活动的不同功能和政策目标，即政府究竟做了什么，比如是用于国防、社保，还是用于教育。

政府收支分类科目汇总表中，支出科目按照功能分为类、款、项三级，其中类级科目28个。各"类""款"级科目具体内容如下：

（1）一般公共服务支出。分设28款：人大事务；政协事务；政府办公厅（室）及相关机构事务；发展与改革事务；统计信息事务；财政事务；税收事务；审计事务；海关事务；人力资源事务；纪检监察事务；商贸事务；知识产权事务；工商行政管理事务；质量技术监督与检验检疫事务；民族事务；宗教事务；港澳台侨事务；档案事务；民主党派及工商联事务；群众团体事务；党委办公厅（室）及相关机构事务；组织事务；宣传事务；统战事务；对外联络事务；其他共产党事务支出；其他一般公共服务支出。

（2）外交支出。分设8款：外交管理事务；驻外机构；对外援助；国际组织；对外合作与交流；对外宣传；边界勘界联检；其他外交支出。

（3）国防支出。分设5款：现役部队；国防科研事业；专项工程；国防动员；其他国防支出。

（4）公共安全支出。分设12款：武装警察；公安；国家安全；检察；法院；司法；监狱；强制隔离戒毒；国家保密；缉私警察；海警；其他公共安全支出。

（5）教育支出。分设10款：教育管理事务；普通教育；职业教育；成人教育；广播电视教育；留学教育；特殊教育；进修及培训；教育费附加安排的支出；其他教育支出。

（6）科学技术支出。分设11款：科学技术管理事务；基础研究；应用研究；技术研究与开发；科技条件与服务；社会科学；科学技术普及；科技交流与合作；科技重大项目；核电站乏燃料处理处置基金支出；其他科学技术支出。

（7）文化体育与传媒支出。分设6款：文化；文物；体育；新闻出版广播影视；国家电影事业发展专项资金支出及专项对应债务收入安排的支出；其他文化体育与传媒支出。

（8）社会保障和就业支出。分设22款：人力资源和社会保障管理事务；民政管理事务；补充全国社会保障基金；行政事业单位离退休；企业改革补助；就业补助；抚恤；退役安置；社会福利；残疾人事业；自然灾害生活救助；红十字事业；最低生活保障；临时救助；特困人员救助供养；大中型水库移民后期扶持基金支出；小型水库移民扶助基金及对应专项债务收入安排的支出；补充道路交通事故社会救助基金；其他生活救助；财政对基本养老保险基金的补助；财政对其他社会保险基金的补助；其他社会保障和就业支出。

（9）社会保险基金支出。分设11款：企业职工基本养老保险基金支出；失业保险基金支出；职工基本医疗保险基金支出；工伤保险基金支出；生育保险基金支出；新型农村合作医疗基金支出；城镇居民基本医疗保险基金支出；城乡居民基本养老保险基金支出；机关事业单位基本养老保险基金支出；城乡居民基本医疗保险基金支出；其他社会保险基金支出。

（10）医疗卫生与计划生育支出。分设12款：医疗卫生与计划生育管理事务；公立医院；基层医疗卫生机构；公共卫生；中医药；计划生育事务；食品和药品监督管理事务；行政事业单位医疗；财政对基本医疗保险基金的补助；医疗救助；优抚对象救助；其他医疗卫生与计划生育支出。

（11）节能环保支出。分设17款：环境保护管理事务；环境监测与监察；污染防治；自然生态保护；天然林保护；退耕还林；风沙荒漠治理；退牧还草；已垦草原退耕还草；能源节约利用；污染减排；可再生能源；循环经济；能源管理事务；可再生能源电价附加收入安排的支出；废弃电器电子产品处理基金支出；其他节能环保支出。

（12）城乡社区支出。分设11款：城乡社区管理事务；城乡社区规划与管理；城乡社区公共设施；城乡社区环境卫生；建设市场管理与监督；国有土地使用权出让收入及对应专项债务收入安排的支出；国有土地收益基金及对应专项债务收入支出；农业土地开发资金及对应专项债务收入支出；城市基础设施配套费及对应专项债务收入安排的支出；污水处理费及对应专项债务收入安排的支出；其他城乡社区支出。

（13）农林水支出。分设15款：农业；林业；水利；南水北调；扶贫；农业综合开发；农村综合改革；国有农场办社会职能改革补助；普惠金融发展支出；目标价格补贴；新菜地开发建设基金及对应专项债务收入安排的支出；大中型水库库区基金及对应专项债务收入安排的支出；三峡水库库区基金支出；国家重大水利工程建设基金及对应专项债务收入安排的支出；其他农林水支出。

（14）交通运输支出。分设13款：公路水路运输；铁路运输；民用航空运输；成品油价格改革对交通运输的补贴；邮政业支出；车辆购置税支出；海南省高等级公路车辆通行附加费及对应专项债务收入安排的支出；车辆通行费及对应专项债务收入安排的支出；港口建设费及对应专项债务收入安排的支出；铁路建设基金支出；船舶油污损害赔偿基金支出；民航发展基金支出；其他交通运输支出。

（15）资源勘探信息支出。分设10款：资源勘探开发；制造业；建筑业；工业和信息产业监管；安全生产监管；国有资产监管；支持中小企业发展和管理支出；散装水泥专项资金及对应专项债务收入安排的支出；农网还贷资金支出；其他资源勘探信息等支出。

（16）商业服务业支出。分设6款：商业流通事务；旅游业管理与服务支出；涉外发展服务支出；旅游发展基金支出；其他商业服务业等支出。

（17）金融支出。分设5款：金融部门行政支出；金融部门监管支出；金融发展支出；金融调控支出；其他金融支出。

（18）援助其他地区支出。分设9款：一般公共服务；教育；文化体育与传媒；医疗卫生；节能环保；农业；交通运输；住房保障；其他支出。

（19）国土海洋气象支出。分设6款：国土资源事务；海洋管理事务；测绘事务；地震事务；气象事务；其他国土海洋气象等支出。

（20）住房保障支出。分设3款：保障性安居工程支出；住房改革支出；城乡社区住宅。

（21）粮油物资储备支出。分设5款：粮油事务；物资事务；能源储备；粮油储备；重要商品储备。

（22）国有资本经营预算支出。分设5款：解决历史遗留问题及改革成本支出；国有企业资本金注入；国有企业政策性补贴；金融国有资本经营预算支出；其他国有资本经营预算支出。

（23）预备费。分设1款：预备费。

（24）其他支出。分设5款：年初预留；其他政府性基金及对应专项债务收入安排的支出；彩票发行销售机构业务费安排的支出；彩票公益金及对应专项债务收入安排的支出；其他支出。

（25）转移性支出。分设11款：返还性支出；一般性转移支付；专项转移支付；政府性基金转移支付；国有资本经营预算转移支付；上解支出；调出资金；年终结余；债务转贷支出；援助其他地区支出；社会保险基金上解下拨支出。

（26）债务还本支出。分设4款：中央政府国内债务还本支出；中央政府国外债务还本支出；地方政府一般债务还本支出；地方政府专项债务还本支出。

（27）债务付息支出。分设4款：中央政府国内债务付息支出；中央政府国外债务付息支出；地方政府一般债务付息支出；地方政府专项债务付息支出。

（28）债务发行费用支出。分设4款：中央政府国内债务发行费用支出；中央政府国外债务发行费用支出；地方政府一般债务发行费用支出；地方政府专项债务发行费用支出。

2. 按政府支出的预算管理划分

在支出功能分类基础上，为了便于预算管理需要，政府支出也分别列入四本预算，形成一般公共预算支出功能分类科目；政府性基金预算支出功能分类科目；国有资本经营预算支出功能分类科目和社会保险基金预算支出功能分类科目。

（1）一般公共预算支出功能分类科目。一般公共预算收支科目分为"类""款""项"三个级次，"类"下分"款""款"下分"项"。其中类级科目26个。

（2）政府性基金预算支出功能分类。政府性基金预算支出功能分为类、款、项三级，其中类级科目15个。

（3）国有资本经营预算支出功能分类。国有资本经营预算支出按照支出功能分为类、款、项三级，其中类级科目3个。

（4）社会保险基金预算支出功能分类。社会保险基金预算支出按照支出功能分为类、款、项三级，其中类级科目2个。

（四）政府支出经济分类体系和内容

支出经济分类主要反映政府支出的经济性质和具体用途。支出经济分类反映政府的钱是怎么花出去的，比如是支付了人员工资还是购买了办公设备。支出经济分类科目是预算管理的基础，是预算编制、执行、决算、公开和会计核算的重要工具。

为了贯彻落实新《预算法》，推动建立全面规范公开透明的预算制度，财政部制定并印发了《支出经济分类科目改革方案》，现已正式全面实施。此次改革充分考虑政府预算管理和部门预算管理的不同特点和需要，分设政府预算支出经济分类和部门预算支出经济分类两套科目。两套经济分类之间保持一定的对应关系，以利于部门预算与政府预算相衔接。

1. 政府预算支出经济分类

政府预算支出经济分类体现政府预算的管理要求，主要用于政府预算的编制、执行、决算、公开和总预算会计核算。政府预算支出经济分类按照预算法的要求设置类、款两级，类级科目15个，款级科目60个。具体科目设置情况如下：

（1）机关工资福利支出类，反映机关和参照公务员法管理的事业单位（以下简称参公事业单位）的工资福利支出。下设4款：工资奖金津补贴；社会保障缴费；住房公积金；其他工资福利支出。

（2）机关商品和服务支出类，反映机关和参公事业单位的商品和服务支出。下设10款：办公经费；会议费；培训费；专用材料购置费；委托业务费；公务接待费；因公出国（境）费用；公务用车运行维护费；维修（护）费；其他商品和服务支出。

（3）机关资本性支出（一）类，反映机关和参公事业单位资本性支出。下设7款：房屋建筑物购建；基础设施建设；公务用车购置；土地征迁补偿和安置支出；设备购置；大型修缮；其他资本性支出。切块由发展改革部门安排的基本建设支出中机关和参公事业单位资本性支出不在此科目反映。

（4）机关资本性支出（二）类，反映切块由发展改革部门安排的基本建设支出中机关和参公事业单位资本性支出。下设6款：房屋建筑物购建；基础设施建设；公务用车购置；设备购置；大型修缮；其他资本性支出。

（5）对事业单位经常性补助类，反映对事业单位（不含参公事业单位）的经常性补助支出。下设3款：工资福利支出；商品和服务支出；其他对事业单位补助。

（6）对事业单位资本性补助类，反映对事业单位（不含参公事业单位）的资本性补助支出。下设2款：资本性支出（一）；资本性支出（二）。

（7）对企业补助类，反映政府对各类企业的补助支出，对企业资本性支出不在此科目反映。下设3款：费用补贴；利息补贴；其他对企业补助。

（8）对企业资本性支出类，反映政府对各类企业的资本性支出。下设2款：对企业资本性支出（一）；对企业资本性支出（二）。

（9）对个人和家庭的补助类，反映政府用于对个人和家庭的补助支出。下设5款：社会福利和救助；助学金；个人农业生产补贴；离退休费；其他对个人和家庭补助。

（10）对社会保障基金补助类，反映政府对社会保险基金的补助以及补充全国社会保障基金的支出。下设2款：对社会保险基金补助；补充全国社会保障基金。

（11）债务利息及费用支出类，反映政府债务利息及费用支出。下设4款：国内债务付息；国外债务付息；国内债务发行费用；国外债务发行费用。

（12）债务还本支出类，反映政府债务还本支出。下设2款：国内债务还本；国外债务还本。

（13）转移性支出类，反映政府间和不同性质预算间的转移性支出。下设4款：上下级政府间转移性支出；援助其他地区支出；债务转贷；调出资金。

（14）预备费及预留类，反映预备费及预留。下设2款：预备费；预留。

（15）其他支出类，反映不能划分到上述经济科目的其他支出。下设 4 款：赠与；国家赔偿费用支出；对民间非营利组织和群众性自治组织补贴；其他支出。

2. 部门预算支出经济分类

按照财政部的统一部署，从 2018 年起，在原有按支出功能分类科目编制预算的基础上，各单位应按照改革后的经济分类科目编制部门预算。部门预算支出经济分类体现部门预算管理要求，主要用于部门预算编制、执行、决算、公开和部门（单位）预算会计核算。按照《预算法》要求设置类、款两级，在现有经济分类基础上，删除转移性支出、预备费等政府预算专用的科目，新增一些体现部门预算特点的科目。调整后类级科目 10 个，款级科目 96 个，具体科目设置情况如下：

（1）工资福利支出类，反映单位开支的在职职工和编制外长期聘用人员的各类劳动报酬，以及为上述人员缴纳的各项社会保险费等，下设 13 款。

（2）商品和服务支出类，反映单位购买商品和服务的支出，不包括用于购置固定资产；战略性和应急性物资储备等资本性支出，下设 27 款。

（3）对个人和家庭的补助类，反映政府用于对个人和家庭的补助支出，下设 11 款。

（4）债务利息及费用支出类，反映单位的债务利息及费用支出，下设 4 款。

（5）资本性支出（基本建设）类，反映切块由发展改革部门安排的基本建设支出，对企业补助支出不在此科目反映，下设 12 款。

（6）资本性支出类。反映各单位安排的资本性支出，切块由发展改革部门安排的基本建设支出不在此科目反映，下设 16 款。

（7）对企业补助（基本建设）类，反映切块由发展改革部门安排的基本建设支出中对企业补助支出，下设 2 款。

（8）对企业补助类，反映政府对各类企业的补助支出，切块由发展改革部门安排的基本建设支出中对企业补助支出不在此科目反映，下设 5 款。

（9）对社会保障基金补助类，反映政府对社会保险基金的补助以及补充全国社会保障基金的支出，下设 2 款。

（10）其他支出类，反映不能划分到上述经济科目的其他支出，下设 4 款。

第二章

政府会计的核算基础和核算方法

【教学目标】

通过本章的学习,要求学生了解政府会计的核算基础和核算方法,以及政府会计要素和会计科目。

【重点难点】

熟悉政府会计核算双基础,掌握平行记账方法,区分政府财务会计和政府预算会计的要素。

【关键名词】

权责发生制　收付实现制　平行记账　收入　预算收入　净资产　结余

课前案例:

当新准则遇到了平行记账
——记一群不甘寂寞的 U8 财务开发部的小伙伴

在这个创新的时代,财务部也在坚定地迈着改革创新的步伐,新的政府会计准则采用了"政府预算会计和财务会计适度分离又相互衔接的核算模式"。

要说今年让人感到困惑的事件之一,就是要试行的新政府会计准则了,对纳入部门预算管理的现金收支进行"平行记账"。即,对于纳入部门预算管理的现金收支业务,在进行财务会计核算的同时,也需进行预算会计核算。事业单位的预算会计与财务会计合并到了一个科目体系下，登账要记财务核算凭证和预算会计凭证，两者如何记，如何关联，如何查，如何出报表，相互间的牵扯，新名词、新的逻辑充斥着会计人员的大脑，说不清道不明，明明白白的会计核算，眼看就要变成了混杂在一起的乱战。

于是各种传言四起，保守的有说登两套账，负责任的有说一个凭证上同时记，先进时髦的干脆做出了主辅凭证，一个凭证两页签。

身为肩负财务信息化重任的 U8，也处于了这场改革创新风暴之中。

（资料来源：MobileU8 公众号，2017 年 6 月 8 日）

思考：什么是平行记账核算方法？

第一节

政府会计的核算基础和原则

在我国现阶段，政府与非营利组织会计以政府会计为主要代表形式，这里主要介绍政府会计相关核算基础和核算方法的内容，民间非营利组织会计的内容在第十章具体介绍。

一、权责发生制与收付实现制

在会计主体的经济活动中，经济业务的发生和货币的收支不是完全一致的，即存在着现金流动与经济活动的分离。由此而产生了两个确认和记录会计要素的标准，一个标准是根据货币收支作为收入和费用确认和记录的依据，称为收付实现制；另一个标准是以取得收款权利或付款责任作为记录收入或费用的依据，称为权责发生制。

收付实现制也可以称为现金制或现收现付制，是指在发生现金收支时对现金收付情况进行确认，在业务发生时但现金收支没有发生时不进行确认。凡在本期内实际收到或付出的一切款项，无论其发生时间早晚或是否应该由本期承担，均作为本期的收益和费用处理。这种会计确认基础实际操作较为简单，生成信息不仅成本较低而且易于理解，能够准确地对现金流量和余额信息进行反映。

权责发生制亦称为应计制或应收应付制，是指在会计核算中，按照收入已经实现，费用已经发生，并应由本期负担为标准来确认本期收入和本期费用。根据权责发生制原则处理会计业务时应做到以下两点。其一，凡本期内实际发生并应属本期的收入和费用，无论其款项是否收到或付出，均应作为本期的收入和费用处理；其二，凡不应属于本期的收入和费用，即使款项已经收到或支付，亦不应作为本期的收入和费用予以处理。权责发生制能够真实地反映当期的经营收入和经营支出，更加准确地计算和确定经营成果。

【例 2-1】 某事业单位 1 月份销售货物取得经营收入 2 万元，款项在当月尚未收到，款项在 3 月份收到，见表 2-1。

表 2-1　　　　　　　　权责发生制与收付实现制的对比

权责发生制	收付实现制
1月份的账务处理： 借：应收账款　　　20 000 　　贷：经营收入　　　　20 000	1月份不做账务处理
3月份的账务处理： 借：银行存款　　　20 000 　　贷：应收账款　　　　20 000	3月份的账务处理： 借：银行存款　　　20 000 　　贷：经营收入　　　　20 000

二、政府会计引入权责发生制

过去，我国政府会计在实际操作中一直以收付实现制核算基础的预算会计为主。事业单位一般以收付实现制为会计核算基础，但经营性收支业务可以采用权责发生制。行政单位只能采用收付实现制，不能采用权责发生制。但是，现有的收付实现制在应用过程中存在着许多的问题与不足，无法对单位内部财务状况进行真实反映，不再适用于新形势的发展需求。

（一）单一的收付实现制下政府会计（预算会计）的不适应性

政府会计（预算会计）在以往的收付实现制的运用过程中出现了许多的弊端，已经不能适应现阶段的行政事业单位发展的要求，主要表现在：

1. 不能如实反映政府的"家底"

收付实现制为主的预算会计不能如实反映政府的资产和负债情况。如果政府连基本的财务情况都搞不清，就更不用谈提高资源的利用效率和风险防范意识了。

在收付实现制下，政府会计主体无法对长期资产计提折旧，财政拨款和其他资产也缺乏有效的整合，失去了会计核算的可比性。但在政府会计引入权责发生制之后，会计核算工作变得比以往更加高效、合理，对财务预算也有了一个更好的规划，规范了对国有资本的科学使用，提高了资金的利用率。

政府运行过程中，会产生一定的隐性负债。在固有收付实现下，预算支出为当前现金支出，却未包括当期发生但尚未支出的款项，但在年度预算支出中，通常都会包含以上两项，同时还包括前期当期支付。这种制度环境下，收付实现制无法对财务预算支出完整体现，导致了政府隐性负债的产生。同时，隐性负债的存在，会影响会计数据的真实性，给政府会计带来一定的风险隐患。

2. 与市场经济的发展不相适应

随着行政事业单位日常工作方式的转变，业务趋于复杂化，一些经济业务难以用收付实现制来反映。在这种形势下，行政事业单位也在积极探索改革的道路，会计核算逐渐向企业靠拢。所以在带有企业性质的行政事业单位中，权责发生制的引入可以有效提高其服务效率与服务质量，提高财务管理水平，使得事业单位与市场经济的发展相适应。

3. 不利于有效评价政府的运营绩效

在信息反映方面，收付实现制只能够以静态的方式对其截止某一时点（一般是年末）的财务状况进行反映，财务报表资产项目的分类和列报过于简化，报表的实际价值并不高，不利于有效评价政府的运营绩效。另一方面，收付实现制更侧重于公共部门经济活动的现金流，难以达成资金使用综合效益评价等更高层次的管理目标。权责发生制则可解决公共预算支出的绩效考核问题，提高有限预算资源的使用效率。

4. 不利于提高信息的可比性

收付实现制在会计信息可比性方面的影响主要有三个方面：

第一，由于企业会计财务核算采用的是权责发生制，而政府会计核算则以收付实现制为计量基础，这影响了企业和政府部门之间财务信息的可比性。第二，有些事业单位（如医院）目前已采用权责发生制为核算基础，因此影响了政府部门与某些事业单位之间财务信息的可比性。第三，某些市场经济国家的政府会计核算基础与预算管理已尝试实行权责发生制，我国政府会计以收付实现制为基础，影响了中外政府财务报告的国际可比性。

（二）我国政府会计引入权责发生制的背景

1. 借鉴西方政府会计的成功经验

第二次世界大战结束之后，西方国家为满足政府财政需求而采取了财政扩张政策，导致西方国家政府财政赤字严重。在这种环境下，传统的收付实现制并不能实现对于会计信息及政府资产负债等财务信息的全面记录及有效分析，于是西方国家引进更加合理的会计基础，以保障政府财政管理质量。

20世纪80年代，西方国家开始尝试在政府会计中引入权责发生制。英国是最早引入权责发生制国家之一，目前英国政府会计全面实施了以权责发生制为起点的会计核算体系。美国的政府会计拥有两套政府会计系统，每套系统分别对应着权责发生制和收付实现制核算基础，并且两套系统互相独立，相互补充。法国建立了三套相互独立的政府会计体系，主要包括：财务会计体系主要真实反映政府部门的财务状况，按权责发生制会计核算；预算会计体系主要反映政府部门的预算执行情况，按收付实现制会计核算；成本会计体系主要反映政府部门政策决策活动的成本情况，按权责发生制会计核算。这些尝试都使得政府会计更加有效地反映出政府的经济运行情况。因此，我国在立足国情，参照西方成功经验的情况下，也构建了一套适合自己的会计核算体系。

2. 建设服务型、透明型政府的迫切需求

服务型政府以服务为宗旨，这意味着政府与公众的关系将转化为服务供给者与消费者的关系。政府行使权力的目的，不再主要是为了管制，而是为公众提供更好的服务。政府不是凌驾于社会之上的官僚机构，从某种意义上讲，更像是负有责任的"企业家"，公民则是其"顾客"，所以公民有权利知悉政府的财政运行情况。

政府信息公开有利于推进政府决策的科学化与民主化。政府的任何重大决策都与人民群众的切身利益密切相关。从制度上保证人民群众参与重大事项的决策，让人民群众充分掌握所有决策事项的相关信息，是推进政府决策科学化、民主化的关键。

政府信息公开有利于公民通过法定的渠道对政府部门及其工作人员进行监督，防止权力滥用。政府信息公开增加了政府部门及其工作人员依法行政的透明度，单位部门必须对自身经费使用情况进行公开，以便于社会各界对行政事业单位行政运营成本进行监督。权责发生制的引入可以将单位部门资产购入、使用、报废情况进行及时反映，方便

第二章 政府会计的核算基础和核算方法

了公民通过各种法定的渠道对政府部门及其工作人员进行监督。

政府会计要实现由单一的收付实现制到"双基础"（权责发生制和收付实现制）并行的制度改革成为了必然的要求。

第二节 政府会计的核算方法

一、政府会计平行记账核算模式

《政府会计准则——基本准则》对政府会计提出了"双功能、双基础、双报告"的要求。政府会计核算应当具备财务会计与预算会计的双功能，实现财务会计与预算会计的适度分离并相互衔接，财务会计核算采用权责发生制，预算会计核算采用收付实现制，并分别以此为基础编制财务报表和预算会计报表。为了实现财务会计与预算会计适度分离并相互衔接，完善政府预算会计功能，增强政府财务会计功能，"平行记账"核算方法应运而生。

（一）平行记账的意义

1. 平行记账方式是我国政府会计体系改革中的技术创新

对于传统的政府会计核算方式来说，在平行记账方式的辅助之下，政府财务会计将能与预算会计在功能上实现既相互分离又相互衔接的目标，进而更好的通过会计核算工作的展开来掌握政府财务信息及预算执行情况。也就是说，平行记账方式是促进我国政府会计体系改革的主要途径之一，同时也是我国政府会计核算方法上的重大技术革新。

2. 平行记账方式可以满足不同部门对政府会计主体信息的差别需求

与目前一些现行会计制度采用的"双分录"形式不同，"平行记账"方式能够使财务会计、预算会计两个体系更加具有系统性、逻辑性和完整性。两套体系既相互独立又相互呼应，分别反映业务的内容和经济实质，有助于政府会计主体根据会计信息使用需求，从不同的角度对信息进行分析和使用，提高了会计信息的可用程度。

3. 平行记账方式能辅助财务会计更好地发挥其职能

"平行记账"实际上正式确立了政府财务会计的功能地位，明确了我国政府会计权责发生制确认基础的法律和技术地位。此轮政府会计改革的一个重要内容就是强化政府财务会计功能，使政府会计信息不仅满足于预算管理的需要，而且能满足完整反映政府资产负债"家底"、政府的运行成本情况以及编制权责发生制政府综合财务报告的信息需求。

（二）平行记账原理

平行记账指政府会计主体在对涉及预算管理的现金收支业务进行处理时，将财务会计核算与政府预算会计核算同步进行的会计记账方式。也就是在同一会计账务系统、同一原始凭证、同一记账凭证号下，同时进行财务会计核算和预算会计核算；并通过在年底编制"本年盈余与预算结余的差异情况说明"，把财务会计报表的年度收入费用表和预算会计报表的预算收入支出表有机的衔接起来的会计记账核算方式。平行记账是政府会计特有的记账核算方法。

【例 2-2】某事业单位用银行存款 150 000 元购入固定资产自用，平行记账核算见表 2-2：

表 2-2　　　　　　　　　　平行记账的核算形式

财务会计		预算会计	
借：固定资产	150 000	借：事业支出	150 000
贷：银行存款	150 000	贷：资金结存——货币资金	150 000

（三）平行记账的特点

1. 在同一个账套中进行核算

收付实现制侧重于公共部门经济活动的现金流，对纳入部门预算管理的现金收支业务需要编制双分录，进行平行记账。但需要注意的是，虽然编制的是双分录，但这是在同一张记账凭证同时进行的账务处理，仍然是在单位的同一个账套中进行核算，而不是两个账套。

2. 实现财务会计和预算会计双重功能

双体系平行记账模式不是在两套会计系统核算，而是同一会计信息系统中实现财务会计和预算会计双重功能。也就是说，同一张记账凭证同时进行财务会计与预算会计账务处理，也只需要附一份原始凭证。这就意味着政府会计建立了双体系平行记账模式，财务会计账务处理与预算会计账务处理具有了一定的关联关系，实现了财务会计和预算会计的双重功能。

3. 需要与信息化技术相配套

平行记账会使得某些业务产生双分录，这必然会增加会计人员的工作量，这就需要利用先进的信息化技术，提高会计记账和数据分析及应用的效率。所以信息化是政府会计改革中必须予以配套的，而且必须随政府会计改革而不断发展信息化。

（四）平行记账的条件

《政府会计制度》的总说明中规定，单位对于纳入部门预算管理的现金收支业务，在采用财务会计核算的同时应当进行预算会计核算，对于其他业务，仅需要进行财务会计核算。由此可见，进行财务会计核算和预算会计核算一般需要同时满足两个条件：一是要有现金流入和流出，二是必须是纳入部门预算管理范围内的现金。

这里的"现金"指的是现金及现金等价物，包括库存现金、银行存款、其他货币资金、国库直接支付的财政拨款资金、国库授权支付的零余额账户用款额度等。对于不纳入部门预算管理的现金收支，如应当转拨其他单位的款项、受托代理的款项等，在收到或支付时仅编制财务会计分录，不需要编制预算会计分录。

上述情况是一般的业务，除了上述涉及部门预算管理的现金收支业务外，还有一些特殊业务要进行平行记账，也需要会计人员重点把握：

（1）年末，按规定从本年度非财政拨款结余或经营结余提取专用基金业务，需进行平行记账；

（2）按照规定从科研项目预算收入中提取项目管理费或间接费时，需进行平行记账；

（3）行政支出、事业支出、经营支出、上缴上级支出以及其他支出的期末或者年末结转业务，需进行平行记账；

（4）财政拨款预算收入、事业预算收入、上级补助预算收入、附属单位上缴预算收入、经营预算收入、非同级财政拨款预算收入、投资预算收益以及其他预算收入的期末或者年末结转业务，需进行平行记账。

（五）平行记账的重点事项

1. 设置双体系科目

按照平行记账的原理，资产、负债、净资产、收入、费用等各类业务凡涉及纳入部门预算管理的现金收支的业务，在进行财务会计核算的同时也要进行预算会计核算，这就需要建立财务会计和预算会计的对应关系。但是新政府会计制度下的预算会计和财务会计是适度分离的，所以需要设置双体系下的会计科目。

会计科目的对应主要体现在收入和支出（费用）两个方面。政府预算会计体系和政府财务会计体系都设置了收入和支出（费用）类科目，并且几乎是一一对应关系，具体关系见表2-3：

表2-3　　　　　　　　政府财务收入与政府预算收入对比表

财务会计体系	预算会计体系
收入类和预算收入类	
财政拨款收入	财政拨款预算收入
事业收入	事业预算收入
上级补助收入	上级补助预算收入
附属单位上缴收入	附属单位上缴预算收入
经营收入	经营预算收入
非同级财政拨款收入	非同级财政拨款预算收入
捐赠收入	其他预算收入
利息收入	
租金收入	
其他收入	
	债务预算收入
费用类和支出类	
业务活动费用	行政支出
单位管理费用	事业支出
经营费用	经营支出
上缴上级费用	上缴上级支出
对附属单位补助费用	对附属单位补助支出
其他费用	其他支出
资产处置费用	
	债务还本支出

2. 在政府预算会计中新设"资金结存"科目

《政府会计制度》预算会计科目中,这次新增了"资金结存"这样一个桥梁科目。按照《政府会计制度》规定,本科目用来核算纳入部门预算管理的资金的流入、流出、调整和滚存的情况,相当于一个资金科目,而不是仅用于结转结余业务。凡是涉及财务会计里"库存现金""银行存款""其他货币资金""零余额账户用款额度"以及"财政应返还额度"的经济业务及事项都属于资金结存的核算范围。"资金结存"是预算会计中预算结余类会计科目,是平行记账法下专门设置的会计科目,反映各类结存科目对应的资金形态。确认预算收入时,同时借记"资金结存"科目,确认预算支出时,同时贷记"资金结存"科目,年末结账后"资金结存"科目余额为借方余额,反映单位预算资金的累计滚存情况。

(1) 资金结存的明细科目设置。按照《政府会计制度》要求,需要在"资金结存"科目下设置"零余额账户用款额度""货币资金""财政应返还额度"等明细科目。其中"零余额账户用款额度"年末余额为零,见表2-4。

表2-4 资金结存科目对照表

财务会计（权责发生制）	预算会计（收付实现制）
科目名称	科目名称
库存现金	资金结存——货币资金
银行存款	
其他货币资金	
零余额账户用款额度	资金结存——零余额账户用款额度
财政应返还额度	资金结存——财政应返还额度

(2) 新旧衔接时资金结存的金额计算。根据新旧制度衔接的规定,资金结存的数额是通过若干个调整分录计算出来的。

【例2-3】对"财政拨款结转"科目的期初数进行调整时,做会计分录为:

借:资金结存　　　　　　　　　　　　　　　　　　　20 000
　　贷:财政拨款结转　　　　　　　　　　　　　　　　20 000

最终的结果是:

资金结存=财政拨款结转+财政拨款结余+非财政拨款结转+非财政拨款结余+专用结余

但是资金结存反映的是纳入预算管理的货币资金,因此资金结存的期初数不能完全和财务会计科目下的货币资金数吻合。

差异主要是:往来款项中属于"周转"类的资金,不属于预算会计范畴,新旧衔接时该类资金不需要调整预算结转结余数,因此也不会调整"资金结存"。只有财政拨款结余分配的专用基金,例如职工福利基金,对应预算会计下的"专用结余",剩下的专用基金是和预算会计无关的资金,不需要在新旧衔接时转入预算会计下的结转结余科目。

3. 正确识别政府财务会计和政府预算会计的差异

并不是所有的业务都同时涉及财务会计和预算会计,需要进行平行记账。一定要准

第二章 政府会计的核算基础和核算方法

确识别业务的类型,看其是否满足平行记账的条件。

(1) 仅需进行预算会计记账的业务。

①债务预算收入与债务还本支出的期末或者年末结转业务,仅需进行预算会计核算,不进行财务会计核算。

②财政拨款结转、财政拨款结余、非财政拨款结转、非财政拨款结余、经营结余、其他结余、非财政拨款结余分配(不涉及提取专用基金)的期末或者年末结转以及结余分配业务,仅需进行预算会计核算,不进行财务会计核算。

③财政拨款结转、财政拨款结余、非财政拨款结转以及非财政拨款结余等有关科目明细的调整,仅需进行预算会计核算,不进行财务会计核算。

【例2-4】单位年末结转财政拨款预算收入的核算,见表2-5。

表2-5 单位年末结转财政拨款预算收入的核算

财务会计	预算会计
不作处理	借:财政拨款预算收入 　　贷:财政拨款结转——本年收支结转

(2) 仅需进行财务会计核算的业务。

①不涉及部门预算的现金收支经济业务,仅需进行财务会计核算,比如往来款项、应缴国库款项、应上缴财政专户款项、受托代理资产以及受托代理负债等经济业务。还有一项是个人的往来款项,仅在报销确认时需要进行平行记账,借款时仅进行财务会计核算。

②库存现金的提现业务和形成其他货币资金业务,仅需进行财务会计核算。

③折旧和摊销业务、预提费用业务、应收股利业务、应收利息业务、应收票据业务、应收账款业务、坏账准备计提业务、盘亏以及捐赠物品等,不涉及现金收支的业务,都不需要进行预算会计核算。

【例2-5】单位管理活动所用固定资产、无形资产计提折旧、摊销,见表2-6。

表2-6 单位管理活动所用固定资产、无形资产计提折旧、摊销的核算

财务会计	预算会计
借:单位管理费用 　　贷:固定资产累计折旧/无形资产累计摊销	不作处理

(3) 识别财务会计和预算会计的差异。为了反映单位财务会计和预算会计因核算基础和核算范围不同所产生的本年盈余数与本年预算结余数之间的差异,单位需要编制《本年盈余与预算结余的差异情况说明》,在编制的过程中,会涉及具体的平行记账业务,这时就需要具体分析涉及哪些经济业务,财务会计记账,预算会计不记账,原因具体是什么。同时通过平衡关系,也会稽核验证具体的平行记账是否正确。具体关系如下:

本年盈余 = 本年预算结余 + 当期确认为收入但没有确认为预算收入 + 当期确认为预算支出但没有确认为费用 - 当期确认为预算收入但没有确认为收入 - 当期确认为费用但没有确认为预算支出

二、政府会计计量属性和信息质量要求

(一) 政府会计计量属性

会计计量属性反映会计要素金额的确定基础。政府会计的计量属性主要包括历史成本、重置成本、可变现净值、现值、公允价值和名义金额。政府会计主体在对资产进行计量时，一般应当采用历史成本。采用重置成本、现值、公允价值计量的，应当保证所确定的资产金额能够持续、可靠计量。

1. 历史成本

历史成本，又称为实际成本。在历史成本计量属性下，资产是按照购置时支付的现金或者现金等价物的金额，或者按照购置资产时所付出的对价的公允价值计量；负债是按照因承担现时义务而实际收到的款项或者资产的金额，或者承担现时义务的合同金额，或者按照日常活动中为偿还负债预期需要支付的现金或者现金等价物金额计量。

2. 重置成本

重置成本，又称现行成本。在重置成本计量属性下，资产按照现在购买相同或者相似资产所需支付的现金或者现金等价物的金额计量；负债按照现在偿付该项债务所需支付的现金或者现金等价物的金额计量。

3. 可变现净值

可变现净值是指在正常生产经营过程中，以预计售价减去进一步加工成本和销售所必需的预计税金、费用后的净值。在可变现净值计量属性下，资产按照其正常对外销售所能收到现金或者现金等价物的金额扣减该资产至完工时估计将要发生的成本、估计的销售费用以及相关税费后的金额计量。

4. 现值

现值是指对未来现金流量以恰当的折现率进行折现后的价值，是考虑货币时间价值因素的一种计量属性。在现值计量属性下，资产按照预计从其持续使用和最终处置中所产生的未来净现金流入量的折现金额计量；负债是按照预计期限内需要偿还的未来净现金流出量折现金额计量。

5. 公允价值

公允价值是指在公平、公开、自愿交易中资产交换价格或者债务清偿的金额。在公允价值计量属性下，资产按照公平、公正、自愿交易的价格计量；负债按照公平、公正、自愿交易中债务清偿的金额计量。

6. 名义金额

在现行政府会计中还提出了名义金额计量属性。所谓名义金额，是指无法采用历史成本、重置成本、现值和公允价值计量属性确定的，但是这个经济事项又确实存在，用一个金额，让账上有所体现，避免遗漏，防止国有资产流失，就采用名义金额计量（即人民币1元）。

(二) 政府会计信息质量要求

会计信息的质量要求是财务会计报告所提供信息应达到的基本标准和要求。会计信息质量特征作为会计信息的"有用性"标志，是信息使用者对会计信息质量要求的具

体表现。

政府会计信息质量要求，明确了政府会计信息应当满足的 7 个方面质量要求，即可靠性、全面性、相关性、及时性、可比性、可理解性和实质重于形式。

1. 可靠性

政府会计主体应当以实际发生的经济业务或者事项为依据进行会计核算，如实反映各项会计要素的情况和结果，保证会计信息真实可靠。

2. 全面性

政府会计主体应当将发生的各项经济业务或者事项统一纳入会计核算，确保会计信息能够全面反映政府会计主体预算执行情况和财务状况、运行情况、现金流量等。全面性包括预算信息和财务信息。

3. 相关性

政府会计主体提供的会计信息，应当与反映政府会计主体公共受托责任履行情况以及报告使用者决策或者监督、管理的需要相关，有助于报告使用者对政府会计主体过去、现在或者未来的情况作出评价或者预测。

4. 及时性

政府会计主体对已经发生的经济业务或者事项，应当及时进行会计核算，不得提前或者延后。会计信息具有时效性，其价值会随着时间的流逝而逐渐降低。这就要求政府会计主体的会计确认、计量和报告必须满足及时性的要求。

及时性包括及时记录与及时报告两个方面：及时记录就是要求对政府会计主体的经济业务及时地进行会计处理，本期的经济业务应当在本期内进行处理，不能延至下一个会计期间或提前至上一个会计期间。及时报告是指要把会计资料及时地传送出去，将决算报告和财务报告及时报出。

5. 可比性

政府会计主体提供的会计信息应当具有可比性。可比性包括两个方面的内容：

一是同一政府会计主体不同时期发生的相同或者相似的经济业务或者事项，应当采用一致的会计政策，不得随意变更。确需变更的，应当将变更的内容、理由及其影响在附注中予以说明。

二是不同政府会计主体发生的相同或者相似的经济业务或者事项，应当采用一致的会计政策，确保政府会计信息口径一致，相互可比。

6. 可理解性

可理解性是指政府会计主体提供的会计信息应当清晰明了，便于报告使用者理解和使用。可理解性是要在保证会计信息的客观性与相关性的前提下，力求使会计信息简明易懂。

7. 实质重于形式

政府会计主体应当按照经济业务或者事项的经济实质进行会计核算，不限于以经济业务或者事项的法律形式为依据。这是因为，有时候交易或事项的法律形式并不能真实反映其实质内容，因此，为了真实反映政府会计主体的财务状况和预算执行结果，就不能仅仅根据交易或事项的外在表现形式来进行会计确认、计量和报告，而应反映其经济实质。

第三节

政府会计的会计要素与会计科目

一、政府会计要素

（一）政府预算会计要素

政府预算会计要素包括预算收入、预算支出与预算结余等三要素。

1. 预算收入

预算收入是指政府会计主体在预算年度内依法取得的并纳入预算管理的现金流入。预算收入一般在实际收到时予以确认，以实际收到的金额计量。

2. 预算支出

预算支出是指政府会计主体在预算年度内依法发生并纳入预算管理的现金流出。预算支出一般在实际支付时予以确认，以实际支付的金额计量。

3. 预算结余

预算结余是指政府会计主体预算年度内预算收入扣除预算支出后的资金余额，以及历年滚存的资金余额。

预算结余包括结余资金和结转资金。结余资金是指年度预算执行终了，预算收入实际完成数扣除预算支出和结转资金后剩余的资金。结转资金是指预算安排项目的支出年终尚未执行完毕或者因故未执行，且下年需要按原用途继续使用的资金。

（二）政府财务会计要素

政府财务会计要素包括资产、负债、净资产、收入和费用等五要素。

1. 资产

资产是指政府会计主体过去的经济业务或者事项形成的，由政府会计主体控制的，预期能够产生服务潜力或者带来经济利益流入的经济资源。服务潜力是指政府会计主体利用资产提供公共产品和服务以履行政府职能的潜在能力。经济利益流入表现为现金及现金等价物的流入或者现金及现金等价物流出的减少。符合政府资产定义的经济资源，在同时满足以下条件时，确认为资产：一是与该经济资源相关的服务潜力很可能实现或者经济利益很可能流入政府会计主体；二是该经济资源的成本或者价值能够可靠地计量。

2. 负债

负债是指政府会计主体过去的经济业务或者事项形成的，预期会导致经济资源流出政府会计主体的现时义务。现时义务是指政府会计主体在现行条件下已承担的义务。未来发生的经济业务或者事项形成的义务不属于现时义务，不应当确认为负债。符合政府负债定义的义务，在同时满足以下条件时，确认为负债：一是履行该义务很可能导致含有服务潜力或者经济利益的经济资源流出政府会计主体；二是该义务的金额能够可靠地计量。

政府负债的计量属性主要包括历史成本、现值和公允价值。政府会计主体在对负债进行计量时,一般应当采用历史成本。采用现值、公允价值计量的,应当保证所确定的负债金额能够持续、可靠计量。

3. 净资产

净资产是指政府会计主体资产扣除负债后的净额,其金额取决于资产和负债的计量。

4. 收入

收入是指报告期内导致政府会计主体净资产增加的、含有服务潜力或者经济利益的经济资源的流入。

收入的确认应当同时满足以下条件:一是与收入相关的含有服务潜力或者经济利益的经济资源很可能流入政府会计主体;二是含有服务潜力或者经济利益的经济资源流入会导致政府会计主体资产增加或者负债减少;三是流入金额能够可靠地计量。

5. 费用

费用是指报告期内导致政府会计主体净资产减少的、含有服务潜力或者经济利益的经济资源的流出。

费用的确认应当同时满足以下条件:一是与费用相关的含有服务潜力或者经济利益的经济资源很可能流出政府会计主体;二是含有服务潜力或者经济利益的经济资源流出会导致政府会计主体资产减少或者负债增加;三是流出金额能够可靠地计量。

二、政府会计等式

会计要素之间的关系通常用会计等式表示,政府会计的会计等式,是指资产、负债和净资产之间的关系。从数学的角度来看,一个单位所拥有的资产总额与负债和净资产的总额必然是相等的。我们将资产与负债和净资产之间的这种客观存在的恒等关系,称之为会计等式。用公式表示为:

$$资产 = 负债 + 净资产 \tag{1}$$

单位在业务运作的过程中,必然会取得一定数额的收入,同时也必然会发生一定数额的费用(支出)。收入和费用相抵后的余额为盈余。这样,收入、费用和盈余这三个要素的关系便可以用公式表示如下:

$$收入 - 费用 = 盈余 \tag{2}$$

单位一定会计期间的盈余可以增加净资产;当然,如果抵减后的结果是负数,则会发生相反方向的影响。因此,我们可以将以上两个等式用公式连接起来表示如下:

$$资产 = 负债 + 净资产 + 收入 - 费用$$

这一公式可进一步变形为:

$$资产 + 费用 = 负债 + 净资产 + 收入 \tag{3}$$

上述三个关系式,(1)式可理解为静态等式,它反映单位在特定时点的资产、负债与净资产的恒等关系;(2)式和(3)式可理解为动态等式,它们反映单位在业务活动过程中收支盈余情况及净资产的增值情况,其中,等式(1)是财务会计编制资产负债表的依据,等式(2)(3)是财务会计编制收入费用表和试算平衡的依据,

$$预算收入 - 预算支出 = 预算结转结余 \tag{4}$$

等式（4）是预算会计编制预算收入支出表的依据。

会计等式是会计学中的一个基础性理论，它是单位开设账户、复式记账和编制会计报表的理论依据。

三、政府会计科目

会计科目是对会计对象按其经济内容或用途所作的科学分类，它是设置账户、进行账务处理的依据。科学地设置会计科目，正确使用会计科目，是做好政府会计核算工作的重要前提条件。政府会计科目按提供核算资料的详细程度不同，可以分为总账科目和分设明细科目。

1. 政府单位会计总账科目

政府单位会计总账科目在会计要素下直接开设，它反映相应会计要素中有关内容的总括信息。为了统一核算口径，提高核算质量，应由财政部制定统一总账会计科目。政府会计的会计总账科目也是依据预算会计3个会计要素和财务会计5个会计要素，即"3+5"共8个会计要素来制定设计的。会计科目表具体见表2-7。

表2-7 会计科目名称及编号

序号	科目编号	科目名称
一、财务会计科目		
（一）资产类		
1	1001	库存现金
2	1002	银行存款
3	1011	零余额账户用款额度
4	1021	其他货币资金
5	1101	短期投资
6	1201	财政应返还额度
7	1211	应收票据
8	1212	应收账款
9	1214	预付账款
10	1215	应收股利
11	1216	应收利息
12	1218	其他应收款
13	1219	坏账准备
14	1301	在途物品
15	1302	库存物品
16	1303	加工物品
17	1401	待摊费用
18	1501	长期股权投资
19	1502	长期债券投资
20	1601	固定资产

第二章 政府会计的核算基础和核算方法

续表

序号	科目编号	科目名称
21	1602	固定资产累计折旧
22	1611	工程物资
23	1613	在建工程
24	1701	无形资产
25	1702	无形资产累计摊销
26	1703	研发支出
27	1801	公共基础设施
28	1802	公共基础设施累计折旧（摊销）
29	1811	政府储备物资
30	1821	文物文化资产
31	1831	保障性住房
32	1832	保障性住房累计折旧
33	1891	受托代理资产
34	1901	长期待摊费用
35	1902	待处理财产损溢
(二) 负债类		
36	2001	短期借款
37	2101	应交增值税
38	2102	其他应交税费
39	2103	应缴财政款
40	2201	应付职工薪酬
41	2301	应付票据
42	2302	应付账款
43	2303	应付政府补贴款
44	2304	应付利息
45	2305	预收账款
46	2307	其他应付款
47	2401	预提费用
48	2501	长期借款
49	2502	长期应付款
50	2601	预计负债
51	2901	受托代理负债
(三) 净资产类		
52	3001	累计盈余
53	3101	专用基金
54	3201	权益法调整

续表

序号	科目编号	科目名称
55	3301	本期盈余
56	3302	本年盈余分配
57	3401	无偿调拨净资产
58	3501	以前年度盈余调整
（四）收入类		
59	4001	财政拨款收入
60	4101	事业收入
61	4201	上级补助收入
62	4301	附属单位上缴收入
63	4401	经营收入
64	4601	非同级财政拨款收入
65	4602	投资收益
66	4603	捐赠收入
67	4604	利息收入
68	4605	租金收入
69	4609	其他收入
（五）费用类		
70	5001	业务活动费用
71	5101	单位管理费用
72	5201	经营费用
73	5301	资产处置费用
74	5401	上缴上级费用
75	5501	对附属单位补助费用
76	5801	所得税费用
77	5901	其他费用

二、预算会计科目

（一）预算收入类

1	6001	财政拨款预算收入
2	6101	事业预算收入
3	6201	上级补助预算收入
4	6301	附属单位上缴预算收入
5	6401	经营预算收入
6	6501	债务预算收入
7	6601	非同级财政拨款预算收入
8	6602	投资预算收益
9	6609	其他预算收入

续表

序号	科目编号	科目名称
（二）预算支出类		
10	7101	行政支出
11	7201	事业支出
12	7301	经营支出
13	7401	上缴上级支出
14	7501	对附属单位补助支出
15	7601	投资支出
16	7701	债务还本支出
17	7901	其他支出
（三）预算结余类		
18	8001	资金结存
19	8101	财政拨款结转
20	8102	财政拨款结余
21	8201	非财政拨款结转
22	8202	非财政拨款结余
23	8301	专用结余
24	8401	经营结余
25	8501	其他结余
26	8701	非财政拨款结余分配

2. 政府单位会计明细科目

政府单位会计明细科目是对政府单位会计总账科目核算的具体内容进行详细分类的会计科目。它是总账科目的具体说明，对总账科目起补充和分析的作用。根据经济业务内容和预算管理要求来确定，政府会计明细科目可分设一级明细科目、二级明细科目、三级明细科目等。明细科目的设置主要依据包括：

政府单位的财产物资按其类别或品名设置。往来款项按结算单位、个人名称或事项设置；收入按政府预算收入科目的款、项设置，如各事业单位会计开设"财政补助收入"总账账户，下设"基本支出——一般公共服务——气象事务——气象事业机构""项目支出——教育——普通教育——高中教育"等明细科目；支出按政府预算支出科目的"款""项"设置，如事业单位预算会计开设"事业支出"总账科目，下设"财政拨款支出——基本支出——商品和服务支出——办公费""财政拨款支出——项目支出——商品和服务支出——会议费""其他资金支出——项目支出——其他资本性支出——大型修缮"等明细科目。

第二篇　政府单位会计

第三章

资产的管理与核算

【教学目标】

　　通过本章的学习，要求学生了解各类资产的概念、特点，熟悉资产类会计科目，会运用会计科目进行会计核算。

【重点难点】

　　区分各类资产的概念、科目。

【关键名词】

　　资产　流动资产　零余额账户用款额度　财政应返还额度　应收账款存货　待摊费用　长期投资　固定资产　无形资产　政府储备物资　公共基础设施　保障性住房　文物文化资产　受托代理资产

课前案例：

如皋市财政局推进行政事业单位长期已使用在建工程转固工作

　　日前，如皋市财政局印发《关于加快做好行政事业单位长期已使用在建工程转固工作的通知》，着力解决行政事业单位在建工程比例较大、计入固定资产比例较低等问题，切实提高资产使用效益。

　　一是高度重视。采取有效措施，推进转固工作。行政事业单位已交付使用但尚未办理竣工决算手续的固定资产，应当按照估计价值入账，待办理竣工决算后再按实际成本调整原来的暂估价值。

　　二是明确职责。按照"谁建设、谁负责"的总体要求，项目业主单位对在建工程转固工作负主体责任,加快清理本单位已使用在建工程转固定资产情况;项目主管部门负责转固工作的督促与指导工作,并明确时间节点要求。

三是及时办理。项目建设单位应在项目可投入使用或者试运行合格后,3个月内完成竣工财务决算编制,经项目主管部门审核并报财政部门审批,以便按规定办理建设资金清算,核定资产交付价值。项目主管部门应当指导和督促项目建设单位,及时编报项目竣工财务决算,并依据审核批复的项目竣工财务决算。

四是数据维护。对财务核算已转固的在建工程,各单位应当按照国有资产管理信息化的要求,及时将资产变动信息录入管理信息系统,确保账账、账卡、账实相符。

(资料来源:《市财政局推进行政事业单位长期已使用在建工程转固工作》,中共如皋市委新闻网,通讯员:胡加纪,2019年5月15日)

点评:上述案例中如皋市财政局布置的转固工作,旨在贯彻执行年初财政部下达的转固工作任务。此项工作目标是贯彻落实党中央、国务院完善国有资产管理有关要求,进一步解决在建工程比例较大、计入固定资产比例较低等问题,提高资产使用效益。项目单位要进一步规范和加强基建管理,全面清理基建会计账务。对于尚不具备转固条件、计入在建工程科目核算的实际成本,进行核实、确认;对于已交付使用的建设项目,应按规定及时办理基建项目竣工财务决算相关手续,确认固定资产入账成本等。

第一节 资产的概述

一、资产的定义、确认

《政府会计准则——基本准则》第二十七条规定,资产是指政府会计主体过去的经济业务或者事项形成的,由政府会计主体控制的,预期能够产生服务潜力或者带来经济利益流入的经济资源。服务潜力是指政府会计主体利用资产提供公共产品和服务以履行政府职能的潜在能力。经济利益流入表现为现金及现金等价物的流入,或者现金及现金等价物流出的减少。

资产的确认应当同时满足以下条件:(1)与该经济资源相关的服务潜力很可能实现或者经济利益很可能流入政府会计主体;(2)该经济资源的成本或者价值能够可靠地计量。

符合资产定义和资产确认条件的项目,应当列入资产负债表。

二、资产类会计科目(见表3-1)

由于业务开展的要求不同,因此有以下7个科目只有事业单位才能使用:短期投资、应收票据、应收股利、应收利息、坏账准备、长期股权投资、长期债券投资。

表 3 – 1　　　　　　　　　　　资产类会计科目表

序号	科目编码	科目名称	备注
1	1001	库存现金	
2	1002	银行存款	
3	1011	零余额账户用款额度	
4	1021	其他货币资金	
5	1101	短期投资	事业单位
6	1201	财政应返还额度	
7	1211	应收票据	事业单位
8	1212	应收账款	
9	1214	预付账款	
10	1215	应收股利	事业单位
11	1216	应收利息	事业单位
12	1218	其他应收款	
13	1219	坏账准备	事业单位
14	1301	在途物品	
15	1302	库存物品	
16	1303	加工物品	
17	1401	待摊费用	
18	1501	长期股权投资	事业单位
19	1502	长期债券投资	事业单位
20	1601	固定资产	
21	1602	固定资产累计折旧	
22	1611	工程物资	
23	1613	在建工程	
24	1701	无形资产	
25	1702	无形资产累计摊销	
26	1703	研发支出	
27	1801	公共基础设施	
28	1802	公共基础设施累计折旧（摊销）	
29	1811	政府储备物资	
30	1821	文物文化资产	
31	1831	保障性住房	
32	1832	保障性住房累计折旧	
33	1891	受托代理资产	
34	1901	长期待摊费用	
35	1902	待处理财产损溢	

（1）资产的计量属性主要包括历史成本、重置成本、现值、公允价值和名义金额。在历史成本计量下，资产按照取得时支付的现金金额或者支付对价的公允价值

计量。

在重置成本计量下，资产按照现在购买相同或者相似资产所需支付的现金金额计量。

在现值计量下，资产按照预计从其持续使用和最终处置中所产生的未来净现金流入量的折现金额计量。

在公允价值计量下，资产按照市场参与者在计量日发生的有序交易中，出售资产所能收到的价格计量。

无法采用上述计量属性的，采用名义金额（即人民币 1 元）计量。

（2）政府会计主体在对资产进行计量时，一般应当采用历史成本。

采用重置成本、现值、公允价值计量的，应当保证所确定的资产金额能够持续、可靠计量。

政府会计主体的资产按照流动性，分为流动资产，非流动资产及经管资产。流动资产是指预计在 1 年内（含 1 年）耗用或者可以变现的资产，包括货币资金、短期投资、应收及预付款项，存货等；非流动资产是指流动资产以外的资产，包括固定资产、在建工程、无形资产、长期投资等；经管资产是指行政事业单位代表政府经营管理的公共资产，包括公共基础设施、政府储备资产、文物文化资产、保障性住房等。

第二节

流动资产核算

行政事业单位的流动资产有货币资金、短期投资、应收及预付款项、存货、待摊费用等。

一、货币资金

行政事业单位的货币资金有库存现金、银行存款、零余额账户用款额度、其他货币资金等，货币资金类会计科目表见表 3-2。

表 3-2 货币资金类会计科目表

序号	科目编码	科目名称	备注
1	1001	库存现金	
2	1002	银行存款	
3	1011	零余额账户用款额度	
4	1021	其他货币资金	

（一）库存现金

1. 库存现金的管理

库存现金是指存于单位内部用于日常零星开支的货币资金。为核算单位的库存现金，设置"库存现金"科目。本科目期末借方余额，反映单位实际持有的库存现金。

单位应当严格按照国家有关现金管理的规定收支现金,并按照本制度规定核算现金的各项收支业务。

单位应当设置"库存现金日记账",由出纳人员根据收付款凭证,按照业务发生顺序逐笔登记。每日终了,应当计算当日的现金收入合计数、现金支出合计数和结余数,并将结余数与实际库存数相核对,做到账款相符。本科目应当设置"受托代理资产"明细科目,核算单位受托代理、代管的现金。

2. 库存现金的账务处理

(1) 从银行等金融机构提取现金,按照实际提取的金额,借记本科目,贷记"银行存款"科目;将现金存入银行等金融机构,按照实际存入金额,借记"银行存款"科目,贷记本科目。

根据规定从单位零余额账户提取现金,按照实际提取的金额,借记本科目,贷记"零余额账户用款额度"科目。

将现金退回单位零余额账户,按照实际退回的金额,借记"零余额账户用款额度"科目,贷记本科目。

(2) 因内部职工出差等原因借出的现金,按照实际借出的现金金额,借记"其他应收款"科目,贷记本科目。

出差人员报销差旅费时,按照实际报销的金额,借记"业务活动费用""单位管理费用"等科目,按照实际借出的现金金额,贷记"其他应收款"科目,按照其差额,借记或贷记本科目。

(3) 因提供服务、物品或者其他事项收到现金,按照实际收到的金额,借记本科目,贷记"事业收入""应收账款"等相关科目。涉及增值税业务的,相关账务处理参见"应交增值税"科目。因购买服务、物品或者其他事项支付现金,按照实际支付的金额,借记"业务活动费用""单位管理费用""库存物品"等相关科目,贷记本科目。涉及增值税业务的,相关账务处理参见"应交增值税"科目。以库存现金对外捐赠,按照实际捐出的金额,借记"其他费用"科目,贷记本科目。

(4) 收到受托代理、代管的现金,按照实际收到的金额,借记本科目(受托代理资产),贷记"受托代理负债"科目;支付受托代理、代管的现金,按照实际支付的金额,借记"受托代理负债"科目,贷记本科目(受托代理资产)。

某高校有关库存现金的业务如下:

【例3-1】2×19年9月,从银行提取现金50 000元。

财务会计账务处理		预算会计账务处理
借:库存现金 贷:银行存款	50 000 50 000	——

【例3-2】2×19年9月,学校教师张勇出差,预借差旅费10 000元。

财务会计账务处理		预算会计账务处理
借:其他应收款——张勇 贷:库存现金	10 000 10 000	——

第三章 资产的管理与核算

【例3-3】接上例,张勇出差归来,报销差旅费9 500元,余款500元交回。

财务会计账务处理		预算会计账务处理	
借:业务活动费用	9 500	借:事业支出	9 500
库存现金	500	贷:资金结存——货币资金	9 500
贷:其他应收款——张勇	10 000		

(二) 银行存款

1. 银行存款的管理

银行存款是指行政事业单位存入银行或者其他金融机构的各种存款。

行政事业单位应当严格按照国家相关规定开设银行存款账户,并严格按照国家有关支付结算办法的规定办理银行存款收支业务。随着财政国库集中收付制度深入推行,行政事业单位财政性资金的收付业务都直接通过财政国库单一账户体系办理,行政事业单位银行存款的业务相应减少。

单位应当按照开户银行或其他金融机构、存款种类及币种等,分别设置"银行存款日记账",由出纳人员根据收付款凭证,按照业务的发生顺序逐笔登记,每日终了应结出余额。"银行存款日记账"应定期与"银行对账单"核对,至少每月核对一次。月度终了,单位银行存款日记账账面余额与银行对账单余额之间如有差额,应当逐笔查明原因并进行处理,按月编制"银行存款余额调节表",调节相符。

本科目期末借方余额,反映单位实际存放在银行或其他金融机构的款项。本科目应当设置"受托代理资产"明细科目,核算单位受托代理、代管的银行存款。

提示

行政单位的货币资金除少量按核定的限额保留库存现金以供日常零星开支之外,超过限额的现金必须存入国家核定设立的银行或其他金融机构。除国家规定的可以用现金办理的结算外,其余都必须办理转账结算。

目前,实行国库集中支付改革的行政单位,其财政资金都以预算额度和零余额账户用款额度的形式存在,行政单位收取的税收、行政性收费、财政专户收入等财政资金也都采用收支两条线、收缴分离的管理方式,因此这些行政单位一般不存在银行存款形式的财政资金。行政单位银行存款主要为改革以前的年度结余、其他收入、往来款项。实行传统的划拨资金方式管理的行政单位,仍有大量的银行存款,银行存款仍是单位主要的结算资金。

2. 银行存款的账务处理

(1) 将款项存入银行或者其他金融机构,按照实际存入的金额,借记本科目,贷记"库存现金""应收账款""事业收入""经营收入""其他收入"等相关科目。涉及增值税业务的,相关账务处理参见"应交增值税"科目。

收到银行存款利息,按照实际收到的金额,借记本科目,贷记"利息收入"科目。

(2) 从银行等金融机构提取现金,按照实际提取的金额,借记"库存现金"科目,贷记本科目。

(3) 以银行存款支付相关费用,按照实际支付的金额,借记"业务活动费用""单位管理费用""其他费用"等相关科目,贷记本科目。涉及增值税业务的,相关账务处理参见"应交增值税"科目。以银行存款对外捐赠,按照实际捐出的金额,借记"其他费用"科目,贷记本科目。

(4)收到受托代理、代管的银行存款,按照实际收到的金额,借记本科目(受托代理资产),贷记"受托代理负债"科目;支付受托代理、代管的银行存款,按照实际支付的金额,借记"受托代理负债"科目,贷记本科目(受托代理资产)。

某事业单位有关银行存款的业务如下:

【例3-4】2×19年9月,该单位在开展专业业务活动中取得一项事业收入75 000元,款项已存入银行存款账户。

财务会计账务处理	预算会计账务处理
借:银行存款　　　　　75 000 　贷:事业收入　　　　　　75 000	借:资金结存——货币资金　　75 000 　贷:事业预算收入　　　　　75 000

【例3-5】数日后,该事业单位通过银行存款账户支付一笔款项6 000元,具体内容为开展专业业务活动中发生的一项业务费用。

财务会计账务处理	预算会计账务处理
借:业务活动费用　　　6 000 　贷:银行存款　　　　　　6 000	借:事业支出　　　　　　　6 000 　贷:资金结存——货币资金　6 000

3. 外币存款的核算

单位发生外币业务的,应当按照业务发生当日的即期汇率,将外币金额折算为人民币金额记账,并登记外币金额和汇率。

期末,各种外币账户的期末余额,应当按照期末的即期汇率折算为人民币,作为外币账户期末人民币余额。调整后的各种外币账户人民币余额与原账面余额的差额,作为汇兑损益计入当期费用。

(1)以外币购买物资、设备等,按照购入当日的即期汇率将支付的外币或应支付的外币折算为人民币金额,借记"库存物品"等科目,贷记本科目、"应付账款"等科目的外币账户。涉及增值税业务的,相关账务处理参见"应交增值税"科目。

(2)销售物品、提供服务以外币收取相关款项等,按照收入确认当日的即期汇率将收取的外币或应收取的外币折算为人民币金额,借记本科目、"应收账款"等科目的外币账户,贷记"事业收入"等相关科目。

(3)期末,根据各外币银行存款账户按照期末汇率调整后的人民币余额与原账面人民币余额的差额,作为汇兑损益,借记或贷记本科目,贷记或借记"业务活动费用""单位管理费用"等科目。

"应收账款""应付账款"等科目有关外币账户期末汇率调整业务的账务处理参照本科目。

(三)零余额账户用款额度

1. 零余额账户用款额度的管理

零余额账户用款额度是指实行国库集中支付的行政事业单位根据财政部门批复的用款计划收到和支用的零余额账户用款额度。

行政事业单位的零余额账户由财政部门为行政事业单位在商业银行开设，用于行政事业单位的财政授权支付。行政事业单位的零余额账户属于财政国库单一账户体系中的一个账户。本科目期末借方余额，反映单位尚未支用的零余额账户用款额度。年末注销单位零余额账户用款额度后，本科目应无余额。

该账户每日发生的支付，于当日营业终了前由代理银行在财政部门批准的用款额度内与国库单一账户清算。预算单位零余额账户可以办理转账、提取现金等结算业务；可以按账户管理规定划拨工会经费、住房公积金及提租补贴，以及经财政部门批准的特殊款项。零余额账户不得违反规定向本单位其他账户和上级主管单位、所属下级单位账户划拨资金。

提示

行政事业单位对财政授权支付额度到账通知书确定的月度财政授权支付额度在年度内可以累加使用。年度终了，代理银行和行政事业单位对截至 12 月 31 日 24 时财政授权支付额度的下达、支用、余额等情况进行对账签证。代理银行将行政事业单位零余额账户财政授权支付额度余额全部注销，银行对账签证单作为单位年终余额注销的记账凭证。

行政事业单位支用财政授权支付额度可通过转账或现金等方式结算。财政授权支付的资金，因凭证要素填写错误而在支付之前退票的，由行政事业单位核实原因后重新通知代理银行办理支付；财政授权支付的资金由代理银行支付后，因收款单位的账户名称或账号填写错误等原因而发生资金退回预算单位零余额账户的，代理银行在当日将资金退回国库单一账户并通知行政单位，按原渠道恢复预算单位零余额账户财政授权支付额度。

2. 零余额账户用款额度的账务处理

（1）收到额度。单位收到"财政授权支付到账通知书"时，根据通知书所列金额，借记本科目，贷记"财政拨款收入"科目。

（2）支用额度。①支付日常活动费用时，按照支付的金额，借记"业务活动费用""单位管理费用"等科目，贷记本科目。②购买库存物品或购建固定资产，按照实际发生的成本，借记"库存物品""固定资产""在建工程"等科目，按照实际支付或应付的金额，贷记本科目、"应付账款"等科目。涉及增值税业务的，相关账务处理参见"应交增值税"科目。③从零余额账户提取现金时，按照实际提取的金额，借记"库存现金"科目，贷记本科目。

（3）因购货退回等发生财政授权支付额度退回的，按照退回的金额，借记本科目，贷记"库存物品"等科目。

（4）年末，根据代理银行提供的对账单作注销额度的相关账务处理，借记"财政应返还额度——财政授权支付"科目，贷记本科目。

年末，单位本年度财政授权支付预算指标数大于零余额账户用款额度下达数的，根据未下达的用款额度，借记"财政应返还额度——财政授权支付"科目，贷记"财政拨款收入"科目。

下年初，单位根据代理银行提供的上年度注销额度恢复到账通知书作恢复额度的相关账务处理，借记本科目，贷记"财政应返还额度——财政授权支付"科目。单位收到财政部门批复的上年未下达零余额账户用款额度,借记本科目,贷记"财政应返还额度——财政授权支付"科目。

【例3-6】某行政单位收到"财政授权支付到账通知书",通知书所列金额为225 000元。数日后,该行政单位使用零余额账户用款额度支付日常活动费用3 500元。

财务会计账务处理	预算会计账务处理
借:零余额账户用款额度　　225 000 　　贷:财政拨款收入　　　　　　225 000	借:资金结存——零余额账户用款额度 　　　　　　　　　　　　　　　225 000 　　贷:财政拨款预算收入　　　　225 000

【例3-7】数日后,该行政单位使用零余额账户用款额度33 500元购进一批存货。

财务会计账务处理	预算会计账务处理
借:库存物品　　　　　　　　33 500 　　贷:零余额账户用款额度　　　33 500	借:行政支出　　　　　　　　33 500 　　贷:资金结存——零余额账户用款额度 　　　　　　　　　　　　　　　33 500

(四)其他货币资金

1. 其他货币资金的管理

其他货币资金是指除库存现金、银行存款和零余额账户用款额度之外的其他各种货币资金,主要包括外埠存款、银行本票存款、银行汇票存款、信用卡存款等种类。本科目应当设置"外埠存款""银行本票存款""银行汇票存款""信用卡存款"等明细科目,进行明细核算。本科目期末借方余额,反映单位实际持有的其他货币资金。

单位应当加强对其他货币资金的管理,及时办理结算,对于逾期尚未办理结算的银行汇票、银行本票等,应当按照规定及时转回,并按照规定进行相应账务处理。

2. 其他货币资金的账务处理

(1)单位按照有关规定需要在异地开立银行账户,将款项委托本地银行汇往异地开立账户时,借记本科目,贷记"银行存款"科目。收到采购员交来供应单位发票账单等报销凭证时,借记"库存物品"等科目,贷记本科目。将多余的外埠存款转回本地银行时,根据银行的收账通知,借记"银行存款"科目,贷记本科目。

(2)将款项交存银行取得银行本票、银行汇票,按照取得的银行本票、银行汇票金额,借记本科目,贷记"银行存款"科目。使用银行本票、银行汇票购买库存物品等资产时,按照实际支付金额,借记"库存物品"等科目,贷记本科目。如有余款或因本票、汇票超过付款期等原因而退回款项,按照退款金额,借记"银行存款"科目,贷记本科目。

(3)将款项交存银行取得信用卡,按照交存金额,借记本科目,贷记"银行存款"科目。用信用卡购物或支付有关费用,按照实际支付金额,借记"单位管理费用""库存物品"等科目,贷记本科目。单位信用卡在使用过程中,需向其账户续存资金的,按照续存金额,借记本科目,贷记"银行存款"科目。

【例3-8】某事业单位将款项50 000元交存银行取得相应数额的银行本票。数日后,该事业单位以该银行本票购买一批库存物品50 000元。

财务会计账务处理	预算会计账务处理
借：其他货币资金——银行本票存款　50 000 　　贷：银行存款　　　　　　　　　　　　50 000	——

【例3-9】数日后，该事业单位以该银行本票购买一批物品50 000元，仍在途中。

财务会计账务处理	预算会计账务处理
借：在途物品　　　　　　　　　　　　　50 000 　　贷：其他货币资金——银行本票存款　　50 000	借：事业支出等　　　　　　　　　　　50 000 　　贷：资金结存——货币资金　　　　　50 000

二、短期投资

1. 短期投资的管理

短期投资是指事业单位按照规定取得的，持有时间不超过1年（含1年）的投资。事业单位应当严格遵守国家法律、行政法规以及财政部门、主管部门关于对外投资的有关规定。本科目应当按照投资的种类等进行明细核算。本科目期末借方余额，反映事业单位持有短期投资的成本。

2. 短期投资的账务处理

（1）取得短期投资时，按照确定的投资成本，借记本科目，贷记"银行存款"等科目。收到取得投资时实际支付价款中包含的已到付息期但尚未领取的利息，按照实际收到的金额，借记"银行存款"科目，贷记本科目。

（2）收到短期投资持有期间的利息，按照实际收到的金额，借记"银行存款"科目，贷记"投资收益"科目。

（3）出售短期投资或到期收回短期投资本息，按照实际收到的金额，借记"银行存款"科目，按照出售或收回短期投资的账面余额，贷记本科目，按照其差额，借记或贷记"投资收益"科目。涉及增值税业务的，相关账务处理参见"应交增值税"科目。

【例3-10】2×19年5月，某事业单位利用闲散资金购买一批国债作为短期投资，实际投资成本为35 000元，款项以银行存款支付。3个月后，该事业单位出售该项短期投资，实际收到款项12 800元，款项已存入开户银行。

财务会计账务处理	预算会计账务处理
借：短期投资　　　　　　　　　　　　　35 000 　　贷：银行存款　　　　　　　　　　　　35 000	借：投资支出等　　　　　　　　　　　35 000 　　贷：资金结存——货币资金　　　　　35 000

【例3-11】3个月后，该事业单位出售该项短期投资，实际收到款项37 000元，款项已存入开户银行。

财务会计账务处理	预算会计账务处理
借：银行存款　　　　　　　　　　　　　37 000 　　贷：短期投资　　　　　　　　　　　　35 000 　　　　投资收益　　　　　　　　　　　　2 000	借：资金结存——货币资金　　　　　　37 000 　　贷：投资支出　　　　　　　　　　　35 000 　　　　投资预算收益　　　　　　　　　2 000

三、应收及预付款项

(一) 财政应返还额度

1. 财政应返还额度的管理

财政应返还额度是指实行国库集中支付的行政事业单位应收财政返还的资金额度，包括可以使用的以前年度财政直接支付资金额度和财政应返还的财政授权支付资金额度。

本科目应当设置"财政直接支付""财政授权支付"两个明细科目进行明细核算。本科目期末借方余额，反映单位应收财政返还的资金额度。

提示

预算额度是行政事业单位根据预算可以从财政部门获得的资金数额，代表存在于财政部门国库单一账户中的行政事业单位尚可使用资金数。行政事业单位可以通过财政直接支付或财政授权支付的形式使用该额度。行政事业单位的预算额度由于预算的批准而增加，由其转为财政直接支付和零余额账户用款额度而减少。行政事业单位取得的财政资金以预算指标或账户额度形式存在，实际的资金存在于财政国库单一账户中，而不是以现金或银行存款的形式存在。在国库单一账户管理体制下，行政事业单位尽管没有取得现金或银行存款，但部门预算和单位预算被批准后，行政事业单位就对预算中的资金依法拥有相应的资金使用权，并履行财务管理、会计核算职能。因此行政事业单位需要在账户上反映这种使用权所代表的资产。尽管这种预算指标目前未在下达当时确认为资产，但是年底行政事业单位如果存在未使用完的预算指标，应该在年末确认为单位资产。

2. 财政应返还额度的账务处理

(1) 财政直接支付。年末，单位根据本年度财政直接支付预算指标数大于当年财政直接支付实际发生数的差额，借记本科目（财政直接支付），贷记"财政拨款收入"科目。

单位使用以前年度财政直接支付额度支付款项时，借记"业务活动费用""单位管理费用"等科目，贷记本科目（财政直接支付）。

(2) 财政授权支付。年末，根据代理银行提供的对账单作注销额度的相关账务处理，借记本科目（财政授权支付），贷记"零余额账户用款额度"科目。

年末，单位本年度财政授权支付预算指标数大于零余额账户用款额度下达数的，根据未下达的用款额度，借记本科目（财政授权支付），贷记"财政拨款收入"科目。

下年初，单位根据代理银行提供的上年度注销额度恢复到账通知书作恢复额度的相关账务处理，借记"零余额账户用款额度"科目，贷记本科目（财政授权支付）。单位收到财政部门批复的上年未下达零余额账户用款额度，借记"零余额账户用款额度"科目，贷记本科目（财政授权支付）。

【例 3-12】某行政单位使用以前年度财政直接支付额度支付业务活动费用 10 050 元。

财务会计账务处理	预算会计账务处理
借：业务活动费用　　　　　　　10 050 　　贷：财政应返还额度——财政直接支付　10 050	借：行政支出　　　　　　　　　10 050 　　贷：资金结存——财政应返还额度　10 050

【例 3-13】年末，该行政单位本年度财政直接支付预算指标数大于当年财政直接支付实际支出数的差额为 3 000 元。

财务会计账务处理	预算会计账务处理
借：财政应返还额度——财政直接支付 3 000 　　贷：财政拨款收入　　　　　　　　　3 000	借：资金结存——财政应返还额度 3 000 　　贷：财政拨款预算收入　　　　　　3 000

（二）应收票据

1. 应收票据的管理

应收票据是指事业单位因开展经营活动销售产品、提供有偿服务等而收到的商业汇票，包括银行承兑汇票和商业承兑汇票。

本科目应当按照开出、承兑商业汇票的单位等进行明细核算。事业单位应当设置"应收票据备查簿"，逐笔登记每一应收票据的种类、号数、出票日期、到期日、票面金额、交易合同号和付款人、承兑人、背书人姓名或单位名称、背书转让日、贴现日期、贴现率和贴现净额、收款日期、收回金额和退票情况等。应收票据到期结清票款或退票后，应当在备查簿内逐笔注销。

本科目期末借方余额，反映事业单位持有的商业汇票票面金额。

2. 应收票据的账务处理

（1）因销售产品、提供服务等收到商业汇票，按照商业汇票的票面金额，借记本科目，按照确认的收入金额，贷记"经营收入"等科目。涉及增值税业务的，相关账务处理参见"应交增值税"科目。

（2）持未到期的商业汇票向银行贴现，按照实际收到的金额（即扣除贴现息后的净额），借记"银行存款"科目，按照贴现息金额，借记"经营费用"等科目，按照商业汇票的票面金额，贷记本科目（无追索权）或"短期借款"科目（有追索权）。附追索权的商业汇票到期未发生追索事项的，按照商业汇票的票面金额，借记"短期借款"科目，贷记本科目。

（3）将持有的商业汇票背书转让以取得所需物资时，按照取得物资的成本，借记"库存物品"等科目，按照商业汇票的票面金额，贷记本科目，如有差额，借记或贷记"银行存款"等科目。涉及增值税业务的，相关账务处理参见"应交增值税"科目。

（4）商业汇票到期时，应当分别以下情况处理：①收回票款时，按照实际收到的商业汇票票面金额，借记"银行存款"科目，贷记本科目。②因付款人无力支付票款，收到银行退回的商业承兑汇票、委托收款凭证、未付票款通知书或拒付款证明等，按照商业汇票的票面金额，借记"应收账款"科目，贷记本科目。

（三）应收账款

1. 应收账款的管理

应收账款是指事业单位提供服务、销售产品等应收取的款项，以及行政事业单位因出租资产、出售物资等应收取的款项。

本科目应当按照债务单位（或个人）进行明细核算。本科目期末借方余额，反映单位尚未收回的应收账款。

应收账款是流动资产的一项重要组成部分，它是单位在未来一定时间内拥有的一项债权。应收账款所收回的权利多为货币资金，且它是伴随着单位相关交易行为而发生的，因此应在其发生时确认。行政单位的应收账款主要是指出租资产、出售物资等应当收取的款项。行政单位包括收到的商业汇票也通过本科目进行核算。

事业单位应当于每年年末，对收回后不需上缴财政的应收账款进行全面检查，如发生不能收回的迹象，应当计提坏账准备。对于账龄超过规定年限、确认无法收回的应收账款，按照规定报经批准后予以核销。按照核销金额，借记"坏账准备"科目，贷记本科目。核销的应收账款应在备查簿中保留登记。已核销的应收账款在以后期间又收回的，按照实际收回金额，借记本科目，贷记"坏账准备"科目；同时，借记"银行存款"等科目，贷记本科目。

单位应当于每年年末，对收回后应当上缴财政的应收账款进行全面检查。对于账龄超过规定年限、确认无法收回的应收账款，按照规定报经批准后予以核销。按照核销金额，借记"应缴财政款"科目，贷记本科目。核销的应收账款应当在备查簿中保留登记。已核销的应收账款在以后期间又收回的，按照实际收回金额，借记"银行存款"等科目，贷记"应缴财政款"科目。

2. 应收账款的账务处理

（1）应收账款收回后不需上缴财政单位发生应收账款时，按照应收未收金额，借记本科目，贷记"事业收入""经营收入""租金收入""其他收入"等科目。涉及增值税业务的，相关账务处理参见"应交增值税"科目。

收回应收账款时，按照实际收到的金额，借记"银行存款"等科目，贷记本科目。

（2）应收账款收回后需上缴财政。①单位出租资产发生应收未收租金款项时，按照应收未收金额，借记本科目，贷记"应缴财政款"科目。收回应收账款时，按照实际收到的金额，借记"银行存款"等科目，贷记本科目。②单位出售物资发生应收未收款项时，按照应收未收金额，借记本科目，贷记"应缴财政款"科目。收回应收账款时，按照实际收到的金额，借记"银行存款"等科目，贷记本科目。

涉及增值税业务的，相关账务处理参见"应交增值税"科目。

【例3-14】某学校在开展专业业务活动中发生一项应收账款30 200元，该应收账款收回后不需上缴财政。数日后，该事业单位收回了该项应收账款。

财务会计账务处理		预算会计账务处理
借：应收账款　　　　　30 200		——
贷：事业收入　　　　　　　30 200		

【例3-15】数日后，该学校收回了该项应收账款。

财务会计账务处理		预算会计账务处理	
借：银行存款等　　　　30 200		借：资金结存——货币资金　　30 200	
贷：应收账款　　　　　　　30 200		贷：事业预算收入　　　　　　30 200	

【例3-16】某行政单位向外出租资产，月租金20 000元，2×19年3月末确认租金。4月初收到租金。

第三章 资产的管理与核算

时间	财务会计账务处理	预算会计账务处理
确认	借：应收账款　　　　20 000 　　贷：应缴财政款　　　　　20 000	—
收到	借：银行存款　　　　20 000 　　贷：应收账款　　　　　　20 000	—

（四）预付账款

1. 预付账款的管理

预付账款是指行政事业单位按照购货、服务合同或协议规定预付给供应单位（或个人）的款项，以及按照合同规定向承包工程的施工企业预付的备料款和工程款。

预付账款与"应收账款"科目同为单位的一项债权，所不同的是，它所收回的通常为商品或劳务，行政单位设立的"预付账款"科目主要核算按照购货、劳务合同规定预付给供应单位（或个人）的款项。

本科目应当按照供应单位（或个人）及具体项目进行明细核算；对于基本建设项目发生的预付账款，还应当在本科目所属基建项目明细科目下设置"预付备料款""预付工程款""其他预付款"等明细科目，进行明细核算。本科目期末借方余额，反映单位实际预付但尚未结算的款项。

单位应当于每年年末，对预付账款进行全面检查。如果有确凿证据表明预付账款不再符合预付款项性质，或者因供应单位破产、撤销等原因可能无法收到所购货物、服务的，应当先将其转入其他应收款，再按照规定进行处理。将预付账款账面余额转入其他应收款时，借记"其他应收款"科目，贷记本科目。

2. 预付账款的账务处理

（1）根据购货、服务合同或协议规定预付款项时，按照预付金额，借记本科目，贷记"财政拨款收入""零余额账户用款额度""银行存款"等科目。

（2）收到所购资产或服务时，按照购入资产或服务的成本，借记"库存物品""固定资产""无形资产""业务活动费用"等相关科目，按照相关预付账款的账面余额，贷记本科目，按照实际补付的金额，贷记"财政拨款收入""零余额账户用款额度""银行存款"等科目。涉及增值税业务的，相关账务处理参见"应交增值税"科目。

（3）根据工程进度结算工程价款及备料款时，按照结算金额，借记"在建工程"科目，按照相关预付账款的账面余额，贷记本科目，按照实际补付的金额，贷记"财政拨款收入""零余额账户用款额度""银行存款"等科目。

（4）发生预付账款退回的，按照实际退回金额，借记"财政拨款收入"（本年直接支付）、"财政应返还额度"（以前年度直接支付）、"零余额账户用款额度""银行存款"等科目，贷记本科目。

【例3-17】某行政单位向社会公司购买一项服务，发生预付账款 45 500 元，款项通过单位零余额账户支付。1个月后，该行政单位收到向社会公司购买的该项服务，同时补付相应款项 15 500 元，款项通过单位零余额账户支付。

时间	财务会计账务处理	预算会计账务处理
预付账款	借：预付账款　　　　　　　　45 500 　　贷：零余额账户用款额度　　　45 500	借：行政支出　　　　　　　　　　45 500 　　贷：资金结存——零余额账户用款额度 　　　　　　　　　　　　　　　　45 500
获得服务	借：业务活动费用　　　　　　61 000 　　贷：预付账款　　　　　　　　45 500 　　　　零余额账户用款额度　　15 500	借：行政支出　　　　　　　　　　15 500 　　贷：资金结存——零余额账户用款额度 　　　　　　　　　　　　　　　　15 500

（五）应收股利

1. 应收股利的管理

应收股利是指事业单位因持有长期股权投资应当收取的现金股利或应当分得的利润。本科目应当按照被投资单位等进行明细核算。本科目期末借方余额，反映事业单位应当收取但尚未收到的现金股利或利润。

2. 应收股利的账务处理

（1）取得长期股权投资，按照支付的价款中所包含的已宣告但尚未发放的现金股利，借记本科目，按照确定的长期股权投资成本，借记"长期股权投资"科目，按照实际支付的金额，贷记"银行存款"等科目。

收到取得投资时实际支付价款中所包含的已宣告但尚未发放的现金股利时，按照收到的金额，借记"银行存款"科目，贷记本科目。

（2）长期股权投资持有期间，被投资单位宣告发放现金股利或利润的，按照应享有的份额，借记本科目，贷记"投资收益"（成本法下）或"长期股权投资"（权益法下）科目。

（3）实际收到现金股利或利润时，按照收到的金额，借记"银行存款"等科目，贷记本科目。

（六）应收利息

1. 应收利息的管理

应收利息是指事业单位长期债券投资应当收取的利息。事业单位购入的到期一次还本付息的长期债券投资持有期间的利息，应当通过"长期债券投资——应计利息"科目核算，不通过本科目核算。本科目应当按照被投资单位等进行明细核算。本科目期末借方余额，反映事业单位应收未收的长期债券投资利息。

2. 应收利息的账务处理

（1）取得长期债券投资，按照确定的投资成本，借记"长期债券投资"科目，按照支付的价款中包含的已到付息期但尚未领取的利息，借记本科目，按照实际支付的金额，贷记"银行存款"等科目。收到取得投资时实际支付价款中所包含的已到付息期但尚未领取的利息时，按照收到的金额，借记"银行存款"等科目，贷记本科目。

（2）按期计算确认长期债券投资利息收入时，对于分期付息、一次还本的长期债券投资，按照以票面金额和票面利率计算确定的应收未收利息金额，借记本科目，贷记"投资收益"科目。

（3）实际收到应收利息时，按照收到的金额，借记"银行存款"等科目，贷记本科目。

（七）其他应收款

1. 其他应收款的管理

其他应收款是指行政事业单位除财政应返还额度、应收票据、应收账款、预付账款、应收股利、应收利息以外的其他各项应收及暂付款项。如职工预借的差旅费、已经偿还银行尚未报销的本单位公务卡欠款、拨付给内部有关部门的备用金、应向职工收取的各种垫付款项、支付的可以收回的订金或押金、应收的上级补助和附属单位上缴款项等。

本科目应当按照其他应收款的类别以及债务单位（或个人）进行明细核算。本科目期末借方余额，反映单位尚未收回的其他应收款。

事业单位应当于每年年末，对其他应收款进行全面检查，如发生不能收回的迹象，应当计提坏账准备：（1）对于账龄超过规定年限、确认无法收回的其他应收款，按照规定报经批准后予以核销。按照核销金额，借记"坏账准备"科目，贷记本科目。核销的其他应收款应当在备查簿中保留登记；（2）已核销的其他应收款在以后期间又收回的，按照实际收回金额，借记本科目，贷记"坏账准备"科目；同时，借记"银行存款"等科目，贷记本科目。

行政单位应当于每年年末，对其他应收款进行全面检查。对于超过规定年限、确认无法收回的其他应收款，应当按照有关规定报经批准后予以核销。核销的其他应收款应在备查簿中保留登记：（1）经批准核销其他应收款时，按照核销金额，借记"资产处置费用"科目，贷记本科目；（2）已核销的其他应收款在以后期间又收回的，按照收回金额，借记"银行存款"等科目，贷记"其他收入"科目。

2. 其他应收款的账务处理

（1）发生其他各种应收及暂付款项时，按照实际发生金额，借记本科目，贷记"零余额账户用款额度""银行存款""库存现金""上级补助收入""附属单位上缴收入"等科目。涉及增值税业务的，相关账务处理参见"应交增值税"科目。

（2）收回其他各种应收及暂付款项时，按照收回的金额，借记"库存现金""银行存款"等科目，贷记本科目。

（3）单位内部实行备用金制度的，有关部门使用备用金以后应当及时到财务部门报销并补足备用金。

财务部门核定并发放备用金时，按照实际发放金额，借记本科目，贷记"库存现金"等科目。根据报销金额用现金补足备用金定额时，借记"业务活动费用""单位管理费用"等科目，贷记"库存现金"等科目，报销数和拨补数都不再通过本科目核算。

（4）偿还尚未报销的本单位公务卡欠款时，按照偿还的款项，借记本科目，贷记"零余额账户用款额度""银行存款"等科目；持卡人报销时，按照报销金额，借记"业务活动费用""单位管理费用"等科目，贷记本科目。

（5）将预付账款账面余额转入其他应收款时，借记本科目，贷记"预付账款"科目。具体说明参见"预付账款"科目。

【例3-18】某事业单位内部实行备用金制度，某日，财务部门向单位内部相关业务部门核定并发放备用金5 000元，款项以库存现金支付。数日后，单位内部相关业务部门到财务部门报销备用金4 800元,财务部门以库存现金向其补足备用金。

时间	财务会计账务处理	预算会计账务处理
核定发放	借:其他应收款　　　　　　5 000 　贷:库存现金　　　　　　　　5 000	——
报销	借:业务活动费用　　　　　　4 800 　贷:库存现金　　　　　　　　4 800	借:事业支出　　　　　　　　4 800 　贷:资金结存——货币资金　　4 800

（八）坏账准备

1. 坏账准备的管理

坏账是指无法收回的应收款项。根据现行制度规定,事业单位对收回后不需上缴财政的应收账款和其他应收款应当提取坏账准备。本科目应当分别应收账款和其他应收款进行明细核算。本科目期末贷方余额,反映事业单位提取的坏账准备金额。

事业单位应当于每年年末,对收回后不需上缴财政的应收账款和其他应收款进行全面检查,分析其可收回性,对预计可能产生的坏账损失计提坏账准备、确认坏账损失。

事业单位可以采用应收款项余额百分比法、账龄分析法、个别认定法等方法计提坏账准备。坏账准备计提方法一经确定,不得随意变更。如需变更,应当按照规定报经批准,并在财务报表附注中予以说明。

当期应补提或冲减的坏账准备金额的计算公式如下:

当期应补提或冲减的坏账准备 = 按照期末应收账款和其他应收款计算应计提的坏账准备金额 - "坏账准备"科目期末贷方余额（或 + "坏账准备"科目借方余额）

2. 坏账准备的账务处理

（1）提取坏账准备时,借记"其他费用"科目,贷记本科目;冲减坏账准备时,借记本科目,贷记"其他费用"科目。

（2）对于账龄超过规定年限并确认无法收回的应收账款、其他应收款,应当按照有关规定报经批准后,按照无法收回的金额,借记本科目,贷记"应收账款""其他应收款"科目。

已核销的应收账款、其他应收款在以后期间又收回的,按照实际收回金额,借记"应收账款""其他应收款"科目,贷记本科目;同时,借记"银行存款"等科目,贷记"应收账款""其他应收款"科目。

四、存货

1. 存货的概念

存货是指行政事业单位在开展业务活动及其他活动中为耗用或出售而储存的资产,如材料、产品、包装物和低值易耗品等,以及未达到固定资产标准的用具、装具、动植物等。政府储备物资、收储土地等,不属于存货的范围。

存货按经济内容或经济用途可划分为在途物品、库存物品和加工物品。

2. 存货的计量

（1）初始计量。存货在取得时应当按照成本进行初始计量。按照不同的取得方式,其初始成本的确定见表3-3。

表 3-3　　　　　　　　　　　存货实际成本的确定

取得方式	实际成本的确定
购入	成本包括购买款、相关税费、运输费、装卸费、保险费以及使得存货达到目前场所和状态所发生的归属于存货成本的其他支出
自行加工	成本包括耗用的直接材料费用、发生的直接人工费用和按照一定方法分配的与存货加工有关的间接费用
委托加工	成本包括委托加工前存货成本、委托加工的成本（如委托加工费以及按规定应计入委托加工存货成本的相关税费等）以及使存货达到目前场所和状态所发生的归属于存货成本的其他支出
置换取得	成本按照换出资产的评估价值，加上支付的补价或减去收到的补价，加上为换入存货发生的其他相关支出确定
接受捐赠	成本按照有关凭据注明的金额加上相关税费、运输费等确定；没有相关凭据可供取得，但按规定经过资产评估的，其成本按照估价值加上相关税费、运输费等确定；没有相关凭据可供取得、也未经资产评估的，其成本比照同类或类似资产的市场价格加上相关税费、运输费等确定；没有相关凭据且未经资产评估、同类或类似资产的市场价格也无法可靠取得的，按照名义金额入账，相关税费、运输费等计入当期费用
无偿调入	成本按照调出方账面价值加上相关税费、运输费等确定
盘盈存货	按规定经过资产评估的，其成本按照评估价值确定；未经资产评估的，其成本按照重置成本确定

下列各项应当在发生时确认为当期费用，不计入存货成本：①非正常消耗的直接材料、直接人工和间接费用。②仓储费用（不包括在加工过程中为达到下一个加工阶段所必需的费用）。③不能归属于使存货达到目前场所和状态所发生的其他支出。

（2）后续计量。政府会计主体应当根据实际情况采用先进先出法、加权平均法或者个别计价法确定发出存货的实际成本。计价方法一经确定，不得随意变更。对于性质和用途相似的存货，应当采用相同的成本计价方法确定发出存货的成本。对于不能替代使用的存货、为特定项目专门购入或加工的存货，通常采用个别计价法确定发出存货的成本。

对于已发出的存货，应当将其成本结转为当期费用或者计入相关资产成本。按规定报经批准对外捐赠、无偿调出的存货，应当将其账面余额予以转销，对外捐赠、无偿调出中发生的归属于捐出方、调出方的相关费用应当计入当期费用。

3. 存货的账务处理

（1）在途物品。在途物品是指行政事业单位采购材料等物资时货款已付或已开出商业汇票但尚未验收入库的物品。本科目可按照供应单位和物品种类进行明细核算。科目期末借方余额，反映单位在途物品的采购成本。

①单位购入材料等物品，按照确定的物品采购成本的金额，借记本科目，按照实际支付的金额，贷记"财政拨款收入""零余额账户用款额度""银行存款"等科目。涉及增值税业务的，相关账务处理参见"应交增值税"科目。

②所购材料等物品到达验收入库，按照确定的库存物品成本金额，借记"库存物

品"科目,按照物品采购成本金额,贷记本科目,按照使得入库物品达到目前场所和状态所发生的其他支出,贷记"银行存款"等科目。

(2) 库存物品。库存物品是指行政事业单位在开展业务活动及其他活动中为耗用或出售而储存的各种物品。它包括各种材料、产品、包装物、低值易耗品,以及达不到固定资产标准的用具、装具、动植物等。已完成的测绘、地质勘察、设计成果等的成本,也通过本科目核算。

提示

但是单位随买随用的零星办公用品,可以在购进时直接列作费用,不通过本科目核算。单位控制的政府储备物资,应当通过"政府储备物资"科目核算,不通过本科目核算。单位受托存储保管的物资和受托转赠的物资,应当通过"受托代理资产"科目核算,不通过本科目核算。单位为在建工程购买和使用的材料物资,应当通过"工程物资"科目核算,不通过本科目核算。

本科目应当按照库存物品的种类、规格、保管地点等进行明细核算。单位储存的低值易耗品、包装物较多的,可以在本科目(低值易耗品、包装物)下按照"在库""在用"和"摊销"等进行明细核算。本科目期末借方余额,反映单位库存物品的实际成本。

具体账务处理如下:

①取得的库存物品,应当按照其取得时的成本入账。

A. 外购的库存物品验收入库,按照确定的成本,借记本科目,贷记"财政拨款收入""零余额账户用款额度""银行存款""应付账款""在途物品"等科目。涉及增值税业务的,相关账务处理参见"应交增值税"科目。

【例3-19】2×19年5月9日,某行政单位购入甲材料一批,价值20 000元,价款已用财政授权支付方式付讫,材料已验收入库。5月20日,该单位领用甲材料10 000元。

时间	财务会计账务处理	预算会计账务处理
购入	借:库存物品　　　　　　　　20 000 　贷:零余额账户用款额度　　　　20 000	借:行政支出　　　　　　　　20 000 　贷:资金结存　　　　　　　　20 000
领用	借:业务活动费用　　　　　　10 000 　贷:库存物品　　　　　　　　10 000	——

B. 自制的库存物品加工完成并验收入库,按照确定的成本,借记本科目,贷记"加工物品——自制物品"科目。

C. 委托外单位加工收回的库存物品验收入库,按照确定的成本,借记本科目,贷记"加工物品——委托加工物品"等科目。

D. 接受捐赠的库存物品验收入库,按照确定的成本,借记本科目,按照发生的相关税费、运输费等,贷记"银行存款"等科目,按照其差额,贷记"捐赠收入"科目。接受捐赠的库存物品按照名义金额入账的,按照名义金额,借记本科目,贷记"捐赠收入"科目;同时,按照发生的相关税费、运输费等,借记"其他费用"科目,贷记"银行存款"等科目。

第三章　资产的管理与核算

【例 3-20】 2×19 年 6 月 12 日，某事业单位接受捐赠一批库存物品，有关凭据注明的金额为 80 000 元，以银行存款支付运输费用 900 元，库存物品已验收入库。

财务会计账务处理	预算会计账务处理
借：库存物品　　　　　　80 900 　贷：银行存款　　　　　　　900 　　　捐赠收入　　　　　　80 000	借：其他支出　　　　　　　900 　贷：资金结存　　　　　　　900

E. 无偿调入的库存物品验收入库，按照确定的成本，借记本科目，按照发生的相关税费、运输费等，贷记"银行存款"等科目，按照其差额，贷记"无偿调拨净资产"科目。

F. 置换换入的库存物品验收入库，按照确定的成本，借记本科目，按照换出资产的账面余额，贷记相关资产科目（换出资产为固定资产、无形资产的，还应当借记"固定资产累计折旧""无形资产累计摊销"科目），按照置换过程中发生的其他相关支出，贷记"银行存款"等科目，按照借贷方差额，借记"资产处置费用"科目或贷记"其他收入"科目。涉及补价的，分别以下情况处理：支付补价的，按照确定的成本，借记本科目，按照换出资产的账面余额，贷记相关资产科目（换出资产为固定资产、无形资产的，还应当借记"固定资产累计折旧""无形资产累计摊销"科目），按照支付的补价和置换过程中发生的其他相关支出，贷记"银行存款"等科目，按照借贷方差额，借记"资产处置费用"科目或贷记"其他收入"科目；收到补价的，按照确定的成本，借记本科目，按照收到的补价，借记"银行存款"等科目，按照换出资产的账面余额，贷记相关资产科目（换出资产为固定资产、无形资产的，还应当借记"固定资产累计折旧""无形资产累计摊销"科目），按照置换过程中发生的其他相关支出，贷记"银行存款"等科目，按照补价扣减其他相关支出后的净收入，贷记"应缴财政款"科目，按照借贷方差额，借记"资产处置费用"科目或贷记"其他收入"科目。

②发出库存物品。

A. 单位开展业务活动等领用、按照规定自主出售发出或加工发出库存物品，按照领用、出售等发出物品的实际成本，借记"业务活动费用""单位管理费用""经营费用""加工物品"等科目，贷记本科目。采用一次转销法摊销低值易耗品、包装物的，在首次领用时将其账面余额一次性摊销计入有关成本费用，借记有关科目，贷记本科目。采用五五摊销法摊销低值易耗品、包装物的，首次领用时，将其账面余额的 50% 摊销计入有关成本费用，借记有关科目，贷记本科目；使用完时，将剩余的账面余额转销计入有关成本费用，借记有关科目，贷记本科目。

B. 经批准对外出售的库存物品（不含可自主出售的库存物品）发出时，按照库存物品的账面余额，借记"资产处置费用"科目，贷记本科目；同时，按照收到的价款，借记"银行存款"等科目，按照处置过程中发生的相关费用，贷记"银行存款"等科目，按照其差额，贷记"应缴财政款"科目。

C. 经批准对外捐赠的库存物品发出时，按照库存物品的账面余额和对外捐赠过程中发生的归属于捐出方的相关费用合计数，借记"资产处置费用"科目，按照库存物品账面余额，贷记本科目，按照对外捐赠过程中发生的归属于捐出方的相关费用，贷记

"银行存款"等科目。

D. 经批准无偿调出的库存物品发出时,按照库存物品的账面余额,借记"无偿调拨净资产"科目,贷记本科目;同时,按照无偿调出过程中发生的归属于调出方的相关费用,借记"资产处置费用"科目,贷记"银行存款"等科目。

E. 经批准置换换出的库存物品,参照本科目有关置换换入库存物品的规定进行账务处理。

③库存物品的清查盘点。单位应当定期对库存物品进行清查盘点,每年至少盘点一次。对于发生的库存物品盘盈、盘亏或者报废、毁损,应当先计入"待处理财产损溢"科目,按照规定报经批准后及时进行后续账务处理。

A. 盘盈的库存物品,其成本按照有关凭据注明的金额确定;没有相关凭据、但按照规定经过资产评估的,其成本按照评估价值确定;没有相关凭据、也未经过评估的,其成本按照重置成本确定。如无法采用上述方法确定盘盈的库存物品成本的,按照名义金额入账。盘盈的库存物品,按照确定的入账成本,借记本科目,贷记"待处理财产损溢"科目。

B. 盘亏或者毁损、报废的库存物品,按照待处理库存物品的账面余额,借记"待处理财产损溢"科目,贷记本科目。

属于增值税一般纳税人的单位,若因非正常原因导致的库存物品盘亏或毁损,还应当将与该库存物品相关的增值税进项税额转出,按照其增值税进项税额,借记"待处理财产损溢"科目,贷记"应交增值税——应交税金(进项税额转出)"科目。

【例3-21】2×19年12月,某行政单位年终盘点甲材料,发现盘盈、盘亏情况如下:盘盈甲材料,金额为270元;盘亏乙材料150元。经单位领导批准,列入经费处理。

时间	财务会计账务处理	预算会计账务处理
发现盘盈、盘亏	借:库存物品——甲材料　　　270 　　贷:待处理财产损溢　　　　　270 借:待处理财产损溢　　　　　150 　　贷:库存物品——乙材料　　150	——
批准处理	借:待处理财产损溢　　　　　270 　　贷:业务活动费用　　　　　　270 借:资产处置费用　　　　　　150 　　贷:待处理财产损溢　　　　　150	——

(3)加工物品。加工物品是指行政事业单位自制或委托外单位加工的各种物品。包括自制物品和委托加工物品。未完成的测绘、地质勘察、设计成果的实际成本,也通过本科目核算。本科目应当设置"自制物品""委托加工物品"两个一级明细科目,并按照物品类别、品种、项目等设置明细账,进行明细核算。本科目"自制物品"一级明细科目下应当设置"直接材料""直接人工""其他直接费用"等二级明细科目归集自制物品发生的直接材料、直接人工(专门从事物品制造人员的人工费)等直接费用;对于自制物品发生的间接费用,应当在本科目"自制物品"一级明细科目下单独设置"间接费用"二级明细科目予以归集,期末,再按照一定的分配标准和方法,分配计入

有关物品的成本。本科目期末借方余额，反映单位自制或委托外单位加工但尚未完工的各种物品的实际成本。

加工物品的主要账务处理如下：

①自制物品。

A. 为自制物品领用材料等，按照材料成本，借记本科目（自制物品——直接材料），贷记"库存物品"科目。

B. 专门从事物品制造的人员发生的直接人工费用，按照实际发生的金额，借记本科目（自制物品——直接人工），贷记"应付职工薪酬"科目。

C. 为自制物品发生的其他直接费用，按照实际发生的金额，借记本科目（自制物品——其他直接费用），贷记"零余额账户用款额度""银行存款"等科目。

D. 为自制物品发生的间接费用，按照实际发生的金额，借记本科目（自制物品——间接费用），贷记"零余额账户用款额度""银行存款""应付职工薪酬""固定资产累计折旧""无形资产累计摊销"等科目。间接费用一般按照生产人员工资、生产人员工时、机器工时、耗用材料的数量或成本、直接费用（直接材料和直接人工）或产品产量等进行分配。单位可根据具体情况自行选择间接费用的分配方法。分配方法一经确定，不得随意变更。

E. 已经制造完成并验收入库的物品，按照所发生的实际成本（包括耗用的直接材料费用、直接人工费用、其他直接费用和分配的间接费用），借记"库存物品"科目，贷记本科目（自制物品）。

②委托加工物品。

A. 发给外单位加工的材料等，按照其实际成本，借记本科目（委托加工物品），贷记"库存物品"科目。

B. 支付加工费、运输费等费用，按照实际支付的金额，借记本科目（委托加工物品），贷记"零余额账户用款额度""银行存款"等科目。涉及增值税业务的，相关账务处理参见"应交增值税"科目。

C. 委托加工完成的材料等验收入库，按照加工前发出材料的成本和加工、运输成本等，借记"库存物品"等科目，贷记本科目（委托加工物品）。

【例3-22】2×19年11月，某事业单位委托外单位加工一批物品，发给外单位一批加工材料，实际成本为60 000元。1个月后，该批物品加工完成，该事业单位以银行存款向加工单位支付加工费1 500元，加工完成的物品已收回并验收入库，暂不考虑增值税业务。

时间	财务会计账务处理	预算会计账务处理
发出材料	借：加工物品——委托加工物品　　60 000 　　贷：库存物品　　　　　　　　　　60 000	——
付加工费	借：加工物品——委托加工物品　　1 500 　　贷：银行存款　　　　　　　　　　1 500	借：事业支出　　1 500 　　贷：资金结存　　1 500
收回物品	借：库存物品　　　　　　　　　　61 500 　　贷：加工物品——委托加工物品　　61 500	——

五、待摊费用

1. 待摊费用的管理

待摊费用是指行政事业单位已经支付，但应当由本期和以后各期分别负担的分摊期在1年以内（含1年）的各项费用，如预付航空保险费、预付租金等。待摊费用应当在其受益期限内分期平均摊销，如预付航空保险费应在保险期的有效期内、预付租金应在租赁期内分期平均摊销，计入当期费用。摊销期限在1年以上的租入固定资产改良支出和其他费用，应当通过"长期待摊费用"科目核算，不通过本科目核算。本科目应当按照待摊费用种类进行明细核算。本科目期末借方余额，反映单位各种已支付但尚未摊销的分摊期在1年以内（含1年）的费用。

2. 待摊费用的账务处理

（1）发生待摊费用时，按照实际预付的金额，借记本科目，贷记"财政拨款收入""零余额账户用款额度""银行存款"等科目。

（2）按照受益期限分期平均摊销时，按照摊销金额，借记"业务活动费用""单位管理费用""经营费用"等科目，贷记本科目。

（3）如果某项待摊费用已经不能使单位受益，应当将其摊余金额一次全部转入当期费用。按照摊销金额，借记"业务活动费用""单位管理费用""经营费用"等科目，贷记本科目。

第三节 非流动资产核算

行政事业单位的非流动资产主要有长期投资、固定资产、在建工程及无形资产。

一、长期投资

长期投资，是指政府会计主体取得的除短期投资以外的债权和股权性质的投资。

（一）长期股权投资

长期股权投资是指事业单位按照规定取得的，持有时间超过1年（不含1年）的股权性质的投资。本科目应当按照被投资单位和长期股权投资取得方式等进行明细核算。长期股权投资采用权益法核算的，还应当按照"成本""损益调整""其他权益变动"设置明细科目，进行明细核算。本科目期末借方余额，反映事业单位持有的长期股权投资的价值。

1. 初始计量

长期股权投资在取得时，应当按照实际成本作为初始投资成本。

（1）以支付现金取得的长期股权投资，按照实际支付的全部价款（包括购买价款和相关税费）作为实际成本。实际支付价款中包含的已宣告但尚未发放的现金股利，应当单独确认为应收股利，不计入长期股权投资初始投资成本。按照确定的投资成本，借记本科目或本科目（成本），按照支付的价款中包含的已宣告但尚未发放的现金股利，借记"应收股利"科目，按照实际支付的全部价款，贷记"银行存款"等科目。实际收到取得投资时所支付价款中包含的已宣告但尚未发放的现金股利时，借记"银行存款"科目，贷记"应收股利"科目。

（2）以现金以外的其他资产置换取得的长期股权投资，其成本按照换出资产的评估价值加上支付的补价或减去收到的补价，加上换入长期股权投资发生的其他相关支出确定。参照"库存物品"科目中置换取得库存物品的相关规定进行账务处理。

（3）接受捐赠的长期股权投资，其成本按照有关凭据注明的金额加上相关税费确定；没有相关凭据可供取得，但按规定经过资产评估的，其成本按照评估价值加上相关税费确定；没有相关凭据可供取得、也未经资产评估的，其成本比照同类或类似资产的市场价格加上相关税费确定。按照确定的投资成本，借记本科目或本科目（成本），按照发生的相关税费，贷记"银行存款"等科目，按照其差额，贷记"捐赠收入"科目。

（4）无偿调入的长期股权投资，其成本按照调出方账面价值加上相关税费确定。按照确定的投资成本，借记本科目或本科目（成本），按照发生的相关税费，贷记"银行存款"等科目，按照其差额，贷记"无偿调拨净资产"科目。

（5）以未入账的无形资产取得的长期股权投资，按照评估价值加相关税费作为投资成本，借记本科目，按照发生的相关税费，贷记"银行存款""其他应交税费"等科目，按其差额，贷记"其他收入"科目。

2. 持有期间的后续计量

（1）成本法。是指投资按照投资成本计量的方法。事业单位无权决定被投资单位的财务和经营政策或无权参与被投资单位的财务和经营政策决策的，应当采用成本法进行核算。

被投资单位宣告发放现金股利或利润时，按照应收的金额，借记"应收股利"科目，贷记"投资收益"科目。收到现金股利或利润时，按照实际收到的金额，借记"银行存款"等科目，贷记"应收股利"科目。

【例3-23】2×19年，某事业单位花费900万元购入甲单位10%的股权。2×20年2月，收到被投资单位宣告并发放的现金股利35万元，款项存入银行账户。

时间	财务会计账务处理	预算会计账务处理
投资	借：长期股权投资　　　9 000 000 　贷：银行存款　　　　　　9 000 000	借：投资支出　　　　　9 000 000 　贷：资金结存——货币资金　9 000 000
宣告	借：应收股利　　　　　350 000 　贷：投资收益　　　　　　350 000	——
收到	借：银行存款　　　　　350 000 　贷：应收股利　　　　　　350 000	借：资金结存——货币资金　350 000 　贷：投资预算收益　　　　　350 000

（2）权益法。是指投资最初以投资成本计量，以后根据政府会计主体在被投资单位所享有的所有者权益份额的变动对投资的账面余额进行调整的方法。事业单位有权决定被投资单位的财务和经营政策或参与被投资单位的财务和经营政策决策的，应当采用权益法进行核算。

①被投资单位实现净利润的,按照应享有的份额,借记本科目(损益调整),贷记"投资收益"科目。被投资单位发生净亏损的,按照应分担的份额,借记"投资收益"科目,贷记本科目(损益调整),但以本科目的账面余额减记至零为限。发生亏损的被投资单位以后年度又实现净利润的,按照收益分享额弥补未确认的亏损分担额等后的金额,借记本科目(损益调整),贷记"投资收益"科目。

②被投资单位宣告分派现金股利或利润的,按照应享有的份额,借记"应收股利"科目,贷记本科目(损益调整)。

③被投资单位发生除净损益和利润分配以外的所有者权益变动的,按照应享有或应分担的份额,借记或贷记"权益法调整"科目,贷记或借记本科目(其他权益变动)。

【例 3-24】某事业单位 2×20 年 1 月将一台使用过的机器设备用于投资,双方协商价格 100 万元,购入乙单位 70% 的股权。该机器设备为 2×19 年 1 月购入,原始价值为 150 万元,预计使用年限 5 年。同时机器的运费 2 万元由事业单位承担,用银行存款支付。

财务会计账务处理	预算会计账务处理
借:长期股权投资——成本　　　1 020 000 　　固定资产累计折旧　　　　　300 000 　　资产处置费用　　　　　　　200 000 　贷:固定资产　　　　　　　　1 500 000 　　　银行存款　　　　　　　　　20 000	借:其他支出　　　　　　　　　20 000 　贷:资金结存——货币资金　　20 000

【例 3-25】接上例,2×20 年 2 月,收到乙单位宣告并发放的现金股利 10 万元,款项存入银行。

时间	财务会计账务处理	预算会计账务处理
应收	借:应收股利　　　　　　　　　100 000 　贷:长期股权投资——损益调整　100 000	——
收到	借:银行存款　　　　　　　　　100 000 　贷:应收股利　　　　　　　　　100 000	借:资金结存——货币资金　100 000 　贷:投资预算收益　　　　　100 000

【例 3-26】接上例,2×20 年 12 月,乙单位实现利润 50 万元,除净损益和利润分配外的所有者权益变动金额为 10 万元。2×21 年 2 月,乙单位宣告现金股利 20 万元。

时间	财务会计账务处理	预算会计账务处理
实现利润	借:长期股权投资——损益调整　　350 000 　贷:投资收益　　　　　　　　　350 000	——
权益变动	借:长期股权投资——其他权益变动　70 000 　贷:权益法调整　　　　　　　　　70 000	——
宣告现金股利	借:应收股利　　　　　　　　　　140 000 　贷:长期股权投资——损益调整　140 000	——

(3)成本法与权益法的互换。

①单位因处置部分长期股权投资等原因而对处置后的剩余股权投资由权益法改按成

本法核算的，应当按照权益法下本科目账面余额作为成本法下本科目账面余额（成本）。

其后，被投资单位宣告分派现金股利或利润时，属于单位已计入投资账面余额的部分，按照应分得的现金股利或利润份额，借记"应收股利"科目，贷记本科目。

②单位因追加投资等原因对长期股权投资的核算从成本法改为权益法的，应当按照成本法下本科目账面余额与追加投资成本的合计金额，借记本科目（成本），按照成本法下本科目账面余额，贷记本科目，按照追加投资的成本，贷记"银行存款"等科目。

【例3-27】接上例，该事业单位2×21年3月对外出售35%的股权，剩余部分长期股权投资转为成本法核算。

财务会计账务处理		预算会计账务处理
借：长期股权投资	600 000	——
贷：长期股权投资——成本	510 000	
长期股权投资——损益调整	55 000	
长期股权投资——其他权益变动	3 5000	

3. 按照规定报经批准处置长期股权投资。

（1）按照规定报经批准出售（转让）长期股权投资时，应当区分长期股权投资取得方式分别进行处理。

①处置以现金取得的长期股权投资，按照实际取得的价款，借记"银行存款"等科目，按照被处置长期股权投资的账面余额，贷记本科目，按照尚未领取的现金股利或利润，贷记"应收股利"科目，按照发生的相关税费等支出，贷记"银行存款"等科目，按照借贷方差额，借记或贷记"投资收益"科目。

②处置以现金以外的其他资产取得的长期股权投资，按照被处置长期股权投资的账面余额，借记"资产处置费用"科目，贷记本科目；同时，按照实际取得的价款，借记"银行存款"等科目，按照尚未领取的现金股利或利润，贷记"应收股利"科目，按照发生的相关税费等支出，贷记"银行存款"等科目，按照贷方差额，贷记"应缴财政款"科目。按照规定将处置时取得的投资收益纳入本单位预算管理的，应当按照所取得价款大于被处置长期股权投资账面余额、应收股利账面余额和相关税费支出合计的差额，贷记"投资收益"科目。

（2）因被投资单位破产清算等原因，有确凿证据表明长期股权投资发生损失，按照规定报经批准后予以核销时，按照予以核销的长期股权投资的账面余额，借记"资产处置费用"科目，贷记本科目。

（3）报经批准置换转出长期股权投资时，参照"库存物品"科目中置换换入库存物品的规定进行账务处理。

（4）采用权益法核算的长期股权投资的处置，除进行上述账务处理外，还应结转原直接计入净资产的相关金额，借记或贷记"权益法调整"科目，贷记或借记"投资收益"科目。

【例3-28】接上例，该事业单位2×21年3月对外出售35%的股权，获得收入78万元。其中包括乙单位已宣告未发放的现金股利7万元。按规定该投资收益纳入本单位预算管理，不考虑相关税费。

时间	财务会计账务处理		预算会计账务处理	
出售结转	借：资产处置费用 　　贷：长期股权投资——成本 　　　　长期股权投资——损益调整 　　　　长期股权投资——其他权益变动	600 000 510 000 55 000 35 000	——	
收到出售价款	借：银行存款 　　贷：应收股利 　　　　投资收益 　　　　应缴财政款	780 000 70 000 110 000 600 000	借：资金结存——货币资金 　　贷：投资预算收益	110 000 110 000

（二）长期债券投资

长期债券投资是指事业单位按照规定取得的，持有时间超过1年（不含1年）的债券投资。本科目应当设置"成本"和"应计利息"明细科目，并按照债券投资的种类进行明细核算。本科目期末借方余额，反映事业单位持有的长期债券投资的价值。

1. 初始计量

长期债券投资在取得时，应当按照实际成本作为初始投资成本。取得的长期债券投资，按照确定的投资成本，借记本科目（成本），按照支付的价款中包含的已到付息期但尚未领取的利息，借记"应收利息"科目，按照实际支付的金额，贷记"银行存款"等科目。

实际支付价款中包含的已到付息期但尚未领取的债券利息，应当单独确认为应收利息，不计入长期债券投资初始投资成本。借"银行存款"科目，贷记"应收利息"科目。

2. 持有期间的后续计量

长期债券投资持有期间，应当按期以票面金额与票面利率计算确认利息收入。

对于分期付息、一次还本的长期债券投资，应当将计算确定的应收未收利息确认为应收利息，计入投资收益，借记"应收利息"科目，贷记"投资收益"科目；对于一次还本付息的长期债券投资，应当将计算确定的应收未收利息计入投资收益，并增加长期债券投资的账面余额，借记本科目（应计利息），贷记"投资收益"科目。

收到分期支付的利息时，按照实收的金额，借记"银行存款"等科目，贷记"应收利息"科目。

3. 处置

政府会计主体按规定出售或到期收回长期债券投资，应当将实际收到的价款扣除长期债券投资账面余额和相关税费后的差额计入投资损益。

（1）到期收回长期债券投资，按照实际收到的金额，借记"银行存款"科目，按照长期债券投资的账面余额，贷记本科目，按照相关应收利息金额，贷记"应收利息"科目，按照其差额，贷记"投资收益"科目。

（2）对外出售长期债券投资，按照实际收到的金额，借记"银行存款"科目，按照长期债券投资的账面余额，贷记本科目，按照已记入"应收利息"科目但尚未收取的金额,贷记"应收利息"科目,按照其差额,贷记或借记"投资收益"科目。涉及增值税业务的,相关账务处理参见"应交增值税"科目。

【例3-29】 某事业单位2×19年取得长期债券投资,支付对价10万元。

财务会计账务处理	预算会计账务处理
借:长期债券投资——成本　100 000 　贷:银行存款　　　　　　　　100 000	借:投资支出　　　　　　　　100 000 　贷:资金结存——货币资金　　100 000

【例3-30】 2×19年12月31日,收到债券利息0.6万元,款项存入银行账户。

时间	财务会计账务处理	预算会计账务处理
应收	借:应收利息　　　6 000 　贷:投资收益　　　　6 000	——
收到	借:银行存款　　　6 000 　贷:应收利息　　　　6 000	借:资金结存——货币资金　6 000 　贷:投资预算收益　　　　　6 000

【例3-31】 2×20年4月1日,单位向外转让该长期债券投资,转让价格为10.2万元。款项存入银行账户。

财务会计账务处理	预算会计账务处理
借:银行存款　　　　　　　　102 000 　贷:长期债券投资——成本　100 000 　　　投资收益　　　　　　　2 000	借:资金结存——货币资金　102 000 　贷:投资预算收益　　　　　2 000 　　　其他结余　　　　　　100 000

二、固定资产

(一)含义和标准

固定资产,是指政府会计主体为满足自身开展业务活动或其他活动需要而控制的,使用年限超过1年(不含1年)、单位价值在规定标准以上,并在使用过程中基本保持原有物质形态的资产,一般包括房屋及构筑物、专用设备、通用设备等。单位价值虽未达到规定标准,但是使用年限超过1年(不含1年)的大批同类物资,如图书、家具、用具、装具等,应当确认为固定资产。

公共基础设施、政府储备物资、保障性住房、自然资源资产等,适用其他相关政府会计准则。

(二)分类

固定资产按经济用途一般分为六类:房屋及构筑物;专用设备;通用设备;文物和陈列品;图书、档案;家具、用具、装具及动植物。

(1)房屋和构筑物,是指政府单位拥有占有权或者使用权的房屋、建筑物及其附属设施,包括办公用房、职工食堂、职工宿舍、水塔等;

(2)专用设备,是指政府单位根据工作的实际需要购置的各种具有专门性能和专门用途的设备;

(3) 通用设备，是指政府单位在业务活动中使用的各类通用型设备，如复印机等；
(4) 文物和陈列品，包括古物、字画、纪念品等；
(5) 图书、档案，包括业务用书、阅览室的图书等；
(6) 家具、用具、装具及动植物。

（三）管理

"固定资产"科目核算单位固定资产的原值。本科目应当按照固定资产类别和项目进行明细核算。本科目期末借方余额，反映单位固定资产的原值。购入需要安装的固定资产，应当先通过"在建工程"科目核算，安装完毕交付使用时再转入本科目核算。以借入、经营租赁租入方式取得的固定资产，不通过本科目核算，应当设置备查簿进行登记。采用融资租入方式取得的固定资产，通过本科目核算，并在本科目下设置"融资租入固定资产"明细科目。经批准在境外购买具有所有权的土地，作为固定资产，通过本科目核算；单位应当在本科目下设置"境外土地"明细科目，进行相应明细核算。

"固定资产累计折旧"核算单位计提的固定资产累计折旧。公共基础设施和保障性住房计提的累计折旧，应当分别通过"公共基础设施累计折旧（摊销）"科目和"保障性住房累计折旧"科目核算，不通过该科目核算。

（四）初始计量

固定资产在取得时应当按照成本进行初始计量，见表3-4。

表3-4　　　　　　　　　　　固定资产成本的确定

取得方式	成本确定
购入	成本包括购买价款、相关税费以及固定资产交付使用前所发生的可归属于该项资产的运输费、装卸费、安装费和专业人员服务费等。 以一笔款项购入多项没有单独标价的固定资产，应当按照各项固定资产同类或类似资产市场价格的比例对总成本进行分配，分别确定各项固定资产的成本。
自行建造	成本包括该项资产至交付使用前所发生的全部必要支出。 在原有固定资产基础上进行改建、扩建、修缮后的固定资产，其成本按照原固定资产账面价值加上改建、扩建、修缮发生的支出，再扣除固定资产被替换部分的账面价值后的金额确定。 为建造固定资产借入的专门借款的利息，属于建设期间发生的，计入在建工程成本，不属于建设期间发生的，计入当期费用。 已交付使用但尚未办理竣工决算手续的固定资产，应当按照估计价值入账，待办理竣工决算后再按实际成本调整原来的暂估价值。
置换	成本按照换出资产的评估价值加上支付的补价或减去收到的补价，加上换入固定资产发生的其他相关支出确定。
接受捐赠	成本按照有关凭据注明的金额加上相关税费、运输费等确定；没有相关凭据可供取得，但按规定经过资产评估的，其成本按照评估价值加上相关税费、运输费等确定；没有相关凭据可供取得、也未经资产评估的，其成本比照同类或类似资产的市场价格加上相关税费、运输费等确定；没有相关凭据且未经资产评估、同类或类似资产的市场价格也无法可靠取得的，按照名义金额入账，相关税费、运输费等计入当期费用。
无偿调入	成本按照调出方账面价值加上相关税费、运输费等确定。
盘盈	按规定经过资产评估的，其成本按照评估价值确定；未经资产评估的，其成本按照重置成本确定。
融资租赁取得	成本按照其他相关政府会计准则确定。

1. 外购固定资产

购入不需安装的固定资产验收合格时，按照确定的固定资产成本，借记本科目，贷记"财政拨款收入""零余额账户用款额度""应付账款""银行存款"等科目。购入需要安装的固定资产，在安装完毕交付使用前通过"在建工程"科目核算，安装完毕交付使用时再转入本科目。

购入固定资产扣留质量保证金的，应当在取得固定资产时，按照确定的固定资产成本，借记本科目［不需安装］或"在建工程"科目［需要安装］，按照实际支付或应付的金额，贷记"财政拨款收入""零余额账户用款额度""应付账款"［不含质量保证金］、"银行存款"等科目，按照扣留的质量保证金数额，贷记"其他应付款"［扣留期在1年以内（含1年）］或"长期应付款"［扣留期超过1年］科目。质保期满支付质量保证金时，借记"其他应付款""长期应付款"科目，贷记"财政拨款收入""零余额账户用款额度""银行存款"等科目。

【例3-32】2×19年4月1日，某行政单位通过财政直接支付方式购入一台不需要安装的通用设备，实际支付价款为90 000元。

财务会计账务处理		预算会计账务处理	
借：固定资产	90 000	借：行政支出	90 000
贷：财政拨款收入	90 000	贷：财政拨款预算收入	90 000

2. 自行建造固定资产

自行建造的固定资产交付使用时，按照在建工程成本，借记本科目，贷记"在建工程"科目。已交付使用但尚未办理竣工决算手续的固定资产，按照估计价值入账，待办理竣工决算后再按照实际成本调整原来的暂估价值。

3. 融资租赁取得的固定资产

融资租赁取得的固定资产，其成本按照租赁协议或者合同确定的租赁价款、相关税费以及固定资产交付使用前所发生的可归属于该项资产的运输费、途中保险费、安装调试费等确定。融资租入的固定资产，按照确定的成本，借记本科目［不需安装］或"在建工程"科目［需安装］，按照租赁协议或者合同确定的租赁付款额，贷记"长期应付款"科目，按照支付的运输费、途中保险费、安装调试费等金额，贷记"财政拨款收入""零余额账户用款额度""银行存款"等科目。定期支付租金时，按照实际支付金额，借记"长期应付款"科目，贷记"财政拨款收入""零余额账户用款额度""银行存款"等科目。

4. 跨年度分期付款购入的固定资产

按照规定跨年度分期付款购入固定资产的账务处理，参照融资租入固定资产。

5. 接受捐赠的固定资产

接受捐赠的固定资产，按照确定的固定资产成本，借记本科目［不需安装］或"在建工程"科目［需安装］，按照发生的相关税费、运输费等，贷记"零余额账户用款额度""银行存款"等科目，按照其差额，贷记"捐赠收入"科目。

接受捐赠的固定资产按照名义金额入账的，按照名义金额，借记本科目，贷记"捐赠收入"科目；按照发生的相关税费、运输费等，借记"其他费用"科目，贷记"零余额账户用款额度""银行存款"等科目。

6. 无偿调入的固定资产

无偿调入的固定资产,按照确定的固定资产成本,借记本科目[不需安装]或"在建工程"科目[需安装],按照发生的相关税费、运输费等,贷记"零余额账户用款额度""银行存款"等科目,按照其差额,贷记"无偿调拨净资产"科目。

7. 置换取得的固定资产

置换取得的固定资产,参照"库存物品"科目中置换取得库存物品的相关规定进行账务处理。固定资产取得时涉及增值税业务的,相关账务处理参见"应交增值税"科目。

(五)后续计量

1. 累计折旧的计提

折旧,是指在固定资产的预计使用年限内,按照确定的方法对应计的折旧额进行系统分摊。固定资产应计的折旧额为其成本,计提固定资产折旧时不考虑预计净残值。政府会计主体应当对暂估入账的固定资产计提折旧,实际成本确定后不需调整原已计提的折旧额。政府会计主体应当根据相关规定以及固定资产的性质和使用情况,合理确定固定资产的使用年限。固定资产的使用年限一经确定,不得随意变更。

政府会计主体一般应当采用年限平均法或者工作量法计提固定资产折旧。在确定固定资产的折旧方法时,应当考虑与固定资产相关的服务潜力或经济利益的预期实现方式。固定资产折旧方法一经确定,不得随意变更。

提示

当月增加的固定资产,当月开始计提折旧;当月减少的固定资产,当月不再计提折旧。固定资产提足折旧后,无论能否继续使用,均不再计提折旧;提前报废的固定资产,也不再补提折旧。已提足折旧的固定资产,可以继续使用的,应当继续使用,规范实物管理。固定资产因改建、扩建或修缮等原因而延长其使用年限的,应当按照重新确定的固定资产的成本以及重新确定的折旧年限计算折旧额。

固定资产应当按月计提折旧,并根据用途计入当期费用或者相关资产成本。按月计提固定资产折旧时,按照应计提折旧金额,借记"业务活动费用""单位管理费用""经营费用""加工物品""在建工程"等科目,贷记"固定资产累计折旧"。

下列各项固定资产不计提折旧:①文物和陈列品;②动植物;③图书、档案;④单独计价入账的土地;⑤以名义金额计量的固定资产。

【例3-33】接上例,2×19年4月末,该行政单位按照使用期限5年,采用年限平均法对上述通用设备计提折旧。

财务会计账务处理	预算会计账务处理
借:业务活动费用　　　　　1 500 　贷:固定资产累计折旧　　　　　1 500	——

2. 符合固定资产确认条件的后续支出

符合固定资产确认条件的后续支出通常情况下,将固定资产转入改建、扩建时,按照固定资产的账面价值,借记"在建工程"科目,按照固定资产已计提折旧,借记"固定资产累计折旧"科目,按照固定资产的账面余额,贷记本科目。为增加固定资产使用效能或延长其使用年限而发生的改建、扩建等后续支出，借记"在建工程"科目，贷记"财政拨款收入""零余额账户用款额度""银行存款"等科目。

固定资产改建、扩建等完成交付使用时，按照在建工程成本，借记本科目，贷记"在建工程"科目。

3. 不符合固定资产确认条件的后续支出

不符合固定资产确认条件的后续支出为保证固定资产正常使用发生的日常维修等支出，借记"业务活动费用""单位管理费用"等科目，贷记"财政拨款收入""零余额账户用款额度""银行存款"等科目。

（六）处置

政府会计主体处置固定资产如为国有资产，应当严格履行审批手续，未经批准不得自行处置。行政单位国有资产处置，是指行政单位对其占有、使用的国有资产进行产权转让或者注销产权的行为。处置方式包括出售、出让、转让、对外捐赠、报废、报损以及货币性资产损失核销等。行政单位占有、使用的房屋建筑物、土地和车辆的处置，货币性资产损失的核销以及单位价值或者批量价值在规定限额以上的资产的处置，经主管部门审核后报同级财政部门审批；规定限额以下的资产的处置报主管部门审批，主管部门将审批结果定期报同级财政部门备案。

（1）政府会计主体按规定报经批准出售、转让固定资产或固定资产报废、毁损的，应当将固定资产账面价值转销计入当期费用，并将处置收入扣除相关处置税费后的差额按规定作应缴款项处理（差额为净收益时）或计入当期费用（差额为净损失时）。按照被出售、转让固定资产的账面价值，借记"资产处置费用"科目，按照固定资产已计提的折旧，借记"固定资产累计折旧"科目，按照固定资产账面余额，贷记本科目；同时，按照收到的价款，借记"银行存款"等科目，按照处置过程中发生的相关费用，贷记"银行存款"等科目，按照其差额，贷记"应缴财政款"科目。

（2）政府会计主体按规定报经批准对外捐赠、无偿调出固定资产的，应当将固定资产的账面价值予以转销，对外捐赠、无偿调出中发生的归属于捐出方、调出方的相关费用应当计入当期费用。

报经批准对外捐赠固定资产，按照固定资产已计提的折旧，借记"固定资产累计折旧"科目，按照被处置固定资产账面余额，贷记本科目，按照捐赠过程中发生的归属于捐出方的相关费用，贷记"银行存款"等科目，按照其差额，借记"资产处置费用"科目。

报经批准无偿调出固定资产，按照固定资产已计提的折旧，借记"固定资产累计折旧"科目，按照被处置固定资产账面余额，贷记本科目，按照其差额，借记"无偿调拨净资产"科目；同时，按照无偿调出过程中发生的归属于调出方的相关费用，借记"资产处置费用"科目，贷记"银行存款"等科目。

（3）政府会计主体按规定报经批准以固定资产对外投资的，应当将该固定资产的账面价值予以转销，并将固定资产在对外投资时的评估价值与其账面价值的差额计入当期收入或费用。

（4）固定资产盘亏造成的损失，按规定报经批准后应当计入当期费用。

【例3-34】接上例，2×22年4月初，行政单位报经批准出售前述固定资产，该项固定资产的账面余额为90 000元，已计提的累计折旧为54 000元，账面价值为36 000

元（90 000 - 54 000），出售价款为 37 000 元，款项已存入银行。按照规定，该项出售价款应当上缴财政。暂不考虑增值税业务。

财务会计账务处理		预算会计账务处理
借：资产处置费用	36 000	
固定资产累计折旧	54 000	
贷：固定资产	90 000	——
借：银行存款	37 000	
贷：应缴财政款	37 000	

（七）清查

单位应当定期对固定资产进行清查盘点，每年至少盘点一次。对于发生的固定资产盘盈、盘亏或毁损、报废，应当先记入"待处理财产损溢"科目，按照规定报经批准后及时进行后续账务处理。

（1）盘盈的固定资产，其成本按照有关凭据注明的金额确定；没有相关凭据、但按照规定经过资产评估的，其成本按照评估价值确定；没有相关凭据、也未经过评估的，其成本按照重置成本确定。如无法采用上述方法确定盘盈固定资产成本的，按照名义金额（人民币1元）入账。盘盈的固定资产，按照确定的入账成本，借记本科目，贷记"待处理财产损溢"科目。

（2）盘亏、毁损或报废的固定资产，按照待处理固定资产的账面价值，借记"待处理财产损溢"科目，按照已计提折旧，借记"固定资产累计折旧"科目，按照固定资产的账面余额，贷记本科目。

三、在建工程

（一）在建工程的管理

为核算自行建造固定资产业务，行政事业单位应设置"在建工程"总账科目。该科目核算单位在建的建设项目工程的实际成本。单位在建的信息系统项目工程、公共基础设施项目工程、保障性住房项目工程的实际成本，也通过本科目核算。本科目期末借方余额，反映单位尚未完工的建设项目工程发生的实际成本。

为核算单位为在建工程准备的各种物资的成本，包括工程用材料、设备等，设置"工程物资"科目。科目期末借方余额，反映单位为在建工程准备的各种物资的成本。

在建工程应当设置"建筑安装工程投资""设备投资""待摊投资""其他投资""待核销基建支出""基建转出投资"等明细科目，并按照具体项目进行明细核算。具体核算内容见表3-5。

表3-5　　　　　　　　　　在建工程明细科目核算内容

明细科目	核算内容
"建筑安装工程投资"	核算单位发生的构成建设项目实际支出的建筑工程和安装工程的实际成本，不包括被安装设备本身的价值以及按照合同规定支付给施工单位的预付备料款和预付工程款。本明细科目应当设置"建筑工程"和"安装工程"两个三级明细科目进行明细核算。

第三章 资产的管理与核算

续表

明细科目	核算内容
"设备投资"	核算单位发生的构成建设项目实际支出的各种设备的实际成本。
"待摊投资"	核算单位发生的构成建设项目实际支出的、按照规定应当分摊计入有关工程成本和设备成本的各项间接费用和税费支出。
"其他投资"	核算单位发生的构成建设项目实际支出的房屋购置支出，基本畜禽、林木等购置、饲养、培育支出，办公生活用家具、器具购置支出，软件研发和不能计入设备投资的软件购置等支出。单位为进行可行性研究而购置的固定资产，以及取得土地使用权支付的土地出让金，也通过本明细科目核算。
"待核销基建支出"	核算建设项目发生的江河清障、航道清淤、飞播造林、补助群众造林、水土保持、城市绿化、取消项目的可行性研究费以及项目整体报废等不能形成资产部分的基建投资支出。
"基建转出投资"	核算为建设项目配套而建成的、产权不归属本单位的专用设施的实际成本。

（二）账务处理

1. 建筑安装工程投资

（1）将固定资产等资产转入改建、扩建等时，按照固定资产等资产的账面价值，借记本科目（建筑安装工程投资），按照已计提的折旧或摊销，借记"固定资产累计折旧"等科目，按照固定资产等资产的原值，贷记"固定资产"等科目。

固定资产等资产改建、扩建过程中涉及替换（或拆除）原资产的某些组成部分的，按照被替换（或拆除）部分的账面价值，借记"待处理财产损溢"科目，贷记本科目（建筑安装工程投资）。

（2）单位对于发包建筑安装工程，根据建筑安装工程价款结算账单与施工企业结算工程价款时，按照应承付的工程价款，借记本科目（建筑安装工程投资），按照预付工程款余额，贷记"预付账款"科目，按照其差额，贷记"财政拨款收入""零余额账户用款额度""银行存款""应付账款"等科目。

【例3-35】某事业单位准备建造固定资产，将工程外包给施工队，支付30万元进度款，款项以银行存款支付。

财务会计账务处理	预算会计账务处理
借：在建工程——建筑安装工程投资　300 000 　　贷：银行存款　　　　　　　　　　300 000	借：事业支出　　　　　　　　　　300 000 　　贷：资金结存——货币资金　　　300 000

（3）单位自行施工的小型建筑安装工程，按照发生的各项支出金额，借记本科目（建筑安装工程投资），贷记"工程物资""零余额账户用款额度""银行存款""应付职工薪酬"等科目。

（4）工程竣工，办妥竣工验收交接手续交付使用时，按照建筑安装工程成本（含应分摊的待摊投资），借记"固定资产"等科目，贷记本科目（建筑安装工程投资）。

2. 设备投资

（1）购入设备时，按照购入成本，借记本科目（设备投资），贷记"财政拨款收入""零余额账户用款额度""银行存款"等科目；采用预付款方式购入设备的，有关预付款的账务处理参照本科目有关"建筑安装工程投资"明细科目的规定。

(2) 设备安装完毕,办妥竣工验收交接手续交付使用时,按照设备投资成本(含设备安装工程成本和分摊的待摊投资),借记"固定资产"等科目,贷记本科目(设备投资、建筑安装工程投资——安装工程)。

将不需要安装的设备和达不到固定资产标准的工具、器具交付使用时,按照相关设备、工具、器具的实际成本,借记"固定资产""库存物品"科目,贷记本科目(设备投资)。

【例3-36】某事业单位用事业经费购入一新设备,买价为50 000元,运杂费600元,设备需要安装后才可使用,款项已用银行存款支付。

财务会计账务处理		预算会计账务处理	
借:在建工程——设备投资	50 600	借:事业支出	50 600
贷:银行存款	50 600	贷:资金结存——货币资金	50 600

3. 待摊投资

建设工程发生的构成建设项目实际支出的、按照规定应当分摊计入有关工程成本和设备成本的各项间接费用和税费支出,先在本明细科目中归集;建设工程办妥竣工验收手续交付使用时,按照合理的分配方法,摊入相关工程成本、在安装设备成本等。

(1) 单位发生的构成待摊投资的各类费用,按照实际发生金额,借记本科目(待摊投资),贷记"财政拨款收入""零余额账户用款额度""银行存款""应付利息""长期借款""其他应交税费""固定资产累计折旧""无形资产累计摊销"等科目。

(2) 对于建设过程中试生产、设备调试等产生的收入,按照取得的收入金额,借记"银行存款"等科目,按照依据有关规定应当冲减建设工程成本的部分,贷记本科目(待摊投资),按照其差额贷记"应缴财政款"或"其他收入"科目。

(3) 由于自然灾害、管理不善等原因造成的单项工程或单位工程报废或毁损,扣除残料价值和过失人或保险公司等赔款后的净损失,报经批准后计入继续施工的工程成本的,按照工程成本扣除残料价值和过失人或保险公司等赔款后的净损失,借记本科目(待摊投资),按照残料变价收入、过失人或保险公司赔款等,借记"银行存款""其他应收款"等科目,按照报废或毁损的工程成本,贷记本科目(建筑安装工程投资)。

(4) 工程交付使用时,按照合理的分配方法分配待摊投资,借记本科目(建筑安装工程投资、设备投资),贷记本科目(待摊投资)。待摊投资的分配方法,可按照下列公式计算:

A. 按照实际分配率分配。适用于建设工期较短、整个项目的所有单项工程一次竣工的建设项目。

实际分配率 = 待摊投资明细科目余额 ÷ (建筑工程明细科目余额 + 安装工程明细科目余额 + 设备投资明细科目余额) × 100%

B. 按照概算分配率分配。适用于建设工期长、单项工程分期分批建成投入使用的建设项目。

概算分配率 = (概算中各待摊投资项目的合计数 − 其中可直接分配部分) ÷ (概算中建筑工程、安装工程和设备投资合计) × 100%

C. 某项固定资产应分配的待摊投资＝该项固定资产的建筑工程成本或该项固定资产（设备）的采购成本和安装成本合计×分配率

4. 其他投资

（1）单位为建设工程发生的房屋购置支出，基本畜禽、林木等的购置、饲养、培育支出，办公生活用家具、器具购置支出，软件研发和不能计入设备投资的软件购置等支出，按照实际发生金额，借记本科目（其他投资），贷记"财政拨款收入""零余额账户用款额度""银行存款"等科目。

（2）工程完成将形成的房屋、基本畜禽、林木等各种财产以及无形资产交付使用时，按照其实际成本，借记"固定资产""无形资产"等科目，贷记本科目（其他投资）。

5. 待核销基建支出

（1）建设项目发生的江河清障、航道清淤、飞播造林、补助群众造林、水土保持、城市绿化等不能形成资产的各类待核销基建支出，按照实际发生金额，借记本科目（待核销基建支出），贷记"财政拨款收入""零余额账户用款额度""银行存款"等科目。

（2）取消的建设项目发生的可行性研究费，按照实际发生金额，借记本科目（待核销基建支出），贷记本科目（待摊投资）。

（3）由于自然灾害等原因发生的建设项目整体报废所形成的净损失，报经批准后转入待核销基建支出，按照项目整体报废所形成的净损失，借记本科目（待核销基建支出），按照报废工程回收的残料变价收入、保险公司赔款等，借记"银行存款""其他应收款"等科目，按照报废的工程成本，贷记本科目（建筑安装工程投资等）。

（4）建设项目竣工验收交付使用时，对发生的待核销基建支出进行冲销，借记"资产处置费用"科目，贷记本科目（待核销基建支出）。

6. 基建转出投资

为建设项目配套而建成的、产权不归属本单位的专用设施，在项目竣工验收交付使用时，按照转出的专用设施的成本，借记本科目（基建转出投资），贷记本科目（建筑安装工程投资）；同时，借记"无偿调拨净资产"科目，贷记本科目（基建转出投资）。

四、无形资产

（一）含义及标准

无形资产，是指政府会计主体控制的没有实物形态的可辨认非货币性资产，如专利权、商标权、著作权、土地使用权、非专利技术等。政府会计主体购入的不构成相关硬件不可缺少组成部分的软件，应当确认为无形资产。非大批量购入、单价小于1 000元的无形资产，可以于购买的当期将其成本直接计入当期费用。

资产满足下列条件之一的，符合无形资产定义中的可辨认性标准：（1）能够从政府会计主体中分离或者划分出来，并能单独或者与相关合同、资产或负债一起，用于出售、转移、授予许可、租赁或者交换；（2）源自合同性权利或其他法定权利，无论这些权利是否可以从政府会计主体或其他权利和义务中转移或者分离。

为核算无形资产业务，单位应设置"无形资产"和"无形资产累计摊销"科目进行核算。"无形资产"科目核算单位无形资产的原值。本科目应当按照无形资产的类别、项目等进行明细核算。科目期末借方余额,反映单位无形资产的成本。"无形资产累计摊销"科目核算单位对使用年限有限的无形资产计提的累计摊销。该科目应当按照所对应无形资产的明细分类进行明细核算。科目期末贷方余额,反映单位计提的无形资产摊销累计数。

(二) 初始计量

无形资产在取得时,应当按照成本进行初始计量。具体内容见表3-6。

表3-6　　　　　　　　　　无形资产成本的确定

取得方式	成本的确定
外购	成本包括购买价款、相关税费以及可归属于该项资产达到预定用途前所发生的其他支出。政府会计主体委托软件公司开发的软件,视同外购无形资产确定其成本。
自行开发	成本包括自该项目进入开发阶段后至达到预定用途前所发生的支出总额。
置换取得	成本按照换出资产的评估价值加上支付的补价或减去收到的补价,加上换入无形资产发生的其他相关支出确定。
接受捐赠	成本按照有关凭据注明的金额加上相关税费确定;没有相关凭据可供取得,但按规定经过资产评估的,其成本按照评估价值加上相关税费确定;没有相关凭据可供取得、也未经资产评估的,其成本比照同类或类似资产的市场价格加上相关税费确定;没有相关凭据且未经资产评估、同类或类似资产的市场价格也无法可靠取得的,按照名义金额入账,相关税费计入当期费用。

1. 外购的无形资产

按照确定的成本,借记本科目,贷记"财政拨款收入""零余额账户用款额度""应付账款""银行存款"等科目。

2. 委托软件公司开发软件

视同外购无形资产进行处理。合同中约定预付开发费用的,按照预付金额,借记"预付账款"科目,贷记"财政拨款收入""零余额账户用款额度""银行存款"等科目。软件开发完成交付使用并支付剩余或全部软件开发费用时,按照软件开发费用总额,借记本科目,按照相关预付账款金额,贷记"预付账款"科目,按照支付的剩余金额,贷记"财政拨款收入""零余额账户用款额度""银行存款"等科目。

3. 自行研究开发形成的无形资产

政府会计主体自行研究开发项目的支出,应当区分研究阶段支出与开发阶段支出。研究是指为获取并理解新的科学或技术知识而进行的独创性的有计划调查。开发是指在进行生产或使用前,将研究成果或其他知识应用于某项计划或设计,以生产出新的或具有实质性改进的材料、装置、产品等。政府会计主体自创商誉及内部产生的品牌、报刊名等,不应确认为无形资产。

政府会计主体自行研究开发项目研究阶段的支出,应当于发生时计入当期费用。政府会计主体自行研究开发项目开发阶段的支出,先按合理方法进行归集,如果最终形成无形资产的,应当确认为无形资产;如果最终未形成无形资产的,应当计入当期费用。

政府会计主体自行研究开发项目尚未进入开发阶段,或者确实无法区分研究阶段支出和开发阶段支出,但按法律程序已申请取得无形资产的,应当将依法取得时发生的注册费、聘请律师费等费用确认为无形资产。

研发支出的主要账务处理如下：

(1) 自行研究开发项目研究阶段的支出，应当先在"研发支出"科目核算单位自行研究开发项目研究阶段和开发阶段发生的各项支出。建设项目中的软件研发支出，应当通过"在建工程"科目核算，不通过本科目核算。本科目应当按照自行研究开发项目，分别"研究支出""开发支出"进行明细核算。科目期末借方余额，反映单位预计能达到预定用途的研究开发项目在开发阶段发生的累计支出数。

科目归集。按照从事研究及其辅助活动人员计提的薪酬，研究活动领用的库存物品，发生的与研究活动相关的管理费、间接费和其他各项费用，借记本科目（研究支出），贷记"应付职工薪酬""库存物品""财政拨款收入""零余额账户用款额度""固定资产累计折旧""银行存款"等科目。期（月）末，应当将本科目归集的研究阶段的支出金额转入当期费用，借记"业务活动费用"等科目，贷记本科目（研究支出）。

(2) 自行研究开发项目开发阶段的支出，先通过本科目进行归集。按照从事开发及其辅助活动人员计提的薪酬，开发活动领用的库存物品，发生的与开发活动相关的管理费、间接费和其他各项费用，借记本科目（开发支出），贷记"应付职工薪酬""库存物品""财政拨款收入""零余额账户用款额度""固定资产累计折旧""银行存款"等科目。自行研究开发项目完成，达到预定用途形成无形资产的，按照本科目归集的开发阶段的支出金额，借记"无形资产"科目，贷记本科目（开发支出）。单位应于每年年度终了评估研究开发项目是否能达到预定用途，如预计不能达到预定用途（如无法最终完成开发项目并形成无形资产的），应当将已发生的开发支出金额全部转入当期费用，借记"业务活动费用"等科目，贷记本科目（开发支出）。自行研究开发项目时涉及增值税业务的，相关账务处理参见"应交增值税"科目。

按照研究开发项目进入开发阶段后至达到预定用途前所发生的支出总额，借记"无形资产"科目，贷记"研发支出——开发支出"科目。自行研究开发项目尚未进入开发阶段，或者确实无法区分研究阶段支出和开发阶段支出，但按照法律程序已申请取得无形资产的，按照依法取得时发生的注册费、聘请律师费等费用，借记本科目，贷记"财政拨款收入""零余额账户用款额度""银行存款"等科目；按照依法取得前所发生的研究开发支出，借记"业务活动费用"等科目，贷记"研发支出"科目。

【例3-37】某事业单位自行开发一项专用技术，开发阶段该项技术发生支出共计86 000元，其中实验检验费56 000元，财政直接支付；研究人员薪酬20 000元，消耗材料10 000元。并按法律程序申请取得专利证书。申请专利时，支付专利注册费、律师聘请费共3 200元，通过单位的零余额账户用支付。

(1) 自行开发。

财务会计账务处理		预算会计账务处理	
借：研发支出——开发支出	86 000	借：事业支出	56 000
贷：财政拨款收入	56 000	贷：财政拨款预算收入	56 000
应付职工薪酬	20 000		
库存物品	10 000		

(2) 开发完成，达到预定用途形成无形资产的。

财务会计账务处理		预算会计账务处理	
借：无形资产（86 000 + 3 200）	89 200	借：事业支出	3 200
贷：研发支出——开发支出	86 000	贷：资金结存	3 200
零余额账户用款额度	3 200		

(3) 假设开发阶段该项技术发生支出 86 000 元后，最终未形成无形资产。

财务会计账务处理		预算会计账务处理
借：业务活动费用	86 000	——
贷：研发支出——开发支出	86 000	

(4) 假设上述该项技术前期发生支出 86 000 元，无法区分是研究阶段还是开发阶段的支出，但按法律程序申请取得无形资产的，可以按照申请专利时，支付专利注册费、律师聘请费共计 3 200 元确定无形资产的成本。

时间	财务会计账务处理		预算会计账务处理	
前期支出	借：研发支出——研究支出	86 000	借：事业支出	56 000
	贷：财政拨款收入	56 000	贷：财政拨款预算收入	56 000
	应付职工薪酬	20 000		
	库存物品	10 000		
无法区分	借：业务活动费用	86 000	——	
	贷：研发支出——研究支出	86 000		
申请专利	借：无形资产	3 200	借：事业支出	3 200
	贷：零余额账户用款额	3 200	贷：资金结存	3 200

4. 接受捐赠的无形资产

按照确定的无形资产成本，借记本科目，按照发生的相关税费等，贷记"零余额账户用款额度""银行存款"等科目，按照其差额，贷记"捐赠收入"科目。

接受捐赠的无形资产按照名义金额入账的，按照名义金额，借记本科目，贷记"捐赠收入"科目；同时，按照发生的相关税费等，借记"其他费用"科目，贷记"零余额账户用款额度""银行存款"等科目。

5. 无偿调入的无形资产

按照确定的无形资产成本，借记本科目，按照发生的相关税费等，贷记"零余额账户用款额度""银行存款"等科目，按照其差额，贷记"无偿调拨净资产"科目。

6. 置换取得的无形资产

参照"库存物品"科目中置换取得库存物品的相关规定进行账务处理。

(三) 后续计量

1. 无形资产的摊销

政府会计主体应当于取得或形成无形资产时合理确定其使用年限。无形资产的使用年限为有限的，应当估计该使用年限。无法预见无形资产为政府会计主体提供服务潜力或者带来经济利益期限的，应当视为使用年限不确定的无形资产。政府会计主体应当对使用年限有限的无形资产进行摊销，但已摊销完毕仍继续使用的无形资产和以名义金额计量的无形资产除外。使用年限不确定的无形资产不应摊销。

对于使用年限有限的无形资产，政府会计主体应当按照以下原则确定无形资产的摊销年限：法律规定了有效年限的，按照法律规定的有效年限作为摊销年限；法律没有规定有效年限的，按照相关合同或单位申请书中的受益年限作为摊销年限；法律没有规定有效年限、相关合同或单位申请书也没有规定受益年限的，应当根据无形资产为政府会计主体带来服务潜力或经济利益的实际情况，预计其使用年限；非大批量购入、单价小于1000元的无形资产，可以于购买的当期将其成本一次性全部转销。

政府会计主体应当按月对使用年限有限的无形资产进行摊销，并根据用途计入当期费用或者相关资产成本。政府会计主体应当采用年限平均法或者工作量法对无形资产进行摊销，应摊销金额为其成本，不考虑预计残值。因发生后续支出而增加无形资产成本的，对于使用年限有限的无形资产，应当按照重新确定的无形资产成本以及重新确定的摊销年限计算摊销额。

无形资产累计摊销的主要账务处理如下：

（1）按月对无形资产进行摊销时，按照应摊销金额，借记借记"业务活动费用""单位管理费用""加工物品""在建工程"等科目，贷记"无形资产累计摊销"。

（2）经批准处置无形资产时，按照所处置无形资产的账面价值，借记"资产处置费用""无偿调拨净资产""待处理财产损溢"等科目，按照已计提摊销，借记"无形资产累计摊销"，按照无形资产的账面余额，贷记"无形资产"科目。

2. 与无形资产有关的后续支出

（1）符合无形资产确认条件的后续支出为增加无形资产的使用效能对其进行升级改造或扩展其功能时，如需暂停对无形资产进行摊销的，按照无形资产的账面价值，借记"在建工程"科目，按照无形资产已摊销金额，借记"无形资产累计摊销"科目，按照无形资产的账面余额，贷记"无形资产"。无形资产后续支出符合无形资产确认条件的，按照支出的金额，借记"无形资产"［无需暂停摊销的］或"在建工程"科目［需暂停摊销的］，贷记"财政拨款收入""零余额账户用款额度""银行存款"等科目。

暂停摊销的无形资产升级改造或扩展功能等完成交付使用时，按照在建工程成本，借记"无形资产"，贷记"在建工程"科目。

（2）不符合无形资产确认条件的后续支出为保证无形资产正常使用发生的日常维护等支出，借记"业务活动费用""单位管理费用"等科目，贷记"财政拨款收入""零余额账户用款额度""银行存款"等科目。

【例3-38】某事业单位为适应预算管理、财务管理与会计核算改革的需要，使用上级拨入的专项资金对单位的管理信息系统进行了升级，增加了资产管理、人员管理等模块，发生支出共计31 200元，款项均通过银行转账支付。同时，使用财政拨入的基本经费对单位的办公软件进行了维护，保证了系统运行的稳定性，发生支出1 300元，款项通过零余额账户支付。

（1）管理信息系统的升级提升了效能，应当计入无形资产的成本。

财务会计账务处理		预算会计账务处理	
借：无形资产	31 200	借：事业支出	31 200
贷：银行存款	31 200	贷：资金结存	31 200

（2）办公软件技术维护没有改变软件的效能，应当计入当期支出。

财务会计账务处理		预算会计账务处理	
借：单位管理费用	1 300	借：事业支出	1 300
贷：零余额账户用款额度	1 300	贷：资金结存	1 300

（四）处置

（1）政府会计主体按规定报经批准出售无形资产，应当将无形资产账面价值转销计入当期费用，并将处置收入大于相关处置税费后的差额按规定计入当期收入或者做应缴款项处理，将处置收入小于相关处置税费后的差额计入当期费用。借记"资产处置费用"科目，按照无形资产已计提的摊销，借记"无形资产累计摊销"科目，按照无形资产账面余额，贷记本科目；同时，按照收到的价款，借记"银行存款"等科目，按照处置过程中发生的相关费用，贷记"银行存款"等科目，按照其差额，贷记"应缴财政款"［按照规定应上缴无形资产转让净收入的］或"其他收入"［按照规定将无形资产转让收入纳入本单位预算管理的］科目。

（2）政府会计主体按规定报经批准对外捐赠、无偿调出无形资产的，应当将无形资产的账面价值予以转销，对外捐赠、无偿调出中发生的归属于捐出方、调出方的相关费用应当计入当期费用。

报经批准对外捐赠无形资产，按照无形资产已计提的摊销，借记"无形资产累计摊销"科目，按照被处置无形资产账面余额，贷记本科目，按照捐赠过程中发生的归属于捐出方的相关费用，贷记"银行存款"等科目，按照其差额，借记"资产处置费用"科目。

报经批准无偿调出无形资产，按照无形资产已计提的摊销，借记"无形资产累计摊销"科目，按照被处置无形资产账面余额，贷记本科目，按照其差额，借记"无偿调拨净资产"科目；同时，按照无偿调出过程中发生的归属于调出方的相关费用，借记"资产处置费用"科目，贷记"银行存款"等科目。

（3）政府会计主体按规定报经批准以无形资产对外投资的，应当将该无形资产的账面价值予以转销，并将无形资产在对外投资时的评估价值与其账面价值的差额计入当期收入或费用。

（4）无形资产预期不能为政府会计主体带来服务潜力或者经济利益的，应当在报经批准后将该无形资产的账面价值予以转销。借记"资产处置费用"科目，按照已计提摊销，借记"无形资产累计摊销"科目，按照无形资产的账面余额，贷记本科目。

单位应当定期对无形资产进行清查盘点，每年至少盘点一次。单位资产清查盘点过程中发现的无形资产盘盈、盘亏等，参照"固定资产"科目相关规定进行账务处理。

第四节 经管资产核算

政府经管资产，是指由部门、单位和机构负责经营管理的公共物品，包括公共基础设施、政府储备物资、文物文化资产、保障性住房和受托代理资产等。这些相关内容，与行政单位自用资产相区分，弥补相关信息缺失，有利于政府摸清家底，加强此类资产的管理。

一、公共基础设施

（一）含义及管理

公共基础设施，是指政府会计主体为满足社会公共需求而控制的，具有特定用途、一般不可移动的有形资产系统或网络的组成部分。公共基础设施主要包括市政基础设施（如城市道路、桥梁、隧道、公交场站、路灯、广场、公园绿地、室外公共健身器材，以及环卫、排水、供水、供电、供气、供热、污水处理、垃圾处理系统等）、交通基础设施（如公路、航道、港口等）、水利基础设施（如大坝、堤防、水闸、泵站、渠道等）和其他公共基础设施。

提示

独立于公共基础设施、不构成公共基础设施使用不可缺少组成部分的管理维护用房屋建筑物、设备、车辆等，适用《政府会计准则第3号——固定资产》。属于文物文化资产的公共基础设施，适用其他相关政府会计准则。采用政府和社会资本合作模式（即PPP模式）形成的公共基础设施的确认和初始计量，适用其他相关政府会计准则。

通常情况下，符合确认条件的公共基础设施，应当由按规定对其负有管理维护职责的政府会计主体予以确认。多个政府会计主体共同管理维护的公共基础设施，应当由对该资产负有主要管理维护职责或者承担后续主要支出责任的政府会计主体予以确认。分为多个组成部分由不同政府会计主体分别管理维护的公共基础设施，应当由各个政府会计主体分别对其负责管理维护的公共基础设施的相应部分予以确认。负有管理维护公共基础设施职责的政府会计主体通过政府购买服务方式委托企业或其他会计主体代为管理维护公共基础设施的，该公共基础设施应当由委托方予以确认。

"公共基础设施"科目核算单位控制的公共基础设施的原值。本科目应当按照公共基础设施的类别、项目等进行明细核算。单位应当根据行业主管部门对公共基础设施的分类规定，制定适合于本单位管理的公共基础设施目录、分类方法，作为进行公共基础设施核算的依据。

（二）初始计量

公共基础设施在取得时应当按照成本进行初始计量。

1. 自行建造的公共基础设施

政府会计主体自行建造的公共基础设施，其成本包括完成批准的建设内容所发生的全部必要支出，包括建筑安装工程投资支出、设备投资支出、待摊投资支出和其他投资支出。在原有公共基础设施基础上进行改建、扩建等建造活动后的公共基础设施，其成本按照原公共基础设施账面价值加上改建、扩建等建造活动发生的支出，再扣除公共基础设施被替换部分的账面价值后的金额确定。为建造公共基础设施借入的专门借款的利息，属于建设期间发生的，计入该公共基础设施在建工程成本；不属于建设期间发生的，计入当期费用。已交付使用但尚未办理竣工决算手续的公共基础设施，应当按照估计价值入账，待办理竣工决算后再按照实际成本调整原来的暂估价值。

自行建造的公共基础设施完工交付使用时，按照在建工程的成本，借记本科目，贷记"在建工程"科目。已交付使用但尚未办理竣工决算手续的公共基础设施，按照估计价值入账，待办理竣工决算后再按照实际成本调整原来的暂估价值。

【例 3 - 39】某市政府为市民兴建一批大众健身设施，设施价值 690 万元，健身设施安装工程款 15 万元。上述公共健身设施建设完工，已经投入使用，款项由财政直接支付。

时间	财务会计账务处理	预算会计账务处理
兴建	借：在建工程　　　　7 050 000 　贷：财政拨款收入　　　　7 050 000	借：行政支出　　　　7 050 000 　贷：财政拨款预算收入　　70 500 000
完工	借：公共基础设施　　7 050 000 　贷：在建工程　　　　　　7 050 000	——

2. 接受其他会计主体无偿调入的公共基础设施

政府会计主体接受其他会计主体无偿调入的公共基础设施，其成本按照该项公共基础设施在调出方的账面价值加上归属于调入方的相关费用确定。按照确定的成本，借记本科目，按照发生的归属于调入方的相关费用，贷记"财政拨款收入""零余额账户用款额度""银行存款"等科目，按照其差额，贷记"无偿调拨净资产"科目。无偿调入的公共基础设施成本无法可靠取得的，按照发生的相关税费、运输费等金额，借记"其他费用"科目，贷记"财政拨款收入""零余额账户用款额度""银行存款"等科目。

3. 接受捐赠的公共基础设施

政府会计主体接受捐赠的公共基础设施，其成本按照有关凭据注明的金额加上相关费用确定；没有相关凭据可供取得，但按规定经过资产评估的，其成本按照评估价值加上相关费用确定；没有相关凭据可供取得、也未经资产评估的，其成本比照同类或类似资产的市场价格加上相关费用确定。如受赠的系旧的公共基础设施，在确定其初始入账成本时应当考虑该项资产的新旧程度。按照确定的成本，借记本科目，按照发生的相关费用，贷记"财政拨款收入""零余额账户用款额度""银行存款"等科目，按照其差额，贷记"捐赠收入"科目。接受捐赠的公共基础设施成本无法可靠取得的，按照发生的相关税费等金额，借记"其他费用"科目，贷记"财政拨款收入""零余额账户用款额度""银行存款"等科目。

4. 外购的公共基础设施

政府会计主体外购的公共基础设施，其成本包括购买价款、相关税费以及公共基础设施交付使用前所发生的可归属于该项资产的运输费、装卸费、安装费和专业人员服务费等。按照确定的成本，借记本科目，贷记"财政拨款收入""零余额账户用款额度""银行存款"等科目。

对于包括不同组成部分的公共基础设施，其只有总成本、没有单项组成部分成本的，政府会计主体可以按照各单项组成部分同类或类似资产的成本或市场价格比例对总成本进行分配，分别确定公共基础设施中各单项组成部分的成本。对于成本无法可靠取得的公共基础设施，单位应当设置备查簿进行登记，待成本能够可靠确定后按照规定及时入账。

（三）后续计量

1. 公共基础设施的折旧摊销

政府会计主体应当对公共基础设施计提折旧，但政府会计主体持续进行良好的维护使得其性能得到永久维持的公共基础设施和确认为公共基础设施的单独计价入账的土地使用权除外。对于确认为公共基础设施的单独计价入账的土地使用权，政府会计主体应当按照《政府会计准则第4号——无形资产》的相关规定进行摊销。公共基础设施应计提的折旧总额为其成本，计提公共基础设施折旧时不考虑预计净残值。政府会计主体应当对暂估入账的公共基础设施计提折旧，实际成本确定后不需调整原已计提的折旧额。

知识链接

政府会计主体的折旧

政府会计主体应当根据公共基础设施的性质和使用情况，合理确定公共基础设施的折旧年限。政府会计主体确定公共基础设施折旧年限，应当考虑下列因素：①设计使用年限或设计基准期；②预计实现服务潜力或提供经济利益的期限；③预计有形损耗和无形损耗；④法律或者类似规定对资产使用的限制。公共基础设施的折旧年限一经确定，不得随意变更，但符合会计准则规定的除外。对于政府会计主体接受无偿调入、捐赠的公共基础设施，应当考虑该项资产的新旧程度，按照其尚可使用的年限计提折旧。

政府会计主体一般应当采用年限平均法或者工作量法计提公共基础设施折旧。在确定公共基础设施的折旧方法时，应当考虑与公共基础设施相关的服务潜力或经济利益的预期实现方式。公共基础设施折旧方法一经确定，不得随意变更。公共基础设施应当按月计提折旧，并计入当期费用。当月增加的公共基础设施，当月开始计提折旧；当月减少的公共基础设施，当月不再计提折旧。按月计提公共基础设施折旧时，按照应计提的折旧额，借记"业务活动费用"科目，贷记"公共基础设施累计折旧（摊销）"。公共基础设施提足折旧后，无论能否继续使用，均不再计提折旧；已提足折旧的公共基础设施，可以继续使用的，应当继续使用，并规范实物管理。提前报废的公共基础设施，不再补提折旧。

提示

处于改建、扩建等建造活动期间的公共基础设施，应当暂停计提折旧。因改建、扩建等原因而延长公共基础设施使用年限的，应当按照重新确定的公共基础设施的成本和重新确定的折旧年限计算折旧额，不需调整原已计提的折旧额。

2. 后续支出

公共基础设施在使用过程中发生的后续支出，符合下列确认条件的，应当计入公共基础设施成本；不符合确认条件的，应当在发生时计入当期费用。公共基础设施同时满足下列条件的，应当予以确认：①与该公共基础设施相关的服务潜力很可能实现或者经济利益很可能流入政府会计主体；②该公共基础设施的成本或者价值能够可靠地计量。通常情况下，为增加公共基础设施使用效能或延长其使用年限而发生的改建、扩建等后续支出，应当计入公共基础设施成本；为维护公共基础设施的正常使用而发生的日常维修、养护等后续支出，应当计入当期费用。

（四）处置

（1）政府会计主体按规定报经批准无偿调出、对外捐赠公共基础设施的，应当将公共基础设施的账面价值予以转销，无偿调出、对外捐赠中发生的归属于调出方、捐出方的相关费用应当计入当期费用。

报经批准对外捐赠公共基础设施，按照公共基础设施已计提的折旧或摊销，借记"公共基础设施累计折旧（摊销）"科目，按照被处置公共基础设施账面余额，贷记本科目，按照捐赠过程中发生的归属于捐出方的相关费用，贷记"银行存款"等科目，按照其差额，借记"资产处置费用"科目。

报经批准无偿调出公共基础设施，按照公共基础设施已计提的折旧或摊销，借记"公共基础设施累计折旧（摊销）"科目，按照被处置公共基础设施账面余额，贷记本科目，按照其差额，借记"无偿调拨净资产"科目；同时，按照无偿调出过程中发生的归属于调出方的相关费用，借记"资产处置费用"科目，贷记"银行存款"等科目。

（2）公共基础设施报废或遭受重大毁损的，政府会计主体应当在报经批准后将公共基础设施账面价值予以转销，并将报废、毁损过程中取得的残值变价收入扣除相关费用后的差额按规定做应缴款项处理（差额为净收益时）或计入当期费用（差额为净损失时）。

（五）清查盘点

单位应当定期对公共基础设施进行清查盘点。对于发生的公共基础设施盘盈、盘亏、毁损或报废，应当先记入"待处理财产损溢"科目，按照规定报经批准后及时进行后续账务处理。

（1）盘盈的公共基础设施，其成本按照有关凭据注明的金额确定；没有相关凭据、但按照规定经过资产评估的，其成本按照评估价值确定；没有相关凭据、也未经过评估的，其成本按照重置成本确定。盘盈的公共基础设施成本无法可靠取得的，单位应当设置备查簿进行登记，待成本确定后按照规定及时入账。盘盈的公共基础设施，按照确定的入账成本，借记本科目，贷记"待处理财产损溢"科目。

（2）盘亏、毁损或报废的公共基础设施，按照待处置公共基础设施的账面价值，借记"待处理财产损溢"科目，按照已计提折旧或摊销，借记"公共基础设施累计折旧（摊销）"科目，按照公共基础设施的账面余额，贷记本科目。

二、政府储备物资

（一）概念

政府储备物资，是指政府会计主体为满足实施国家安全与发展战略、进行抗灾救灾、应对公共突发事件等特定公共需求而控制的，同时具有下列特征的有形资产：在应对可能发生的特定事件或情形时动用；其购入、存储保管、更新（轮换）、动用等由政府及相关部门发布的专门管理制度规范。

政府储备物资包括战略及能源物资、抢险抗灾救灾物资、农产品、医药物资和其他重要商品物资，通常情况下由政府会计主体委托承储单位存储。企业以及纳入企业财务管理体系的事业单位接受政府委托收储并按企业会计准则核算的储备物资，不适用于此。政府会计主体的存货，适用《政府会计准则第1号——存货》。

（二）确认和管理

通常情况下，应当由按规定对其负有行政管理职责的政府会计主体予以确认。行政管理职责主要指提出或拟定收储计划、更新（轮换）计划、动用方案等。相关行政管理职责由不同政府会计主体行使的政府储备物资，由负责提出收储计划的政府会计主体予以确认对政府储备物资不负有行政管理职责但接受委托具体负责执行其存储保管等工作的政府会计主体，应当将受托代储的政府储备物资作为受托代理资产核算。

政府储备物资同时满足下列条件的，应当予以确认：

（1）与该政府储备物资相关的服务潜力很可能实现或者经济利益很可能流入政府会计主体；

（2）该政府储备物资的成本或者价值能够可靠地计量。

"政府储备物资"科目核算单位控制的政府储备物资的成本。对政府储备物资不负有行政管理职责但接受委托具体负责执行其存储保管等工作的单位，其受托代储的政府储备物资应当通过"受托代理资产"科目核算，不通过本科目核算。本科目应当按照政府储备物资的种类、品种、存放地点等进行明细核算。单位根据需要，可在本科目下设置"在库""发出"等明细科目进行明细核算。本科目期末借方余额，反映政府储备物资的成本。

（三）初始计量

政府储备物资在取得时应当按照成本进行初始计量。

1. 购入的政府储备物资

政府会计主体购入的政府储备物资，其成本包括购买价款和政府会计主体承担的相关税费、运输费、装卸费、保险费、检测费以及使政府储备物资达到目前场所和状态所发生的归属于政府储备物资成本的其他支出。购入的政府储备物资验收入库，按照确定的成本，借记本科目，贷记"财政拨款收入""零余额账户用款额度""银行存款"等科目。

【例3-40】中央政府紧急购入抗洪救灾物资一批，价值7 000万元，物资已验收入库，采用财政授权支付形式付款。

财务会计账务处理	预算会计账务处理
借：政府储备物资　　　　70 000 000 　　贷：零余额账户用款额度　　70 000 000	借：行政支出　　　　　　70 000 000 　　贷：资金结存　　　　　　70 000 000

2. 委托加工的政府储备物资

政府会计主体委托加工的政府储备物资，其成本包括委托加工前物料成本、委托加工的成本（如委托加工费以及按规定应计入委托加工政府储备物资成本的相关税费等）以及政府会计主体承担的使政府储备物资达到目前场所和状态所发生的归属于政府储备物资成本的其他支出。涉及委托加工政府储备物资业务的，相关账务处理参照"加工物品"部分。

3. 接受捐赠的政府储备物资

政府会计主体接受捐赠的政府储备物资，其成本按照有关凭据注明的金额加上政府会计主体承担的相关税费、运输费等确定；没有相关凭据可供取得，但按规定经过资产评估的，其成本按照评估价值加上政府会计主体承担的相关税费、运输费等确定；没有相关凭据可供取得、也未经资产评估的，其成本比照同类或类似资产的市场价格加上政府会计主体承担的相关税费、运输费等确定。接受捐赠的政府储备物资验收入库，按照确定的成本，借记本科目，按照单位承担的相关税费、运输费等，贷记"零余额账户用款额度""银行存款"等科目，按照其差额，贷记"捐赠收入"科目。

4. 接受无偿调入的政府储备物资

政府会计主体接受无偿调入的政府储备物资，其成本按照调出方账面价值加上归属于政府会计主体的相关税费、运输费等确定。按照确定的成本，借记本科目，按照单位承担的相关税费、运输费等，贷记"零余额账户用款额度""银行存款"等科目，按照其差额，贷记"无偿调拨净资产"科目。

提示

下列各项不计入政府储备物资成本：

仓储费用；

日常维护费用；

不能归属于使政府储备物资达到目前场所和状态所发生的其他支出。

5. 盘盈的政府储备物资

政府会计主体盘盈的政府储备物资，其成本按照有关凭据注明的金额确定；没有相关凭据，但按规定经过资产评估的，其成本按照评估价值确定；没有相关凭据、也未经资产评估的，其成本按照重置成本确定。

（四）后续计量

政府会计主体应当根据实际情况采用先进先出法、加权平均法或者个别计价法确定政府储备物资发出的成本。计价方法一经确定，不得随意变更。

对于性质和用途相似的政府储备物资，政府会计主体应当采用相同的成本计价方法确定发出物资的成本。对于不能替代使用的政府储备物资、为特定项目专门购入或加工的政府储备物资，政府会计主体通常应采用个别计价法确定发出物资的成本。

（1）因动用而发出无需收回的政府储备物资的，政府会计主体应当在发出物资时将其账面余额予以转销,计入当期费用。按照发出物资的账面余额,借记"业务活动费用"科目,贷记本科目。

【例3-41】政府立即向洪水重灾区发出上述政府储备物资3 500万元援助,同时发生储备物资运输费28万元,由财政直接支付。

时间	财务会计账务处理	预算会计账务处理
发出物资	借:业务活动费用　　　　35 000 000 　贷:政府储备物资　　　　35 000 000	——
运费	借:业务活动费用　　　　280 000 　贷:财政拨款收入　　　　280 000	借:其他支出　　　　280 000 　贷:财政拨款预算收入　　280 000

(2) 因动用而发出需要收回或者预期可能收回的政府储备物资的,政府会计主体应当在按规定的质量验收标准收回物资时,将未收回物资的账面余额予以转销,计入当期费用。在发出物资时,按照发出物资的账面余额,借记本科目(发出),贷记本科目(在库);按照规定的质量验收标准收回物资时,按照收回物资原账面余额,借记本科目(在库),按照未收回物资的原账面余额,借记"业务活动费用"科目,按照物资发出时登记在本科目所属"发出"明细科目中的余额,贷记本科目(发出)。

(3) 因行政管理主体变动等原因而将政府储备物资调拨给其他主体的,政府会计主体应当在发出物资时将其账面余额予以转销。按照无偿调出政府储备物资的账面余额,借记"无偿调拨净资产"科目,贷记本科目。

(4) 政府会计主体对外销售政府储备物资的,应当在发出物资时将其账面余额转销计入当期费用,并按规定确认相关销售收入或将销售取得的价款大于所承担的相关税费后的差额作应缴款项处理。发出物资时,按照发出物资的账面余额,借记"业务活动费用"科目,贷记本科目;实现销售收入时,按照确认的收入金额,借记"银行存款""应收账款"等科目,贷记"事业收入"等科目。对外销售政府储备物资并按照规定将销售净收入上缴财政的,发出物资时,按照发出物资的账面余额,借记"资产处置费用"科目,贷记本科目;取得销售价款时,按照实际收到的款项金额,借记"银行存款"等科目,按照发生的相关税费,贷记"银行存款"等科目,按照销售价款大于所承担的相关税费后的差额,贷记"应缴财政款"科目。

政府会计主体采取销售采购方式对政府储备物资进行更新(轮换)的,应当将物资轮出视为物资销售,按照对外销售规定处理;将物资轮入视为物资采购,按照前面购入规定处理。

(五) 清查盘点

单位应当定期对政府储备物资进行清查盘点,每年至少盘点一次。对于发生的政府储备物资盘盈、盘亏或者报废、毁损,应当先记入"待处理财产损溢"科目,按照规定报经批准后及时进行后续账务处理。

(1) 政府储备物资报废、毁损的,政府会计主体应当按规定报经批准后将报废、毁损的政府储备物资的账面余额予以转销,确认应收款项(确定追究相关赔偿责任的)或计入当期费用(因储存年限到期报废或非人为因素致使报废、毁损的);同时,将报废、毁损过程中取得的残值变价收入扣除政府会计主体承担的相关费用后的差额按规定作应缴款项处理（差额为净收益时）或计入当期费用（差额为净损失时）。

（2）政府储备物资盘亏的，政府会计主体应当按规定报经批准后将盘亏的政府储备物资的账面余额予以转销，确定追究相关赔偿责任的，确认应收款项；属于正常耗费或不可抗力因素造成的，计入当期费用。

三、文物文化资产

（一）概念及管理

文物文化资产是指行政事业单位为满足社会公共需求而控制的历史文物、艺术品以及其他具有历史或文化价值并作为长期或永久保存的典藏等。行政事业单位为满足自身开展业务活动或其他活动需要而控制的文物和陈列品，属于单位的固定资产，不属于文物文化资产。

"文物文化资产"科目核算单位为满足社会公共需求而控制的文物文化资产的成本。单位为满足自身开展业务活动或其他活动需要而控制的文物和陈列品，应当通过"固定资产"科目核算，不通过本科目核算。本科目应当按照文物文化资产的类别、项目等进行明细核算。科目期末借方余额，反映文物文化资产的成本。

（二）初始计量

文物文化资产在取得时，应当按照其成本入账。

1. 外购的文物文化资产

外购的文物文化资产，其成本包括购买价款、相关税费以及可归属于该项资产达到预定用途前所发生的其他支出（如运输费、安装费、装卸费等）。外购的文物文化资产，按照确定的成本，借记本科目，贷记"财政拨款收入""零余额账户用款额度""银行存款"等科目。

2. 无偿调入的文物文化资产

接受其他单位无偿调入的文物文化资产，其成本按照该项资产在调出方的账面价值加上归属于调入方的相关费用确定。调入的文物文化资产，按照确定的成本，借记本科目，按照发生的归属于调入方的相关费用，贷记"零余额账户用款额度""银行存款"等科目，按照其差额，贷记"无偿调拨净资产"科目。无偿调入的文物文化资产成本无法可靠取得的，按照发生的归属于调入方的相关费用，借记"其他费用"科目，贷记"零余额账户用款额度""银行存款"等科目。

3. 接受捐赠的文物文化资产

接受捐赠的文物文化资产，其成本按照有关凭据注明的金额加上相关费用确定；没有相关凭据可供取得，但按照规定经过资产评估的，其成本按照评估价值加上相关费用确定；没有相关凭据可供取得、也未经评估的，其成本比照同类或类似资产的市场价格加上相关费用确定。接受捐赠的文物文化资产，按照确定的成本，借记本科目，按照发生的相关税费、运输费等金额，贷记"零余额账户用款额度""银行存款"等科目，按照其差额，贷记"捐赠收入"科目。接受捐赠的文物文化资产成本无法可靠取得的，按照发生的相关税费、运输费等金额，借记"其他费用"科目，贷记"零余额账户用款额度""银行存款"等科目。

第三章 资产的管理与核算

对于成本无法可靠取得的文物文化资产,单位应当设置备查簿进行登记,待成本能够可靠确定后按照规定及时入账。

【例3-42】某事业单位接受捐赠一项文物文化资产,经过资产评估,评估价值为80 000元。接受捐赠过程中发生相关费用500元,款项通过单位零余额账户用款额度支付。

财务会计账务处理	预算会计账务处理
借:文物文化资产　　　　　80 500　　　贷:捐赠收入　　　　　　　　　80 000　　　　零余额账户用款额度　　　　　500	借:其他支出　　　　　　　　500　　　贷:资金结存　　　　　　　　　500

(三)后续计量

与文物文化资产有关的后续支出,参照"公共基础设施"部分相关规定进行处理。单位应当定期对文物文化资产进行清查盘点,每年至少盘点一次。对于发生的文物文化资产盘盈、盘亏、毁损或报废等,参照"公共基础设施"相关规定进行账务处理。

(四)处置

(1)报经批准对外捐赠文物文化资产,按照被处置文物文化资产账面余额和捐赠过程中发生的归属于捐出方的相关费用合计数,借记"资产处置费用"科目,按照被处置文物文化资产账面余额,贷记本科目,按照捐赠过程中发生的归属于捐出方的相关费用,贷记"银行存款"等科目。

(2)报经批准无偿调出文物文化资产,按照被处置文物文化资产账面余额,借记"无偿调拨净资产"科目,贷记本科目;同时,按照无偿调出过程中发生的归属于调出方的相关费用,借记"资产处置费用"科目,贷记"银行存款"等科目。

四、保障性住房

(一)概念及管理

保障性住房是指行政事业单位为满足社会公共需求而控制的用于居住保障目的的住房,如用于向低收入居民出租的廉租住房、用于向符合特定条件的居民出租的公共租赁住房、人才公寓等。

"保障性住房"科目核算单位为满足社会公共需求而控制的保障性住房的原值。本科目应当按照保障性住房的类别、项目等进行明细核算。科目期末借方余额,反映保障性住房的原值。

(二)初始计量

保障性住房在取得时,应当按其成本入账。

1. 外购的保障性住房

外购的保障性住房,其成本包括购买价款、相关税费以及可归属于该项资产达到预定用途前所发生的其他支出。外购的保障性住房,按照确定的成本,借记本科目,贷记"财政拨款收入""零余额账户用款额度""银行存款"等科目。

2. 自行建造的保障性住房

自行建造的保障性住房交付使用时,按照在建工程成本,借记本科目,贷记"在建工程"科目。已交付使用但尚未办理竣工决算手续的保障性住房,按照估计价值入账,待办理竣工决算后再按照实际成本调整原来的暂估价值。

【例3-43】某行政单位自行建造一栋保障性住房,该保障性住房建造完工并交付使用,在建工程成本为965 000元。

财务会计账务处理	预算会计账务处理
借:保障性住房　　　　965 000 　贷:在建工程　　　　　　　965 000	——

3. 无偿调入的保障性住房

接受其他单位无偿调入的保障性住房,其成本按照该项资产在调出方的账面价值加上归属于调入方的相关费用确定。无偿调入的保障性住房,按照确定的成本,借记本科目,按照发生的归属于调入方的相关费用,贷记"零余额账户用款额度""银行存款"等科目,按照其差额,贷记"无偿调拨净资产"科目。

4. 接受捐赠、融资租赁取得的保障性住房

接受捐赠、融资租赁取得的保障性住房,参照"固定资产"科目相关规定进行处理。

(三) 后续计量

1. 保障性住房累计折旧

单位应当参照《企业会计准则第3号——固定资产》及其应用指南的相关规定,按月对其控制的保障性住房计提折旧。"保障性住房累计折旧"科目核算单位计提的保障性住房的累计折旧。本科目应当按照所对应保障性住房的类别进行明细核算。本科目期末贷方余额,反映单位计提的保障性住房折旧累计数。

保障性住房累计折旧的主要账务处理如下:

(1) 按月计提保障性住房折旧时,按照应计提的折旧额,借记"业务活动费用"科目,贷记本科目。

(2) 报经批准处置保障性住房时,按照所处置保障性住房的账面价值,借记"资产处置费用""无偿调拨净资产""待处理财产损溢"等科目,按照已计提折旧,借记本科目,按照保障性住房的账面余额,贷记"保障性住房"科目。

2. 后续支出

与保障性住房有关的后续支出,参照"固定资产"科目相关规定进行处理。

3. 出租保障性住房

按照规定出租保障性住房并将出租收入上缴同级财政,按照收取的租金金额,借记"银行存款"等科目,贷记"应缴财政款"科目。

(四) 处置

(1) 报经批准无偿调出保障性住房,按照保障性住房已计提的折旧,借记"保障性住房累计折旧"科目,按照被处置保障性住房账面余额,贷记本科目,按照其差额,借记"无偿调拨净资产"科目;同时,按照无偿调出过程中发生的归属于调出方的相关费用,借记"资产处置费用"科目,贷记"银行存款"等科目。

【例3-44】某行政单位报经批准无偿调出一栋保障性住房,该栋保障性住房的账

面余额为 985 000 元，已计提折旧 65 000 元，账面价值为 920 000 元（985 000 − 65 000）。

财务会计账务处理	预算会计账务处理
借：保障性住房累计折旧　　　　65 000 　　无偿调拨净资产　　　　　　920 000 　贷：保障性住房　　　　　　　　985 000	——

（2）报经批准出售保障性住房，按照被出售保障性住房的账面价值，借记"资产处置费用"科目，按照保障性住房已计提的折旧，借记"保障性住房累计折旧"科目，按照保障性住房账面余额，贷记本科目；同时，按照收到的价款，借记"银行存款"等科目，按照出售过程中发生的相关费用，贷记"银行存款"等科目，按照其差额，贷记"应缴财政款"科目。

单位应当定期对保障性住房进行清查盘点。对于发生的保障性住房盘盈、盘亏、毁损或报废等，参照"固定资产"科目相关规定进行账务处理。

五、受托代理资产

受托代理资产是指行政事业单位接受委托方委托管理的各项资产，包括受托指定转赠的物资、受托存储保管的物资等。

单位应当设置"受托代理资产"科目核算单位接受委托方委托管理的各项资产，包括受托指定转赠的物资、受托存储保管的物资等的成本。单位管理的罚没物资也应当通过本科目核算。单位收到的受托代理资产为现金和银行存款的，不通过本科目核算，应当通过"库存现金""银行存款"科目进行核算。本科目应当按照资产的种类和委托人进行明细核算；属于转赠资产的，还应当按照受赠人进行明细核算。本科目期末借方余额，反映单位受托代理实物资产的成本。

（一）受托转赠物资

（1）接受委托人委托需要转赠给受赠人的物资，其成本按照有关凭据注明的金额确定。接受委托转赠的物资验收入库，按照确定的成本，借记本科目，贷记"受托代理负债"科目。受托协议约定由受托方承担相关税费、运输费等的，还应当按照实际支付的相关税费、运输费等金额，借记"其他费用"科目，贷记"银行存款"等科目。

（2）将受托转赠物资交付受赠人时，按照转赠物资的成本，借记"受托代理负债"科目，贷记本科目。

（3）转赠物资的委托人取消了对捐赠物资的转赠要求，且不再收回捐赠物资的，应当将转赠物资转为单位的存货、固定资产等。按照转赠物资的成本，借记"受托代理负债"科目，贷记本科目；同时，借记"库存物品""固定资产"等科目，贷记"其他收入"科目。

【例 3-45】某行政单位接受委托人委托需要转赠给受赠人的物资 500 万元，接受物资已验收入库。数日后，该行政单位按照委托人的要求，将该批物资转赠给了相关的受赠人。

时间	财务会计账务处理		预算会计账务处理
接受	借：受托代理资产 　　贷：受托代理负债	5 000 000 5 000 000	——
转赠	借：受托代理负债 　　贷：受托代理资产	5 000 000 5 000 000	——

（二）受托存储保管物资

（1）接受委托人委托存储保管的物资，其成本按照有关凭据注明的金额确定。接受委托储存的物资验收入库，按照确定的成本，借记本科目，贷记"受托代理负债"科目。

（2）发生由受托单位承担的与受托存储保管的物资相关的运输费、保管费等费用时，按照实际发生的费用金额，借记"其他费用"等科目，贷记"银行存款"等科目。

（3）根据委托人要求交付或发出受托存储保管的物资时，按照发出物资的成本，借记"受托代理负债"科目，贷记本科目。

（三）罚没物资

（1）取得罚没物资时，其成本按照有关凭据注明的金额确定。罚没物资验收（入库），按照确定的成本，借记本科目，贷记"受托代理负债"科目。罚没物资成本无法可靠确定的，单位应当设置备查簿进行登记。

（2）按照规定处置或移交罚没物资时，按照罚没物资的成本，借记"受托代理负债"科目，贷记本科目。处置时取得款项的，按照实际取得的款项金额，借记"银行存款"等科目，贷记"应缴财政款"等科目。单位受托代理的其他实物资产，参照本科目有关受托转赠物资、受托存储保管物资的规定进行账务处理。

六、长期待摊费用

长期待摊费用是指行政事业单位已经支出，但应由本期和以后各期负担的分摊期限在1年以上（不含1年）的各项费用，如以经营租赁方式租入的固定资产发生的改良支出等。单位应当设置"长期待摊费用"科目并按照费用项目进行明细核算。本科目期末借方余额，反映单位尚未摊销完毕的长期待摊费用。

发生长期待摊费用时，按照支出金额，借记本科目，贷记"财政拨款收入""零余额账户用款额度""银行存款"等科目。

按照受益期间摊销长期待摊费用时，按照摊销金额，借记"业务活动费用""单位管理费用""经营费用"等科目，贷记本科目。

如果某项长期待摊费用已经不能使单位受益，应当将其摊余金额一次全部转入当期费用。按照摊销金额，借记"业务活动费用""单位管理费用""经营费用"等科目，贷记本科目。

七、待处理财产损溢

（一）概念及管理

待处理财产损溢是指行政事业单位在资产清查过程中查明的各种资产盘盈、盘亏和报废、毁损的价值。本科目应当按照待处理的资产项目进行明细核算；对于在资产处理过程中取得收入或发生相关费用的项目，还应当设置"待处理财产价值""处理净收入"明细科目，进行明细核算。本科目期末如为借方余额，反映尚未处理完毕的各种资产的净损失；期末如为贷方余额，反映尚未处理完毕的各种资产净溢余。年末，经批准处理后，本科目一般应无余额。

单位资产清查中查明的资产盘盈、盘亏、报废和毁损，一般应当先记入本科目，按照规定报经批准后及时进行账务处理。年末结账前一般应处理完毕。

（二）账款核对时发现的库存现金短缺或溢余

（1）每日账款核对中发现现金短缺或溢余，属于现金短缺，按照实际短缺的金额，借记本科目，贷记"库存现金"科目；属于现金溢余，按照实际溢余的金额，借记"库存现金"科目，贷记本科目。

（2）如为现金短缺，属于应由责任人赔偿或向有关人员追回的，借记"其他应收款"科目，贷记本科目；属于无法查明原因的，报经批准核销时，借记"资产处置费用"科目，贷记本科目。

（3）如为现金溢余，属于应支付给有关人员或单位的，借记本科目，贷记"其他应付款"科目；属于无法查明原因的，报经批准后，借记本科目，贷记"其他收入"科目。

（三）资产清查过程中发现的存货、固定资产、无形资产、公共基础设施、政府储备物资、文物文化资产、保障性住房等各种资产盘盈、盘亏或报废、毁损

1. 盘盈的各类资产

（1）转入待处理资产时，按照确定的成本，借记"库存物品""固定资产""无形资产""公共基础设施""政府储备物资""文物文化资产""保障性住房"等科目，贷记本科目。

（2）按照规定报经批准后处理时，对于盘盈的流动资产，借记本科目，贷记"单位管理费用"［事业单位］或"业务活动费用"［行政单位］科目。对于盘盈的非流动资产，如属于本年度取得的，按照当年新取得相关资产进行账务处理；如属于以前年度取得的，按照前期差错处理，借记本科目，贷记"以前年度盈余调整"科目。

2. 盘亏或者毁损、报废的各类资产

（1）转入待处理资产时，借记本科目（待处理财产价值）［盘亏、毁损、报废固定资产、无形资产、公共基础设施、保障性住房的，还应借记"固定资产累计折旧""无形资产累计摊销""公共基础设施累计折旧（摊销）""保障性住房累计折旧"科目］，贷记"库存物品""固定资产""无形资产""公共基础设施""政府储备物资""文物文化资产""保障性住房""在建工程"等科目。涉及增值税业务的，相关账务处理参见"应交增值税"科目。报经批准处理时，借记"资产处置费用"科目，贷记本科目（待处理财产价值）。

（2）处理毁损、报废实物资产过程中取得的残值或残值变价收入、保险理赔和过失人赔偿等，借记"库存现金""银行存款""库存物品""其他应收款"等科目，贷记本科目（处理净收入）；处理毁损、报废实物资产过程中发生的相关费用，借记本科目（处理净收入），贷记"库存现金""银行存款"等科目。处理收支结清，如果处理

收入大于相关费用的,按照处理收入减去相关费用后的净收入,借记本科目(处理净收入),贷记"应缴财政款"等科目;如果处理收入小于相关费用的,按照相关费用减去处理收入后的净支出,借记"资产处置费用"科目,贷记本科目(处理净收入)。

【例3-46】某事业单位在资产清查过程中发现一批已毁损的库存物品。该批库存物品的账面余额为3 000元。该事业单位将其转入待处理财产。报经批准后,该事业单位将相应的待处理财产价值转入资产处置费用。该事业单位在处理该批库存物品的过程中,取得变价收入等处理收入2 000元,发生清理费用等相关费用200元,实际形成处理净收入1 800元(2 000-200),款项均以银行存款收付。按照规定,该批库存物品的处理净收入应当上缴财政。该事业单位按规定结清该处理净收入。暂不考虑增值税业务。

时间	财务会计账务处理	预算会计账务处理
转入	借:待处理财产损溢　　　　3 000 　贷:库存物品　　　　　　　　3 000	——
批准处理	借:资产处置费用　　　　　3 000 　贷:待处理财产损溢　　　　　3 000	——
处理收入	借:银行存款　　　　　　　2 000 　贷:待处理财产损溢　　　　　2 000	——
清理费用	借:待处理财产损溢　　　　　200 　贷:银行存款　　　　　　　　　200	——
上缴净收入	借:待处理财产损溢　　　　1 800 　贷:应缴财政款　　　　　　　1 800	——

第四章

负债的管理与核算

【教学目标】

通过本章的学习,要求学生了解负债的概念、确认条件及分类,熟悉负债类会计科目,掌握负债的内容及会计核算。

【重点难点】

流动负债的内容与会计核算。

【关键名词】

负债　流动负债　非流动负债　短期借款　应缴财政款　应交税费　应付职工薪酬　应付及暂收款项　长期应付款　预计负债　受托代理负债

课前案例:

德阳市人民医院融资租赁业务

德阳市人民医院始建于1943年,是当地唯一一所国家综合性三级甲等医院。为了医院改造升级,德阳市人民医院向成都金控融资租赁有限公司提出融资租赁申请,以价值约6 800万元的医疗设备做出售回租,融资金额为5 500万元,主要用于门诊大楼、外科大楼、手术室、内科重症监护病房、外科重症监护病房、新生儿病房进行改扩建(含装修)和感染性疾病病房新建(含装修)等。

根据德阳市人民医院的净现金流对租金的覆盖情况,成都金控融资租赁有限公司给其设计了融资5 500万元,期限5年的融资方案。同时,考虑到医院资产属于国有资产，不能任意处置、变卖等，金控租赁公司加强了抵押担保条件：当地政府融资平台公司提供担保；价值4 500万元的储备用地做抵押；当地财政局出具还款承诺函。

点评：在上述案例中，德阳市人民医院将现有价值约6 800万元的医疗设备做售后回租，配合当地政府融资平台公司提供担保、足值土地做抵押、当地财政局出具还款承诺函，最终从成都金控融资租赁有限公司获得5 500万元的融资。在随后的5年内，每月给金控租赁公司归还租金，到期后租赁物回转给德阳市人民医院。期间每月租赁费在会计科目中计入长期应付款。

第一节 负债的概述

一、负债的定义、确认

根据《政府会计准则——基本准则》第三十三条及《政府会计准则第8号——负债》规定，负债是指政府会计主体过去的经济业务或者事项形成的，预期会导致经济资源流出政府会计主体的现时义务。

现时义务是指政府会计主体在现行条件下已承担的义务。未来发生的经济业务或者事项形成的义务不属于现时义务，不应当确认为负债。

负债的确认应当同时满足以下条件：（1）履行该义务很可能导致含有服务潜力或者经济利益的经济资源流出政府会计主体；（2）该义务的金额能够可靠地计量。

符合负债定义和负债确认条件的项目，应当列入资产负债表。

提示

（1）关于负债主体。负债准则所规范的负债是指各类政府会计主体所承担的负债，其对政府会计主体的界定与《基本准则》保持一致，即包括各级政府、各部门、各单位。其中，各部门、各单位是指与本级政府财政部门直接或者间接发生预算拨款关系的国家机关、军队、政党组织、社会团体、事业单位和其他单位。其中，军队、已纳入企业财务管理体系的单位和执行《民间非营利组织会计制度》的社会团体不适用负债准则。这与其他文件或资料中的政府债务或政府性债务主体的范围可能不完全一致。

（2）关于负债内容。负债准则所规范的负债为满足会计上负债定义及确认条件、纳入会计账簿核算并列入政府会计主体的个别或合并资产负债表中的负债，包括举借债务、应付及预收款项、暂收性负债和由或有事项形成的预计负债。这一负债内容的界定与国际通行会计惯例相一致，但与其他文件或资料中的政府债务或政府性债务的内容可能不完全一致。

二、负债的分类、计价

(一) 负债的分类

(1) 政府会计主体的负债按照流动性,分为流动负债和非流动负债。

流动负债是指预计在1年内(含1年)偿还的负债,包括短期借款、应付短期政府债券、应付及预收款项、应缴款项等。

非流动负债是指流动负债以外的负债,包括长期借款、长期应付款、应付长期政府债券等。

(2) 政府会计主体的负债包括偿还时间与金额基本确定的负债和由或有事项形成的预计负债。

(3) 其中偿还时间与金额基本确定的负债进一步按政府会计主体的业务性质及风险程度,分为融资活动形成的举借债务及其应付利息、运营活动形成的应付及预收款项和暂收性负债。

提示

1. 政府会计主体的负债划分有助于按照负债的类别揭示不同程度的偿债压力和债务风险,促进相关方面更为科学地开展政府会计主体的债务风险分析和管理。

2. 融资活动形成的举借债务是政府会计主体因资金短缺而主动举借的债务,受债务合同或协议的约束,使政府会计主体面临的偿债压力较大。

3. 运营活动形成的应付及预收款项是政府会计主体在运营过程中因购买了商品、接受服务或履行公共职能等应付而未付的款项,这类负债需要政府会计主体在未来运用自身的资产或服务来偿还,但其在偿还期限和偿还方式方面,相对于举借债务一般具有更大的弹性,使政府会计主体面临的偿债压力相对较小。

4. 运营活动形成的暂收性负债是政府会计主体暂时收到、随后应上缴或者退还、转拨给其他方的款项,这类负债由暂收的款项来偿还,因而使政府会计主体未来面临的偿债压力很小、基本不存在债务风险。

(二) 负债的计量

负债的计量属性主要包括历史成本、现值和公允价值。

在历史成本计量下,负债按实际收到的款项或者资产的金额,或者承担现时义务的合同金额,或者按照为偿还负债预期需要支付的现金计量。

在现值计量下,负债按照预计期限内需要偿还的未来净现金流出量的折现金额计量。

在公允价值计量下,负债按照市场参与者在计量日发生的有序交易中,转移负债所需支付的价格计量。

政府会计主体在对负债进行计量时,一般应当采用历史成本。采用现值、公允价值计量的,应当保证所确定的负债金额能够持续、可靠计量。

三、负债类会计科目概述

(一) 负债类会计科目

政府会计制度明确规定,财务会计要素中的负债类共有16个会计科目,见表4-1。

其中事业单位单独使用会计科目5个（"短期借款""应付票据""应付利息""预收账款""长期借款"），行政单位单独使用会计科目1个（"应付政府补贴款"），行政事业单位同时使用会计科目10个（"应交增值税""其他应交税费""应缴财政款""应付职工薪酬""应付账款""其他应付款""预提费用""长期应付款""预计负债""受托代理负债"）。

表4-1　　　　　　　　　　负债类会计科目名称和编号

序号	科目编号	科目名称	备注
1	2001	短期借款	事业单位
2	2101	应交增值税	行政单位/事业单位
3	2102	其他应交税费	行政单位/事业单位
4	2103	应缴财政款	行政单位/事业单位
5	2201	应付职工薪酬	行政单位/事业单位
6	2301	应付票据	事业单位
7	2302	应付账款	行政单位/事业单位
8	2303	应付政府补贴款	行政单位
9	2304	应付利息	事业单位
10	2305	预收账款	事业单位
11	2307	其他应付款	行政单位/事业单位
12	2401	预提费用	行政单位/事业单位
13	2501	长期借款	事业单位
14	2502	长期应付款	行政单位/事业单位
15	2601	预计负债	行政单位/事业单位
16	2901	受托代理负债	行政单位/事业单位

（二）负债类科目新旧制度对比

政府会计制度负债类会计科目共16个，原事业单位负债类会计科目共11个，原行政单位负债类会计科目共8个。新制度对行政事业单位进行了整合。

1. 行政单位新旧制度会计科目对比

未发生变化的科目共7个：行政单位原使用的"受托代理负债""应付职工薪酬""应付账款""应付政府补贴款""其他应付款""长期应付款""受托代理负债"等科目保留。

统一使用"应交增值税"和"其他应交税费"会计科目。行政单位原使用的"应缴税费"科目删除。

新增加的科目2个有："预提费用""预计负债"。

2. 事业单位新旧制度会计科目对比

未发生变化的科目有8个：事业单位原使用的"短期借款""应付职工薪酬""应付票据""应付账款""预收账款""其他应付款""长期应付款""长期借款"等科目保留。

发生变化的科目有：统一使用"应缴财政款"科目。事业单位原使用的"应缴国库款""应缴财政专户款"会计科目删除。统一使用"应交增值税"和"其他应交税费"会计科目。事业单位原使用的"应缴税费"科目删除。

新增加的科目有4个:"应付利息""预提费用""预计负债""受托代理负债"。

第二节 流动负债的核算

一、短期借款

(一)短期借款的概念与管理

短期借款是指事业单位经批准向银行或其他金融机构等借入的期限在1年内(含1年)的各种借款。短期借款反映了事业单位与资金供给之间短期资金借贷的关系。

事业单位借入款项的管理要求:

(1) 符合政策:事业单位借入的款项,必须按照国家的有关政策使用,不能盗用名义,用于违背国家政策的事项。

(2) 有借款计划:事业单位借入款项事先应编制计划,按批准的计划组织借款。

(3) 有还款能力:事业单位在申请借入款项时,就应认真落实偿还借款的资金来源,不能盲目举借无还款能力的款项。

(4) 有经济效益:事业单位借入款项,就构成了一项负债。归还借入款项时,不仅归还借入的本金,还应支付利息。因此,事业单位在申请借款时,必须考虑借入款项的经济效益,不能举借无经济效益的款项。

(5) 遵守信用:事业单位借入款项必须按照合同的规定及时偿还本息,不可拖欠违约。

(二)短期借款的核算

(1) 借入各种短期借款时,按照实际借入的金额,借记"银行存款"科目,贷记"短期借款"。

(2) 银行承兑汇票到期,本单位无力支付票款的,按照应付票据的账面余额,借记"应付票据"科目,贷记"短期借款"。

(3) 归还短期借款时,借记"短期借款",贷记"银行存款"科目。

(4) "短期借款"期末贷方余额,反映事业单位尚未偿还的短期借款本金。

短期借款核算时应当按照债权人和借款种类进行明细核算。

表4-2 "短期借款"会计核算

业务活动	财务会计账务处理	预算会计账务处理
借入款项	借:银行存款 贷:短期借款	借:资金结存——货币资金 贷:债务预算收入
支付借款利息	借:其他费用 贷:银行存款	借:其他支出 贷:资金结存——货币资金

续表

业务活动	财务会计账务处理	预算会计账务处理
归还本金	借：短期借款 　　贷：银行存款	借：债务还本支出 　　贷：资金结存——货币资金

【例 4-1】2×19 年 2 月，某事业单位为满足事业业务发展的资金需要，从中国工商银行借入 200 000 元，借款期限 6 个月，年利率 5%。会计分录为：

财务会计账务处理	预算会计账务处理
借：银行存款　　　　　　　　　200 000 　　贷：短期借款——工商银行　　　200 000	借：资金结存——货币资金　　　200 000 　　贷：债务预算收入　　　　　　　200 000

【例 4-2】2×19 年 8 月某事业单位到期归还上述短期借款，并支付借款利息。

借款利息 = 200 000 × 5% × 6/12 = 5 000（元）

财务会计账务处理	预算会计账务处理
借：短期借款——工商银行　　　200 000 　　其他费用——利息费用　　　　5 000 　　贷：银行存款　　　　　　　　205 000	借：债务还本支出　　　　　　　200 000 　　其他支出　　　　　　　　　　5 000 　　贷：资金结存——货币资金　　205 000

二、应交税费

应交税费，是指政府会计主体因发生应税事项导致承担纳税义务而形成的负债。主要包括增值税、城市维护建设税、教育费附加、房产税、车船税、城镇土地使用税等。

（一）应交增值税

应交增值税核算单位按照税法规定计算应交纳的增值税。按照交税主体不同分为一般纳税人和小规模纳税人。

1. 应交增值税科目设置

属于增值税一般纳税人的单位，应当在本科目下设置"应交税金""未交税金""预交税金""待抵扣进项税额""待认证进项税额""待转销项税额""简易计税""转让金融商品应交增值税""代扣代交增值税"等明细科目。"应交增值税"明细科目设置见表 4-3：

表 4-3　　　　　　　　"应交增值税"科目设置

总账科目	明细科目		核算内容
应交增值税	应交税金	进项税额	核算单位购进货物、加工修理修配劳务、服务、无形资产或不动产而支付或负担的、准予从当期销项税额中抵扣的增值税额
		进项税额转出	核算单位购进货物、加工修理修配劳务、服务、无形资产或不动产等发生非正常损失以及其他原因而不应从销项税额中抵扣、按照规定转出的进项税额
		销项税额	核算单位销售货物、加工修理修配劳务、服务、无形资产或不动产应收取的增值税额

续表

总账科目	明细科目	核算内容
应交增值税	应交税金——减免税款	核算单位按照现行增值税制度规定准予减免的增值税额
	应交税金——已交税金	核算单位当月已交纳的应交增值税额
	应交税金——转出未交增值税	核算一般纳税人月度终了转出当月应交未交的增值税额
	应交税金——转出多交增值税	核算一般纳税人月度终了转出当月多交的增值税额
	未交税金	核算单位月度终了从"应交税金"或"预交税金"明细科目转入当月应交未交、多交或预缴的增值税额,以及当月交纳以前期间未交的增值税额
	预交税金	核算单位转让不动产、提供不动产经营租赁服务等,以及其他按照现行增值税制度规定应预缴的增值税额
	待抵扣进项税额	核算单位已取得增值税扣税凭证并经税务机关认证,按照现行增值税制度规定准予以后期间从销项税额中抵扣的进项税额
	待认证进项税额	核算单位由于未经税务机关认证而不得从当期销项税额中抵扣的进项税额。包括:一般纳税人已取得增值税扣税凭证并按规定准予从销项税额中抵扣,但尚未经税务机关认证的进项税额;一般纳税人已申请稽核但尚未取得稽核相符结果的海关缴款书进项税额
	待转销项税额	核算单位销售货物、加工修理修配劳务、服务、无形资产或不动产,已确认相关收入(或利得)但尚未发生增值税纳税义务而需于以后期间确认为销项税额的增值税额
	简易计税	核算单位采用简易计税方法发生的增值税计提、扣减、预缴、缴纳等业务
	转让金融商品应交增值税	核算单位转让金融商品发生的增值税额
	代扣代交增值税	核算单位购进在境内未设经营机构的境外单位或个人在境内的应税行为代扣代缴的增值税

属于增值税小规模纳税人的单位只需在本科目下设置"转让金融商品应交增值税""代扣代交增值税"明细科目。

2. 应交增值税的核算

(1) 单位①取得资产或接受劳务等业务。

①采购等业务进项税额允许抵扣。单位购买用于增值税应税项目的资产或服务等时,按照应计入相关成本费用或资产的金额,借记"业务活动费用""在途物品""库存物品""工程物资""在建工程""固定资产""无形资产"等科目,按照当月已认证的可抵扣增值税额,借记"应交增值税——应交税金(进项税额)",按照当月未认证的可抵扣增值税额,借记"应交增值税——待认证进项税额",按照应付或实际支付的金额,贷记"应付账款""应付票据""银行存款""零余额账户用款额度"等科目。发生退货的,如原增值税专用发票已做认证,应根据税务机关开具的红字增值税专用发票做相反的会计分录;如原增值税专用发票未做认证,应将发票退回并做相反的会计分录。

---

① 如无特殊说明,本部分内容中的"单位"指增值税一般纳税人。

小规模纳税人购买资产或服务等时不能抵扣增值税，发生的增值税计入资产成本或相关成本费用。

②采购等业务进项税额不得抵扣。单位购进资产或服务等，用于简易计税方法计税项目、免征增值税项目、集体福利或个人消费等，其进项税额按照现行增值税制度规定不得从销项税额中抵扣的，取得增值税专用发票时，应按照增值税发票注明的金额，借记相关成本费用或资产科目，按照待认证的增值税进项税额，借记"应交增值税——待认证进项税额"，按照实际支付或应付的金额，贷记"银行存款""应付账款""零余额账户用款额度"等科目。经税务机关认证为不可抵扣进项税时，借记"应交增值税——应交税金（进项税额）"科目，贷记"应交增值税——待认证进项税额"，同时，将进项税额转出，借记相关成本费用科目，贷记"应交增值税——应交税金（进项税额转出）"。

③购进不动产或不动产在建工程按照规定进项税额分年抵扣。单位取得应税项目为不动产或者不动产在建工程，其进项税额按照现行增值税制度规定自取得之日起分2年从销项税额中抵扣的，应当按照取得成本，借记"固定资产""在建工程"等科目，按照当期可抵扣的增值税额，借记"应交增值税——应交税金（进项税额）"，按照以后期间可抵扣的增值税额，借记"应交增值税——待抵扣进项税额"，按照应付或实际支付的金额，贷记"应付账款""应付票据""银行存款""零余额账户用款额度"等科目。尚未抵扣的进项税额待以后期间允许抵扣时，按照允许抵扣的金额，借记"应交增值税——应交税金（进项税额）"，贷记"应交增值税——待抵扣进项税额"。

> **知识链接**
>
> **进项税额分期抵扣适用范围与方法**
>
> 2016年3月国家税务总局制定了《不动产进项税额分期抵扣暂行办法》，自2016年5月1日起实施。具体适用范围及方法如下：
>
> 1. 分期抵扣进项税额适用范围：增值税一般纳税人2016年5月1日后取得的按固定资产核算的不动产及2016年5月1日后发生的不动产在建工程。
>
> （1）增值税一般纳税人2016年5月1日后取得的按固定资产核算的不动产，包括以直接购买、接受捐赠、接受投资入股以及抵债等各种形式取得的不动产，其进项税额适用分期抵扣。
>
> （2）增值税一般纳税人2016年5月1日后发生的不动产在建工程，包括新建、改建、扩建、修缮、装饰不动产，其进项税额适用分期抵扣。
>
> （3）增值税一般纳税人2016年5月1日后购进货物（包括构成不动产实体的材料和设备，包括建筑装饰材料和给排水、采暖、卫生、通风、照明、通信、煤气、消防、中央空调、电梯、电气、智能化楼宇设备及配套设施等）和设计服务、建筑服务，用于新建不动产，或者用于改建、扩建、修缮、装饰不动产并增加不动产原值（取得不动产时的购置原价或作价）超过50%的，其进项税额适用分期抵扣。
>
> （4）不包括房地产开发企业自行开发的房地产项目，融资租入的不动产，以及在施工现场修建的临时建筑物、构筑物。

2. 抵扣方法：

（1）上述进项税额，分 2 年从销项税额中抵扣，60% 的部分于取得扣税凭证的当期从销项税额中抵扣；40% 的部分为待抵扣进项税额，于取得扣税凭证的当月起第 13 个月从销项税额中抵扣。

（2）以取得 2016 年 5 月 1 日后开具的合法有效的增值税扣税凭证作为抵扣依据。

④进项税额抵扣情况发生改变。单位因发生非正常损失或改变用途等，原已计入进项税额、待抵扣进项税额或待认证进项税额，但按照现行增值税制度规定不得从销项税额中抵扣的，借记"待处理财产损溢""固定资产""无形资产"等科目，贷记"应交增值税——应交税金（进项税额转出）""应交增值税——待抵扣进项税额"或"应交增值税——待认证进项税额"；原不得抵扣且未抵扣进项税额的固定资产、无形资产等，因改变用途等用于允许抵扣进项税额的应税项目的，应按照允许抵扣的进项税额，借记"应交增值税——应交税金（进项税额）"，贷记"固定资产""无形资产"等科目。固定资产、无形资产等经上述调整后，应按照调整后的账面价值在剩余尚可使用年限内计提折旧或摊销。

单位购进时已全额计入进项税额的货物或服务等转用于不动产在建工程的，对于结转以后期间的进项税额，应借记"应交增值税——待抵扣进项税额"，贷记"应交增值税——应交税金（进项税额转出）"。

⑤购买方作为扣缴义务人。按照现行增值税制度规定，境外单位或个人在境内发生应税行为，在境内未设有经营机构的，以购买方为增值税扣缴义务人。境内一般纳税人购进服务或资产时，按照应计入相关成本费用或资产的金额，借记"业务活动费用""在途物品""库存物品""工程物资""在建工程""固定资产""无形资产"等科目，按照可抵扣的增值税额，借记"应交增值税——应交税金（进项税额）"[小规模纳税人应借记相关成本费用或资产科目]，按照应付或实际支付的金额，贷记"银行存款""应付账款"等科目，按照应代扣代缴的增值税额，贷记"应交增值税——代扣代交增值税"。实际缴纳代扣代缴增值税时，按照代扣代缴的增值税额，借记"应交增值税——代扣代交增值税"，贷记"银行存款""零余额账户用款额度"等科目。

增值税一般纳税人单位取得资产或接受劳务等业务"应交增值税"的会计处理见表 4-4：

表 4-4　增值税一般纳税人单位取得资产或接受劳务"应交增值税"会计处理

业务活动	财务会计账务处理	预算会计账务处理
购入应税资产或服务时	借：业务活动费用/在途物品/库存物品/工程物资/在建工程/固定资产/无形资产等 　　应交增值税——应交税金（进项税额） 　　　［当月已认证可抵扣］ 　　应交增值税——待认证进项税额 　　　［当月未认证可抵扣］ 　贷：银行存款/零余额账户用款额度等 　　　［实际支付的金额］ 　　/应付票据［开出并承兑的商业汇票］ 　　/应付账款等［应付的金额］	借：事业支出 　　/经营支出等 　贷：资金结存等 　　　［实际支付的金额］

续表

业务活动	财务会计账务处理	预算会计账务处理
经税务机关认证为不可抵扣进项税时	借：应交增值税——应交税金（进项税额） 　　贷：应交增值税——待认证进项税额 同时： 借：业务活动费用等 　　贷：应交增值税——应交税金（进项税额转出）	——
购进应税不动产或在建工程按规定分年抵扣进项税额的	借：固定资产/在建工程等 　　应交增值税——应交税金（进项税额） 　　[当期可抵扣] 　　应交增值税——待抵扣进项税额 　　[以后期间可抵扣] 　　贷：银行存款/零余额账户用款额度等 　　　　[实际支付的金额] 　　　/应付票据[开出并承兑的商业汇票] 　　　/应付账款等[应付的金额]	借：事业支出 　　/经营支出等 　　贷：资金结存等 　　　　[实际支付的金额]
尚未抵扣的进项税额以后期间抵扣时	借：应交增值税——应交税金（进项税额） 　　贷：应交增值税——待抵扣进项税额	——
购进属于增值税应税项目的资产后，发生非正常损失或改变用途的	借：待处理财产损溢/固定资产/无形资产等 　　[按照现行增值税制度规定不得从销项税额中抵扣的进项税额] 　　贷：应交增值税——应交税金（进项税额转出） 　　　/应交增值税——待认证进项税额 　　　/应交增值税——待抵扣进项税额	——
原不得抵扣且未抵扣进项税额的固定资产、无形资产等，因改变用途等用于允许抵扣进项税额的应税项目	借：应交增值税——应交税金（进项税额） 　　[可以抵扣的进项税额] 　　贷：固定资产/无形资产等	——
购进时已全额计入进项税额的货物或服务等转用于不动产在建工程的，对于结转以后期间进项税额	借：应交增值税——待抵扣进项税额 　　贷：应交增值税——应交税金（进项税额转出）	——

续表

业务活动	财务会计账务处理	预算会计账务处理
购进资产或服务时作为扣缴义务人	借：业务活动费用/在途物品/库存物品/工程物资 ／固定资产/无形资产等 　　应交增值税——应交税金（进项税额） 　　［当期可抵扣］ 　　贷：银行存款［实际支付的金额］ 　　　　应付账款等 　　　　应交增值税——代扣代交增值税	借：事业支出 　　/经营支出等 　　贷：资金结存 　　　　［实际支付的金额］
	实际缴纳代扣代缴增值税时 借：应交增值税——代扣代交增值税 　　贷：银行存款、零余额账户用款额度等	借：事业支出 　　/经营支出等 　　贷：资金结存 　　　　［实际支付的金额］

（2）单位销售资产或提供服务等业务。

①销售资产或提供服务业务。单位销售货物或提供服务，应当按照应收或已收的金额，借记"应收账款""应收票据""银行存款"等科目，按照确认的收入金额，贷记"经营收入""事业收入"等科目，按照现行增值税制度规定计算的销项税额（或采用简易计税方法计算的应纳增值税额），贷记"应交增值税——应交税金（销项税额）"或"应交增值税——简易计税"［小规模纳税人应贷记本科目］。发生销售退回的，应根据按照规定开具的红字增值税专用发票做相反的会计分录。

按照本制度及相关政府会计准则确认收入的时点早于按照增值税制度确认增值税纳税义务发生时点的，应将相关销项税额计入"应交增值税——待转销项税额"，待实际发生纳税义务时再转入"应交增值税——应交税金（销项税额）"或"应交增值税——简易计税"。

按照增值税制度确认增值税纳税义务发生时点早于按照本制度及相关政府会计准则确认收入的时点的，应按照应纳增值税额，借记"应收账款"科目，贷记"应交增值税——应交税金（销项税额）"或"应交增值税——简易计税"。

②金融商品转让按照规定以盈亏相抵后的余额作为销售额。金融商品实际转让月末，如产生转让收益，则按照应纳税额，借记"投资收益"科目，贷记"应交增值税——转让金融商品应交增值税"；如产生转让损失，则按照可结转下月抵扣税额，借记"应交增值税——转让金融商品应交增值税"，贷记"投资收益"科目。交纳增值税时，应借记"应交增值税——转让金融商品应交增值税"，贷记"银行存款"等科目。年末，"应交增值税——转让金融商品应交增值税"如有借方余额，则借记"投资收益"科目，贷记"应交增值税——转让金融商品应交增值税"。

增值税一般纳税人单位销售资产或提供服务等业务"应交增值税"的会计处理见表4-5：

表 4-5　增值税一般纳税人单位销售资产或提供服务"应交增值税"会计处理

业务活动		财务会计账务处理	预算会计账务处理
销售应税产品或提供应税服务时		借：银行存款/应收账款/应收票据等 　　　［包含增值税的价款总额］ 　贷：事业收入/经营收入等 　　　［扣除增值税销项税额后的价款］ 　　　应交增值税——应交税金（销项税额） 　　　/应交增值税——简易计税	借：资金结存［实际收到的含税金额］ 　贷：事业预算收入 　　　/经营预算收入等
金融商品转让	产生收益	借：投资收益［按净收益计算的应纳增值税］ 　贷：应交增值税——转让金融商品应交增值税	—
	产生损失	借：应交增值税——转让金融商品应交增值税 　贷：投资收益［按净损失计算的应纳增值税］	—
	交纳增值税时	借：应交增值税——转让金融商品应交增值税 　贷：银行存款等	借：投资预算收益等 　贷：资金结存 　　　［实际支付的金额］
	年末，如有借方余额	借：投资收益 　贷：应交增值税——转让金融商品应交增值税	—
发生销售退回		根据按照规定开具的红字增值税专用发票做相反的会计分录	—

(3) 月末转出多交增值税和未交增值税。

月度终了，单位应当将当月应交未交或多交的增值税自"应交税金"明细科目转入"未交税金"明细科目。对于当月应交未交的增值税，借记"应交增值税（应交税金——转出未交增值税）"，贷记"应交增值税（未交税金）"；对于当月多交的增值税，借记"应交增值税（未交税金）"，贷记"应交增值税（应交税金——转出多交增值税）"。

增值税一般纳税人单位月末转出多交增值税和未交增值税"应交增值税"的会计处理见表 4-6：

表 4-6　增值税一般纳税人单位月末转出多交增值税和未交增值税
"应交增值税"会计处理

业务活动	财务会计账务处理	预算会计账务处理
月末转出本月未交增值税	借：应交增值税——应交税金（转出未交增值税） 　贷：应交增值税——未交税金	—
月末转出本月多交增值税	借：应交增值税——未交税金 　贷：应交增值税——应交税金（转出多交增值税）	—

(4) 交纳增值税。

①交纳当月应交增值税。单位交纳当月应交的增值税，借记"应交增值税（应交税金——已交税金）"［小规模纳税人借记本科目］，贷记"银行存款"等科目。

②交纳以前期间未交增值税。单位交纳以前期间未交的增值税，借记"应交增值税（未交税金）"［小规模纳税人借记本科目］，贷记"银行存款"等科目。

③预交增值税。单位预交增值税时，借记"应交增值税（预交税金）"，贷记"银行存款"等科目。月末，单位应将"预交税金"明细科目余额转入"未交税金"明细科目，借记"应交增值税（未交税金）"，贷记"应交增值税（预交税金）"。

④减免增值税。对于当期直接减免的增值税，借记"应交增值税（应交税金——减免税款）"，贷记"业务活动费用""经营费用"等科目。

按照现行增值税制度规定，单位初次购买增值税税控系统专用设备支付的费用以及缴纳的技术维护费允许在增值税应纳税额中全额抵减的，按照规定抵减的增值税应纳税额，借记"应交增值税（应交税金——减免税款）"[小规模纳税人借记本科目]，贷记"业务活动费用""经营费用"等科目。

增值税一般纳税人单位交纳增值税"应交增值税"的会计处理见表4-7：

表4-7　　　增值税一般纳税人单位交纳增值税"应交增值税"会计处理

业务活动	财务会计账务处理	预算会计账务处理
本月缴纳本月增值税时	借：应交增值税——应交税金（已交税金） 　　贷：银行存款/零余额账户用款额度等	借：事业支出/经营支出等 　　贷：资金结存
本月缴纳以前期间未交增值税	借：应交增值税——未交税金 　　贷：银行存款/零余额账户用款额度等	借：事业支出/经营支出等 　　贷：资金结存
按规定预缴增值税	预缴：借：应交增值税——预交税金 　　　　　贷：银行存款/零余额账户用款额度等 月末：借：应交增值税——未交税金 　　　　贷：应交增值税——预交税金	借：事业支出/经营支出等 　　贷：资金结存
当期直接减免的增值税应纳税额	借：应交增值税——应交税金（减免税款） 　　贷：业务活动费用/经营费用等	——

增值税小规模纳税人单位"应交增值税"的会计处理见表4-8：

表4-8　　　增值税小规模纳税人单位"应交增值税"会计处理

业务活动		财务会计账务处理	预算会计账务处理
购入应税资产或服务	购入应税资产或服务时	借：业务活动费用/在途物品/库存物品等 　　　[按价税合计金额] 贷：银行存款等［实际支付的金额］ 　　／应付票据[开出并承兑的商业汇票] 　　／应付账款等[应付的金额]	借：事业支出/经营支出等 　　贷：资金结存 　　　　[实际支付的金额]
	购进资产或服务时作为扣缴义务人	借：在途物品/库存物品/固定资产/无形资产等 　　贷：应付账款/银行存款等 　　　　应交增值税——代扣代交增值税 实际缴纳增值税时参见一般纳税人的账务处理（表4-4）	借：事业支出/经营支出等 　　贷：资金结存 　　　　[实际支付的金额]

续表

业务活动			财务会计账务处理	预算会计账务处理
销售应税资产或提供服务	销售资产或提供服务		借：银行存款/应收账款/应收票据 　　[包含增值税的价款总额] 　贷：事业收入/经营收入等 　　[扣除增值税金额后的价款] 　　应交增值税	借：资金结存 　　[实际收到的含税金额] 　贷：事业预算收入 　　/经营预算收入等
	金融商品转让	收益	借：投资收益[按净收益计算的应纳增值税] 　贷：应交增值税——转让金融商品应交增值税	——
		损失	借：应交增值税——转让金融商品应交增值税 　贷：投资收益[按净损失计算的应纳增值税]	——
		缴纳	参见一般纳税人的账务处理 （表4-5）	
缴纳增值税时			借：应交增值税 　贷：银行存款等	借：事业支出/经营支出等 　贷：资金结存
减免增值税			借：应交增值税 　贷：业务活动费用/经营费用等	——

【例4-3】2×19年6月1日，某事业单位买了一座楼办公用，40 000 000元，进项税额4 400 000元，款项由财政直接支付。会计分录为：

购入时可抵扣的进项税额＝4 400 000×60%＝2 640 000（元）

待抵扣的进项税额＝4 400 000×40%＝1 760 000（元）

财务会计账务处理		预算会计账务处理	
借：固定资产	40 000 000		
应交增值税——应交税金（进项税额）		借：事业支出	44 400 000
	2 640 000	贷：财政拨款预算收入	44 400 000
应交增值税——待抵扣进项税	1 760 000		
贷：财政拨款收入	44 400 000		

【例4-4】2×20年5月，单位将上述办公楼改造成员工食堂，用于集体福利。假设2×20年5月该不动产的净值为36 000 000元。会计分录为：

不动产净值率＝36 000 000÷40 000 000×100%＝90%

不得抵扣的进项税额＝4 400 000×90%＝3 960 000（元）

不得抵扣的进项税额为3 960 000元，大于已抵扣的进项税额2 640 000元。

会计处理：

财务会计账务处理		预算会计账务处理
借：固定资产	3 960 000	
贷：应交增值税——应交税金（进项税额转出）	2 640 000	——
应交增值税——待抵扣进项税	1 320 000	

在 2×20 年 6 月，其余待抵扣进项税余额 44 000 元（1 760 000 – 1 320 000），会计处理：

财务会计账务处理		预算会计账务处理
借：应交增值税——待抵扣进项税　　　　44 000		——
贷：应交增值税——应交税金（进项税额）　　　44 000		

【例 4-5】2×20 年 5 月，单位将上述办公楼改造成员工食堂，用于集体福利。假设 2×20 年 5 月该不动产的净值为 20 000 000 元。会计分录为：

不动产净值率 = 20 000 000 ÷ 40 000 000 × 100% = 50%

不得抵扣的进项税额 = 4 400 000 × 50% = 2 200 000（元）

不得抵扣的进项税额为 2 200 000 元，小于已抵扣的进项税额 2 640 000 元。

会计处理：

财务会计账务处理		预算会计账务处理
借：固定资产　　　　2 200 000		——
贷：应交增值税——应交税金（进项税额）　　　2 200 000		

在 2×20 年 6 月，其余待抵扣进项税余额 1 320 000 元，会计处理：

财务会计账务处理		预算会计账务处理
借：应交增值税——待抵扣进项税　　　　1 320 000		——
贷：应交增值税——应交税金（进项税额）　　　1 320 000		

【例 4-6】2×19 年 8 月 1 日，某事业单位购入一台电脑用于办公，取得增值税专用发票并认证通过，发票注明金额为 10 000 元，增值税额 1 600 元。会计处理：

财务会计账务处理		预算会计账务处理	
借：固定资产	10 000	借：事业支出	11 600
应交增值税——应交税金（进项税额）	1 600	贷：财政拨款预算收入	11 600
贷：财政拨款收入	11 600		

假定该电脑分 10 年按直线法计提折旧，残值为 0 元。2×21 年 9 月，该电脑改用于免税项目。

电脑每年计提折旧 = 10 000 ÷ 10 = 1 000（元）

2×21 年 9 月，电脑净值 = 10 000 – 2 000 = 8 000（元）

电脑转出进项税额 = 8 000 × 16% = 1 280（元）

会计处理：

财务会计账务处理		预算会计账务处理
借：固定资产　　　　1 280		——
贷：应交增值税——应交税金（进项税额转出）　　　1 280		

（二）其他应交税费

1. 其他应交税费的概念

其他应交税费是核算单位按照税法等规定计算应交纳的除增值税以外的各种税费，包括城市维护建设税、教育费附加、地方教育费附加、车船税、房产税、城镇土地使用税和企业所得税等。单位代扣代缴的个人所得税，也通过本科目核算。单位应交纳的印花税不需要预提应交税费，直接通过"业务活动费用""单位管理费用""经营费用"等科目核算，不通过本科目核算。

2. 其他应交税费的会计核算

单位应设置"其他应交税费"科目进行核算，"其他应交税费"应当按照应交纳的税费种类设置明细科目。"其他应交税费"科目借方核算当期应缴税费的减少；贷方核算当期应缴税费的增加；科目期末贷方余额，反映应缴未缴的除增值税以外的税费；期末如为借方余额，反映单位多纳的除增值税以外的税费。其他应交税费的主要账务处理如下：

（1）发生城市维护建设税、教育费附加、地方教育费附加、车船税、房产税、城镇土地使用税等纳税义务的，按照税法规定计算的应缴税费金额，借记"业务活动费用""单位管理费用""经营费用"等科目，贷记"其他应交税费——应交城市维护建设税、应交教育费附加、应交地方教育费附加、应交车船税、应交房产税、应交城镇土地使用税等"。

（2）按照税法规定计算应代扣代缴职工（含长期聘用人员）的个人所得税，借记"应付职工薪酬"科目，贷记"其他应交税费——应交个人所得税"。按照税法规定计算应代扣代缴支付给职工（含长期聘用人员）以外人员劳务费的个人所得税，借记"业务活动费用""单位管理费用"等科目，贷记"其他应交税费——应交个人所得税"。

（3）发生企业所得税纳税义务的，按照税法规定计算的应交所得税额，借记"所得税费用"科目，贷记"其他应交税费——单位应交所得税"。

（4）单位实际交纳上述各种税费时，借记"其他应交税费——应交城市维护建设税、应交教育费附加、应交地方教育费附加、应交车船税、应交房产税、应交城镇土地使用税、应交个人所得税、单位应交所得税"等，贷记"财政拨款收入""零余额账户用款额度""银行存款"等科目。

"其他应交税费"科目会计处理见表4-9：

表4-9　　　　　　　　"其他应交税费"会计处理

业务活动		财务会计账务处理	预算会计账务处理
城市维护建设税、教育费附加、地方教育费附加、车船税、房产税、城镇土地使用税等	发生时，按照税法规定计算的应缴税费金额	借：业务活动费用/单位管理费用/经营费用等 　贷：其他应交税费——应交城市维护建设税 　　　　　　　　/应交教育费附加/应交地方教育费附加 　　　　　　　　/应交车船税/应交房产税 　　　　　　　　/应交城镇土地使用税等	——
	实际缴纳时	借：其他应交税费——应交城市维护建设税 　　　　　　　　/应交教育费附加/应交地方教育费附加 　　　　　　　　/应交车船税/应交房产税 　　　　　　　　/应交城镇土地使用税等 　贷：银行存款等	借：事业支出 　　/经营支出等 　贷：资金结存［实际支付的金额］

续表

业务活动		财务会计账务处理	预算会计账务处理
代扣代缴职工个人所得税	计算应代扣代缴职工的个人所得税	借：应付职工薪酬 　　贷：其他应交税费——应交个人所得税	—
	计算应代扣代缴职工以外其他人员个人所得税	借：业务活动费用/单位管理费用等 　　贷：其他应交税费——应交个人所得税	—
	实际缴纳时	借：其他应交税费——应交个人所得税 　　贷：财政拨款收入/零余额账户用款额度/银行存款等	借：行政支出/事业支出/经营支出等 　　贷：财政拨款预算收入/资金结存
发生企业所得税纳税义务	按照税法规定计算的应缴税费金额	借：所得税费用 　　贷：其他应交税费——单位应交所得税	—
	实际缴纳时	借：其他应交税费——单位应交所得税 　　贷：银行存款等	借：非财政拨款结余 　　贷：资金结存

【例4-7】2×19年1月，某行政单位出租办公室取得含税租金收入105 000元，该行政单位出租收入符合简易计税办法，适用的增值税征收率5%，城市建设维护税以及教育费附加的税率分别为7%、3%。其会计分录为：

应交增值税 =105 000÷（1+5%）×5% =5 000（元）

应交城市建设维护税 =5 000×7% =350（元）

教育费附加 =5 000×3% =150（元）

（1）收取租金时：

借：银行存款　　　　　　　　　　　　　　　　　　　　105 000

　　贷：应缴财政款——国有资产出租收入　　　　　　　100 000

　　　　应交增值税　　　　　　　　　　　　　　　　　　5 000

（2）计算应交税费时：

借：业务活动费用　　　　　　　　　　　　　　　　　　　500

　　贷：其他应交税费——城市建设维护税　　　　　　　　350

　　　　　　　　　　——教育费附加　　　　　　　　　　150

（3）支付税费时：

借：应交增值税　　　　　　　　　　　　　　　　　　　5 000

　　其他应交税费——城市建设维护税　　　　　　　　　　350

　　　　　　　　——教育费附加　　　　　　　　　　　　150

　　贷：银行存款　　　　　　　　　　　　　　　　　　5500

借：行政支出　　　　　　　　　　　　　　　　　　　　5 500

         贷：资金结存   5 500
(4) 出租净收入上缴财政时：
借：应缴财政款——国有资产出租收入   100 000
         贷：银行存款   100 000

三、应缴财政款

（一）应缴财政款的概念

应缴财政款是单位取得或应收的按照规定应当上缴财政的款项，包括应缴国库的款项和应缴财政专户的款项。单位按照国家税法等有关规定应当缴纳的各种税费，通过"应交增值税""其他应交税费"科目核算，不通过"应缴财政款"核算。

1. 应缴国库款

应缴国库款是指单位在业务活动中按规定取得的应缴国库的各种款项，包括：代收的纳入预算管理的基金、代收的行政性收费收入、罚没收入、无主财物变价收入以及其他按预算管理规定应上缴国库（不包括应缴税费）的款项等。

（1）罚没收入是指单位依据国家法律、法规，对公民、法人和其他组织实施经济处罚所取得的各项罚款、没收款、没收财物变价款以及取得的无主财物变价款。

（2）行政性收费是指行政单位在行使行政职能的过程中，依据国家法律、法规向公民、法人和其他组织收取的行政性费用。如各级公安、司法、工商行政管理等行政单位为发放各种证照等向有关单位和个人收取的证照工本费、手续费、企业登记注册费。

（3）政府性基金是指行政单位依据有关的法律、法规向公民、法人和其他组织无偿征收的具有专门用途的财政资金。

2. 应缴财政专户款

应缴财政专户是指行政事业单位按规定代收的应上缴财政专户的预算外资金。

（二）应缴财政款的会计核算

行政事业单位应当设置"应缴财政款"科目，对行政事业单位取得的按规定应当上缴财政的款项进行核算。本科目应当按照应缴财政款项的类别进行明细核算。

"应缴财政款"科目借方反映当期行政事业单位应缴财政款的减少；贷方反映当期行政事业单位应缴财政款的增加；本科目贷方余额反映行政事业单位应当上缴财政但尚未缴纳的款项。年终清缴后，本科目一般无余额。

"应缴财政款"的主要账务处理如下：

（1）单位取得或应收按照规定应缴财政的款项时，借记"银行存款""应收账款"等科目，贷记"应缴财政款"。

（2）单位处置资产取得的应上缴财政的处置净收入的账务处理，参见"待处理财产损溢"等科目。

（3）单位上缴应缴财政的款项时，按照实际上缴的金额，借记"应缴财政款"，贷记"银行存款"科目。

"应缴财政款"科目会计处理见表4-10：

第四章 负债的管理与核算

表 4-10　　　　"应缴财政款"会计处理

业务活动	财务会计账务处理	预算会计账务处理
取得或应收按照规定应缴财政的款项时	借：银行存款/应收账款等 　　贷：应缴财政款	——
处置资产取得应上缴财政的处置净收入的	参照"待处理财产损溢"科目的相关账务处理	——
上缴财政款项时	借：应缴财政款 　　贷：银行存款等	——

【例 4-8】2×19 年 1 月，某行政单位出售一辆办公用车，处置后获得净收入 200 000 元。会计处理：

财务会计账务处理	预算会计账务处理
处置公车完毕： 　借：待处理财产损溢——处置净收入　　200 000 　　贷：应缴财政款　　　　　　　　　　　　200 000	——
上缴财政款项时： 　借：应缴财政款　　　　　　　　　　　200 000 　　贷：银行存款　　　　　　　　　　　　　200 000	——

四、应付职工薪酬

（一）应付职工薪酬的概念

应付职工薪酬是单位按照有关规定应付给职工（含长期聘用人员）及为职工支付的各种薪酬，包括基本工资、国家统一规定的津贴补贴、规范津贴补贴（绩效工资）、改革性补贴、社会保险费（如职工基本养老保险费、职业年金、基本医疗保险费等）、住房公积金等。

（二）应付职工薪酬的科目设置

行政事业单位应当设置"应付职工薪酬"科目，对单位应付给职工及为职工支付的各种薪酬进行核算。本科目应当根据国家有关规定按照"基本工资"（含离退休费）、"国家统一规定的津贴补贴""规范津贴补贴（绩效工资）""改革性补贴""社会保险费""住房公积金""其他个人收入"等进行明细核算。

其中"社会保险费"和"住房公积金"明细科目核算内容包括单位从职工工资中代扣代缴的社会保险费、住房公积金，以及单位为职工计算缴纳的社会保险费、住房公积金。

"应付职工薪酬"科目借方反映当期行政事业单位应付职工薪酬的减少；贷方反映当期行政事业单位应付职工薪酬的增加；本科目期末贷方余额反映行政事业单位应付未付的职工薪酬。

（三）应付职工薪酬的会计核算

"应付职工薪酬"的主要账务处理如下：

1. 计算确认当期应付职工薪酬（含单位为职工计算缴纳的社会保险费、住房公积

金）

（1）计提从事专业及其辅助活动人员的职工薪酬，借记"业务活动费用""单位管理费用"科目，贷记"应付职工薪酬"。

（2）计提应由在建工程、加工物品、自行研发无形资产负担的职工薪酬，借记"在建工程""加工物品""研发支出"等科目，贷记"应付职工薪酬"。

（3）计提从事专业及其辅助活动之外的经营活动人员的职工薪酬，借记"经营费用"科目，贷记"应付职工薪酬"。

（4）因解除与职工的劳动关系而给予的补偿，借记"单位管理费用"等科目，贷记"应付职工薪酬"。

2. 向职工支付工资、津贴补贴等薪酬时，按照实际支付的金额，借记本科目，贷记"财政拨款收入""零余额账户用款额度""银行存款"等科目。

3. 按照税法规定代扣职工个人所得税时，借记"应付职工薪酬——基本工资"，贷记"其他应交税费——应交个人所得税"科目。

从应付职工薪酬中代扣为职工垫付的水电费、房租等费用时，按照实际扣除的金额，借记"应付职工薪酬——基本工资"，贷记"其他应收款"等科目。

从应付职工薪酬中代扣社会保险费和住房公积金，按照代扣的金额，借记"应付职工薪酬——基本工资"，贷记"应付职工薪酬——社会保险费、住房公积金"。

4. 按照国家有关规定缴纳职工社会保险费和住房公积金时，按照实际支付的金额，借记"应付职工薪酬——社会保险费、住房公积金"，贷记"财政拨款收入""零余额账户用款额度""银行存款"等科目。

5. 从应付职工薪酬中支付的其他款项，借记"应付职工薪酬"，贷记"零余额账户用款额度""银行存款"等科目。

"应付职工薪酬"科目会计处理见表 4 - 11：

表 4 - 11　　　　　　　　"应付职工薪酬"会计处理

业务活动		财务会计账务处理	预算会计账务处理
计算确认当期应付职工薪酬	从事专业及其辅助活动人员的职工薪酬	借：业务活动费用/单位管理费用 　　贷：应付职工薪酬	——
	应由在建工程、加工物品、自行研发无形资产负担的职工薪酬	借：在建工程/加工物品 　　／研发支出等 　　贷：应付职工薪酬	——
	从事专业及其辅助活动以外的经营活动人员的职工薪酬	借：经营费用 　　贷：应付职工薪酬	——
	因解除与职工的劳动关系而给予的补偿	借：单位管理费用 　　贷：应付职工薪酬	——
向职工支付工资、津贴补贴等薪酬		借：应付职工薪酬 　　贷：财政拨款收入/零余额账户用款额度/银行存款等	借：行政支出/事业支出/经营支出等 　　贷：财政拨款预算收入/资金结存

第四章 负债的管理与核算

续表

业务活动		财务会计账务处理	预算会计账务处理
从职工薪酬中代扣各种款项	代扣代缴个人所得税	借：应付职工薪酬——基本工资 贷：其他应交税费——应交个人所得税	——
	代扣社会保险费和住房公积金	借：应付职工薪酬——基本工资 贷：应付职工薪酬——社会保险费/住房公积金	——
	代扣为职工垫付的水电费、房租等费用时	借：应付职工薪酬——基本工资 贷：其他应收款等	——
按照规定缴纳职工社会保险费和住房公积金		借：应付职工薪酬——社会保险费/住房公积金 贷：财政拨款收入/零余额账户用款额度/银行存款等	借：行政支出/事业支出/经营支出等 贷：财政拨款预算收入/资金结存
从应付职工薪酬中支付的其他款项		借：应付职工薪酬 贷：零余额账户用款额度/银行存款等	借：行政支出/事业支出/经营支出等 贷：资金结存等

【例4-9】2×19年3月，某行政单位本月职工薪酬总额为900 000元，代扣代缴住房公积金50 000元，代扣代缴社会保险费12 000元，代扣代缴个人所得税36 000元，代扣为职工垫付的房租、水电费共75 000元。其会计处理：

财务会计账务处理		预算会计账务处理
(1) 计算本月应付职工薪酬时：		
借：业务活动费用	900 000	
贷：应付职工薪酬——工资	900 000	——
(2) 计算本月代扣代缴税费和代扣垫付费用时：		
借：应付职工薪酬——工资	173 000	
贷：应付职工薪酬——住房公积金	50 000	
——社会保险费	12 000	——
其他应交税费——应交个人所得税	36 000	
其他应收款	75 000	
(3) 使用财政直接支付方式支付职工薪酬和代缴住房公积金社会保险费和个人所得税时：		借：行政支出 825 000 贷：财政拨款预算收入 825 000
借：应付职工薪酬——工资	627 000	
——地方津贴补贴	50 000	
——住房公积金	50 000	
应付职工薪酬——住房公积金	50 000	
——社会保险费	12 000	
其他应交税费——个人所得税	36 000	
贷：财政拨款收入	825 000	

五、应付票据

(一) 应付票据的概念

应付票据是指事业单位因购买材料、物资时所开出,承兑的汇票,包括银行承兑汇票和商业承兑汇票。按国家有关规定,单位之间只有在商品交易的情况下,才能使用商业汇票结算方式。在会计核算中,购买商品在采用商业汇票结算方式下,如果开出的是商业承兑汇票,必须由付款方即购买单位承兑;如果是银行承兑的汇票,必须经银行承兑。付款单位应在商业汇票到期前,及时将款项足额交存其开户银行,叫使银行在到期日凭票将款项划转给收款人、被背书人或贴现银行。

(二) 应付票据的会计核算

事业单位应设置"应付票据"科目核算事业单位发生债务时的各种商业汇票。本科目应当按照债权人进行明细核算。"应付票据"科目借方反映当期事业单位应付票据的减少;贷方反映当期应付票据的增加;科目期末贷方余额反映事业单位开出、承兑的尚未到期的应付票据金额。

"应付票据"的主要账务处理如下:

(1) 开出、承兑商业汇票时,借记"库存物品""固定资产"等科目,贷记"应付票据"。涉及增值税业务的,相关账务处理参见"应交增值税"科目相关核算。以商业汇票抵付应付账款时,借记"应付账款"科目,贷记"应付票据"。

(2) 支付银行承兑汇票的手续费时,借记"业务活动费用""经营费用"等科目,贷记"银行存款""零余额账户用款额度"等科目。

(3) 商业汇票到期时,应当分别以下情况处理:

①收到银行支付到期票据的付款通知时,借记"应付票据",贷记"银行存款"科目。

②银行承兑汇票到期,单位无力支付票款的,按照应付票据账面余额,借记"应付票据",贷记"短期借款"科目。

③商业承兑汇票到期,单位无力支付票款的,按照应付票据账面余额,借记"应付票据",贷记"应付账款"科目。

为了加强事业单位应付票据的核算,事业单位应当设置"应付票据备查簿",详细登记每一应付票据的种类、号数、出票日期、到期日、票面金额、交易合同号、收款人姓名或单位名称,以及付款日期和金额等。应付票据到期结清票款后,应当在备查簿内逐笔注销。

"应付票据"科目会计处理见表 4-12:

表 4-12 "应付票据"会计处理

业务活动	财务会计账务处理	预算会计账务处理
开出、承兑商业汇票	借:库存物品/固定资产等 贷:应付票据	——
以商业汇票抵付应付账款时	借:应付账款 贷:应付票据	——

第四章 负债的管理与核算

续表

业务活动		财务会计账务处理	预算会计账务处理
支付银行承兑汇票的手续费		借：业务活动费用 　　/经营费用等 　贷：银行存款等	借：事业支出/经营支出 　贷：资金结存——货币资金
商业汇票到期时	收到银行支付到期票据的付款通知时	借：应付票据 　贷：银行存款	借：事业支出/经营支出 　贷：资金结存——货币资金
	银行承兑汇票到期，本单位无力支付票款	借：应付票据 　贷：短期借款	借：事业支出/经营支出 　贷：债务预算收入
	商业承兑汇票到期，本单位无力支付票款	借：应付票据 　贷：应付账款	——

【例 4-10】 2×19 年某事业单位发生如下应付票据业务：

（1）为开展事业活动采用银行承兑汇票结算方式购入一批材料，购入材料价款为 22 600 元，其中增值税 2 600 元，材料已验收入库。单位开出 3 个月到期的银行承兑汇票，并支付银行承兑手续费 100 元。其会计处理：

财务会计账务处理	预算会计账务处理
（1）开出承兑的银行承兑汇票时： 　借：库存物品　　　　　　　　　　　　　20 000 　　　应交增值税——应交税金（进项税额）　2 600 　　贷：应付票据——银行承兑汇票　　　　　22 600	——
（2）支付银行承兑手续费时： 　借：业务活动费用　　　　　　　　　　　　100 　　贷：银行存款　　　　　　　　　　　　　　100	借：经营支出　　　　　　100 　贷：资金结存——货币资 　　　金　　　　　　　　100
（3）票据到期还款时： 　借：应付票据　　　　　　　　　　　　　22 600 　　贷：银行存款　　　　　　　　　　　　　22 600	借：经营支出　　　22 600 　贷：资金结存——货币资 　　　金　　　　　　22 600
（4）若票据到期不能如期支付票款时： 　借：应付票据　　　　　　　　　　　　　22 600 　　贷：短期借款　　　　　　　　　　　　　22 600	

六、应付账款

（一）应付账款的概念

应付账款是指行政事业单位因购买物资或服务、工程建设等而应付的偿还期限在 1 年以内（含 1 年）的款项。应付账款应当在收到所购物资或服务、完成工程时确认。

（二）应付账款的会计核算

单位应当设置"应付账款"科目对单位因购买物资或服务、工程建设等而应付的偿还期限在 1 年以内（含 1 年）的款项进行核算。对于建设项目，还应设置"应付器材款""应付工程款"等明细科目。本科目应当按照债权单位（或个人）进行明细核算。

"应付账款"的主要账务处理如下：

(1) 收到所购材料、物资、设备或服务以及确认完成工程进度但尚未付款时，根据发票及账单等有关凭证，按照应付未付款项的金额，借记"库存物品""固定资产""在建工程"等科目，贷记"应付账款"。涉及增值税业务的，相关账务处理参见"应交增值税"科目核算。

(2) 偿付应付账款时，按照实际支付的金额，借记"应付账款"，贷记"财政拨款收入""零余额账户用款额度""银行存款"等科目。

(3) 开出、承兑商业汇票抵付应付账款时，借记"应付账款"，贷记"应付票据"科目。

(4) 无法偿付或债权人豁免偿还的应付账款，应当按照规定报经批准后进行账务处理。经批准核销时，借记"应付账款"，贷记"其他收入"科目。

核销的应付账款应在备查簿中保留登记。本科目期末贷方余额，反映单位尚未支付的应付账款金额。

"应付账款"科目会计处理见表4-13：

表4-13　　　　　　　　"应付账款"会计处理

业务活动	财务会计账务处理	预算会计账务处理
购入物资、设备或服务以及完成工程进度但尚未付款	借：库存物品/固定资产/在建工程等 贷：应付账款	——
偿付应付账款	借：应付账款 贷：财政拨款收入/零余额账户用款额度/银行存款等	借：行政支出/事业支出等 贷：财政拨款预算收入/资金结存
开出、承兑商业汇票抵付应付账款	借：应付账款 贷：应付票据	——
无法偿付或债权人豁免偿还的应付账款	借：应付账款 贷：其他收入	——

【例4-11】2×19年4月1日，某行政单位购入一批打印机，价值800 000元，已验收入库，货款未付。4月10日，该行政单位使用财政授权支付方式支付款项。

其会计处理：

财务会计账务处理	预算会计账务处理
(1) 购入打印机时： 借：固定资产——打印机　800 000 　　贷：应付账款　　　　　　800 000 (2) 支付该款项时： 借：应付账款　　　　　　　800 000 　　贷：零余额账户用款额度　800 000	—— 借：行政支出　　　　　　　　　　800 000 　　贷：资金结存——零余额账户用款额度　800 000

七、应付政府补贴款

（一）应付政府补贴款的概念

应付政府补贴款是负责发放政府补贴的行政单位，按照规定应当支付给政府补贴接受者的各种政府补贴款。应付政府补贴款应当在规定发放政府补贴的时间确认。

（二）应付政府补贴款的会计核算

行政单位应当设置"应付政府补贴款"科目，对各种政府补贴款进行核算。本科目应当按照应支付的政府补贴种类进行明细核算。单位还应当根据需要按照补贴接受者进行明细核算，或者建立备查簿对补贴接受者予以登记。

"应付政府补贴款"科目借方反映当期行政单位应付政府补贴款的减少；贷方反映当期行政单位应对政府补贴款的增加；期末贷方余额反映行政单位应付未付的政府补贴金额。

"应付政府补贴款"的主要账务处理如下：

（1）发生应付政府补贴时，按照依规定计算确定的应付政府补贴金额，借记"业务活动费用"科目，贷记"应付政府补贴款"。

（2）支付应付政府补贴款时，按照支付金额，借记"应付政府补贴款"，贷记"零余额账户用款额度""银行存款"等科目。

"应付政府补贴款"科目会计处理见表4－14：

表4－14　　　　　"应付政府补贴款"会计处理

业务活动	财务会计账务处理	预算会计账务处理
发生（确认）应付政府补贴款	借：业务活动费用 　贷：应付政府补贴款	——
支付应付政府补贴款时	借：应付政府补贴款 　贷：零余额账户用款额度/银行存款等	借：行政支出 　贷：资金结存等

【例4－12】2×19年，某行政单位负责给当地的低保居民发放政府生活补助800 000元，用财政授权支付方式支付上述政府补贴款。

其会计处理：

财务会计账务处理	预算会计账务处理
（1）计算应付政府补贴款时： 借：业务活动费用　　　800 000 　贷：应付政府补贴款　　　800 000	——
（2）支付应付政府补贴款时： 借：应付政府补贴款　　　800 000 　贷：零余额账户用款额度　　800 000	借：行政支出　　　　　　　　　　800 000 　贷：资金结存——零余额账户用款额度　800 000

八、应付利息

(一) 应付利息的概念

应付利息是指事业单位按照合同约定应支付的借款利息,包括短期借款、分期付息到期还本的长期借款等应支付的利息。

(二) 应付利息的会计核算

事业单位应设置"应付利息"科目核算利息,按照债权人等对应付利息进行明细核算,本科目期末为贷方余额,反映事业单位应付未付的利息金额。

"应付利息"的主要账务处理如下:

(1) 为建造固定资产、公共基础设施等借入的专门借款的利息,属于建设期间发生的,按期计提利息费用时,按照计算确定的金额,借记"在建工程"科目,贷记"应付利息";不属于建设期间发生的,按期计提利息费用时,按照计算确定的金额,借记"其他费用"科目,贷记"应付利息"。

(2) 对于其他借款,按期计提利息费用时,按照计算确定的金额,借记"其他费用"科目,贷记"应付利息"。

(3) 实际支付应付利息时,按照支付的金额,借记"应付利息",贷记"银行存款"等科目。

"应付利息"科目会计处理见表4-15:

表4-15　　　　　　　　　"应付利息"会计处理

业务活动	财务会计账务处理	预算会计账务处理
按期计提利息费用	借:在建工程/其他费用 　贷:应付利息	——
实际支付利息时	借:应付利息 　贷:银行存款等	借:其他支出 　贷:资金结存——货币资金

【例4-13】某单位借入3年期到期还本,每年付息的长期借款10 000 000元,利率为4.5%。

其会计处理:

单位每年支付利息:10 000 000×4.5% =450 000(元)

财务会计账务处理	预算会计账务处理
(1) 计算确定利息费用时: 借:其他费用　　　　　450 000 　贷:应付利息　　　　　　450 000	——
(2) 实际支付利息时: 借:应付利息　　　　　450 000 　贷:银行存款　　　　　　450 000	借:其他支出　　　　　450 000 　贷:资金结存——货币资金　450 000

九、预收账款

(一) 预收账款的概念

预收账款是指事业单位按照合同约定预先收取但尚未结算的款项。与应付账款不同，预收账款所形成的负债不是以货币偿付的，而是以货物或劳务偿付的。

(二) 预收账款的会计核算

事业单位应当设置"预收账款"科目，并按照债权人进行明细核算，预收款项情况不多的单位，可以不设置"预收账款"科目，通过"应收账款"科目核算。

"预收账款"科目借方反映当期事业单位预收账款的减少；贷方反映当期事业单位预收账款的增加；本科目期末贷方余额反映事业单位期末预先收取尚未结算的款项余额。核销的预收账款应在备查簿中保留登记。

"预收账款"的主要账务处理如下：

(1) 从付款方预收款项时，按照实际预收的金额，借记"银行存款"等科目，贷记"预收账款"。

(2) 确认有关收入时，按照预收账款账面余额，借记"预收账款"，按照应确认的收入金额，贷记"事业收入""经营收入"等科目，按照付款方补付或退回付款方的金额，借记或贷记"银行存款"等科目。涉及增值税业务的，相关账务处理参见"应交增值税"科目。

(3) 无法偿付或债权人豁免偿还的预收账款，应当按照规定报经批准后进行账务处理。经批准核销时，借记"预收账款"，贷记"其他收入"科目。

"预收账款"科目会计处理见表4-16：

表4-16　　　　　　　　　"预收账款"会计处理

业务活动	财务会计账务处理	预算会计账务处理
从付款方预收款项时	借：银行存款等 　贷：预收账款	借：资金结存——货币资金 　贷：事业预算收入/经营预算收入等
从付款方预收款项时	借：预收账款 　　银行存款 [收到补付款] 　贷：事业收入/经营收入等 　　银行存款 [退回预收款]	借：资金结存——货币资金 　贷：事业预算收入/经营预算收入等 [收到补付款] 退回预收款的金额做相反会计分录
无法偿付或债权人豁免偿还的预收账款	借：预收账款 　贷：其他收入	——

【例4-14】某事业单位从付款方预收一笔款项10 000元，款项已存入开户银行。相应的专业业务活动结束后，该事业单位应确认事业收入12 000元，付款方通过银行转账方式补付款项2 000元。其会计处理：

财务会计账务处理	预算会计账务处理
（1）从付款方预收款项时： 　借：银行存款　　　　　　10 000 　　贷：预收账款　　　　　　　10 000	——
（2）确认收入并收到补付款时： 　借：预收账款　　　　　　10 000 　　银行存款　　　　　　　2000 　　贷：事业收入　　　　　　　12 000	借：资金结存——货币资金　12 000 　贷：事业预算收入　　　　　12 000

十、其他应付款

（一）其他应付款的概念

其他应付款是单位除应交增值税、其他应交税费、应缴财政款、应付职工薪酬、应付票据、应付账款、应付政府补贴款、应付利息、预收账款以外，其他各项偿还期限在1年内（含1年）的应付及暂收款项，如收取的押金、存入保证金、已经报销但尚未偿还银行的本单位公务卡欠款等。

同级政府财政部门预拨的下期预算款和没有纳入预算的暂付款项，以及采用实拨资金方式通过本单位转拨给下属单位的财政拨款，也通过本科目核算。

（二）其他应付款的会计核算

单位应当设置"其他应付款"科目核算其他应付款，并按照其他应付款的类别以及债权人等进行明细核算。

"其他应付款"科目借方反映当期行政事业单位其他应付款的减少；贷方反映当期行政事业单位其他应付款的增加；本科目期末贷方余额反映行政事业单位尚未支付的其他应付款。核销的其他应付款应在备查簿中保留登记。

"预收账款"的主要账务处理如下：

（1）发生其他应付及暂收款项时，借记"银行存款"等科目，贷记"其他应付款"。支付（或退回）其他应付及暂收款项时，借记"其他应付款"，贷记"银行存款"等科目。将暂收款项转为收入时，借记"其他应付款"，贷记"事业收入"等科目。

（2）收到同级政府财政部门预拨的下期预算款和没有纳入预算的暂付款项，按照实际收到的金额，借记"银行存款"等科目，贷记"其他应付款"；待到下一预算期或批准纳入预算时，借记"其他应付款"，贷记"财政拨款收入"科目。

采用实拨资金方式通过本单位转拨给下属单位的财政拨款，按照实际收到的金额，借记"银行存款"科目，贷记"其他应付款"；向下属单位转拨财政拨款时，按照转拨的金额，借记"其他应付款"，贷记"银行存款"科目。

（3）本单位公务卡持卡人报销时，按照审核报销的金额，借记"业务活动费用""单位管理费用"等科目，贷记"银行存款"；偿还公务卡欠款时，借记"其他应付款"，贷记"零余额账户用款额度"等科目。

（4）涉及质保金形成其他应付款的，相关账务处理参见"固定资产"科目核算。

（5）无法偿付或债权人豁免偿还的其他应付款项，应当按照规定报经批准后进行账务处理。经批准核销时,借记"其他应付款",贷记"其他收入"科目。

"其他应付款"科目会计处理见表4-17:

表4-17 "其他应付款"会计处理

业务活动		财务会计账务处理	预算会计账务处理
发生暂收款项	取得暂收款项时	借:银行存款等 贷:其他应付款	——
	确认收入时	借:其他应付款 贷:事业收入等	借:资金结存 贷:事业预算收入等
	退回(转拨)暂收款时	借:其他应付款 贷:银行存款等	——
收到同级财政部门预拨的下期预算款和没有纳入预算的暂付款项	按照实际收到的金额	借:银行存款等 贷:其他应付款	——
	待到下一预算期或批准纳入预算时	借:其他应付款 贷:财政拨款收入	借:资金结存 贷:财政拨款预算收入
发生其他应付义务	确认其他应付款项时	借:业务活动费用/单位管理费用 贷:其他应付款	——
	支付其他应付款项	借:其他应付款 贷:银行存款等	借:行政支出/事业支出等 贷:资金结存
无法偿付或债权人豁免偿还的其他应付款项		借:其他应付款 贷:其他收入	——

【例4-15】某行政单位公务卡持卡人报销,审核报销的金额为20 000元。记账日,该行政单位通过财政授权支付方式向银行偿还了该项公务卡欠款20 000元。其会计处理:

财务会计账务处理	预算会计账务处理
(1)公务卡持卡人报销时: 借:业务活动费 20 000 　贷:其他应付款 20 000	——
(2)向银行偿还欠款时: 借:其他应付款 20 000 　贷:零余额账户用款额度 20 000	借:行政支出 20 000 　贷:资金结存——零余额账户用款额度 20 000

十一、预提费用

(一)预提费用的概念

预提费用是单位预先提取的已经发生但尚未支付的费用,如预提租金费用等。

(二)预提费用的会计核算

单位应当设置"预提费用"科目核算预提费用。事业单位按规定从科研项目收入中提取的项目间接费用或管理费,也通过本科目核算。事业单位计提的借款利息费用,通过"应付利息""长期借款"科目核算,不通过本科目核算。

本科目应当按照预提费用的种类进行明细核算。对于提取的项目间接费用或管理费,应当在本科目下设置"项目间接费用或管理费"明细科目,并按项目进行明细核算。

"预提费用"的主要账务处理如下:

(1)项目间接费用或管理费:按规定从科研项目收入中提取项目间接费用或管理费时,按照提取的金额,借记"单位管理费用"科目,贷记"预提费用——项目间接费用或管理费"。

实际使用计提的项目间接费用或管理费时,按照实际支付的金额,借记"预提费用——项目间接费用或管理费",贷记"银行存款""库存现金"等科目。

(2)其他预提费用。按期预提租金等费用时,按照预提的金额,借记"业务活动费用""单位管理费用""经营费用"等科目,贷记"预提费用"。

实际支付款项时,按照支付金额,借记"预提费用",贷记"零余额账户用款额度""银行存款"等科目。

"预提费用"科目会计处理见表4-18:

表4-18　　　　　　　　　　"预提费用"会计处理

业务活动	财务会计账务处理	预算会计账务处理
按规定计提项目间接费用或管理费时	借:单位管理费用 　贷:预提费用——项目间接费用或管理费	借:非财政拨款结转——项目间接费用或管理费 　贷:非财政拨款结转——项目间接费用或管理费
实际使用计提的项目间接费用或管理费时	借:预提费用——项目间接费用或管理费 　贷:银行存款/库存现金	借:事业支出等 　贷:资金结存
按照规定预提每期租金等费用	借:业务活动费用/单位管理费用/经营费用等 　贷:预提费用	——
实际支付款项时	借:预提费用 　贷:银行存款等	借:行政支出/事业支出/经营支出 　贷:资金结存

【例4-16】某事业单位按规定从某项科研项目收入中提取项目管理费10 000元。在项目日常管理中,该事业单位实际使用计提的该项目管理费2 000元,款项以银行存款支付。其会计处理:

财务会计账务处理	预算会计账务处理
(1)从科研项目收入提取项目管理费时: 　借:单位管理费用　　　　10 000 　　贷:预提费用——项目管理费　10 000 (2)实际使用项目管理费: 　借:预提费用　　　　　　2 000 　　贷:银行存款　　　　　2 000	借:非财政拨款结转——项目管理费　10 000 　贷:非财政拨款结余——项目管理费　10 000 借:事业支出　　　　　　　　　2 000 　贷:资金结存　　　　　　　　　2 000

第三节

非流动负债的核算

一、长期借款

（一）长期借款的概念

长期借款事业单位经批准向银行或其他金融机构等借入的期限超过1年（不含1年）的各种借款本息。长期借款的偿还方式一般包括以下三种：到期还本付息、分期付息到期还本、分期还本付息。

（二）长期借款的会计核算

单位应当设置"长期借款"科目核算长期借款。本科目应当设置"本金"和"应计利息"明细科目，并按照贷款单位和贷款种类进行明细核算。对于建设项目借款，还应按照具体项目进行明细核算。本科目期末贷方余额，反映事业单位尚未偿还的长期借款本息金额。

"长期借款"的主要账务处理如下：

（1）借入各项长期借款时，按照实际借入的金额，借记"银行存款"科目，贷记"长期借款——本金"。

（2）为建造固定资产、公共基础设施等应支付的专门借款利息，按期计提利息时，分别以下情况处理：

① 属于工程项目建设期间发生的利息，计入工程成本，按照计算确定的应支付的利息金额，借记"在建工程"科目，贷记"应付利息"科目。

② 属于工程项目完工交付使用后发生的利息，计入当期费用，按照计算确定的应支付的利息金额，借记"其他费用"科目，贷记"应付利息"科目。

（3）按期计提其他长期借款的利息时，按照计算确定的应支付的利息金额，借记"其他费用"科目，贷记"应付利息"科目［分期付息、到期还本借款的利息］或"长期借款——应计利息"［到期一次还本付息借款的利息］。

提示

关于举借债务借款费用资本化的问题：负债准则规定，政府以外的其他政府会计主体为购建固定资产等工程项目借入专门借款的借款费用在满足规定条件的情况下可以计入工程成本，其他举借债务（包括政府举借的债务和其他政府会计主体的非专门借款）的借款费用均计入当期费用。对于一级政府用于公益性资本支出所发行的政府债券，如收费公路专项债券等，负债准则未要求将相关借款费用资本化，而是计入当期费用。这种处理主要基于以下考虑：一是政府债券借款费用资本化的会计主体难以确定。政府债券由政府财政部门统一发行，借款取得的资金拨付建设部门使用，举借债务和使用资金的会计主体不同，且使用资金的建设部门可能涉及政府、企业等各类主体。二是政府债券借款费用资本化在实务中难以操作。政府债券的利息由财政部门统一计算和支付，建设部门既不负责支付债券利息，也难以掌握利息的计提、支付时点和金额信息。

（4）到期归还长期借款本金、利息时，借记"长期借款——应计利息""长期借款——本金"，贷记"银行存款"科目。

"长期借款"科目会计处理见表4-19：

表4-19　　　　　　　　　"长期借款"会计处理

业务活动		财务会计账务处理	预算会计账务处理
借入各项长期借款时		借：银行存款 　贷：长期借款——本金	借：资金结存——货币资金 　贷：债务预算收入［本金］
为购建固定资产、公共基础设施等应支付的专门借款利息	属于工程项目建设期间发生的	借：在建工程 　贷：应付利息［分期付息、到期还本］ 　　长期借款——应计利息 　　［到期一次还本付息］	——
	属于工程项目完工交付使用后发生的	借：其他费用 　贷：应付利息［分期付息、到期还本］ 　　长期借款——应计利息 　　［到期一次还本付息］	——
	实际支付利息时	借：应付利息 　贷：银行存款等	借：其他支出 　贷：资金结存
其他长期借款利息	计提利息	借：其他费用 　贷：应付利息［分期付息、到期还本］ 　　长期借款——应计利息［到期一次还本付息］	——
	分期实际支付利息	借：应付利息 　贷：银行存款等	借：其他支出 　贷：资金结存
归还长期借款本息		借：长期借款——本金 　　　　　　——应计利息 　　［到期一次还本付息］ 　贷：银行存款	借：债务还本支出 　　［支付的本金］ 　　其他支出［支付的利息］ 　贷：资金结存

【例4-17】某事业单位为建造一项固定资产经批准专门向银行借入一笔款项900 000元，借款期限为5年，每年支付借款利息50 000元，到期还本。工程建造期限为3年，3年后固定资产如期建造完成并交付使用。5年后，该事业单位如期还本付息。本息均通过银行存款支付。其会计处理：

第四章 负债的管理与核算

财务会计账务处理	预算会计账务处理
（1）取得长期借款时： 借：银行存款　　　　　　　900 000 　　贷：长期借款——本金　　　　900 000	借：资金结存——货币资金　900 000 　　贷：债务预算收入　　　　　　900 000
（2）第1～3年工程在建期间，计算借款利息： 借：在建工程　　　　　　　50 000 　　贷：应付利息　　　　　　　　50 000	
（3）第1～3年每年支付借款利息时： 借：应付利息　　　　　　　50 000 　　贷：银行存款　　　　　　　　50 000	借：其他支出　　　　　　　50 000 　　贷：资金结存　　　　　　　　50 000
（4）第4～5年，计算借款利息： 借：其他费用　　　　　　　50 000 　　贷：应付利息　　　　　　　　50 000	
（5）第4～5年每年支付借款利息时： 借：应付利息　　　　　　　50 000 　　贷：银行存款　　　　　　　　50 000	借：其他支出　　　　　　　50 000 　　贷：资金结存　　　　　　　　50 000
（6）第5年偿还长期借款本金： 借：长期借款——本金　　　900 000 　　贷：银行存款　　　　　　　　900 000	借：债务还本支出　　　　　900 000 　　贷：资金结存　　　　　　　　900 000

二、长期应付款

（一）长期应付款的概念

长期应付款是单位发生的偿还期限超过1年（不含1年）的应付款项，如以融资租赁方式取得固定资产应付的租赁费、以分期付款方式购入固定资产发生的应付款项。

（二）长期应付款的会计核算

单位应当设置"长期应付款"科目核算长期应付款。本科目应当按照长期应付款的类别以及债权人进行明细核算。本科目期末贷方余额，反映单位尚未支付的长期应付款金额。

"长期应付款"的主要账务处理如下：

（1）发生长期应付款时，借记"固定资产""在建工程"等科目，贷记"长期应付款"。

（2）支付长期应付款时，按照实际支付的金额，借记"长期应付款"，贷记"财政拨款收入""零余额账户用款额度""银行存款"等科目。涉及增值税业务的，相关账务处理参见"应交增值税"科目。

（3）无法偿付或债权人豁免偿还的长期应付款，应当按照规定报经批准后进行账务处理。经批准核销时，借记"长期应付款"，贷记"其他收入"科目。

核销的长期应付款应在备查簿中保留登记。

（4）涉及质保金形成长期应付款的，相关账务处理参见"固定资产"科目。

"长期应付款"科目会计处理见表4-20：

表 4-20　"长期应付款"会计处理

业务活动	财务会计账务处理	预算会计账务处理
发生长期应付款时	借：固定资产/在建工程等 　　贷：长期应付款	——
支付长期应付款	借：长期应付款 　　贷：财政拨款收入/零余额账户用款额度/银行存款	借：行政支出/事业支出/经营支出等 　　贷：财政拨款预算收入/资金结存
无法偿付或债权人豁免偿还的长期应付款	借：长期应付款 　　贷：其他收入	——

【例 4-18】某行政单位以分期付款方式购入一台仪器，总价款 480 000 元，分 4 年支付，于每年年末用财政授权支付方式进行支付。不考虑相关税费。其会计处理：

财务会计账务处理	预算会计账务处理
（1）购入仪器时： 　借：固定资产　　　　　　480 000 　　　贷：长期应付款　　　　　480 000 （2）每年年末支付款项时： 　借：长期应付款　　　　　120 000 　　　贷：零余额账户用款额度　120 000	 借：行政支出　　　　　　120 000 　　贷：财政拨款预算收入　　120 000

三、预计负债

（一）或有事项

或有事项，是指过去的交易或者事项形成的，其结果须由某些未来事项的发生或不发生才能决定的不确定事项。或有事项具有以下特征：

（1）由过去交易或事项形成，是指或有事项的现存状况是过去交易或事项引起的客观存在。如，未决诉讼虽然是正在进行中的诉讼，但该诉讼是因过去的经济行为导致起诉其他单位或被其他单位起诉。是现存的一种状况而不是未来将要发生的事项。未来可能发生的自然灾害、交通事故、经营亏损等，不属于或有事项。

（2）结果具有不确定性，是指或有事项的结果是否发生具有不确定性，或者或有事项的结果预计将会发生，但发生的具体时间或金额具有不确定性。如，债务担保事项的担保方到期是否承担和履行连带责任，需要根据债务到期时被担保方能否按时还款加以确定。这一事项的结果在担保协议达成时具有不确定性。

（3）由未来事项决定，是指或有事项的结果只能由未来不确定事项的发生或不发生才能决定。如，债务担保事项只有在被担保方到期无力还款时担保方才履行连带责任。

常见的或有事项主要包括：未决诉讼或仲裁、债务担保、产品质量保证、承诺、亏损合同、重组义务、环境污染整治等。

第四章 负债的管理与核算

（二）预计负债的概念与会计核算

预计负债是行政事业单位对因或有事项所产生的现时义务而确认的负债，如对未决诉讼等确认的负债。

单位应当设置"预计负债"科目核算预计负债。本科目应当按照预计负债的项目进行明细核算。本科目借方反映当期单位预计负债的减少；贷方反映当期单位预计负债的增加，期末贷方余额，反映单位已经确认但尚未支付的预计负债金额。

"预计负债"的主要账务处理如下：

（1）确认预计负债时，按照预计的金额，借记"业务活动费用""经营费用""其他费用"等科目，贷记"预计负债"。

（2）实际偿付预计负债时，按照偿付的金额，借记本科目，贷记"银行存款""零余额账户用款额度"等科目。

（3）根据确凿证据需要对已确认的预计负债账面余额进行调整的，按照调整增加的金额，借记有关科目，贷记"预计负债"；按照调整减少的金额，借记"预计负债"，贷记有关科目。

"预计负债"科目会计处理见表4-21：

表4-21　"预计负债"会计处理

业务活动	财务会计账务处理	预算会计账务处理
确认预计负债	借：业务活动费用/经营费用/其他费用等 贷：预计负债	——
实际偿付预计负债	借：预计负债 贷：银行存款等	借：事业支出/经营支出/其他支出等 贷：资金结存
对预计负债账面余额调整	借：业务活动费用/经营费用/其他费用等 贷：预计负债 或做相反会计分录	——

提示

关于与或有事项相关的不确认为负债的义务的会计处理问题：负债准则规定，政府会计主体不应当将与或有事项相关的潜在义务或与或有事项相关的不满足负债准则第三条规定的负债确认条件的现时义务确认为负债，但应当按照准则规定进行披露。此类潜在义务或现时义务并不同时符合负债的定义和确认条件，因此不属于负债的范畴。但此类潜在义务或现时义务在未来有可能会转化为预计负债，增加政府会计主体的债务风险。为帮助会计信息使用者全面地掌握和分析政府会计主体的债务风险状况，负债准则对此类潜在义务或现时义务的披露提出了要求。

【例4-19】某事业单位在开展业务活动中因违约而被起诉。年末，案件尚在审理，法院未判决。该事业单位在咨询了法律顾问后认为，本单位在该案件中处于不利地位，很可能需要赔款40 000元。次年，经法院判决，该事业单位需要向其他利益相关方赔款38 000元，该事业单位以银行存款支付赔款。赔款按规定应计入业务活动费用。其会计处理：

财务会计账务处理	预算会计账务处理
(1) 年末确认预计负债时： 　借：业务活动费用　　　40 000 　　贷：预计负债　　　　　　40 000	
(2) 次年法院判决时： 　借：预计负债　　　　　40 000 　　贷：银行存款　　　　　　38 000 　　　　业务活动费用　　　　2 000	借：事业支出　　　　　38 000 　贷：资金结存　　　　　　38 000

四、受托代理负债

（一）受托代理负债的概念

受托代理负债是行政事业单位接受委托，取得受托代理资产时形成的负债。受托代理负债应当在行政事业单位收到受托代理资产并产生受托代理义务时确认。

（二）受托代理负债的会计核算

单位应当设置"受托代理负债"科目核算受托代理负债。本科目应当按照受托代理负债的委托人等进行明细核算。属于指定转赠物资和资金的，还应当按照指定受赠人进行明细核算。本科目借方反映当期单位受托代理负债的减少；贷方反映当期单位受托代理负债的增加，期末贷方余额，反映单位尚未清偿的受托代理负债金额。

本科目的账务处理参见"受托代理资产""库存现金""银行存款"等科目。

第五章

收入和预算收入的管理与核算

【教学目标】

通过本章的学习,要求学生了解收入和预算收入的概念、特点,熟悉收入和预算收入类会计科目,会运用会计科目进行会计核算。

【重点难点】

区分收入和预算收入的概念、科目

【关键名词】

收入　预算收入　财政拨款收入　财政拨款预算收入　事业收入　事业预算收入

课前案例:

中国人民大学庆80岁生日,校友捐赠超十亿

中国人民大学是中国共产党创办的第一所新型大学,2017年10月3日,这所流淌着红色血液的高等学府今天迎来了80周年校庆,一批批从这里走出的人大校友再次回归母校。

每一位回到母校的校友都可以通过扫描二维码的方式参与学校的慈善捐款,并领取一个纪念品,捐赠资金将由人大教育基金会统一管理和监督。人大获得的校友捐赠总额累计已超10亿元。

除了人大外,清华、北大、浙江大学等诸多高校也已经跻身中国大学校友捐赠

"10亿俱乐部"。由艾瑞深中国校友会网《2017中国大学评价研究报告》显示，截至2016年12月，全国高校累计接收校友大额捐赠总额突破230亿元。其中，清华大学凭借25亿元的校友捐赠总额雄居榜首。

（资料来源：《中国人民大学庆80岁生日，校友捐赠超十亿》，经济观察网，记者：吴秋婷，2017年10月3日）

点评：上述案例中学校收到的捐款在政府财务会计中进行核算时应使用"捐赠收入"，在预算会计中核算时应采用"其他预算收入"。

第一节 收入的概述

一、收入的定义、确认

《政府会计准则——基本准则》第四十二条规定，收入是指报告期内导致政府会计主体净资产增加的、含有服务潜力或者经济利益的经济资源的流入。

收入的确认应当同时满足以下条件：（1）与收入相关的含有服务潜力或者经济利益的经济资源很可能流入政府会计主体；（2）含有服务潜力或者经济利益的经济资源流入会导致政府会计主体资产增加或者负债减少；（3）流入金额能够可靠地计量。

符合收入定义和收入确认条件的项目，应当列入收入费用表。

二、收入类会计科目

表5-1　　　　　　　　收入类会计科目名称和编号

序号	科目编号	科目名称	备注
1	4001	财政拨款收入	
2	4101	事业收入	事业单位
3	4201	上级补助收入	事业单位
4	4301	附属单位上缴收入	事业单位
5	4401	经营收入	事业单位
6	4601	非同级财政拨款收入	
7	4602	投资收益	事业单位
8	4603	捐赠收入	
9	4604	利息收入	
10	4605	租金收入	
11	4609	其他收入	

因此行政单位仅使用6个收入类会计科目：财政拨款收入、非同级财政拨款收入、

第五章 收入和预算收入的管理与核算

捐赠收入、利息收入、租金收入和其他收入。

（1）收入的确认基础：一般是权责发生制；财政拨款收入、捐赠收入、（银行存款）利息收入采用的收付实现制。

（2）收入的明细科目设置：按收入类别、来源、对方单位等进行明细核算，不按项目进行明细核算，一般不需按预算管理规定列明细。

（3）收入类会计科目期末转入"本期盈余"科目的贷方。

第二节 预算收入的概述

一、预算收入的定义、确认

《政府会计准则——基本准则》第十九条规定，预算收入是指政府会计主体在预算年度内依法取得的并纳入预算管理的现金流入。

预算收入一般在实际收到时予以确认，以实际收到的金额计量。

二、预算收入类会计科目

表5-2　　　　　　　　　　预算收入类会计科目表

序号	科目编号	科目名称	备注
1	6001	财政拨款预算收入	
2	6101	事业预算收入	事业单位
3	6201	上级补助预算收入	事业单位
4	6301	附属单位上缴预算收入	事业单位
5	6401	经营预算收入	事业单位
6	6501	债务预算收入	事业单位
7	6601	非同级财政拨款预算收入	
8	6602	投资预算收益	事业单位
9	6609	其他预算收入	

因此行政单位仅使用3个预算收入类会计科目：财政拨款预算收入、非同级财政拨款预算收入和其他预算收入。

（1）预算收入的确认基础：一般采用收付实现制。

（2）预算收入的明细科目设置：按收入类别、项目、来源（一般公共预算拨款、政府性基金预算拨款）、《政府收支分类科目》中的支出功能分类科目的项级科目等进行明细核算。其中的专项资金收入：按具体项目进行明细核算。

（3）新增"债务预算收入"会计科目。

（4）预算收入类会计科目年末转入四个预算结余类科目。财政拨款预算收入年末转入"财政拨款结转－本年收支结转";经营预算收入年末转入"经营结余";投资预算收益年末转入"其他结余"。事业预算收入、非同级财政拨款预算收入、债务预算收入、其他预算收入、附属单位上缴预算收入、上级补助预算收入等六个预算收入如果为专项资金,则年末转入"非财政拨款结转－本年收支结转",如果为非专项资金则年末转入"其他结余"科目。

三、预算收入的管理

2012年修订的《行政单位财务规则》规定:行政单位依法取得的应当上缴财政的罚没收入、行政事业性收费、政府性基金、国有资产处置和出租出借收入等,不属于行政单位的(预算)收入。行政单位取得各项(预算)收入,应当符合国家规定,按照财务管理的要求,分项如实核算。行政单位的各项(预算)收入应当全部纳入单位预算,统一核算,统一管理。

2012年修订的《事业单位财务规则》规定:事业单位应当将各项(预算)收入全部纳入单位预算,统一核算,统一管理。事业单位对按照规定上缴国库或者财政专户的资金,应当按照国库集中收缴的有关规定及时足额上缴,不得隐瞒、滞留、截留、挪用和坐支。

第三节

收入和预算收入的核算

一、财政拨款收入和财政拨款预算收入的核算

(一) 概念

两者核算的内容相同,都核算单位从同级政府财政部门取得的各类财政拨款。

(二) 拨款方式

根据预算资金管理制度的规定,财政拨款收入领拨方式为财政直接支付、财政授权支付和实拨资金三种。

财政直接支付和财政授权支付的具体内容详见第一章第三节"政府财政预算管理制度"。实拨资金是指未实行国库集中支付改革的财政资金的拨付,包括政府性基金、所得税退税等。

(三) 不通过"财政拨款收入"和"财政拨款预算收入"核算的情况

同级政府财政部门预拨的下期预算款和没有纳入预算的暂付款项,以及采用实拨资金方式通过本单位转拨给下属单位的财政拨款,通过"其他应付款"科目核算,不通过本科目核算。

本级财政部门以政府购买服务方式拨付的财政拨款、主管部门或上级单位以政府购买服务方式拨付的财政拨款,应通过"事业收入""非同级财政拨款收入"。

第五章 收入和预算收入的管理与核算

（四）确认基础相同
都采用收付实现制。

（五）明细科目不同
财政拨款收入可按照一般公共预算财政拨款、政府性基金预算财政拨款等拨款种类进行明细核算。

财政拨款预算收入应当设置"基本支出"和"项目支出"两个明细科目，并按《政府收支分类科目》中"支出功能分类科目"的项级科目进行明细核算；同时，在"基本支出"明细科目下按照"人员经费"和"日常公用经费"进行明细核算，在"项目支出"明细科目下按照具体项目进行明细核算。有一般公共预算财政拨款、政府性基金预算财政拨款等两种或两种以上财政拨款的，还应按财政拨款的种类进行明细核算。

（六）账务处理
财政拨款收入属于政府财务会计中的收入类账户，贷方登记取得的收入，借方登记收入退回数及期末转入"本期盈余"账户的余额数。期末，将本科目本期发生额转入"本期盈余"账户后，该账户无余额。

财政拨款预算收入属于政府预算会计中的预算收入类账户，贷方登记增加数，借方登记减少数。平时贷方余额反映单位财政拨款收入资金的本年累计数。年终结账时，将本账户本年发生额转入"财政拨款结转"。年末结转后，该账户无余额。

某学校有关财政拨款收入和财政拨款预算收入的业务如下：

【例5-1】 2×19年9月，采用财政直接支付方式，购买专项基础科研用材料一批，价值600 000元。

财务会计账务处理	预算会计账务处理
借：库存物品——专项基础科研（某材料） 　　　　　　　　　　　　　600 000 　贷：财政拨款收入——项目支出（财政直接支付）——专项基础科研（某材料）600 000	借：事业支出——项目支出——某材料购置 　　　　　　　　　　　　　600 000 　贷：财政拨款预算收入——项目支出（财政直接支付）——专项基础科研（某材料） 　　　　　　　　　　　　　600 000

【例5-2】 2×19年9月，收到"财政授权支付额度到账通知书"，额度1 000 000元。

财务会计账务处理	预算会计账务处理
借：零余额账户用款额度　　1 000 000 　贷：财政拨款收入　　　　　1 000 000	借：资金结存——零余额账户用款额度 　　　　　　　　　　　　　1 000 000 　贷：财政拨款预算收入　　　1 000 000

【例5-3】 2×19年9月，收到实拨资金500 000元，存入银行。

财务会计账务处理	预算会计账务处理
借：银行存款　　　　　　　　500 000 　贷：财政拨款收入　　　　　　500 000	借：资金结存——货币资金　　500 000 　贷：财政拨款预算收入　　　　500 000

【例5-4】 2×19年9月末，结转"财政拨款收入"账户贷方余额2 100 000元。

财务会计账务处理	预算会计账务处理
借：财政拨款收入　　　2 100 000 　贷：本期盈余　　　　　　2 100 000	——

【例 5-5】2×19 年 12 月末，根据授权支付预算指标和代理银行提供的对账单，显示已下达未使用的授权支付（项目）的额度为 200 000 元。

财务会计账务处理	预算会计账务处理
借：财政应返还额度——财政授权支付 200 000 　贷：财政拨款收入——一般公共预算——项目支出 　　　　　　　　　　　　　　　200 000	借：资金结存——财政应返还额度 200 000 　贷：财政拨款预算收入——一般公共预算—— 　　　项目支出　　　　　　　200 000

【例 5-6】2×19 年 12 月末，根据本年度财政直接支付预算指标数与当年财政直接支付实际支付数的差额，差额为 100 000 元。

财务会计账务处理	预算会计账务处理
借：财政应返还额度——财政直接支付 100 000 　贷：财政拨款收入——一般公共预算 100 000	借：资金结存——财政应返还额度 100 000 　贷：财政拨款预算收入——一般公共预算 　　　　　　　　　　　　　　　100 000

【例 5-7】2×19 年 12 月，收到银行存款进账单，财政部门拨付属于明年 1 月份预算资金（项目）40 000 元。

财务会计账务处理	预算会计账务处理
借：银行存款　　　　　40 000 　贷：其他应付款　　　　40 000	——

第二年 1 月份时：

财务会计账务处理	预算会计账务处理
借：其他应付款　　　　40 000 　贷：财政拨款收入　　　40 000	借：资金结存——货币资金　　40 000 　贷：财政拨款预算收入　　　　40 000

二、事业收入和事业预算收入的核算

（一）概念

事业收入，是指事业单位开展专业业务活动及辅助活动所取得的收入，不包括从同级政府财政部门取得的各类财政拨款。事业预算收入，是指事业单位开展专业业务活动及其辅助活动取得的现金流入。所谓专业业务活动，指事业单位根据本单位专业特点所从事或开展的主要业务活动，也可以叫"主营业务"。如科研事业单位的科研活动、教育事业单位的教学活动、文化事业单位的演出活动、卫生事业单位的医疗保健活动、体育事业单位的体育比赛活动等。辅助活动，指与专业业务活动相关、直接为专业业务活动服务的行政管理活动、后勤服务活动及其他有关活动。

第五章 收入和预算收入的管理与核算

事业单位对于因开展专业业务活动及其辅助活动取得的非同级财政拨款收入，应当通过"事业收入——非同级财政拨款"科目核算；事业预算收入的核算口径同事业收入。

（二）确认基础不同

除采用财政专户返还方式管理的事业收入外，事业收入的确认按照权责发生制；事业预算收入采用收付实现制。

（三）明细科目不同

事业收入应当按照事业收入的类别、来源等进行明细核算；

事业预算收入应当按照事业预算收入类别、项目、来源、《政府收支分类科目》中"支出功能分类科目"项级科目等进行明细核算。对于因开展专业业务活动及其辅助活动取得的非同级财政拨款收入，应当在本科目下单设"非同级财政拨款"明细科目进行明细核算；事业预算收入中如有专项资金收入，还应按照具体项目进行明细核算。

（四）账务处理

事业收入属于政府财务会计中的收入类账户，贷方登记取得的收入，借方登记收入退回数及期末转入"本期盈余"账户的余额数。期末，将本科目本期发生额转入"本期盈余"账户后，该账户无余额。

事业预算收入属于政府预算会计中的预算收入类账户，贷方登记增加数，借方登记减少数。平时贷方余额反映单位事业收入资金的本年累计数。年终结账时，将本账户本年发生额根据资金性质（专项资金、非专项资金）转入"非财政拨款结转""其他结余"。年末结转后，该账户无余额。

【例5-8】2×19年9月，某高校收到学生缴纳的学费1 400 000元，存入银行；10月份将学费上缴财政专户；11月份收到财政专户返还的学费1 300 000元，存入银行。

时间	财务会计账务处理	预算会计账务处理
9月	借：银行存款　　　　　1 400 000 　贷：应缴财政款　　　　　1 400 000	——
10月		借：应缴财政款　　　　　1 400 000 　贷：银行存款　　　　　　1 400 000
11月	借：银行存款　　　　　1 300 000 　贷：事业收入　　　　　　1 300 000	借：资金结存——货币资金　1 300 000 　贷：事业预算收入　　　　1 300 000

【例5-9】2×19年2月1日某事业单位（小规模纳税人）和A公司签订一份技术咨询服务合同100 000元，期限3个月，2月收到预付款40 000元。4月30日，相关技术咨询服务完成，按照合同约定，甲单位收到余款6 0000元。

时间	财务会计账务处理	预算会计账务处理
2月1日	借：银行存款　　　　　　40 000 　贷：预收账款　　　　　　40 000	借：资金结存——货币资金　40 000 　贷：事业预算收入　　　　40 000
4月30日	借：银行存款　　　　　　60 000 　　预收账款　　　　　　40 000 　贷：事业收入　　　　　97 087.38 　　　应交增值税　　　　2 912.62	借：资金结存——货币资金　60 000 　贷：事业预算收入　　　　60 000

> **知识链接**
>
> ### 合同完成进度的确认方法
>
> 单位以合同完成进度确认事业收入时,应当根据业务实质,选择累计实际发生的合同成本占合同预计总成本的比例、已经完成的合同工作量占合同预计总工作量的比例、已经完成的时间占合同期限的比例、实际测定的完工进度等方法,合理确定合同完成进度。单位在新旧制度转换时,对于已经开始执行尚未执行完毕的合同,无需按照新制度规定的会计核算基础对已经确认的收入进行调整。

【例 5–10】2×19 年 5 月,某科研事业单位销售新产品一批,单价 250 元,共 400 件,总金额 113 000 元,适用的增值税税率 13%,款项尚未收到。6 月底收到货款。

时间	财务会计账务处理	预算会计账务处理
5 月	借:应收账款　　　　　　113 000　　　　 　　贷:事业收入　　　　　　100 000 　　　　应交增值税——销项税额　13 000	——
6 月	借:银行存款　　　　　　113 000 　　贷:应收账款　　　　　　113 000	借:资金结存——货币资金　113 000 　　贷:事业预算收入　　　　113 000

三、上级补助收入和上级补助预算收入的核算

(一) 概念

上级补助收入是指事业单位从主管部门和上级单位取得的非财政拨款收入。上级补助预算收入是指事业单位从主管部门和上级单位取得的非财政补助现金流入。具体而言,是各事业单位的主管部门或上级单位利用自身组织的收入或集中下级单位的收入以一定的方式对某事业单位给予补助,以调剂各事业单位的资金余缺。

(二) 确认基础不同

按照权责发生制原则确认上级补助收入;按照收付实现制原则确认上级补助预算收入。

(三) 明细科目不同

上级补助收入应当按照发放补助单位、补助项目等进行明细核算。

上级补助预算收入应当按照发放补助单位、补助项目、《政府收支分类科目》中"支出功能分类科目"的项级科目等进行明细核算。上级补助预算收入中如有专项资金收入,还应按照具体项目进行明细核算。

(四) 账务处理

上级补助收入属于政府财务会计中的收入类账户,贷方登记取得的收入,借方登记收入退回数及期末转入"本期盈余"账户的数额。期末,将本科目本期发生额转入"本期盈余"账户后,该账户无余额。

上级补助预算收入属于政府预算会计中的预算收入类账户,贷方登记增加数,借方

登记减少数。平时贷方余额反映单位上级补助预算资金的本年累计数。年终结账时，将本账户本年发生额根据资金性质（专项资金、非专项资金）转入"非财政拨款结转""其他结余"。年末结转后，该账户无余额。

【例 5 - 11】 2×19 年 4 月，某事业单位接到银行通知，主管部门拨入弥补事业开支不足的非财政补助款 70 000 元。

财务会计账务处理		预算会计账务处理	
借：银行存款	70 000	借：资金结存——货币资金	70 000
贷：上级补助收入	70 000	贷：上级补助预算收入	70 000

【例 5 - 12】 2×19 年 4 月，某事业单位接到上级主管部门发来的拨款通知书，该月应拨给甲项目的研究经费 500 000 元，月底尚未收到；5 月 10 日收到上述资金。

时间	财务会计账务处理		预算会计账务处理	
4 月	借：其他应收款	500 000	——	
	贷：上级补助收入	500 000		
5 月	借：银行存款	500 000	借：资金结存——货币资金	500 000
	贷：其他应收款	500 000	贷：上级补助预算收入	500 000

四、附属单位上缴收入和附属单位上缴预算收入的核算

（一）概念

附属单位上缴收入是指事业单位取得的附属独立核算单位按照有关规定上缴的收入。事业单位因投资关系获得的被投资企业上缴利润，纳入"投资收益"科目核算。附属单位归还的事业单位垫付的各种费用不通过"附属单位上缴收入"科目核算。

附属单位上缴预算收入是指事业单位取得附属独立核算单位根据有关规定上缴的现金流入。

（二）确认基础不同

按照权责发生制原则确认附属单位上缴收入；按照收付实现制原则确认附属单位上缴预算收入。

（三）明细科目不同

附属单位上缴收入应当按照附属单位、缴款项目等进行明细核算。

附属单位上缴预算收入应当按照附属单位、缴款项目、《政府收支分类科目》中"支出功能分类科目"的项级科目等进行明细核算。附属单位上缴预算收入中如有专项资金收入，还应按照具体项目进行明细核算。

（四）账务处理

附属单位上缴收入属于政府财务会计中的收入类账户，贷方登记取得的收入，借方登记收入退回数及期末转入"本期盈余"账户的数额。期末，将本科目本期发生额转入"本期盈余"账户后，该账户无余额。

附属单位上缴预算收入属于政府预算会计中的预算收入类账户。贷方记增加数，登记事业单位实际收到的款项；借方记减少数，登记发生的缴款退回数和期末转入预算结

余类账户的数额。平时贷方余额反映附属单位缴款累计数。年终结账时，将本账户本年发生额根据资金性质（专项资金、非专项资金）转入"非财政拨款结转""其他结余"。年末结转后，该账户无余额。

【例5-13】2×19年6月，某事业单位所属独立核算的A单位本月应上缴款11 000元，7月份收到该款项。

时间	财务会计账务处理	预算会计账务处理
6月	借：其他应收款　　　　　　11 000 　　贷：附属单位上缴收入　　　　11 000	——
7月	借：银行存款　　　　　　　11 000 　　贷：其他应收款　　　　　　11 000	借：资金结存——货币资金　　11 000 　　贷：附属单位上缴预算收入　11 000

五、经营收入和经营预算收入的核算

（一）概念

经营收入是指事业单位在专业业务活动及其辅助活动之外开展非独立核算经营活动取得的收入。经营预算收入是指事业单位在专业业务活动及其辅助活动之外开展非独立核算经营活动取得的现金流入。

提示

（1）经营收入必须是经营活动取得的。经营活动是专业业务活动及其辅助活动以外的活动。注意划清经营收入和事业收入的界限。如学校食堂所提供的服务，所取得收入属于经营收入，而学校向学生收取的学费和杂费为专业业务活动所取得的收入，属于事业收入。

（2）取得经营收入的经营活动必须是非独立核算的。所谓非独立核算，是指从本单位领取一定数额的物资、款项，从事经营业务活动，不独立计算盈亏，把日常发生的经济业务资料，报给单位集中进行会计核算。如单位附属的车队、食堂、浴室等，财务上不独立核算。其对社会服务取得的收入及其支出，报给单位集中进行会计核算，属于非独立核算的经营活动。事业单位所属部门开展独立核算活动而对事业单位上缴的纯收入，应作为附属单位上缴收入处理，而不能作为经营收入。独立核算，是指单位对其从事经济活动过程及其结果，独立地、完整地进行会计核算。

（二）确认基础不同

经营收入的确认采用权责发生制。经营收入应当在提供服务或发出存货，同时收讫价款或者取得索取价款的凭据时，按照实际收到或应收的金额予以确认。

经营预算收入的确认采用收付实现制。

（三）明细科目不同

经营收入应当按照经营活动类别、项目和收入来源等进行明细核算。

经营预算收入应当按照经营活动类别、项目、《政府收支分类科目》中"支出功能分类科目"的项级科目等进行明细核算。

（四）账务处理

经营收入属于政府财务会计中的收入类账户，贷方登记取得或确认的经营收入，借

方登记发生的销货退回、销售折让以及期末转入"本期盈余"账户的额。期末,将本科目本期发生额转入"本期盈余"账户后,该账户无余额。

经营预算收入属于政府预算会计中的预算收入类账户,贷方登记增加数,借方登记减少数。平时贷方余额反映单位经营预算收入的本年累计数。年终结账时,将本账户本年发生额转入"经营结余"。年末结转后,该账户无余额。

1. 经营收入的核算

实现经营收入时,按照确定的收入金额,借记"银行存款""应收账款""应收票据"等科目,贷记"本期盈余"。涉及增值税业务的,账务处理见"应交增值税"科目。

期末结转时,借记"经营收入",贷记"本期盈余"科目。

2. 经营预算收入的核算

收到经营预算收入时,按照实际收到的金额,借记"资金结存——货币资金"科目,贷记"经营预算收入"。

年末结转时,借记"经营预算收入",贷记"经营结余"科目。

【例5-14】某事业单位收到招待所(非独立核算)本月客房收入58 000元,存入银行。

财务会计账务处理		预算会计账务处理	
借:银行存款	58 000	借:资金结存——货币资金	58 000
贷:经营收入——客房收入	58 000	贷:经营预算收入	58 000

【例5-15】下属非独立核算的水厂,属于小规模纳税人,获取含税收入6 000元,存入银行。

财务会计账务处理		预算会计账务处理	
借:银行存款	60 000	借:资金结存——货币资金	60 000
贷:经营收入	58 252.43	贷:经营预算收入	60 000
应交增值税	1 747.57		

六、非同级财政拨款收入和非同级财政拨款预算收入的核算

(一)核算范围相同

非同级财政拨款收入是指单位从非同级政府财政部门取得的经费拨款。单位取得的非同级财政拨款收入包括两大类,一类是从同级财政以外的同级政府部门取得的横向转拨财政款,另一类是从上级或下级政府(包括政府财政和政府部门)取得的各类财政款。在具体核算时,事业单位对于因开展专业业务活动及其辅助活动取得的非同级财政拨款收入,应当通过"事业收入——非同级财政拨款"科目核算;对于其他非同级财政拨款收入,应当通过"非同级财政拨款收入"科目核算。

非同级财政拨款预算收入是指单位从非同级政府财政部门取得的财政拨款,包括本级横向转拨财政款和非本级财政拨款。非同级财政拨款预算收入的核算口径也比照前款规定处理。单位在新旧制度转换时,应当按照上述规定确定新账的相关科目的核算

口径。

(二) 确认基础不同

按照权责发生制原则确认非同级财政拨款收入;按照收付实现制原则确认非同级财政拨款预算收入。

(三) 明细科目不同

非同级财政拨款收入应当按照本级横向转拨财政款和非本级财政拨款进行明细核算,并按照收入来源进行明细核算。

非同级财政拨款预算收入应当按照非同级财政拨款预算收入的类别、来源、《政府收支分类科目》中"支出功能分类科目"的项级科目等进行明细核算。非同级财政拨款预算收入中如有专项资金收入,还应按照具体项目进行明细核算。

(四) 账务处理

非同级财政拨款收入属于政府财务会计中的收入类账户,贷方登记取得或确认的非同级财政拨款收入,借方登记减少数。期末,将本科目本期发生额转入"本期盈余"账户后,该账户无余额。

非同级财政拨款预算收入属于政府预算会计中的预算收入类账户,贷方登记增加数,借方登记减少数。平时贷方余额反映单位非同级财政拨款预算收入的本年累计数。年终结账时,将本账户本年发生额根据资金性质(专项资金、非专项资金)转入"非财政拨款结转""其他结余"。年末结转后,该账户无余额。

【例 5-16】2×19 年 4 月,某县级事业单位接到县组织部发来的拨款通知书,该月应拨人才研究经费 600 000 元,县组织部不是该单位的上级主管部门。该款项 4 月底尚未收到;5 月收到上述资金。

时间	财务会计账务处理	预算会计账务处理
4 月	借:其他应收款　　　　　　600 000 　贷:非同级财政拨款收入　　　600 000	——
5 月	借:银行存款　　　　　　　600 000 　贷:其他应收款　　　　　　600 000	借:资金结存——货币资金　　600 000 　贷:非同级财政拨款预算收入　600 000

七、投资收益和投资预算收益的核算

(一) 概念

投资收益是指事业单位股权投资和债券投资所实现的收益或发生的损失。

投资预算收益是指事业单位取得的按照规定纳入部门预算管理的属于投资收益性质的现金流入,包括股权投资收益、出售或收回债券投资所取得的收益和债券投资利息收入。

提示

事业单位在投资持有期间取得的利息、股利或利润,以及按照权益法核算长期股权投资时被投资单位实现的净损益,出售或到期收回长短期债券投资确认的投资收益或投资损失,按照规定报经批准出售长期股权投资时将处置时取得的投资收益纳入本单位预算管理的投资收益,均通过"投资收益"科目核算。

(二) 确认基础

财务会计中除了短期投资利息按收付实现制确认，其他投资收益按权责发生制确认；预算会计中的"投资预算收益"按照收付实现制原则确认。

(三) 明细科目不同

投资收益应当按照投资的种类等进行明细核算。投资预算收益应当按照《政府收支分类科目》中"支出功能分类科目"的项级科目等进行明细核算。

(四) 账务处理

投资收益属于政府财务会计中的收入类账户，贷方登记取得或确认的投资收益，借方登记发生的投资损失。期末，将本科目本期发生额转入"本期盈余"账户后，该账户无余额。

投资预算收益属于政府预算会计中的预算收入类账户，贷方登记增加数，借方登记减少数。平时贷方余额反映事业单位投资预算收益的本年累计数。年终结账时，将本账户本年发生额"其他结余"。年末结转后，该账户无余额。

【例 5-17】 2×19年6月末，某事业单位收到原购入的短期国债的第二季度利息 15 000 元；9月末，短期国债到期收回本金 150 000 元和第三季度利息 15 000 元。

时间	财务会计账务处理		预算会计账务处理	
6月	借：银行存款 　　贷：投资收益	15 000 15 000	借：资金结存——货币资金 　　贷：投资预算收益	15 000 15 000
9月	借：银行存款 　　贷：短期投资 　　　　投资收益	165 000 150 000 15 000	借：资金结存——货币资金 　　贷：投资支出 　　　　投资预算收入	165 000 150 000 15 000

【例 5-18】 2×19年3月末，某事业单位对原购入的三年期国债（分期付息到期一次还本）计提第一季度利息 50 000 元。

财务会计账务处理		预算会计账务处理
借：应收利息 　　贷：投资收益	50 000 50 000	——

提示

事业单位持有的到期一次还本付息的债券投资，按期确认利息收入时，按照计算确定的应收未收利息，通过"长期债券投资——应计利息"科目进行核算。

【例 5-19】 2×19年3月，某事业单位收到被投资单位宣告甲公司宣告发放现金股利，每股 0.1 元，该公司应收 300 000 元。该事业单位对此笔投资采用成本法进行核算。

财务会计账务处理		预算会计账务处理
借：应收股利 　　贷：投资收益	300 000 300 000	

八、捐赠收入、利息收入、租金收入、其他收入和其他预算收入的核算

（一）概念

捐赠收入是指单位接受其他单位或者个人捐赠取得的收入。利息收入是指单位取得的银行存款利息收入。租金收入是指单位经批准利用国有资产出租取得并按照规定纳入本单位预算管理的租金收入。其他收入是指单位取得的除财政拨款收入、事业收入、上级补助收入、附属单位上缴收入、经营收入、非同级财政拨款收入、投资收益、捐赠收入、利息收入、租金收入以外的各项收入，包括现金盘盈收入、按照规定纳入单位预算管理的科技成果转化收入、行政单位收回已核销的其他应收款、无法偿付的应付及预收款项、置换换出资产评估增值等。

其他预算收入是指单位除财政拨款预算收入、事业预算收入、上级补助预算收入、附属单位上缴预算收入、经营预算收入、债务预算收入、非同级财政拨款预算收入、投资预算收益之外的纳入部门预算管理的现金流入，包括捐赠预算收入、利息预算收入、租金预算收入、现金盘盈收入等。

提示

财务会计中的捐赠收入、利息收入、租金收入、其他收入等会计科目，在预算会计中平行记账时采用"其他预算收入"科目。

（二）确认基础

财务会计中除了利息收入按收付实现制确认，捐赠收入、租金收入、其他收入按照权责发生制原则确认；预算会计中的"其他预算收入"按照收付实现制原则确认。

（三）明细科目不同

捐赠收入应当按照捐赠资产的用途和捐赠单位等进行明细核算；租金收入应当按照出租国有资产类别和收入来源等进行明细核算；其他收入应当按照其他收入的类别、来源等进行明细核算。

其他预算收入应当按照其他收入类别、《政府收支分类科目》中"支出功能分类科目"的项级科目等进行明细核算。其他预算收入中如有专项资金收入，还应按照具体项目进行明细核算。单位发生的捐赠预算收入、利息预算收入、租金预算收入金额较大或业务较多的，可单独设置"6603 捐赠预算收入""6604 利息预算收入""6605 租金预算收入"科目。

（四）账务处理

捐赠收入、利息收入、租金收入、其他收入属于政府财务会计中的收入类账户，贷方登记取得或确认的上述各种收入，借方登记减少数。期末，将上述科目本期发生额转入"本期盈余"账户后，上述四个账户无余额。

其他预算收入属于政府预算会计中的预算收入类账户，贷方登记增加数，借方登记减少数。平时贷方余额反映单位其他预算收入的本年累计数。年终结账时，将本账户本年发生额根据资金性质（专项资金、非专项资金）转入"非财政拨款结转""其他结余"。年末结转后，该账户无余额。

【例 5-20】 2×19 年 6 月，某中小学收到 A 企业捐赠的现金 20 000 元，存入银行。

财务会计账务处理	预算会计账务处理
借：银行存款　　　　　　20 000 　　贷：捐赠收入　　　　　　　　　20 000	借：资金结存——货币资金　　20 000 　　贷：其他预算收入——捐赠预算收入 　　　　　　　　　　　　　　　　20 000

提示

接受捐赠的存货、固定资产等非现金资产的核算，仍通过"捐赠收入"科目，具体核算见第3章资产。

【例5-21】2×19年9月，某中小学收到第三季度基本存款账户利息10 000元。

财务会计账务处理	预算会计账务处理
借：银行存款　　　　　　10 000 　　贷：利息收入　　　　　　　　　10 000	借：资金结存——货币资金　　10 000 　　贷：其他预算收入——利息预算收入 　　　　　　　　　　　　　　　　10 000

【例5-22】2×19年1月，某事业单位经批准将一栋房子出租给某企业，租期1年，年租金120 000元，1月份收到所有租金存入银行。假设不考虑其他税费。

时间	财务会计账务处理	预算会计账务处理
1月 收款	借：银行存款　　　　　　120 000 　　贷：预收账款　　　　　　　　　120 000	借：资金结存——货币资金　　120 000 　　贷：其他预算收入——租金预算收入 　　　　　　　　　　　　　　　　120 000
1~12月 确认	借：预收账款　　　　　　10 000 　　贷：租金收入　　　　　　　　　10 000	——

提示

《行政单位国有资产管理暂行办法》第二十五条规定：行政单位出租、出借的国有资产，其所有权性质不变，仍归国家所有；所形成的收入，按照政府非税收入管理的规定，实行"收支两条线"管理。因此行政单位利用国有资产出租取得的款项，按规定应上缴财政，通过"应缴财政款"科目核算。

【例5-23】2×19年10月，某事业单位盘点当日库存现金时发现现金长款500元。经批准后确认收入。

时间	财务会计账务处理	预算会计账务处理
发现长款	借：库存现金　　　　　　500 　　贷：待处理财产损溢　　　　　　500	借：资金结存——货币资金　　500 　　贷：其他预算收入　　　　　　　500
批准	借：待处理财产损溢　　　　500 　　贷：其他收入——现金盘盈　　　500	——

【例5-24】2×19年5月，某行政单位收回以前年度已经核销的其他应收款——订金50 000元。

财务会计账务处理	预算会计账务处理
借：银行存款　　　　　　　　50 000 　贷：其他收入——行政单位收回已核销其他应收款 　　　　　　　　　　　　　　50 000	借：资金结存——货币资金　　50 000 　贷：其他预算收入　　　　　　50 000

【例5-25】2×19年12月，某单位发现一笔应付账款60 000元因对方单位已经破产无法偿付。

财务会计账务处理	预算会计账务处理
借：应付账款　　　　　　　　60 000 　贷：其他收入——无法偿付或债权人豁免偿还的应付及预收款项　　　　60 000	——

九、债务预算收入的核算

（一）概念

债务预算收入是指事业单位按照规定从银行和其他金融机构等借入的、纳入部门预算管理的、不以财政资金作为偿还来源的债务本金。

提示

预算会计中的债务预算收入，在财务会计中采用"长期借款"或"短期借款"科目核算。

（二）确认基础

按照收付实现制原则确认。

（三）明细科目不同

应当按照贷款单位、贷款种类、《政府收支分类科目》中"支出功能分类科目"的项级科目等进行明细核算。债务预算收入中如有专项资金收入，还应按照具体项目进行明细核算。

（四）账务处理

债务预算收入属于政府预算会计中的预算收入类账户，贷方登记增加数，借方登记减少数。平时贷方余额反映事业单位债务预算收入的本年累计数。年终结账时，将本账户本年发生额根据资金性质（专项资金、非专项资金）转入"非财政拨款结转""其他结余"。年末结转后，该账户无余额。

【例5-26】2×19年6月，某高校经批准从银行借入三年期贷款8 000 000元，还款资金由学校自筹。

财务会计账务处理	预算会计账务处理
借：银行存款　　　　　　8 000 000 　贷：长期借款　　　　　　8 000 000	借：资金结存——货币资金　8 000 000 　贷：债务预算收入　　　　8 000 000

第六章

费用和预算支出的管理与核算

【教学目标】
　　通过本章的学习，要求学生了解费用和预算支出的概念、特点，熟悉费用和预算支出类会计科目，会运用会计科目进行会计核算。

【重点难点】
　　区分费用和预算支出的概念、科目

【关键名词】
　　费用　预算支出　业务活动费用　单位管理费用　经营费用
　　行政支出　事业支出　经营支出

> **课前案例：**
>
> **自然资源部免费向公众提供标准地图服务**
>
> 　　作为政府政务服务的一部分，自然资源部已免费向公众提供标准地图的在线服务。公众只需登录自然资源部官网，在"数据服务"一栏的"测绘"栏目下找到"标准地图服务"，即可以获取依据中国和世界各国国界线画法标准制作而成的标准地图。目前已发布的标准地图包括中国地图、世界地图、京津冀都市圈区域图等共141张标准地图，公众均可免费下载使用。
> 　　此外，自然资源部的标准地图在线服务，还可以为有不同需要的使用者提供自助制图服务。使用者可以通过简单的操作，制作统计地图，或选取地图要素，编辑要素的颜色、增加点、线、面标记与文字，即可制作出个性化地图，并输出地图图片。

据悉，标准地图在线服务系统还将发布分省（自治区、直辖市）标准地图、英文版中国地图、粤港澳大湾区地图等在内的各种标准地图，并进一步展开调研，根据公众需求，制作更多标准地图。

（资料来源：自然资源部网站，2019年8月5日）

思考：上述案例中自然资源部为提供标准地图服务所发生的费用应计入"业务活动费用"还是"单位管理费用"？

第一节 费用的概述

一、费用的定义和确认原则

《政府会计准则——基本准则》第四十五条规定，费用是指报告期内导致政府会计主体净资产减少的、含有服务潜力或者经济利益的经济资源的流出。

费用的确认应当同时满足以下条件：（1）与费用相关的含有服务潜力或者经济利益的经济资源很可能流出政府会计主体；（2）含有服务潜力或者经济利益的经济资源流出会导致政府会计主体资产减少或者负债增加；（3）流出金额能够可靠地计量。

费用以权责发生制基础确认，凡是当期已经发生的或应当负担的费用，不论款项是否支付，都应当作为当期的费用。符合费用定义和费用确认条件的项目，应当列入收入费用表。

二、费用的内容

费用作为财务会计要素，是为政府单位的经济与财务管理服务，应当准确反映发生的各项费用，区分业务活动费用、单位管理费用和其他费用，为成本核算与绩效评价奠定基础。政府单位费用的内容包括业务活动费用、单位管理费用、经营费用、资产处置费用、上缴上级费用、对附属单位补助费用、所得税费用和其他费用。其中只有业务活动费用、资产处置费用和其他费用这3个会计科目是行政单位、事业单位共用的，其他都是事业单位设置的会计科目。

第二节 预算支出的概述

一、预算支出的定义和确认原则

《政府会计准则——基本准则》第十九条规定，预算支出是指政府会计主体在预算年度内依法发生并纳入预算管理的现金流出。

预算支出的确认应当同时满足两个条件：(1) 预算支出的资金应纳入单位的预算，未纳入单位预算的现金流出不得确认为预算支出；(2) 预算支出应当是实际发生的现金流出。没有实际流出单位的预算资金不得确认为预算支出。

预算支出按照收付实现制原则确认，以现金是否实际支付为标志来确认本期预算支出。

二、预算支出的内容和分类

(一) 预算支出的内容

预算支出作为预算会计要素，是为部门预算管理服务，应充分反映政府单位各项支出的预算执行情况。预算支出内容分为业务活动支出、补助与上缴支出、投资与偿债支出和其他支出。其中行政单位不设补助与上缴支出、投资与偿债支出类科目。

(1) 业务活动支出是政府单位在履职或业务活动中发生的预算支出，包括行政单位的行政支出、事业单位的事业支出和经营支出。

(2) 补助与上缴支出是事业单位因补助所属单位、上缴上级单位款项而发生的预算支出，包括对附属单位补助支出和上缴上级支出。

(3) 投资与偿债支出是事业单位因对外投资、偿还债务本金而发生的预算支出，包括投资支出和债务还本支出。

(4) 其他支出是政府单位发生的除上述支出以外的各项支出。

(二) 预算支出的分类

政府单位应当加强预算支出的分类管理，按照部门预算管理的要求设置各预算支出科目的明细科目。政府单位预算支出的分类管理要求，主要包括以下几个方面：

1. 按资金的性质划分，预算支出分为财政拨款支出和非财政拨款支出

(1) 财政拨款支出是政府单位使用财政部门拨入的款项安排的预算支出。财政部门拨入的款项，是财政部门根据预算安排通过国库拨入单位的纳入预算管理的资金，包括一般公共预算财政拨款、政府性基金预算财政拨款等。

(2) 非财政拨款支出是政府单位使用除财政拨款以外的款项安排的预算支出。除财政拨款资金外，政府单位还可以取得事业预算收入、经营预算收入、债务预算收入、上级补助预算收入、附属单位上缴预算收入、非同级财政拨款预算收入、投资预算收益、其他预算收入等非财政拨款资金，使用这些资金安排的支出为非财政拨款支出。按资金的使用要求不同，非财政拨款支出又分为非财政专项资金支出和其他资金支出。

2. 根据部门预算管理的要求，可将预算支出分为基本支出和项目支出

(1) 基本支出是政府单位为了保障其正常运转、完成日常工作任务而发生的支出，包括人员经费支出和日常公用经费支出。

(2) 项目支出是政府单位为了完成特定工作任务和事业发展目标，在基本支出之外所发生的支出，包括基本建设、专项业务费、大型修缮、大型购置、大型会议等支出。

3. 按政府预算收支分类的要求，预算支出需要进行功能分类与经济分类

功能分类是按照单位的职能和支出所实现的功能目标对预算支出所作的分类。经济

分类是按照支出的经济性质和具体用途对预算支出所作的分类（具体内容详见第一章第三节）。

三、预算支出的管理

根据《行政单位财务规则》和《事业单位财务规则》规定，政府单位的各项支出全部纳入单位预算，各项支出由单位财务部门按照批准的预算和有关规定审核办理，严格执行国库集中支付制度和政府采购制度等规定；依法加强各类票据管理，确保票据来源合法、内容真实、使用正确，不得使用虚假票据。

（1）按照国家规定的开支范围和标准办理支出。国家规定的各项财务制度和财经纪律，是预算支出管理的基本行为规范，政府单位在办理各项支出时必须严格执行，严格遵守国家统一规定的开支范围和支出标准，不得违反。

（2）严格按照资金用途办理支出。政府单位从财政部门、上级预算单位或主管部门取得的项目资金，应当按照批准的项目和用途使用，专款专用、单独核算，并按照规定向同级财政部门、上级预算单位或主管部门报告资金使用情况；项目完成后，应当报送项目支出决算和使用效果的书面报告，接受财政部门、上级预算单位或主管部门的检查、验收。

（3）要划清公私界限。事业单位的会计部门在办理费用支出时，应认真执行有关规定。事业单位的职工由于执行公务的需要，可以给予必要的津贴和补助，但是应由个人负担的生活、学习等费用不能由公款开支。

（4）贯彻勤俭节约方针、提高资金使用效率。政府单位在办理各项支出的过程中，要本着"少花钱，多办事"的精神，在保证高标准完成工作的前提下，厉行节约，杜绝浪费。加强支出的绩效管理，提高资金的使用效益性。合理配置资源，建设节约型社会。

第三节 费用和预算支出的核算

政府单位会计分为财务会计和预算会计两个子系统，"平行记账"核算模式决定了费用类和预算支出类会计科目之间具有一定的对应关系，二类会计科目对照关系见表6-1。

表6-1　费用和预算支出类会计科目对照表

序号	费用类科目名称和代码	预算支出类科目名称和代码	备注
1	5001 业务活动费用	7101 行政支出/7201 事业支出	行政/事业
2	5101 单位管理费用	7201 事业支出	事业
3	5201 经营费用	7301 经营支出	事业
4	5401 上缴上级费用	7401 上缴上级支出	事业
5	5501 对附属单位补助费用	7501 对附属单位补助支出	事业

第六章 费用和预算支出的管理与核算

续表

序号	费用类科目名称和代码	预算支出类科目名称和代码	备注
6	5301 资产处置费用	7901 其他支出	行政/事业
7	5901 其他费用		
8	5801 所得税费用	——	事业
9	——	7601 投资支出	事业
10	——	7701 债务还本支出	事业

一、业务活动费用

（一）业务活动费用的概念

业务活动费用是指政府单位为实现其职能目标，依法履职或开展专业业务活动及其辅助活动所发生的各项费用。行政单位依法履行行政管理职能发生的各项费用，确认为业务活动费用；事业单位开展专业业务活动及其辅助活动所发生的各项费用，确认为业务活动费用。

（二）业务活动费用的核算

政府单位应在财务会计体系下设置"业务活动费用"科目，核算政府单位为实现其职能目标，依法履职或开展专业业务活动及其辅助活动所发生的各项费用，并按照项目、费用类别、支付对象等进行明细核算。为了满足成本核算需要，本科目下还可按照"工资福利费用""商品和服务费用""对个人和家庭的补助费用""固定资产折旧费""无形资产摊销费""公共基础设施折旧（摊销）费""保障性住房折旧费""计提专用基金"等成本项目设置明细科目，归集能够直接计入或采用一定方法计算后计入单位业务或管理活动的费用。

提示

财务会计中的"业务活动费用"科目，如果会计主体为行政单位，那么在预算会计中平行记账时采用"行政支出"科目，如果会计主体为事业单位，在预算会计中平行记账时则采用"事业支出"科目。

（三）业务活动费用的主要账务处理

（1）为履职或开展业务活动人员计提的薪酬，按照计算确定的金额，借记"业务活动费用"科目，贷记"应付职工薪酬"科目。

（2）为履职或开展业务活动发生的外部人员劳务费，按照计算确定的金额，借记"业务活动费用"科目，按照代扣代缴个人所得税的金额，贷记"其他应交税费——应交个人所得税"科目，按照扣税后应付或实际支付的金额，贷记"其他应付款""财政拨款收入""零余额账户用款额度""银行存款"等科目。

（3）为履职或开展业务活动领用库存物品，以及动用发出相关政府储备物资，按照领用库存物品或发出相关政府储备物资的账面余额，借记"业务活动费用"科目，贷记"库存物品""政府储备物资"科目。

（4）为履职或开展业务活动所使用的固定资产、无形资产以及为所控制的公共基础设施、保障性住房计提的折旧、摊销，按照计提金额，借记"业务活动费用"科目，贷记"固定资产累计折旧""无形资产累计摊销""公共基础设施累计折旧（摊销）""保障性住房累计折旧"科目。

（5）为履职或开展业务活动发生的城市维护建设税、教育费附加、地方教育费附加、车船税、房产税、城镇土地使用税等，按照计算确定应交纳的金额，借记"业务活动费用"科目，贷记"其他应交税费"等科目。

（6）为履职或开展业务活动发生其他各项费用时，按照费用确认金额，借记"业务活动费用"科目，贷记"财政拨款收入""零余额账户用款额度""银行存款""应付账款""其他应付款""其他应收款"等科目。

（7）按照规定从收入中提取专用基金并计入费用的，一般按照预算会计下基于预算收入计算提取的金额，借记"业务活动费用"科目，贷记"专用基金"科目。国家另有规定的，从其规定。

（8）发生当年购货退回等业务，对于已计入本年业务活动费用的，按照收回或应收的金额，借记"财政拨款收入""零余额账户用款额度""银行存款""其他应收款"等科目，贷记"业务活动费用"科目。

（9）期末，将本科目本期发生额转入本期盈余，借记"本期盈余"科目，贷记"业务活动费用"科目。期末结转后，本科目应无余额。

二、单位管理费用

（一）单位管理费用的概念

单位管理费用是指事业单位本级行政及后勤管理部门开展管理活动发生的各项费用，包括单位行政及后勤管理部门发生的人员经费、公用经费、资产折旧（摊销）等费用，以及由单位统一负担的离退休人员经费、工会经费、诉讼费、中介费等。

（二）单位管理费用的核算

事业单位应设置"单位管理费用"科目，核算单位本级行政及后勤管理部门开展管理活动发生的各项费用，并按照项目、费用类别、支付对象等进行明细核算。为了满足成本核算需要，本科目下还可按照"工资福利费用""商品和服务费用""对个人和家庭的补助费用""固定资产折旧费""无形资产摊销费"等成本项目设置明细科目，归集能够直接计入单位管理活动或采用一定方法计算后计入单位管理活动的费用。

提示

财务会计中的"单位管理费用"科目，在预算会计中平行记账时采用"事业支出"科目。

（三）单位管理费用的主要账务处理

（1）为管理活动人员计提的薪酬，按照计算确定的金额，借记"单位管理费用"科目，贷记"应付职工薪酬"科目。

（2）为开展管理活动发生的外部人员劳务费，按照计算确定的费用金额，借记"单位管理费用"科目，按照代扣代缴个人所得税的金额，贷记"其他应交税费——应交个人所得税"科目，按照扣税后应付或实际支付的金额，贷记"其他应付款""财政拨款收入""零余额账户用款额度""银行存款"等科目。

（3）开展管理活动内部领用库存物品，按照领用物品实际成本，借记"单位管理费用"科目，贷记"库存物品"科目。

（4）为管理活动所使用固定资产、无形资产计提的折旧、摊销，按照应提折旧、摊销额，借记"单位管理费用"科目，贷记"固定资产累计折旧""无形资产累计摊销"科目。

（5）为开展管理活动发生城市维护建设税、教育费附加、地方教育费附加、车船税、房产税、城镇土地使用税等，按照计算确定应交纳的金额，借记"单位管理费用"科目，贷记"其他应交税费"等科目。

（6）为开展管理活动发生的其他各项费用，按照费用确认金额，借记"单位管理费用"科目，贷记"财政拨款收入""零余额账户用款额度""银行存款""其他应付款""其他应收款"等科目。

（7）发生当年购货退回等业务，对于已计入本年单位管理费用的，按照收回或应收的金额，借记"财政拨款收入""零余额账户用款额度""银行存款""其他应收款"等科目，贷记"单位管理费用"科目。

（8）期末，将本科目本期发生额转入本期盈余，借记"本期盈余"科目，贷记"单位管理费用"科目。期末结转后，本科目应无余额。

三、行政支出

（一）行政支出的概念

行政支出是指行政单位在履行其职责过程中实际发生的各项现金流出。

（二）行政支出的核算

行政单位应在预算会计体系下设置"行政支出"科目，核算行政单位在履行其职责过程中实际发生的各项现金流出，并按照"财政拨款支出""非财政专项资金支出"和"其他资金支出""基本支出"和"项目支出"等进行明细核算，按照《政府收支分类科目》中"支出功能分类科目"的项级科目进行明细核算，"基本支出"和"项目支出"明细科目下应当按照《政府收支分类科目》中"部门预算支出经济分类科目"的款级科目进行明细核算，同时在"项目支出"明细科目下按照具体项目进行明细核算。

有一般公共预算财政拨款、政府性基金预算财政拨款等两种或两种以上财政拨款的行政或事业单位，还应当在"财政拨款支出"明细科目下按照财政拨款的种类进行明细核算。

对于预付款项，可通过在本科目下设置"待处理"明细科目进行核算，待确认具体支出项目后再转入本科目下相关明细科目。年末结账前，应将本科目"待处理"明细科目余额全部转入本科目下相关明细科目。

（三）行政支出的主要账务处理

（1）支付单位职工薪酬。向单位职工个人支付薪酬时，按照实际支付的金额，借记"行政支出"科目，贷记"财政拨款预算收入""资金结存"科目。按照规定代扣代缴个人所得税以及代扣代缴或为职工缴纳职工社会保险费、住房公积金等时，按照实际缴纳的金额，借记本科目，贷记"财政拨款预算收入""资金结存"科目。

（2）支付外部人员劳务费。按照实际支付给外部人员个人的金额，借记"行政支出"科目，贷记"财政拨款预算收入""资金结存"科目。按照规定代扣代缴个人所得税时，按照实际缴纳的金额，借记"行政支出"科目，贷记"财政拨款预算收入""资金结存"科目。

（3）为购买存货、固定资产、无形资产等以及在建工程支付相关款项时，按照实际支付的金额，借记"行政支出"科目，贷记"财政拨款预算收入""资金结存"科目。

（4）发生预付账款时，按照实际支付的金额，借记"行政支出"科目，贷记"财政拨款预算收入""资金结存"科目。对于暂付款项，在支付款项时可不做预算会计处理，待结算或报销时，按照结算或报销的金额，借记"行政支出"科目，贷记"资金结存"科目。

（5）发生其他各项支出时，按照实际支付的金额，借记"行政支出"科目，贷记"财政拨款预算收入""资金结存"科目。

（6）因购货退回等发生款项退回，或者发生差错更正的，属于当年支出收回的，按照收回或更正金额，借记"财政拨款预算收入""资金结存"科目，贷记"行政支出"科目。

（7）年末，将本科目本年发生额中的财政拨款支出转入财政拨款结转，借记"财政拨款结转——本年收支结转"科目，贷记本科目下各财政拨款支出明细科目；将本科目本年发生额中的非财政专项资金支出转入非财政拨款结转，借记"非财政拨款结转——本年收支结转"科目，贷记本科目下各非财政专项资金支出明细科目；将本科目本年发生额中的其他资金支出（非财政非专项资金支出）转入其他结余，借记"其他结余"科目，贷记本科目下其他资金支出明细科目。年末结转后，本科目应无余额。

某检察机关发生有关业务活动费用和行政支出的业务如下：

【例6-1】通过单位的银行账户，支付临时聘用的外部人员劳务费32 000元，无需代扣代缴个人所得税。

财务会计账务处理	预算会计账务处理
借：业务活动费用——劳务费　　32 000 　　贷：银行存款　　　　　　　　　　32 000	借：行政支出——基本支出　　32 000 　　贷：资金结存——货币资金　　　32 000

【例6-2】为召开工作会议预定某会议中心，根据合同规定预先支付款项，待会议结束后再按实际发生的费用结算，所用资金为一般公共预算项目支出拨款。

财务会计账务处理	预算会计账务处理
（1）根据合同，通过单位的零余额账户预付款20 000元；	
借：预付账款　　　　　　　　　　20 000 　　贷：零余额账户用款额度　　　　20 000	借：行政支出——待处理　　　　20 000 　　贷：资金结存——零余额账户用款额度 　　　　　　　　　　　　　　　　20 000
（2）会议结束后，会议费用为28 000元，通过单位的零余额账户补付8 000元。	
借：业务活动费用——会议费　　28 000 　　贷：预付账款　　　　　　　　　　20 000 　　　　零余额账户用款额度　　　　 8 000	借：行政支出——财政拨款支出——项目支出 　　　　　　　　　　　　　　　　28 000 　　贷：行政支出——待处理　　　　20 000 　　　　资金结存——零余额账户用款额度　8 000

【例6-3】 发生专业咨询费用6 000元,款项尚未支付。

财务会计账务处理	预算会计账务处理
借:业务活动费用——咨询费　6 000 　贷:应付账款　　　　　　　　6 000	——

【例6-4】 以政府集中采购的方式购入一批办公用品,价值总计10 000元,款项已通过财政直接支付方式支付,所用资金为一般公共预算项目支出拨款。

财务会计账务处理	预算会计账务处理
借:库存物品　　　　　10 000 　贷:财政拨款收入　　　　10 000	借:行政支出——财政拨款支出——项目支出 　　　　　　　　　　　　　10 000 　贷:财政拨款预算收入——一般公共预算——项目支出　　　　　　　　　　10 000

【例6-5】 年末,结转"业务活动费用"账户借方余额500 000元,"行政支出"中的财政拨款支出200 000元。

财务会计账务处理	预算会计账务处理
借:本期盈余　　　　　500 000 　贷:业务活动费用　　　　500 000	借:财政拨款结转——本年收支结转200 000 　贷:行政支出——财政拨款支出　200 000

四、事业支出

(一)事业支出的概念

事业支出是事业单位在开展专业业务活动及其辅助活动的过程中实际发生的预算支出。

(二)事业支出的核算

事业单位应在预算会计体系下设置"事业支出"科目,核算单位在开展专业业务活动及其辅助活动的过程中实际发生的预算支出业务,其明细科目设置要求与"行政支出"科目要求相同。

(三)事业支出的主要账务处理

(1)支付单位职工(经营部门职工除外)薪酬。向单位职工个人支付薪酬时,按照实际支付的数额,借记"事业支出"科目,贷记"财政拨款预算收入""资金结存"科目。按照规定代扣代缴个人所得税以及代扣代缴或为职工缴纳职工社会保险费、住房公积金等时,按照实际缴纳的金额,借记"事业支出"科目,贷记"财政拨款预算收入""资金结存"科目。

(2)为专业业务活动及其辅助活动支付外部人员劳务费。按照实际支付给外部人员个人的金额,借记"事业支出"科目,贷记"财政拨款预算收入""资金结存"科目。按照规定代扣代缴个人所得税时,按照实际缴纳的金额,借记"事业支出"科目,贷记"财政拨款预算收入""资金结存"科目。

(3) 开展专业业务活动及其辅助活动过程中为购买存货、固定资产、无形资产等以及在建工程支付相关款项时，按照实际支付的金额，借记"事业支出"科目，贷记"财政拨款预算收入""资金结存"科目。

(4) 开展专业业务活动及其辅助活动过程中发生预付账款时，按照实际支付的金额，借记"事业支出"科目，贷记"财政拨款预算收入""资金结存"科目。

对于暂付款项，在支付款项时可不做预算会计处理，待结算或报销时，按照结算或报销的金额，借记"事业支出"科目，贷记"资金结存"科目。

(5) 开展专业业务活动及其辅助活动过程中缴纳的相关税费以及发生的其他各项支出，按照实际支付的金额，借记"事业支出"科目，贷记"财政拨款预算收入""资金结存"科目。

(6) 开展专业业务活动及其辅助活动过程中因购货退回等发生款项退回，或者发生差错更正的，属于当年支出收回的，按照收回或更正金额，借记"财政拨款预算收入""资金结存"科目，贷记"事业支出"科目。

(7) 年末，将本科目本年发生额中的财政拨款支出转入财政拨款结转，借记"财政拨款结转——本年收支结转"科目，贷记本科目下各财政拨款支出明细科目；将本科目本年发生额中的非财政专项资金支出转入非财政拨款结转，借记"非财政拨款结转——本年收支结转"科目，贷记本科目下各非财政专项资金支出明细科目；将本科目本年发生额中的其他资金支出（非财政非专项资金支出）转入其他结余，借记"其他结余"科目，贷记本科目下其他资金支出明细科目。年末结转后，本科目应无余额。

某医院发生有关费用和事业支出的业务如下：

【例6-6】医院的行政管理部门购买零星办公用品一批，通过银行转账支付500元，办公用品已分发给办公室相关人员使用，所用资金为非财政拨款其他资金。

财务会计账务处理	预算会计账务处理
借：单位管理费用　　　　500 　　贷：银行存款　　　　　　500	借：事业支出——其他资金支出——基本支出 　　　　　　　　　　　　　　　　500 　　贷：资金结存——货币资金　　　500

【例6-7】医院的后勤管理部门办公用房通过房屋租赁取得，根据房屋租赁协议，年租金36 000元应当在年初一次性转账支付。

财务会计账务处理	预算会计账务处理
(1) 年初预付一年房屋租金36 000元；	
借：待摊费用　　　　　　36 000 　　贷：银行存款　　　　　　36 000	借：事业支出——基本支出　　36 000 　　贷：资金结存——货币资金　36 000
(2) 每月分摊房屋租赁费3 000元。	
借：单位管理费用——房屋租赁费　3 000 　　贷：待摊费用　　　　　　　　3 000	——

【例6-8】医院的后勤管理部门通过银行转账支付一笔设备维修费1 800元，所用

资金为非财政拨款其他资金。

财务会计账务处理	预算会计账务处理
借：单位管理费用　　　　　1 800 　　贷：银行存款　　　　　　1 800	借：事业支出——其他资金支出——基本支出 　　　　　　　　　　　　　　　　1 800 　　贷：资金结存——货币资金　　1 800

【例6-9】医院购入一项先进医疗技术，购买价款及相关税费合计77 000元，款项通过财政直接支付方式支付，所用资金为一般公共预算项目支出拨款。

财务会计账务处理	预算会计账务处理
借：无形资产　　　　　　77 000 　　贷：财政拨款收入　　　77 000	借：事业支出——财政补助支出——项目支出 　　　　　　　　　　　　　　　77 000 　　贷：财政拨款预算收入——项目支出　77 000

【例6-10】医院门诊挂号处领用打印耗材一批，"材料出库单"金额为2 600元。

财务会计账务处理	预算会计账务处理
借：业务活动费用　　　　2 600 　　贷：库存物品　　　　　2 600	——

【例6-11】202×年9月，计提医院B超室使用的固定资产折旧费3 800元。

财务会计账务处理	预算会计账务处理
借：业务活动费用　　　　3 800 　　贷：固定资产累计折旧　3 800	——

【例6-12】某医生外出参加工作会议发生一笔差旅费2 450元，通过单位的零余额账户予以支付，所用资金为一般公共预算基本支出拨款。

财务会计账务处理	预算会计账务处理
借：业务活动费用——差旅费　　2 450 　　贷：零余额账户用款额度　　2 450	借：事业支出——财政拨款支出——基本支出 　　　　　　　　　　　　　　　　2 450 　　贷：资金结存——零余额账户用款额度　2 450

【例6-13】202×年12月末，结转"单位管理费用"账户借方余额200 000元，"业务活动费用"账户借方余额300 000元，"事业支出"账户借方余额中的非财政专项资金支出100 000元和其他资金支出30 000元。

财务会计账务处理	预算会计账务处理
借：本期盈余　　　　　　500 000 　　贷：单位管理费用　　　200 000 　　　　业务活动费用　　　300 000	借：非财政拨款结转——本年收支结转 　　　　　　　　　　　　　　　100 000 　　　其他结余　　　　　　　　30 000 　　贷：事业支出——非财政专项资金支出 　　　　　　　　　　　　　　　100 000 　　　　事业支出——其他资金支出　30 000

五、经营费用和经营支出的核算

（一）概念

经营费用是事业单位在专业业务活动及其辅助活动之外开展非独立核算经营活动发生的各项费用。

经营支出是事业单位在专业业务活动及其辅助活动之外开展非独立核算经营活动实际发生的各项现金流出。

提示

事业单位的业务活动主要是专业业务活动，有些事业单位在专业业务活动之外还开展经营活动，以获取一定的收益，弥补事业经费的不足。事业单位应当合理划分业务活动费用和经营费用的界限，加强对经营活动的成本核算。

（二）确认基础

经营费用采用权责发生制原则确认，经营支出采用收付实现制原则确认。

（三）明细科目

经营费用应当按照经营活动类别、项目、支付对象等进行明细核算。为了满足成本核算需要，还可按照"工资福利费用""商品和服务费用""对个人和家庭的补助费用""固定资产折旧费""无形资产摊销费"等成本项目设置明细科目，归集能够直接计入单位经营活动或采用一定方法计算后计入单位经营活动的费用。

经营支出应当按照经营活动类别、项目、《政府收支分类科目》中"支出功能分类科目"的项级科目和"部门预算支出经济分类科目"的款级科目等进行明细核算。

提示

对于预付款项，可通过在"经营支出"科目下设置"待处理"明细科目进行明细核算，待确认具体支出项目后再转入本科目下相关明细科目。年末结账前，应将本科目"待处理"明细科目余额全部转入本科目下相关明细科目。

（四）账务处理

经营费用属于政府单位财务会计中的费用类账户，借方登记当期确认的经营费用，贷方登记转销数。期末，将经营费用科目本期发生额转入本期盈余，借记"本期盈余"科目，贷记"经营费用"科目。结转后，本科目无余额。

经营支出属于政府单位预算会计中的预算支出类账户，借方登记现金流出增加数，贷方登记减少数，平时借方余额反映单位经营支出的本年累计数。年末，将经营支出科目本年发生额转入经营结余，借记"经营结余"科目，贷记"经营支出"科目。结转后，本科目无余额。

1. 工资与劳务报酬

财务会计中，事业单位为经营活动人员计提的薪酬，按照计算确定的金额，借记"经营费用"科目，贷记"应付职工薪酬"科目。

预算会计中，事业单位向经营部门职工个人或外部人员个人支付工资或劳务报酬，以及按照规定代扣代缴个人所得税、代扣代缴或为职工缴纳职工社会保险费、住房公积金时，按照实际支付或缴纳的金额，借记"经营支出"科目，贷记"资金结存"科目。

2. 资产耗用或购置

财务会计中，事业单位开展经营活动领用库存物品，按照物品实际成本，借记"经营费用"科目，贷记"库存物品"科目。为经营活动所使用固定资产、无形资产计提的折旧、摊销，按照应提折旧、摊销额，借记"经营费用"科目，贷记"固定资产累计折旧""无形资产累计摊销"科目。

预算会计中，事业单位开展经营活动过程中为购买存货、固定资产、无形资产等以及在建工程支付相关款项时，按照实际支付的金额，借记"经营支出"科目，贷记"资金结存"科目。

3. 税金及其他相关费用

财务会计中，事业单位开展经营活动发生城市维护建设税、教育费附加、地方教育费附加、车船税、房产税、城镇土地使用税以及发生的其他各项费用，按照计算确定的金额，借记"经营费用"科目，贷记"其他应交税费""银行存款""其他应付款""其他应收款"等科目。

预算会计中，事业单位因开展经营活动缴纳的相关税费以及发生的其他各项支出，按照实际支付的金额，借记"经营支出"科目，贷记"资金结存"科目。

4. 购货退回

财务会计中，事业单位发生当年购货退回等业务，对于已计入本年经营费用的，按照收回或应收的金额，借记"银行存款""其他应收款"等科目，贷记"经营费用"科目。

预算会计中，事业单位开展经营活动中因购货退回等发生款项退回，或者发生差错更正的，属于当年支出收回的，按照收回或更正金额，借记"资金结存"科目，贷记"经营支出"科目。

提示

开展经营活动过程中发生预付账款时，按照实际支付的金额，借记本科目，贷记"资金结存"科目。对于暂付款项，在支付款项时可不做预算会计处理，待结算或报销时，按照结算或报销的金额，借记本科目，贷记"资金结存"科目。

【例6-14】某事业单位为环境保护单位，其经营业务为向社会公众提供家庭装修污染检测服务，通过银行转账支付检测车辆油品费500元，从仓库领用检测材料价值2 300元。

财务会计账务处理		预算会计账务处理	
借：经营费用——检测服务	2 800	借：经营支出——检测服务	500
贷：银行存款	500	贷：资金结存——货币资金	500
库存物品	2 300		

【例6-15】某事业单位为文化事业单位，其非独立核算的经营业务为对外出租演出场地及相关设备，通过银行转账缴纳相关税费1 800元。

财务会计账务处理		预算会计账务处理
（1）计算应缴纳的税费时：		
借：经营费用——出租业务	1 800	——
贷：其他应交税费	1 800	

续表

财务会计账务处理	预算会计账务处理
（2）实际缴纳税费时：	
借：其他应交税费　　　　　　1 800 　　贷：银行存款　　　　　　　　1 800	借：经营支出——出租业务　　1 800 　　贷：资金结存——货币资金　1 800

【例6-16】某医疗卫生服务单位年末结转"经营费用"科目借方发生额15 000元，"经营支出"科目借方发生额12 000元。

财务会计账务处理	预算会计账务处理
借：本期盈余　　　　　　　15 000 　　贷：经营费用　　　　　　　15 000	借：经营结余　　　　　　　12 000 　　贷：经营支出　　　　　　　12 000

六、上缴上级费用和上缴上级支出的核算

（一）概念

上缴上级费用是指事业单位按照财政部门和主管部门的规定上缴上级单位款项发生的费用。

上缴上级支出是指事业单位按照财政部门和主管部门的规定上缴上级单位款项发生的现金流出。

（二）确认基础

上缴上级费用科目采用权责发生制原则确认。

上缴上级支出科目采用收付实现制原则确认。

（三）明细科目

上缴上级费用科目应当按照收缴款项单位、缴款项目等进行明细核算。

上缴上级支出科目应当按照收缴款项单位、缴款项目、《政府收支分类科目》中"支出功能分类科目"的项级科目和"部门预算支出经济分类科目"的款级科目等进行明细核算。

（四）账务处理

上缴上级费用科目属于政府单位财务会计中的费用类账户，借方登记当期上缴上级费用增加数，贷方登记减少数。单位发生上缴上级支出的，按照实际上缴的金额或者按照规定计算出应当上缴上级单位的金额，借记"上缴上级费用"科目，贷记"银行存款""其他应付款"等科目。期末，将本科目本期发生额转入本期盈余，借记"本期盈余"科目，贷记本科目。结转后，本科目无余额。

上缴上级支出科目属于政府单位预算会计中的预算支出类账户，借方登记增加数，贷方登记减少数，平时借方余额反映单位上缴上级支出的本年累计数。单位按照规定将款项上缴上级单位的，按照实际上缴的金额，借记"上缴上级支出"科目，贷记"资金结存"科目。年末，将本科目本年发生额转入其他结余，借记"其他结余"科目，贷记本科目。结转后，本科目无余额。

【例6-17】某事业单位作为独立核算的附属单位，本年应上缴上级单位款项220 000元。

财务会计账务处理	预算会计账务处理
(1) 计算应上缴款项时:	
借: 上缴上级费用　　220 000 　　贷: 其他应付款　　　220 000	——
(2) 实际上缴款项时:	
借: 其他应付款　　　220 000 　　贷: 银行存款　　　　220 000	借: 上缴上级支出　　220 000 　　贷: 资金结存——货币资金　220 000

【例 6-18】年末结转"上缴上级费用"科目借方发生额 500 000 元,"上缴上级支出"科目借方发生额 500 000 元。

财务会计账务处理	预算会计账务处理
借: 本期盈余　　　　500 000 　　贷: 上缴上级费用　　500 000	借: 其他结余　　　　500 000 　　贷: 上缴上级支出　　500 000

七、对附属单位补助费用和对附属单位补助支出的核算

(一) 概念

对附属单位补助费用是指事业单位用财政拨款收入之外的收入对附属单位补助发生的费用。

对附属单位补助支出是指事业单位用财政拨款预算收入之外的收入对附属单位补助发生的现金流出。

(二) 确认基础

对附属单位补助费用采用权责发生制原则确认。
对附属单位补助支出采用收付实现制原则确认。

(三) 明细科目

对附属单位补助费用科目应当按照接受补助单位、补助项目等进行明细核算。

对附属单位补助支出科目应当按照接受补助单位、补助项目、《政府收支分类科目》中"支出功能分类科目"的项级科目和"部门预算支出经济分类科目"的款级科目等进行明细核算。

(四) 账务处理

对附属单位补助费用科目属于政府单位财务会计中的费用类账户,借方登记当期确认的补助费用,贷方登记减少数。单位发生对附属单位补助支出的,按照实际补助的金额或者按照规定计算出应当对附属单位补助的金额,借记"对附属单位补助费用"科目,贷记"银行存款""其他应付款"等科目。期末,将本科目本期发生额转入本期盈余,借记"本期盈余"科目,贷记本科目。结转后,本科目无余额。

对附属单位补助支出科目属于政府单位预算会计中的预算支出类账户,借方登记增加数,贷方登记减少数,平时借方余额反映对附属单位补助支出的本年累计数。单位发生对附属单位补助支出的,按照实际补助的金额,借记"对附属单位补助支出"科目,贷记"资金结存"科目。年末,将本科目本年发生额转入其他结余,借记"其他结余"

科目，贷记本科目。结转后，本科目无余额。

【例6-19】某高校使用自有资金对附属单位拨付补助款30 000元。

财务会计账务处理	预算会计账务处理
借：对附属单位补助费用　　30 000 　　贷：银行存款　　　　　　　　30 000	借：对附属单位补助支出　　30 000 　　贷：资金结存——货币资金　　30 000

【例6-20】年终分别结转"对附属单位补助费用"和"对附属单位补助支出"账户借方余额30 000元。

财务会计账务处理	预算会计账务处理
借：本期盈余　　　　　　　　30 000 　　贷：对附属单位补助费用　　　30 000	借：其他结余　　　　　　　　30 000 　　贷：对附属单位补助支出　　　30 000

八、资产处置费用的核算

（一）概念

资产处置费用是指单位经批准处置资产时发生的费用，包括转销的被处置资产价值，以及在处置过程中发生的相关费用或者处置收入小于相关费用形成的净支出。

提示

资产处置的形式按照规定包括无偿调拨、出售、出让、转让、置换、对外捐赠、报废、毁损以及货币性资产损失核销等。单位在资产清查中查明的资产盘亏、毁损以及资产报废等，应当先通过"待处理财产损溢"科目进行核算，再将处理资产价值和处理净支出计入本科目。涉及增值税的，通过"应交增值税"科目核算。

（二）确认基础

资产处置费用科目采用权责发生制原则确认。

（三）明细科目

本科目应按照处置资产的类别、资产处置的形式等进行明细核算。

（四）账务处理

资产处置费用属于政府单位财务会计中的费用类账户，借方登记当期发生或确认的资产处置费用增加数，贷方登记减少数。期末，将本科目本期发生额转入本期盈余，借记"本期盈余"科目，贷记"资产处置费费用"科目。结转后，本科目无余额。本科目账务处理分为以下两种情况：

1. 不通过"待处理财产损溢"科目核算的资产处置

以出售、出让、转让、置换、对外捐赠、无偿调拨等方式处置资产，不通过"待处理财产损溢"科目核算，直接将处置资产的账面价值记入资产处置费用。账面价值是资产的账面余额减去累计折旧（摊销）后的净值。

按照规定报经批准处置资产时，按照处置资产的账面价值，借记"资产处置费费用"科目，按照累计折旧或摊销的账面余额借记"固定资产累计折旧""无形资产累计摊销"等科目，按照处置资产的账面余额，贷记"库存物品""固定资产""无形资产"等科目。

第六章 费用和预算支出的管理与核算

提示

a. 处置资产过程中仅发生相关费用的，按照实际发生金额，借记"资产处置费费用"科目，贷记"银行存款""库存现金"等科目，同时在预算会计中，按实际流出的现金金额通过"其他支出"科目核算。

b. 资产处置过程中既发生相关费用又取得收入的，处置收入小于相关费用形成的净支出记入"资产处置费用"科目，处置收入大于相关费用形成的净收入记入"应缴财政款"等科目。

【例6-21】某单位报同级财政部门审批同意，将一台不需要用的办公设备对外出售。

（1）该设备的账面余额为35 000元，已计提折旧15 000元，将其账面价值20 000元予以转销。

财务会计账务处理	预算会计账务处理
借：资产处置费用——办公设备出售　20 000 　　固定资产累计折旧　　　　　　15 000 　贷：固定资产——办公设备　　　　35 000	——

（2）出售该设备取得价款22 000元，同时发生相关税费1 000元，通过银行转账支付。

财务会计账务处理	预算会计账务处理
借：银行存款　　　　　21 000 　贷：应缴财政款　　　　21 000	——

2. 通过"待处理财产损溢"科目核算的资产处置

单位账款核对中发现的无法查明原因的现金短缺，以及资产清查过程中盘亏或者毁损、报废的存货、固定资产、无形资产、公共基础设施、政府储备物资、文物文化资产、保障性住房等，应当在报批时借记"待处理财产损溢"科目，贷记相关资产类科目；经批准处理时，按照处理资产价值，借记"资产处置费用"科目，贷记"待处理财产损溢——待处理财产价值"科目；处理收支结清时，处理过程中所取得收入小于所发生相关费用的，按照相关费用减去处理收入后的净支出，借记"资产处置费费用"科目，贷记"待处理财产损溢——处理净收入"科目。

【例6-22】某高校年末进行固定资产清查，拟报废计算机设备一台，其账面余额为6 000元，已计提固定资产累计折旧4 500元。

（1）将打印机的账面价值1 500元转入待处置资产，同时上报同级财政部门审批。

财务会计账务处理	预算会计账务处理
借：待处理财产损溢——待处理财产价值 　　　　　　　　　　　　　　　　1 500 　　固定资产累计折旧　　　　　　4 500 　贷：固定资产——计算机设备　　6 000	——

(2) 根据财政部门的批复，该打印机予以报废，在处理过程中，无变价收入和清理费用发生。

财务会计账务处理	预算会计账务处理
借：资产处置费用　　　　　　　1 500 　　贷：待处理财产损溢——待处理财产价值 　　　　　　　　　　　　　　　1 500	——

(3) 期末结转"资产处置费用"科目借方余额5 000元。

财务会计账务处理	预算会计账务处理
借：本期盈余　　　　　　　　　5 000 　　贷：资产处置费用　　　　　5 000	——

九、所得税费用的核算

(一) 概念

所得税费用是指有企业所得税缴纳义务的事业单位按规定缴纳企业所得税所形成的费用。本科目无规定的明细科目。

(二) 确认基础

所得税费用科目采用权责发生制原则确认。

(三) 账务处理

所得税费用科目属于政府单位财务会计中的费用类账户，借方登记当期应缴纳的所得税费用数额，贷方登记减少数。单位发生企业所得税纳税义务的，按照税法规定计算的应交税金数额，借记"所得税费用"科目，贷记"其他应交税费——单位应交所得税"科目。实际缴纳时，按照缴纳金额，借记"其他应交税费——单位应交所得税"科目，贷记"银行存款"科目。期末，将本科目本期发生额转入本期盈余，借记"本期盈余"科目，贷记"所得税费用"科目。结转后，本科目无余额。

【例6-23】某医院发生有关所得税费用的业务和会计分录如下：

(1) 其经营业务应当缴纳所得税，按照税法规定计算应交所得税22 500元。

财务会计账务处理	预算会计账务处理
借：所得税费用　　　　　　　22 500 　　贷：其他应交税费——应交所得税　22 500	——

(2) 通过银行转账支付应交所得税款。

财务会计账务处理	预算会计账务处理
借：其他应交税费——应交所得税　22 500 　　贷：银行存款　　　　　　　22 500	借：非财政拨款结余——累计结余　22 500 　　贷：资金结存——货币资金　22 500

十、投资支出的核算

（一）概念

投资支出是事业单位以货币资金对外投资发生的现金流出。

（二）确认基础

投资支出采用收付实现制原则确认。

（三）明细科目

投资支出应当按照投资类型、投资对象、《政府收支分类科目》中"支出功能分类科目"的项级科目和"部门预算支出经济分类科目"的款级科目等进行明细核算。

（四）账务处理

投资支出科目属于政府单位预算会计中的预算支出类会计科目，借方登记支付的对外投资金额增加数，贷方登记减少数，平时借方余额反映政府单位投资支出的本年累计数。年末，将本科目本年发生额转入其他结余，借记"其他结余"科目，贷记本科目。账务处理详见第三章短期投资、长期股权投资和长期债券投资相关内容。

十一、债务还本支出的核算

（一）概念

债务还本支出是事业单位偿还自身承担的纳入预算管理的从金融机构举借的债务本金的现金流出。

提示

预算会计中的债务还本支出，在财务会计中通过"短期借款"或"长期借款"科目核算。

（二）确认

债务还本支出是预算会计科目，按照收付实现制原则确认。

（三）明细科目

本科目应当按照贷款单位、贷款种类、《政府收支分类科目》中"支出功能分类科目"的项级科目和"部门预算支出经济分类科目"的款级科目等进行明细核算。

（四）账务处理

债务还本支出属于政府预算会计中的预算支出类账户，借方登记实际偿还的借款本金金额，贷方登记减少数，平时借方余额反映单位债务还本支出的本年累计数。年末，将本科目本年发生额转入其他结余，借记"其他结余"科目，贷记本科目。结转后，本科目无余额。

【例6-24】某高校通过银行转账偿还借入的短期借款本金400 000元，会计分录如下：

财务会计账务处理		预算会计账务处理	
借：短期借款	400 000	借：债务还本支出	400 000
贷：银行存款	400 000	贷：资金结存——货币资金	400 000

十二、其他费用和其他支出的核算

(一) 概念

其他费用是指单位发生的除业务活动费用、单位管理费用、经营费用、资产处置费用、上缴上级费用、附属单位补助费用、所得税费用以外的各项费用,包括利息费用、坏账损失、罚没支出、现金资产捐赠支出以及相关税费、运输费等。

其他支出是指单位除行政支出、事业支出、经营支出、上缴上级支出、对附属单位补助支出、投资支出、债务还本支出以外的各项现金流出,包括利息支出、对外捐赠现金支出、现金盘亏损失、接受捐赠(调入)和对外捐赠(调出)非现金资产发生的税费支出、资产置换过程中发生的相关税费支出、罚没支出等。

提示

财务会计中的"其他费用"科目,在预算会计中平行记账时采用"其他支出"科目。

(二) 确认基础

其他费用采用权责发生制原则确认,其他支出采用收付实现制原则确认。

(三) 明细科目

其他费用应当按照其他费用的类别等进行明细核算。单位发生的利息费用较多的,可以单独设置"5701 利息费用"科目。

其他支出应当按照其他支出的类别、"财政拨款支出""非财政专项资金支出"和"其他资金支出",《政府收支分类科目》中"支出功能分类科目"的项级科目和"部门预算支出经济分类科目"的款级科目等进行明细核算。其他支出中如有专项资金支出,还应按照具体项目进行明细核算。有一般公共预算财政拨款、政府性基金预算财政拨款等两种或两种以上财政拨款的事业单位,还应当在"财政拨款支出"明细科目下按照财政拨款的种类进行明细核算。单位发生利息支出、捐赠支出等其他支出金额较大或业务较多的,可单独设置"7902 利息支出""7903 捐赠支出"等科目。

(四) 账务处理

其他费用属于政府单位财务会计中的费用类账户,借方登记增加数,贷方登记减少数。

其他支出属于政府单位预算会计中的预算支出类账户,借方登记增加数,贷方登记减少数,平时借方余额反映单位其他支出的本年累计数。主要账务处理如下:

1. 利息费用和利息支出

财务会计中,对于单位发生的借款利息,在按期计算确认借款利息费用时,按照计算确定的金额,借记"在建工程"或"其他费用"科目,贷记"应付利息""长期借款——应计利息"科目。

预算会计中,单位支付银行借款利息时,按照实际支付金额,借记"其他支出"科目,贷记"资金结存"科目。

2. 坏账损失

年末,事业单位按照规定对收回后不需上缴财政的应收账款和其他应收款计提坏账准备时,按照计提金额,借记"其他费用"科目,贷记"坏账准备"科目;冲减多提的坏账准备时，按照冲减金额，借记"坏账准备"科目，贷记"其他费用"科目。

提示

单位对应收款计提或冲减坏账准备时通过"其他费用"科目处理，不需要进行预算会计处理。

3. 罚没支出

财务会计中，对于单位发生的罚没支出，应按照实际缴纳或应当缴纳的金额，借记"其他费用"科目，贷记"银行存款""库存现金""其他应付款"等科目。

预算会计中，单位发生罚没等其他支出时，按照实际支出金额，借记"其他支出"科目，贷记"资金结存"科目。

4. 现金资产捐赠

财务会计中，单位对外捐赠现金资产的，按照实际捐赠的金额，借记"其他费用"科目，贷记"银行存款""库存现金"等科目。

预算会计中，单位对外捐赠现金资产时，按照捐赠金额，借记"其他支出"科目，贷记"资金结存——货币资金"科目。

5. 与捐赠相关的费用和支出

财务会计中，单位接受捐赠（或无偿调入）以名义金额计量的存货、固定资产、无形资产，以及成本无法可靠取得的公共基础设施、文物文化资产等发生的相关税费、运输费等，按照实际支付的金额，借记"其他费用"科目，贷记"财政拨款收入""零余额账户用款额度""银行存款""库存现金"等科目。单位发生的与受托代理资产相关的税费、运输费、保管费等，按照实际支付或应付的金额，借记"其他费用"科目，贷记"零余额账户用款额度""银行存款""库存现金""其他应付款"等科目。

预算会计中，单位接受捐赠（无偿调入）非现金资产发生的归属于捐入方（调入方）的相关税费、运输费等，以及对外捐赠（无偿调出）非现金资产发生的归属于捐出方（调出方）的相关税费、运输费等，按照实际支付金额，借记"其他支出"科目，贷记"资金结存"科目。

提示

每日现金账款核对中如发现现金短缺，按照短缺的现金金额，借记"其他支出"科目，贷记"资金结存——货币资金"科目。经核实，属于应当由有关人员赔偿的，按照收到的赔偿金额，借记"资金结存——货币资金"科目，贷记"其他支出"科目。

6. 期末结转

财务会计期末，将其他费用科目本期发生额转入本期盈余，借记"本期盈余"科目，贷记"其他费用"科目。

预算会计年末，将其他支出科目本年发生额中的财政拨款支出转入财政拨款结转，借记"财政拨款结转——本年收支结转"科目，贷记其他支出科目下各财政拨款支出明细科目；将其他支出科目本年发生额中的非财政专项资金支出转入非财政拨款结转，借记"非财政拨款结转——本年收支结转"科目，贷记其他支出科目下各非财政专项资金支出明细科目；将其他支出科目本年发生额中的其他资金支出（非财政非专项资金支出）转入其他结余，借记"其他结余"科目，贷记其他支出科目下各其他资金支出明细科目。结转后，本科目无余额。

【例6-25】某高校为日常周转向商业银行借入资金,金额800 000元,期限1年,年利率4.5%。

财务会计账务处理	预算会计账务处理
(1) 每月末计提借款利息3 000元:	
借:其他费用　　　　　　3 000　　　　　 　贷:应付利息　　　　　　　　3 000	——
(2) 下月初实际支付利息时:	
借:应付利息　　　　　　3 000　　　　　 　贷:银行存款　　　　　　　　3 000	借:其他支出——利息支出　　3 000 　贷:资金结存——货币资金　　　3 000

【例6-26】某培训机构属于事业单位,采用备抵法计提坏账准备,年末按规定对不需上缴财政的应收账款计提坏账准备金额为7 650元,其会计处理如下:

财务会计账务处理	预算会计账务处理
借:其他费用　　　　　　7 650 　贷:坏账准备　　　　　　　　7 650	——

【例6-27】某科研院所为庆祝友好院校建校50周年,捐赠现金500 000元,其会计处理如下:

财务会计账务处理	预算会计账务处理
借:其他费用　　　　　500 000 　贷:银行存款　　　　　　　500 000	借:其他支出——捐赠支出　500 000 　贷:资金结存——货币资金　　500 000

【例6-28】某卫生所在接受监督局检查时,因药品储存违规被处罚款2 000元,其会计处理如下:

财务会计账务处理	预算会计账务处理
借:其他费用　　　　　　2 000 　贷:银行存款　　　　　　　　2 000	借:其他支出——罚款支出　　2 000 　贷:资金结存——货币资金　　　2 000

第七章

净资产和预算结余的管理与核算

【教学目标】

通过本章的学习,要求学生了解净资产和预算结余的概念和构成,掌握净资产和预算结余的会计核算方法。

【重点难点】

"本期盈余""本年盈余分配""累计盈余"等财务会计净资产类科目的设置和相关业务的账务处理;"财政拨款结转""财政拨款结余""非财政拨款结余分配"等预算会计预算结余类科目的设置和相关业务的账务处理。

【关键名词】

本期盈余 本年盈余分配 累计盈余 专用基金 财政拨款结转 财政拨款结余 非财政拨款结转 非财政拨款结余 其他结余 经营结余 非财政拨款结余分配

课前案例:

关于结转结余资金处理的情况说明

全校各单位、全体教职工:

根据×××大学党政纪字〔20×5〕3号党委(扩大)会会议纪要《关于进一步加强和规范财务管理工作的几点意见》和国家有关盘活存量资金规定要求,现将20×5年及以前年度结转结余资金处理有关情况说明如下:

（1）20×6 年学校下达给各单位公用经费预算结余及以前年度滚动结余，全部清零，结余资金由学校统筹使用。

（2）学校下达的各类专项，责任人属单位的，结余资金全部收回，另行分配。如项目继续实施，各责任单位提出用款计划，在寒假前以书面形式报计财处预算科，学校决定是否列入下年预算。

（3）各类财政资金结转结余，各责任单位、责任人在 20×6 年财政厅预算下达后，一定有计划的安排加大资金支付进度，除项目有明确要求可以结转外，年终仍有结余，如财政收回，责任自负。

（4）其他专项资金及实有账户资金，各责任单位及责任人，明年请务必抓紧支付，因政策变化带来的资金清算，责任自负。

（5）20×6 年单位预算下达前，各单位所需开支正常报销，预算下达后一并执行预算。以前年度财政结余专项资金等财政下达后予以报账。

（6）以上条款如有疑问，请电话或书面形式与计财处预算科×××同志联系，联系电话＊＊＊＊＊＊＊。

二〇×六年元月十七日

（资料来源：＊＊＊＊大学计财处官网）

点评： 上述案例中某高校按照《国务院办公厅关于进一步做好盘活财政存量资金工作的通知》（国办发〔2014〕70 号、财政部《关于进一步加强地方财政结转结余资金管理的通知》（财预〔2013〕372 号）等文件要求，对本校财政结转结余资金进行处理的决定。这部分内容在政府会计中属于预算结余核算的重要内容。

第一节

净资产的管理与核算

政府会计主体净资产是政府财务会计五要素之一。净资产是指政府会计主体资产扣除负债后的净额。

政府会计主体净资产包括累计盈余、专用基金、权益法调整、本期盈余、本年盈余分配、无偿调拨净资产、以前年度盈余调整。

政府会计主体净资产金额取决于资产和负债的计量，政府会计主体净资产项目应当列入资产负债表，政府会计主体净资产的核算应设置会计科目列表见表 7-1：

一、本期盈余的核算

（一）本期盈余及核算应设置的会计科目

本期盈余是指单位本期各项收入费用相抵后的余额。

本期盈余核算主要应设置"本期盈余"科目。"本期盈余"科目属于政府财务会计的净资产类科目，用于核算单位本期盈余的形成。该科目贷方反映当期转入的各收入类

第七章　净资产和预算结余的管理与核算

表 7-1　　　　　　　　　　净资产类会计科目表

序号	科目编码	科目名称（财务会计）	适用范围	备注
1	3001	累计盈余		1. 没有注明适用范围的科目为行政单位、事业单位共用的科目 2. 净资产核算中涉及的预算会计科目在相关内容中进行说明
2	3101	专用基金	事业单位	
3	3201	权益法调整	事业单位	
4	3301	本期盈余		
5	3302	本年盈余分配		
6	3401	无偿调拨净资产		
7	3501	以前年度盈余调整		

科目的本期发生额，科目借方反映当期转入的各费用类科目的本期发生额。期末，该科目余额为各收入类科目本期发生额和各费用类科目本期发生额相抵后余额。年末结转后无余额。

（二）本期盈余核算的业务内容及账务处理

本期盈余核算的业务包括两个内容。

（1）期末将各收入类科目的本期发生额转入"本期盈余"科目的贷方，将各费用类科目的当期发生额转入"本期盈余"科目借方，借贷方金额相抵确定"本期盈余"科目余额；

（2）年末，将"本期盈余"科目余额转入"本年盈余分配"科目。如果年内各项收入类科目的本年发生额之和大于各项费用类科目的本年发生额之和，"本期盈余"科目余额在贷方，表示单位当年财务状况为盈余，将其余额从借方转出，转出后"本期盈余"科目无余额。如果年内各项收入类科目的本年发生额之和小于各项费用类科目的本年发生额之和，"本期盈余"科目余额在借方，表示单位当年财务状况为亏欠，将其余额从贷方转出，转出后该科目无余额。

【例 7-1】 年末，某事业单位各收入类、费用类科目本期年发生额见表 7-2。要求：根据相关资料编制会计分录。

表 7-2　　　　　　　　　　收入类费用类科目本期发生额　　　　　　　　　　单位：元

科目	借方发生额	科目	贷方发生额
财政拨款收入——基本支出	16 000 000	业务活动费用	18 300 000
——项目支出	3 000 000	单位管理费用	600 000
其中：A 项目	2 000 000	资产处置费用	95 000
B 项目	1 000 000	上缴上级费用	500 000
事业收入	4 000 000	对附属单位补助费用	300 000
非同级财政拨款收入（C 项目）	1 000 000	所得税费用	5 000
上级补助收入	600 000	其他费用	20 000
附属单位上缴收入	400 000	经营费用	180 000
捐赠收入	600 000		
利息收入	10 000		
租金收入	140 000		
其他收入	50 000		
经营收入	200 000		

(1) 12月31日结转相关收入时：

财务会计账务处理		预算会计账务处理
借：财政拨款收入——基本支出	16 000 000	
——项目支出（A）	2 000 000	
——项目支出（B）	1 000 000	
事业收入	4 000 000	
非同级财政拨款收入（C项目）	1 000 000	
上级补助收入	600 000	
附属单位上缴收入	400 000	见本章第二节
捐赠收入	600 000	
利息收入	10 000	
租金收入	140 000	
其他收入	50 000	
经营收入	200 000	
贷：本期盈余	26 000 000	

(2) 12月31日结转相关费用时：

财务会计账务处理		预算会计账务处理
借：本期盈余	20 000 000	
贷：业务活动费用	18 300 000	
单位管理费用	600 000	
资产处置费用	95 000	
上缴上级费用	500 000	见本章第二节
对附属单位补助费用	300 000	
所得税费用	5 000	
其他费用	20 000	
经营费用	180 000	

结转后"本期盈余"科目余额（贷方）＝26 000 000－20 000 000
　　　　　　　　　　　　　　　　＝6 000 000（元）

如果行政单位结转收入费用，只涉及财政拨款收入、非同级财政拨款收入、捐赠收入、利息收入、租金收入、其他收入、业务活动费用、资产处置费用、其他费用等科目。

(3) 年末，将"本期盈余"科目余额600万元转入"本年盈余分配"科目：

财务会计账务处理		预算会计账务处理
借：本期盈余	6 000 000	
贷：本年盈余分配	6 000 000	——

经过上述结转，"本期盈余"科目年末无余额。

假如，"本期盈余"为借方余额600万元，则表示亏欠，年末结转时做相反分录。

年末，行政单位"本期盈余"科目余额的结转处理同事业单位。

二、本年盈余分配的核算

(一) 本年盈余分配及核算应设置的会计科目

本年盈余分配是指单位本年度盈余分配的情况和结果。《政府会计制度》规定,事业单位本年度盈余分配的方式主要是计提或设置专用基金。行政单位不计提或设置专用基金。

本年盈余业务主要应设置"本年盈余分配"科目。"本年盈余分配"科目属于政府财务会计的净资产类科目,用于核算单位本年盈余分配的情况和结果。该科目贷方反映当期从"本期盈余"科目转入的当期形成的盈余数,并作为待分配盈余,本科目借方反映当年作为盈余分配的专用基金的计提数。期末,该科目借贷方金额相抵后余额为当年盈余分配的结果,将其转入"累计盈余"科目。年末"本年盈余分配"科目结转后无余额。

(二) 本年盈余分配核算的业务内容及账务处理

本年盈余分配核算的业务包括两个内容:

(1) 年末将"本期盈余"科目余额转入"本年盈余分配"科目,作为待分配盈余;按照有关规定计算应提取的专用基金,并将其计入"本年盈余分配"科目的借方。

(2) 年末,将待分配盈余与提取的专用基金相抵减,余额转入"累计盈余"科目,转出后该科目无余额。

行政单位不进行本年盈余分配。

【例 7-2】年末,某事业单位"本期盈余"科目贷方余额为 600 万元。要求:

(1) 将未分配盈余转入"累计盈余"科目。

(2) 按照有关规定计提专用基金 50 万元(按照预算会计下计算的提取金额)。

编制会计分录如下:

(1) 将"本期盈余"科目余额转入"本年盈余分配"科目时:

财务会计账务处理	预算会计账务处理
借:本期盈余 6 000 000 贷:本年盈余分配 6 000 000	——

(2) 计提专用基金:

财务会计账务处理	预算会计账务处理
借:本年盈余分配 500 000 贷:专用基金 500 000	见本章第二节

计提专用基金后"本年盈余分配"科目余额(贷方) = 600 - 50 = 550 (万元)

(3) 年末,将"本年盈余分配"科目余额转入"累计盈余"科目。

财务会计账务处理	预算会计账务处理
借:本年盈余分配 5 500 000 贷:累计盈余 5 500 000	——

经过上述结转,"本年盈余分配"科目年末无余额。

三、专用基金的核算

(一) 专用基金及核算应设置的会计科目

专用基金是事业单位按照规定提取或设置的具有专门用途的净资产,主要包括职工福利基金、科技成果转换基金等。行政单位不计提或设置专用基金。

专用基金业务的核算应设置"专用基金"科目。"专用基金"科目属于政府财务会计的净资产类科目,用于核算事业单位专用基金的取得和使用情况。该科目贷方反映专用基金取得的金额,科目借方反映专用基金使用的金额。期末,该科目贷方余额为未使用的专用基金金额。

(二) 专用基金核算的业务内容及账务处理

专用基金核算的业务包括三个内容:

1. 专用基金的取得

专用基金取得主要是通过计提或者设置而形成的。专用基金具体取得渠道是:①根据有关规定从本年度非财政拨款结余或经营结余中提取专用基金取得。年末计提专用基金时,按照预算会计下计算的提取金额,借记"本年盈余分配",贷记"专用基金";②根据有关规定从收入中提取专用基金取得。计提专用基金时,一般按照预算会计下基于预算收入计算提取的金额,借记"业务活动费用"等,贷记"专用基金";③根据有关规定设置其他专用基金取得。计提专用基金时,按照提取的金额借记"银行存款"等,贷记"专用基金"。

2. 专用基金的使用

已提取的专用基金可用来购置固定资产、无形资产等或者按规定使用。使用专用基金时,按照使用专用基金的金额计入"专用基金"科目的借方。

3. 年末"专用基金"科目的结转

年末,单位应将"专用基金"科目余额转入"累计盈余"科目。

另外,行政单位不设置专用基金。

【例7-3】 年末,某事业单位根据有关规定从本年度非财政拨款结余提取专用基金500 000元,从经营结余中提取专用基金60 000元。次年1月20日,使用专用基金购买专用设备一台,初始成本为60 000元,款项通过银行存款支付,现已验收合格。编制会计分录如下:

(1) 计提专用基金时:

财务会计账务处理	预算会计账务处理
借:本年盈余分配　　　　560 000 　贷:专用基金　　　　　　560 000	见本章第二节

(2) 使用专用基金购买专用设备时:

第七章 净资产和预算结余的管理与核算

财务会计账务处理		预算会计账务处理
借：固定资产　　　　　　60 000		
贷：银行存款　　　　　　　60 000		见本章第二节
借：专用基金　　　　　　60 000		
贷：累计盈余　　　　　　　60 000		

年末，"专用基金"科目余额 = 560 000 - 60 000 = 500 000 元（贷方）。

四、累计盈余的核算

（一）累计盈余及应设置的主要会计科目

累计盈余是指单位历年实现的盈余扣除盈余分配后滚存的金额，以及因无偿调入调出资产产生的净资产变动额。

累计盈余业务的核算主要应设置"累计盈余"科目。"累计盈余"科目属于政府财务会计的净资产类科目，用于核算单位历年实现的盈余扣除盈余分配后滚存的金额，以及因无偿调入调出资产产生的净资产变动额。该科目的发生额反映当期从"本年盈余分配"科目转入的当年分配剩余且不再进行分配的未分配盈余，以及"无偿调拨净资产""以前年度盈余调整"等科目转入的金额；各项转入的金额有可能从借方转入，也可能从贷方转入。该科目期末余额，反映单位未分配盈余（或未弥补亏损）的累计数以及截至上年末无偿调拨净资产变动的累计数。

该科目年末余额，反映单位未分配盈余（或未弥补亏损）以及无偿调拨净资产变动的累计数。

（二）累计盈余核算的业务内容及账务处理

累计盈余核算的业务包括的内容有：

（1）年末，将"本年盈余分配""无偿调拨净资产""以前年度盈余调整"等科目余额转入"累计盈余"科目的借方或贷方；

（2）将按规定使用的专用基金购入固定资产或无形资产的金额转入"累计盈余"科目贷方；

（3）按照规定上缴财政拨款结转结余、缴回非财政拨款结转资金、向其他单位调出财政拨款结转资金时，按照实际上缴、缴回、调出金额，计入"累计盈余"科目借方。

【例 7-4】 年末，某事业单位"本年盈余分配"科目有贷方余额 5 500 000 元。予以转账。编制会计分录如下：

财务会计账务处理	预算会计账务处理
借：本年盈余分配　　　　5 500 000	
贷：累计盈余　　　　　　　5 500 000	——

经过上述结转，"本年盈余分配"科目年末无余额。

如果"本年盈余分配"余额在借方，则做相反分录。

【例 7-5】 年末，某事业单位"无偿调拨净资产"科目借方余额 100 000 元、"以前年度盈余调整"科目贷方余额 100 000 元。年末，将上述科目余额转入"累计盈余"科目。编制会计分录如下：

财务会计账务处理	预算会计账务处理
借：以前年度盈余调整　　100 000 　　贷：累计盈余　　　　　　　100 000 借：累计盈余　　　　　　100 000 　　贷：无偿调拨净资产　　　　100 000	——

年末结转后，"累计盈余"科目余额 = 6 000 000 - 100 000 + 100 000
= 6 000 000 元（贷方）

五、其他净资产

政府会计主体的其他净资产包括无偿调拨净资产、以前年度盈余调整、和权益法调整。

(一) 无偿调拨净资产

无偿调拨净资产是指单位无偿调入或调出非现金资产所引起的净资产变动金额。

当单位有无偿调入或无偿调出非现金资产时，设置"无偿调拨净资产"科目进行核算。无偿调入非现金资产按照初始成本计入该科目的贷方，无偿调出非现金资产的账面价值计入该科目的借方，年末，将"无偿调拨净资产"科目余额转入"累计盈余"科目，结转后"无偿调拨净资产"科目无余额。

(二) 以前年度盈余调整

以前年度盈余调整是指单位本年度发生的调整以前年度盈余的事项，包括本年度发生的重要前期差错更正涉及调整以前年度盈余的事项。

当单位发生相关业务时，设置"以前年度盈余调整"科目进行核算。

如果单位发生调增以前年度收入或者调减以前年度费用时，按照调整的金额计入"以前年度盈余调整"科目的贷方；如果单位发生调减以前年度收入或者调增以前年度费用时，按照调整的金额计入"以前年度盈余调整"科目的借方；如果单位发生非流动资产盘盈时，按照其成本计入"以前年度盈余调整"科目贷方。年末，将"以前年度盈余调整"科目余额转入"累计盈余"科目，结转后"以前年度盈余调整"科目无余额。

(三) 权益法调整

权益法调整是指事业单位持有的长期股权投资采用权益法核算时，按照被投资单位除净损益和利润分配以外的所有者权益变动份额调整长期股权投资账面余额而计入净资产的金额。

当单位发生相关业务时，设置"权益法调整"科目进行核算。

(1) 年末，按照被投资单位除净损益和利润分配以外的所有者权益变动应享有（或应分担）的份额计入"权益法调整"科目。

(2) 采用权益法核算的长期股权投资，因被投资单位除净损益和利润分配以外的所有者权益变动而将应享有（或应分担）的份额计入"权益法调整"科目。

"权益法调整"科目期末余额反映事业单位在被投资单位除净损益和利润分配以外的所有者权益变动中累积享有(或分担)的份额。

第二节 预算结余的管理和核算

预算结余是政府预算会计三要素之一。

1. 预算结余的概念

预算结余是指政府会计主体预算年度内预算收入扣除预算支出后的资金余额,以及历年滚存的资金余额。预算结余包括结余资金和结转资金。

结余资金是指年度预算执行终了,预算收入实际完成数扣除预算支出和结转资金后剩余的资金。

结转资金是指预算安排项目的支出年终尚未执行完毕或者因故未执行,且下年需要按原用途继续使用的资金。

符合预算结余定义及其确认条件的项目应当列入政府决算报表。

2. 预算结余的管理

政府会计主体的预算结余是近些年来政府对财政资金管理的重点之一。对此,国务院及财政部等国家机关颁布过多个文件,全过程全方位地政府会计主体财政资金取得、使用、结余进行规范。对政府会计主体的预算结余的管理要点主要包括:①细化支出预算编制,加快预算执行进度;②建立定期清理机制,压缩结余结转资金规模;③加强国库资金管理,提高财政资金运行效益;④深化部门预算管理改革,加强部门结余结转资金管理;⑤规范结转结余资金收回程序;⑥建立财政存量资金定期报告制度。

3. 预算结余核算应设置的会计科目

政府会计主体预算结余核算应设置会计科目列表见表7-3:

表7-3　　　　　　　　　预算结余类会计科目表

序号	科目编码	科目名称(财务会计)	适用范围	备注
1	8001	资金结存		
2	8101	财政拨款结转		
3	8202	财政拨款结余		1. 没有注明适用范围的科目为行政单位、事业单位共用的科目
4	8201	非财政拨款结转		
5	8202	非财政拨款结余		
6	8301	专用结余	事业单位	2. 净资产核算中涉及的预算会计科目在相关内容中进行说明
7	8401	经营结余	事业单位	
8	8501	其他结余		
9	8701	非财政拨款结余分配	事业单位	

一、资金结存的核算

(一) 资金结存及应设置的主要会计科目

资金结存是指单位纳入部门预算管理的资金的流入、流出、调整和滚存等情况。

资金结存业务的核算主要应设置"资金结存"科目。"资金结存"科目属于政府预算会计的预算结余类科目,用于核算单位纳入部门预算管理的资金的流入、流出、调整和滚存等情况。该科目的借方反映资金的流入,贷方反映资金的流出,科目余额反映结存的资金金额。该科目按照反映资金的类型设置"零余额账户用款额度""货币资金""财政应返还额度"三个明细科目。

(二) 资金结存核算的业务内容及账务处理

资金结存核算的业务包括的内容及主要的账务处理有:

(1) 单位取得预算收入时,借记"资金结存",贷记有关收入科目;单位发生预算支出时,借记有关"行政支出""事业支出"等相关科目,贷记"资金结存";

(2) 单位从零余额账户用款额度中提取现金时,借记"资金结存",贷记"零余额账户用款额度";

(3) 单位按规定使用专用基金和缴纳企业所得税时,应借记"专用结余""事业支出""非财政拨款结余"等科目,贷记"资金结存";

(4) 单位对预算结转结余进行调整时,借记或贷记"资金结存"和"财政拨款结转""财政拨款结余""非财政拨款结转"等科目;

(5) 年末确认未下达财政用款额度时,借记"资金结存",贷记"财政拨款预算收入";注销零余额账户用款额度时,借记"资金结存——财政应返还额度",贷记"资金结存——零余额账户用款额度";下年初额度返还时做相反处理。

【例 7 - 6】某单位收到代理银行转来的《授权支付到账通知书》,当月授权支付用款额度为 1 000 000 元。编制会计分录如下:

财务会计账务处理	预算会计账务处理
借:零余额账户用款额度　　　1 000 000 　贷:财政拨款收入　　　　　　　　1 000 000	借:资金结存——零余额账户用款额度　1 000 000 　贷:财政拨款预算收入　　　　　　　　1 000 000

【例 7 - 7】某单位通过零余额账户支付印刷费 5 000 元。编制会计分录如下:

财务会计账务处理	预算会计账务处理
借:业务活动费用　　　　　　5 000 　贷:零余额账户用款额度　　　　　5 000	借:行政支出/事业支出　　　　　　　5 000 　贷:资金结存——零余额账户用款额度　5 000

【例 7 - 8】某单位从零余额账户提现 5 000 元备用。编制会计分录如下:

财务会计账务处理	预算会计账务处理
借:库存现金　　　　　　　　5 000 　贷:零余额账户用款额度　　　　　5 000	借:资金结存——货币资金　　　　　　5 000 　贷:资金结存——零余额账户用款额度　5 000

【例 7 - 9】12 月 31 日,某单位经与代理银行提供的对账单核对无误后,将 150 000

元零余额账户用款额度予以注销。另外,本年度财政授权支付预算指标数大于零余额账户用款额度下达数,未下达的用款额度为 200 000 元。次年年度,该单位收到代理银行提供的额度恢复到账通知书及财政部门批复的上年末未下达零余额账户用款额度。编制会计分录如下:

(1) 12 月 31 日注销未使用的零余额账户用款额度时:

财务会计账务处理	预算会计账务处理
借:财政应返还额度　　　　　150 000 　贷:零余额账户用款额度　　　　　150 000	借:资金结存——财政应返还额度 150 000 　贷:资金结存——零余额账户用款额度 　　　　　　　　　　　　　　150 000

(2) 12 月 31 日补记当年未下达预算指标时:

财务会计账务处理	预算会计账务处理
借:零余额账户用款额度　　　150 000 　贷:财政应返还额度　　　　　　150 000	借:资金结存——零余额账户用款额度 150 000 　贷:资金结存——财政应返还额度　　150 000

(3) 下年度收到恢复的额度时:

财务会计账务处理	预算会计账务处理
借:财政应返还额度　　　　　200 000 　贷:财政拨款收入　　　　　　200 000	借:资金结存——财政应返还额度 200 000 　贷:财政拨款预算收入　　　　　　200 000

(4) 下年度收到上年末未下达的额度时:

财务会计账务处理	预算会计账务处理
借:零余额账户用款额度　　　200 000 　贷:财政应返还额度　　　　　　200 000	借:资金结存——零余额账户用款额度 200 000 　贷:资金结存——财政应返还额度　　200 000

二、财政拨款结转的核算

(一) 财政拨款结转及应设置的主要会计科目

财政拨款结转是指单位取得的同级财政拨款结转资金的调整、结转和滚存情况。

财政拨款结转业务核算应设置"财政拨款结转"科目。"财政拨款结转"科目属于政府预算会计的预算结余类科目,反映单位取得的同级财政拨款结转资金的调整、结转和滚存情况。该科目按照业务类型不同设置下列明细科目:"年初余额调整""归集调入""归集调出""归集上缴""单位内部调剂""本年收支结转""累计结转""基本支出结转""项目支出结转"等。

(二) 财政拨款结转核算的业务内容及账务处理

财政拨款结转核算的业务包括的内容及主要的账务处理有:

(1) 年末,结转财政拨款预算收入和预算支出。将财政拨款预算收入转入财政拨款结转时,借记"财政拨款预算收入",贷记"财政拨款结转——本年收支结转";将

支出转入财政拨款结转时,借记"财政拨款结转——本年收支结转",贷记"行政支出/事业支出";

(2)因会计差错更正、购货退回、预付款项收回等发生以前年度调整事项时,借记或贷记"财政拨款结转——年初余额调整",贷记或借记"资金结存";

(3)因单位调拨、调剂、上缴或注销财政拨款结转资金时,借记或贷记"财政拨款结转——归集调入(出)/归集上缴/单位内部调剂"等,贷记或借记"资金结存/财政拨款结余"等;

(4)年末,年末冲销本科目有关明细科目余额时,将"财政拨款结转"科目各明细科目余额转入"财政拨款结转——累计结转"科目的借方或贷方;

(5)年末,按照有关规定将符合财政拨款结余性质的项目余额转入财政拨款结余时,借记"财政拨款结转——累计结转",贷记"财政拨款结余——结转转入"。

【例7-10】年末,某事业单位"财政拨款预算收入——基本支出"本年发生额为16 000 000元,"财政拨款预算收入——项目支出(A项目)"本年发生额为2 000 000元,"财政拨款预算收入——项目支出(B项目)"本年发生额为1 000 000元;"事业支出——财政拨款支出——基本支出"本年发生额为16 000 000元,"事业支出——财政拨款支出——项目支出(A项目)"本年发生额为1 500 000元。要求:将上述科目本年发生额转入"财政拨款结转——本年收支结转"。

假如:"财政拨款收入——基本支出"本年贷方发生额16 000 000元,"财政拨款收入——财政拨款支出——项目支出(A项目)"本年贷方发生额2 000 000元,"财政拨款收入——项目支出(B项目)"本年贷方发生额1 000 000元。编制会计分录如下:

①结转财政拨款预算收入时:

财务会计账务处理	预算会计账务处理

借:财政拨款收入——基本支出
      16 000 000
  ——项目支出(A)
      2 000 000
  ——项目支出(B)
      1 000 000
 贷:本期盈余 19 000 000
	借:财政拨款预算收入——财政拨款支出——基本支出
	      16 000 000
	  ——财政拨款支出——项目支出(A项目)
	      2 000 000
	  ——财政拨款支出——项目支出(B项目)
	      1 000 000
	 贷:财政拨款结转——本年收支结转——基本支出结转
	      16 000 000
	  ——项目支出结转(A)
	      2 000 000
	  ——项目支出结转(B)
	      1 000 000

②将"事业支出——财政拨款支出——基本支出"科目本年借方发生额16 000 000元、"事业支出——财政拨款支出——项目支出(A项目)"科目本年借方发生额1 500 000元,"事业支出——财政拨款支出——项目支出(B项目)"科目本年借方发生额800 000元,转入"财政拨款结转——本年收支结转"科目。

假如:"业务活动费用"科目本期发生额1 830 000元,"单位管理费用"科目本期

第七章 净资产和预算结余的管理与核算

发生额 600 000 元。

编制会计分录如下:

财务会计账务处理	预算会计账务处理
借：本期盈余　　　　　　　　18 900 000 　贷：业务活动费用　　　　　18 300 000 　　　单位管理费用　　　　　　　600 000	借：财政拨款结转——本年收支结转——基本支出 　　　　　　　　　　　　　　　　　　16 000 000 　　　　——项目支出（A 项目） 　　　　　　　　　　　　　　　　　　 1 500 000 　　　　——项目支出（B）　　　 800 000 　贷：事业支出——财政拨款支出 　　　　——基本支出　　　　　　16 000 000 　　　　——项目支出（A）　　　 1 500 000 　　　　——项目支出（B）　　　　 800 000

"财政拨款结转——本年收支结转——基本支出"科目余额

="财政拨款预算收入——基本支出"本年贷方发生额 16 000 000 元

－"事业支出——财政拨款支出——基本支出"本年借方发生额 16 000 000 元

=0

"财政拨款结转——本年收支结转——项目支出"科目余额

="财政拨款预算收入——项目支出（A 项目）"本年贷方发生额 2 000 000 元

＋"财政拨款预算收入——项目支出（B 项目）"本年贷方发生额 1 000 000 元

－"事业支出——财政拨款支出——项目支出（A 项目）"本年借方发生额

1 500 0000 元

－"事业支出——财政拨款支出——项目支出（B 项目）"本年借方发生额

800 0000 元

=700 000 元（贷方余额）

③年末，将"财政拨款结转——本年收支结转——项目支出"科目余额转入"财政拨款结转——累计结转"科目。编制会计分录如下：

财务会计账务处理	预算会计账务处理
——	借：财政拨款结转——本年收支结转——项目支出（A 项目）　500 000 　　　　　　　　——本年收支结转——项目支出（B 项目）　200 000 　贷：财政拨款结转——累计结转　　　　　　　　　　　　　700 000

④年末，经分析，该单位 B 项目已经完工，剩余 200 000 元为结余资金。现将该结余资金转入"财政拨款结余——结转转入"科目。编制会计分录如下：

财务会计账务处理	预算会计账务处理
——	借：财政拨款结转——累计结转　　　200 000 　贷：财政拨款结余——结转转入　　　200 000

经过结转，"财政拨款结转——本年收支结转——项目支出"科目余额

=700 000－200 000=500 000 元（贷方）

年末，单位除了将"财政拨款结转——本年收支结转"科目余额转入"财政拨款结转——累计结转"外，还应将"财政拨款结转"科目的"年初余额调整""归集调入""归集调出""归集上缴""单位内部调剂"等明细科目余额转入"财政拨款结转——累计结转"科目。上述明细科目结转后无余额。该业务的核算方法略。

三、财政拨款结余的核算

（一）财政拨款结余及应设置的主要会计科目

财政拨款结余是指单位取得的同级财政拨款项目支出结余资金的调整、结转和滚存情况。

财政拨款结余业务的核算应设置"财政拨款结余"科目。"财政拨款结余"科目属于政府预算会计的预算结余类科目，反映算单位取得的同级财政拨款项目支出结余资金的调整、结转和滚存情况。该科目按照业务类型不同设置下列明细科目："年初余额调整""归集上缴""单位内部调剂""结转转入""累计结余"等。

（二）财政拨款结余核算的业务内容及账务处理

财政拨款结余核算的业务包括的内容及主要的账务处理有：

1. 与会计差错更正、以前年度支出收回相关的业务

单位因发生会计差错更正退回以前年度国库直接支付、授权支付款项或财政性货币资金，或者因发生会计差错更正增加以前年度国库直接支付、授权支付支出或财政性货币资金支出，属于以前年度财政拨款结余资金的，除了在财务会计中做相应调整外，在预算会计中借记或贷记"资金结存——财政应返还额度、零余额账户用款额度、货币资金"科目，贷记或借记"财政拨款结余——年初余额调整"。

2. 与财政拨款结余资金调整业务相关的业务

（1）经财政部门批准对财政拨款结余资金改变用途，调整用于本单位基本支出或其他未完成项目支出的，按照批准调剂的金额，借记"财政拨款结余——单位内部调剂"，贷记"财政拨款结转——单位内部调剂"科目。

（2）按照规定上缴财政拨款结余资金或注销财政拨款结余资金额度的，按照实际上缴资金数额或注销的资金额度数额，借记"财政拨款结余——归集上缴"，贷记"资金结存——财政应返还额度、零余额账户用款额度、货币资金"科目。

3. 与年末财政拨款结转和结余业务相关的业务

年末，对财政拨款结转各明细项目执行情况进行分析，按照有关规定将符合财政拨款结余性质的项目余额转入财政拨款结余，借记"财政拨款结转——累计结转"科目，贷记"财政拨款结余——结转转入"。

4. 年末冲销有关明细科目余额的业务

年末，将"财政拨款结余"科目的"年初余额调整""归集上缴""单位内部调剂""结转转入"等明细科目的余额转入"财政拨款结余——累计结余"科目。转后，本科目除"累计结余"明细科目外，其他明细科目应无余额。

【例7-11】某事业单位收到物业公司转来的凭证。凭证上注明上年包烧费漏记涨价部分1 000元。经审核无误，单位以授权支付方式支付该款。年末，将"财政拨款结余——年初余额调整"科目余额转入"财政拨款结余——累计结余"科目。编制会计

第七章　净资产和预算结余的管理与核算

分录如下：

（1）补付包烧费时：

财务会计账务处理	预算会计账务处理
借：以前年度盈余调整　　　　1 000 　　贷：零余额账户用款额度　　　　1 000	借：财政拨款结余——年初余额调整　1 000 　　贷：资金结存——零余额账户用款额　1 000

（2）年末结转"财政拨款结余——年初余额调整"科目时：

财务会计账务处理	预算会计账务处理
——	借：财政拨款结余——累计结余　　　1 000 　　贷：财政拨款结余——年初余额调整　1 000

【例7-12】年末，某事业单位"财政拨款结余——结转转入"科目贷方余额为200 000元（接【例7-10】），"财政拨款结余——年初余额调整"科目借方余额为1 000元（接【例7-11】）。将上述科目余额转入"财政拨款结余——累计结余"科目。编制会计分录如下：

财务会计账务处理	预算会计账务处理
——	借：财政拨款结余—结转转入　　　　　200 000 　　贷：财政拨款结余——累计结转　　　　200 000 借：财政拨款结余——累计结余　　　　　1 000 　　贷：财政拨款结余——年初余额调整　　1 000

假如：本年"财政拨款结余——累计结余"科目没有其他业务，则：

"财政拨款结余——累计结余"科目余额 = 200 000 - 1 000 = 199 000元（贷方）

四、非财政拨款结转的核算

（一）非财政拨款结转及应设置的主要会计科目

非财政拨款结转是指单位除财政拨款收支、经营收支以外各非同级财政拨款专项资金的调整、结转和滚存情况。

非财政拨款结转业务的核算应设置"非财政拨款结转"科目。"财政拨款结转"科目属于政府预算会计的预算结余类科目，反映单位除财政拨款收支、经营收支以外各非同级财政拨款专项资金的调整、结转和滚存情况。

"非财政拨款结转"按照业务类型不同设置下列明细科目："年初余额调整""缴回资金""项目间接费用或管理费""本年收支结转""累计结转"等。各明细科目年末贷方余额，反映单位非同级财政拨款滚存的专项结转资金数额。

"非财政拨款结转"科目还应当按照具体项目、《政府收支分类科目》中"支出功能分类科目"的相关科目等进行明细核算。

"非财政拨款结转"科目年末贷方余额，反映单位滚存的非同级财政拨款专项结转资金数额。

(二) 非财政拨款结转核算的业务内容及账务处理

财政拨款结转核算的业务包括的内容及主要的账务处理有：

(1) 单位按照规定从科研项目预算收入中提取项目管理费或间接费。单位按照规定从科研项目预算收入中提取项目管理费或间接费时，除在财务会计中做账务处理外，还应按照提取金额，在预算会计中借记"非财政拨款结转——项目间接费用或管理费"，贷记"非财政拨款结余——项目间接费用或管理费"科目。

(2) 单位因会计差错更正收到或支出非同级财政拨款货币资金，属于非财政拨款结转资金的，除调整财务会计中"以前年度盈余调整"外，还应在预算会计中按照收到或支出的金额，借记或贷记"资金结存——货币资金"科目，贷记或借记"非财政拨款结转——年初余额调整"。

(3) 单位按照规定缴回非财政拨款结转资金的，除在财务会计中冲减"累计盈余"外，还应在预算会计中按照实际缴回资金数额，借记"非财政拨款结转——缴回资金"，贷记"资金结存——货币资金"科目。

(4) 年末，将事业预算收入、上级补助预算收入、附属单位上缴预算收入、非同级财政拨款预算收入、债务预算收入、其他预算收入本年发生额中的专项资金收入转入"非财政拨款结转——本年收支结转"，借记"事业预算收入""上级补助预算收入""附属单位上缴预算收入""非同级财政拨款预算收入""债务预算收入""其他预算收入"科目下各专项资金收入明细科目，贷记"非财政拨款结转——本年收支结转"；将行政支出、事业支出、其他支出本年发生额中的非财政拨款专项资金支出转入"非财政拨款结转——本年收支结转"，借记"非财政拨款结转——本年收支结转"，贷记"行政支出""事业支出""其他支出"科目下各非财政拨款专项资金支出明细科目。

(5) 年末冲销有关明细科目余额。将本科目"年初余额调整""项目间接费用或管理费""缴回资金""本年收支结转"等明细科目的余额转入"非财政拨款结转——累计结转"。结转后，"非财政拨款结转"科目除"累计结转"明细科目外，其他明细科目应无余额。

(6) 年末完成上述结转后，应当对非财政拨款专项结转资金各项目情况进行分析，将留归本单位使用的非财政拨款专项（项目已完成）剩余资金转入非财政拨款结余，借记本科目（累计结转），贷记"非财政拨款结余——结转转入"科目。

【例 7-13】某高校按照规定从科研项目预算收入中提取管理费 1 000 元。编制会计分录如下：

财务会计账务处理	预算会计账务处理
借：单位管理费用　　1 000	借：非财政拨款结转——项目间接费用或管理费　1 000
贷：预提费用　　　　1 000	贷：非财政拨款结余——项目间接费用或管理费　1 000

【例 7-14】年末，某事业单位下列科目有余额。见表 7-4。

要求：(1) 将下列科目中专项资金收入的本年发生额转入相关科目。

(2) 将下列科目中专项资金支出的本年发生额转入相关科目。

(3) 年末，将"非财政拨款结转——本年收支结转"科目余额转入"非财政拨款

第七章 净资产和预算结余的管理与核算

结转——累计结转"科目。

(4) 经分析,当年已完成项目确认的非财政专项资金的结余资金 100 000 元,并将该结余资金从"非财政拨款结转——累计结转"科目转入"非财政拨款结余——结转转入"科目。

表 7-4　　　　　　　　预算收入支出类科目本年发生额　　　　　　　单位:元

科目	借方发生额	科目	贷方发生额
事业预算收入	4 000 000	事业支出	
其中:专项资金收入	1 000 000	——非财政专项资金支出	1 700 000
非同级财政拨款预算收入（C 项目）	1 000 000	——其他资金支出	3 800 000
上级补助预算收入	600 000	经营支出	160 000
附属单位上缴预算收入	400 000	上缴上级支出	500 000
其他预算收入	800 000	对附属单位补助支出	300 000
经营预算收入	200 000	投资支出	100 000
		债务还本支出	200 000
		其他支出	40 000

(1) 结转各预算收入中非财政专项资金收入时:

财务会计账务处理	预算会计账务处理
——	借:事业预算收入　　　　　　　　　　　1 000 000 　　非同级财政拨款预算收入　　　　　　1 000 000 　贷:非财政拨款结转——本年收支结转　　　　2 000 000

(2) 结转各预算支出科目中非财政专项资金支出时:

财务会计账务处理	预算会计账务处理
——	借:非财政拨款结转——本年收支结转　　　1 700 000 　贷:事业支出——非财政专项资金支出　　　1 700 000

"非财政拨款结转——本年收支结转"科目余额 = 2 000 000 - 1 700 000
　　　　　　　　　　　　　　　　　　　　= 300 000 元（贷方）

(3) 年末,将"非财政拨款结转——本年收支结转"科目余额转入"非财政拨款结转——累计结转"科目时:

财务会计账务处理	预算会计账务处理
——	借:非财政拨款结转——本年收支结转　　　300 000 　贷:非财政拨款结转——累计结转　　　　　300 000

(4) 将留归本单位的非财政拨款结余资金 100 000 元从"非财政拨款结转——累计结转"科目余额转入"非财政拨款结余——结转转入"科目时:

财务会计账务处理	预算会计账务处理
——	借：非财政拨款结转——累计结转　　　　　100 000 　贷：非财政拨款结余——结转转入　　　　　　100 000

经过上述结转，"非财政拨款结转——累计结转"科目余额为 200 000（300 000 - 100 000）元（贷方）。

五、非财政拨款结余的核算

（一）非财政拨款结余及应设置的主要会计科目

非财政拨款结余是指单位历年滚存的非限定用途的非同级财政拨款结余资金，主要为非财政拨款结余扣除结余分配后滚存的金额。

非财政拨款结余业务的核算应设置"非财政拨款结余"科目。"非财政拨款结余"科目属于政府预算会计的预算结余类科目，反映单位历年滚存的非限定用途的非同级财政拨款结余资金，主要为非财政拨款结余扣除结余分配后滚存的金额。

"非财政拨款结余"按照业务类型不同，可设置下列明细科目："年初余额调整""项目间接费用或管理费""结转转入""累计结转"等。各明细科目年末贷方余额，反映单位非同级财政拨款滚存的非专项结余资金数额。

"非财政拨款结余"科目还应当按照《政府收支分类科目》中"支出功能分类科目"的相关科目进行明细核算。

"非财政拨款结余"科目年末贷方余额，反映单位非同级财政拨款结余资金的累计滚存数额。

（二）非财政拨款结余核算的业务内容及账务处理

非财政拨款结余核算的业务包括的内容及主要的账务处理有：

（1）单位按照规定从科研项目预算收入中提取项目管理费或间接费时，除财务会计做相应处理外，还需在预算会计中借记"非财政拨款结转——项目间接费用或管理费"科目，贷记"非财政拨款结余——项目间接费用或管理费"。

（2）有企业所得税缴纳义务的事业单位实际缴纳企业所得税时，除财务会计做相应处理外，还需在预算会计中按照缴纳金额，借记"非财政拨款结余——累计结转"，贷记"资金结存——货币资金"科目。

（3）单位因会计差错更正收到或支出非同级财政拨款货币资金，属于非财政拨款结余资金的，除财务会计做相应处理外，还需在预算会计中按照收到或支出的金额，借记或贷记"资金结存——货币资金"科目，贷记或借记"非财政拨款结余——年初余额调整"。因收回以前年度支出等收到非同级财政拨款货币资金，属于非财政拨款结余资金的，除财务会计做相应处理外，还需在预算会计中按照收到的金额，借记"资金结存——货币资金"科目，贷记"非财政拨款结余——年初余额调整"。

（4）年末，将留归本单位使用的非财政拨款专项（项目已完成）剩余资金转入本科目，借记"非财政拨款结转——累计结转"科目，贷记"非财政拨款结余——结转转入"。

（5）年末冲销有关明细科目余额。将"非财政拨款结余"科目的明细科目"年初余额调整""项目间接费用或管理费""结转转入"的余额结转入"非财政拨款结余——累计结余"科目。

结转后,"非财政拨款结余"科目除"累计结余"明细科目外,其他明细科目应无余额。

(6) 年末,事业单位将"非财政拨款结余分配"科目余额转入"非财政拨款结余"科目。"非财政拨款结余分配"科目为借方余额的,借记"非财政拨款结余——累计结余"科目,贷记"非财政拨款结余分配"科目;"非财政拨款结余分配"科目为贷方余额的,借记"非财政拨款结余分配"科目,贷记"非财政拨款结余——累计结余"科目。

年末,行政单位将"其他结余"科目余额转入非财政拨款结余。"其他结余"科目为借方余额的,借记"非财政拨款结余——累计结余"科目,贷记"其他结余"科目;"其他结余"科目为贷方余额的,借记"其他结余"科目,贷记"非财政拨款结余——累计结余"科目。

【例 7-15】某科研所按照规定从科研项目预算收入中提取管理费 5 000 元。编制会计分录如下:

财务会计账务处理	预算会计账务处理
借:单位管理费用　　　5 000 　贷:预提费用　　　　　　5 000	借:非财政拨款结转——项目间接费用或管理费　5 000 　贷:非财政拨款结余——项目间接费用或管理费　5 000

【例 7-16】某事业单位按照规定缴纳企业所得税 5 000 元,以银行存款支付。编制会计分录如下:

财务会计账务处理	预算会计账务处理
借:其他应交税费　　　5 000 　贷:银行存款　　　　　　5 000	借:非财政拨款结余——累计结余　　5 000 　贷:资金结存——货币资金　　　　　5 000

【例 7-17】某事业单位发现,上年事业收入漏记 5 000 元,该款已存入银行。现将该业务补记入账。年末,将"非财政拨款结余——年初余额调整"科目余额转入"非财政拨款结余——累计结余"科目。编制会计分录如下:

(1) 补记该项事业收入时:

财务会计账务处理	预算会计账务处理
借:银行存款　　　　　5 000 　贷:以前年度盈余调整　　5 000	借:资金结存——货币资金　　　　　5 000 　贷:非财政拨款结余——年初余额调整　5 000

(2) 年末结转"非财政拨款结余——年初余额调整"科目时:

财务会计账务处理	预算会计账务处理
——	借:非财政拨款结余——年初余额调整　5 000 　贷:非财政拨款结余——累计结余　　　5 000

【例 7-18】年末，某事业单位将留归本单位的非财政拨款结余资金 100 000 元从"非财政拨款结转——累计结转"科目余额转入"非财政拨款结余——结转转入"科目。编制会计分录如下：

财务会计账务处理	预算会计账务处理
——	借：非财政拨款结转——累计结转　　100 000 　　贷：非财政拨款结余——结转转入　　100 000

六、专用结余的核算

（一）专用结余及应设置的主要会计科目

专用结余是指事业单位按照规定从非财政拨款结余中提取的具有专门用途的资金的变动和滚存情况。

专用结余业务的核算应设置"专用结余"科目。"专用结余"科目属于政府预算会计的预算结余类科目，反映事业单位按照规定从非财政拨款结余中提取的具有专门用途的资金的变动和滚存情况。该科目贷方登记从"非财政拨款结余分配"科目转入的待分配结余金额，借方登记的是使用的专用基金金额。"专用结余"科目年末贷方余额，反映事业单位从非同级财政拨款结余中提取的专用基金的累计滚存数额。

"专用结余"科目应当按照专用结余的类别进行明细核算。

（二）专用结余核算的业务内容及账务处理

（1）事业单位根据有关规定从本年度非财政拨款结余或经营结余中提取基金的，除财务会计做相应处理外，还需在预算会计中按照提取金额，借记"非财政拨款结余分配"科目，贷记"专用结余"科目。

（2）事业单位根据规定使用从非财政拨款结余或经营结余中提取的专用基金时，除财务会计作相应处理外，还需在预算会计中按照使用金额，借记"专用结余"科目，贷记"资金结存——货币资金"科目。

"专用结余"科目年末贷方余额，反映事业单位从非同级财政拨款结余中提取的专用基金的累计滚存数额。

另外，行政单位不设置专用结余。

【例 7-19】年末，某事业单位根据有关规定从本年度非财政拨款结余提取专用基金 500 000 元。次年 1 月 20 日，使用专用基金购买专用设备一台，初始成本为 60 000 元，款项通过银行存款支付，现已验收合格。编制会计分录如下：

（1）计提专用基金时：

财务会计账务处理	预算会计账务处理
借：本年盈余分配　　500 000 　　贷：专用基金　　500 000	借：非财政拨款结余分配　　500 000 　　贷：专用结余　　500 000

（2）使用专用基金购买专用设备时：

第七章 净资产和预算结余的管理与核算

财务会计账务处理		预算会计账务处理	
借：固定资产	60 000		
贷：银行存款	60 000	借：专用结余	60 000
借：专用基金	60 000	贷：资金结存——货币资金	60 000
贷：累计盈余	60 000		

年末，"专用结余"科目余额 = 500 000 - 60 000 = 440 000 元（贷方）

七、经营结余的核算

（一）经营结余及应设置的主要会计科目

经营结余是指事业单位本年度经营活动收支相抵后余额弥补以前年度经营亏损后的余额。

经营结余业务的核算应设置"经营结余"科目。"经营结余"科目属于政府预算会计的预算结余类科目，反映事业单位本年度经营活动收支相抵后余额弥补以前年度经营亏损后的余额。该科目贷方登记从"经营预算收入"科目转入的收入金额，借方登记的是从"经营支出"科目转入的支出金额。"经营结余"科目年末贷方余额，反映事业单位从非同级财政拨款结余中提取的专用基金的累计滚存数额。当年收支抵减后的科目余额反映的是经营盈利或亏损金额。如果"经营结余"科目为贷方余额为盈利金额，作为待分配非财政拨款结余确认；如果"经营结余"为借方余额，则反映事业单位累计发生的经营亏损。

"经营结余"科目应当按照经营结余的类别进行明细核算。

（二）经营结余核算的业务内容及账务处理

（1）年末，将经营预算收入本年发生额转入"经营结余"科目，借记"经营预算收入"科目，贷记"经营结余"科目；将经营支出本年发生额转入本科目，借记"经营结余"科目，贷记"经营支出"科目。如"经营结余"科目为贷方余额，则反映事业单位经营活动形成的盈利；如"经营结余"科目为借方余额，则为事业单位经营活动产生的经营亏损。

（2）年末，单位应将"经营结余"的贷方余额转入"非财政拨款结余分配"科目，借记"经营结余"科目，贷记"非财政拨款结余分配"科目；如果经营结余为借方金额，为经营亏损，则不予结转。

【例 7-20】接【例 7-14】年末，某事业单位"经营预算收入"本年发生额为 200 000 元，"经营支出"本年发生额为 160 000 元。要求：

（1）将上述科目余额转入"经营结余"中，并确定"经营结余"科目余额。

（2）按照经营结余的 20% 计提专用基金，并作出账务处理。

（3）将"经营结余"科目余额转入"非财政拨款结余分配"。

编制会计分录如下：

（1）将"经营预算收入"和"经营支出"科目余额转入"经营结余"时：

财务会计账务处理	预算会计账务处理	
—	借：经营预算收入	200 000
	贷：经营结余	200 000
	借：经营结余	160 000
	贷：经营支出	160 000

结转后"经营结余"科目余额＝200 000－160 000＝40 000元（贷方）

说明：该科目余额为事业单位当年的经营利润。

（2）按照经营结余的20%计提专用基金，并作出账务处理。

按照经营结余20%计提的专用基金金额＝40 000×20%＝8 000元，编制会计分录如下：

财务会计账务处理		预算会计账务处理	
借：本年盈余分配	8 000	借：非财政拨款结余分配	8 000
贷：专用基金	8 000	贷：专用结余	8 000

（3）将"经营结余"科目贷方余额转入"非财政拨款结余分配"：

财务会计账务处理	预算会计账务处理	
—	借：经营结余	40 000
	贷：非财政拨款结余分配	40 000

注：如果"经营结余"科目为借方余额，则为事业单位经营活动产生的经营亏损，则不予结转。

八、其他结余的核算

（一）其他结余及应设置的主要会计科目

其他结余是指单位本年度除财政拨款收支、非同级财政专项资金收支和经营收支以外各项收支相抵后的余额。

其他结余业务的核算应设置"其他结余"科目。"其他结余"科目属于政府预算会计的预算结余类科目，反映单位本年度除财政拨款收支、非同级财政专项资金收支和经营收支以外各项收支相抵后的余额。该科目贷方登记从"事业预算收入""上级补助预算收入""非同级财政拨款预算收入""附属单位上缴预算收入""债务预算收入""投资预算收益""其他预算收入"等科目转入的收入金额，借方登记的是从"行政支出""事业支出""其他支出""上缴上级支出""对附属单位补助支出""投资支出""债务还本支出"等科目转入的支出金额。年末，行政单位应将"其他结余"科目余额转入"非财政拨款结余——累计结余"科目；事业单位应将"其他结余"科目余额转入"非财政拨款结余分配"。结转后，"其他结余"科目无余额。

（二）其他结余核算的业务内容及账务处理

（1）年末，单位将本年度除财政拨款收入、非同级财政专项资金收入和经营收入以外各项收入转入"其他结余"的贷方;将本年度除财政拨款支出、非同级财政专项资金支出和经营支出以外各项支出转入"其他结余"的借方。结转后,确认"其他结余"科目余额。

(2)年末,完成上述结转后,单位应将"其他结余"科目余额转出。其中,行政单位将"其他结余"科目余额转入"非财政拨款结余——累计结余"科目;事业单位将"其他结余"科目余额转入"非财政拨款结余分配"科目。结转后,"其他结余"科目无余额。

【例7-21】接【例7-14】年末,某事业单位下列科目有余额,见表7-5。

表7-5　　　　　　　　预算收入支出类科目本年发生额　　　　　　　　单位:元

科目	借方发生额	科目	贷方发生额
事业预算收入	4 000 000	事业支出	
其中:专项资金收入	1 000 000	——非财政专项资金支出	1 700 000
非同级财政拨款预算收入 　（C项目）	1 000 000	——其他资金支出	3 800 000
上级补助预算收入	600 000	经营支出	160 000
附属单位上缴预算收入	400 000	上缴上级支出	500 000
其他预算收入	800 000	对附属单位补助支出	300 000
经营预算收入	200 000	投资支出	100 000
		债务还本支出	200 000
		其他支出	40 000

要求:(1)将上述科目中非财政非专项资金收入的本年发生额转入相关科目。
(2)将上述科目中非财政非专项资金支出的本年发生额转入相关科目。
(3)年末,将"其他结余"科目余额转入"非财政拨款结余分配"科目。
编制会计分录如下:
(1)将上述科目中非财政非专项资金收入的本年发生额转入相关科目时:

财务会计账务处理	预算会计账务处理
—	借:事业预算收入　　　　　　3 000 000 　　附属单位上缴预算收入　　　400 000 　　上级补助预算收入　　　　　600 000 　　其他预算收入　　　　　　　800 000 　贷:其他结余　　　　　　　　4 800 000

(2)将上述科目中非财政非专项资金支出的本年发生额转入相关科目时:

财务会计账务处理	预算会计账务处理
——	借：其他结余　　　　　　　　4 140 000 　　贷：事业支出　　　　　　　3 800 000 　　　　上缴上级支出　　　　　　500 000 　　　　对附属单位补助支出　　　300 000 　　　　投资支出　　　　　　　　100 000 　　　　债务还本支出　　　　　　200 000 　　　　其他支出　　　　　　　　 40 000

结转后，"其他结余"科目余额＝4 800 000－4 140 000＝660 000元（贷方）

（3）年末，将"其他结余"科目余额转入"非财政拨款结余分配"科目时：

财务会计账务处理	预算会计账务处理
——	借：其他结余　　　　　　　　　660 000 　　贷：非财政拨款结余分配　　　660 000

九、非财政拨款结余分配的核算

（一）非财政拨款结余分配及应设置的主要会计科目

非财政拨款结余分配是指事业单位本年度非财政拨款结余分配的情况和结果。

非财政拨款结余分配业务的核算应设置"非财政拨款结余分配"科目。"非财政拨款结余分配"科目属于政府预算会计的预算结余类科目，反映事业单位本年度非财政拨款结余分配的情况和结果。该科目贷方登记从"经营结余""其他结余"等科目转入的结余金额；借方登记的是从"其他结余"科目转入的亏欠金额和根据有关规定提取的专用基金金额。年末，事业单位应将"非财政拨款结余分配"科目余额转入"非财政拨款结余——累计结余"。结转后，"非财政拨款结余分配"科目无余额。

（二）非财政拨款结余分配核算的业务内容及账务处理

（1）年末，将"其他结余"科目余额转入"非财政拨款结余分配"科目。当"其他结余"科目为贷方余额时，借记"其他结余"科目，贷记"非财政拨款结余分配"科目；当"其他结余"科目为借方余额时，借记"非财政拨款结余分配"科目，贷记"其他结余"科目。

（2）年末，将"经营结余"科目贷方余额转入"非财政拨款结余分配"科目，借记"经营结余"科目，贷记"非财政拨款结余分配"科目。

（3）根据有关规定提取专用基金的，按照提取的金额，借记"非财政拨款结余分配"科目，贷记"专用结余"科目。

（4）年末，按照规定完成上述处理后，将"非财政拨款结余分配"科目余额转入非财政拨款结余。当"非财政拨款结余分配"科目为借方余额时，借记"非财政拨款结余——累计结余"科目，贷记"非财政拨款结余分配"科目；当"非财政拨款结余分配"科目为贷方余额时，借记本科目，贷记"非财政拨款结余——累计结余"科目。

年末结账后，"非财政拨款结余分配"科目应无余额。

【例7-22】 年末，某事业单位"其他结余"科目贷方余额为660 000元（见【例

7-21】),"经营结余"科目贷方余额为40 000元(见【例7-20】),从非财政拨款结余中计提专用基金500 000元,从"经营结余"中提取专用基金60 000元(见【例7-3】)。做完以上处理后,将"非财政拨款结余分配"科目余额转入"非财政拨款结余——累计结余"科目。编制会计分录如下:

(1)结转"其他结余"科目贷方余额时:

财务会计账务处理	预算会计账务处理
—	借:其他结余　　　　　　　　　　660 000 　贷:非财政拨款结余分配　　　　　660 000

(2)将"经营结余"科目余额转入"非财政拨款结余分配":

财务会计账务处理	预算会计账务处理
—	借:经营结余　　　　　　　　　　 40 000 　贷:非财政拨款结余分配　　　　　 40 000

结转后,"非财政拨款结余分配"科目余额700 000(660 000+40 000)元(贷方)为当年形成的待分配结余。

(3)从非财政拨款结余和经营结余中计提专用基金时:

财务会计账务处理	预算会计账务处理
借:本年盈余分配　　　　　560 000 　贷:专用基金　　　　　　560 000	借:非财政拨款结余分配　　　　　560 000 　贷:专用结余　　　　　　　　　 560 000

"非财政拨款结余分配"科目余额=700 000-560 000=140 000元(贷方)

(4)将"非财政拨款结余分配"科目余额转入"非财政拨款结余——累计结余"科目:

财务会计账务处理	预算会计账务处理
—	借:非财政拨款结余分配　　　　　560 000 　贷:非财政拨款结余——累计结余　560 000

第八章

政府会计报告

【教学目标】

通过本章的学习，要求学生了解政府会计报告的概念、分类，熟悉政府综合财务报告的构成内容，掌握政府财务会计报告和政府预算会计报告的编制。

【重点难点】

区分政府财务会计报告和预算会计报告、政府综合财务报告体系的组成。

【关键名词】

政府财务会计报告　政府预算会计报告　政府综合财务报告

课前案例：

中央财政下达 2019 年奖励资金 300 亿元支持农业转移人口市民化

为贯彻落实党中央、国务院有关决策部署，支持农业转移人口市民化，推进新型城镇化，2019 年财政部下达农业转移人口市民化奖励资金 300 亿元，并要求地方财政部门根据本地区农业转移人口市民化特点，合理分配资金，加强资金使用管理，重点向吸纳农业转移人口较多地区倾斜，向有效解决农业转移人口市民化过程中突出问题的地区倾斜，切实保障农业转移人口基本公共服务需求。

（资料来源：中华人民共和国财政部预算司，2019 年 8 月 28 日）

思考： 中央财政下达 300 亿元奖励资金属于什么资金性质的支出？

第八章 政府会计报告

第一节

政府财务会计报告

按照《政府会计制度——行政事业单位会计科目及报表》规定，行政事业单位应当以权责发生制为基础，以单位财务会计核算生成的数据为准编制财务报表。由财务会计报表和附注构成，包括资产负债表、收入费用表和、净资产变动表和现金流量表。本章主要对单位财务会计报表及附注的概念、格式和编制方法进行讲解。

一、资产负债表的编制

(一) 概念和作用

资产负债表是反映政府会计主体在某一特定日期的财务状况的报表，反映单位在某一特定日期全部资产、负债和净资产情况。按照规定，行政事业单位的资产负债表应当按月度和年度编制。

资产负债表可以提供某会计期末单位占有或使用的资源、承担的债务和形成的净资产总额及其构成情况，反映单位财务能力、偿债能力和资产保值增值情况，有助于财政部门、主管部门、单位管理者及其他会计信息使用者分析了解单位全面财务情况并作出相关决策和评价。

(二) 报表格式

资产负债表按照资产（左侧）和负债及净资产（右侧）分项排列，其中资产和负债各项按流动性排列，同时分栏反映各组成项目报表日的期末余额和年初余额。表中数据平衡计算公式为：资产＝负债＋净资产。资产负债表的格式见表8-1（以年报表格式为例）：

表8-1　　　　　　　　　　　资产负债表　　　　　　　　　　会政财01表

编制单位：××单位　　　　　2×2×年8月31日　　　　　　　单位：元

资　产	期末余额	年初余额	负债和净资产	期末余额	年初余额
流动资产：			流动负债：		
货币资金			短期借款		
短期投资			应交增值税		
财政应返还额度			其他应交税费		
应收票据			应缴财政款		
应收账款净额			应付职工薪酬		
预付账款			应付票据		
应收股利			应付账款		
应收利息			应付政府补贴款		

续表

资产	期末余额	年初余额	负债和净资产	期末余额	年初余额
其他应收款净额			应付利息		
存货			预收账款		
待摊费用			其他应付款		
一年内到期的非流动资产			预提费用		
其他流动资产			一年内到期的非流动负债		
流动资产合计			其他流动负债		
非流动资产：			流动负债合计		
长期股权投资			非流动负债：		
长期债券投资			长期借款		
固定资产原值			长期应付款		
减：固定资产累计折旧			预计负债		
固定资产净值			其他非流动负债		
工程物资			非流动负债合计		
在建工程			受托代理负债		
无形资产原值			负债合计		
减：无形资产累计摊销					
无形资产净值					
研发支出					
公共基础设施原值					
减：公共基础设施累计折旧（摊销）					
公共基础设施净值					
政府储备物资					
文物文化资产					
保障性住房原值					
减：保障性住房累计折旧			净资产：		
保障性住房净值			累计盈余		
长期待摊费用			专用基金		
待处理财产损溢			权益法调整		
其他非流动资产			无偿调拨净资产*		——
非流动资产合计			本期盈余*		
受托代理资产			净资产合计		
资产总计			负债和净资产总计		

注：*标识项目为月报项目，年报中不需列示。

（三）资产负债表的编列方法

资产负债表反映单位在某一特定日期全部资产、负债和净资产的情况。资产负债表中"年初余额"栏内各项数字，应当根据上年年末资产负债表"期末余额"栏内数字填列。

如果本年度资产负债表规定的项目的名称和内容同上年度不一致，应当对上年年末资产负债表项目的名称和数字按照本年度的规定进行调整，将调整后数字填入本表"年初余额"栏内。如果本年度单位发生了因前期差错更正、会计政策变更等调整以前年度盈余的事项，还应当对"年初余额"栏中的有关项目金额进行相应调整。

资产负债表中"资产总计"项目期末（年初）余额应当与"负债和净资产总计"项目期末（年初）余额相等。

资产负债表"期末余额"栏各项目的内容和填列方法：

1. 资产类项目

（1）"货币资金"项目，反映单位期末库存现金、银行存款、零余额账户用款额度、其他货币资金的合计数。本项目应当根据"库存现金""银行存款""零余额账户用款额度""其他货币资金"科目的期末余额的合计数填列；若单位存在通过"库存现金""银行存款"科目核算的受托代理资产还应当按照前述合计数扣减"库存现金""银行存款"科目下"受托代理资产"明细科目的期末余额后的金额填列。

（2）"短期投资"项目，反映事业单位期末持有的短期投资账面余额。本项目应当根据"短期投资"科目的期末余额填列。

（3）"财政应返还额度"项目，反映单位期末财政应返还额度的金额。本项目应当根据"财政应返还额度"科目的期末余额填列。

（4）"应收票据"项目，反映事业单位期末持有的应收票据的票面金额。本项目应当根据"应收票据"科目的期末余额填列。

（5）"应收账款净额"项目，反映单位期末尚未收回的应收账款减去已计提的坏账准备后的净额。本项目应当根据"应收账款"科目的期末余额，减去"坏账准备"科目中对应收账款计提的坏账准备的期末余额后的金额填列。

（6）"预付账款"项目，反映单位期末预付给商品或者劳务供应单位的款项。本项目应当根据"预付账款"科目的期末余额填列。

（7）"应收股利"项目，反映事业单位期末因股权投资而应收取的现金股利或应当分得的利润。本项目应当根据"应收股利"科目的期末余额填列。

（8）"应收利息"项目，反映事业单位期末因债券投资等而应收取的利息。事业单位购入的到期一次还本付息的长期债券投资持有期间应收的利息，不包括在本项目内。本项目应当根据"应收利息"科目的期末余额填列。

（9）"其他应收款净额"项目，反映单位期末尚未收回的其他应收款减去已计提的坏账准备后的净额。本项目应当根据"其他应收款"科目的期末余额减去"坏账准备"科目中对其他应收款计提的坏账准备的期末余额后的金额填列。

（10）"存货"项目，反映单位期末存储的存货的实际成本。本项目应当根据"在途物品""库存物品""加工物品"科目的期末余额的合计数填列。

（11）"待摊费用"项目，反映单位期末已经支出，但应当由本期和以后各期负担的分摊期在1年以内（含1年）的各项费用。本项目应当根据"待摊费用"科目的期末余额填列。

（12）"一年内到期的非流动资产"项目，反映单位期末非流动资产项目中将在1年内（含1年）到期的金额，如事业单位将在1年内（含1年）到期的长期债券投资金额。本项目应当根据"长期债券投资"等科目的明细科目的期末余额分析填列。

（13）"其他流动资产"项目，反映单位期末除本表中上述各项之外的其他流动资产的合计金额。本项目应当根据有关科目期末余额的合计数填列。

（14）"流动资产合计"项目，反映单位期末流动资产的合计数。本项目应当根据本表中"货币资金""短期投资""财政应返还额度""应收票据""应收账款净额""预付账款""应收股利""应收利息""其他应收款净额""存货""待摊费用""一年内到期的非流动资产""其他流动资产"项目金额的合计数填列。

（15）"长期股权投资"项目，反映事业单位期末持有的长期股权投资的账面余额。本项目应当根据"长期股权投资"科目的期末余额填列。

（16）"长期债券投资"项目，反映事业单位期末持有的长期债券投资的账面余额。本项目应当根据"长期债券投资"科目的期末余额减去其中将于1年内（含1年）到期的长期债券投资余额后的金额填列。

（17）"固定资产原值"项目，反映单位期末固定资产的原值。本项目应当根据"固定资产"科目的期末余额填列。

"固定资产累计折旧"项目，反映单位期末固定资产已计提的累计折旧金额。本项目应当根据"固定资产累计折旧"科目的期末余额填列。

"固定资产净值"项目，反映单位期末固定资产的账面价值。本项目应当根据"固定资产"科目期末余额减去"固定资产累计折旧"科目期末余额后的金额填列。

（18）"工程物资"项目，反映单位期末为在建工程准备的各种物资的实际成本。本项目应当根据"工程物资"科目的期末余额填列。

（19）"在建工程"项目，反映单位期末所有的建设项目工程的实际成本。本项目应当根据"在建工程"科目的期末余额填列。

（20）"无形资产原值"项目，反映单位期末无形资产的原值。本项目应当根据"无形资产"科目的期末余额填列。

"无形资产累计摊销"项目，反映单位期末无形资产已计提的累计摊销金额。本项目应当根据"无形资产累计摊销"科目的期末余额填列。

"无形资产净值"项目，反映单位期末无形资产的账面价值。本项目应当根据"无形资产"科目期末余额减去"无形资产累计摊销"科目期末余额后的金额填列。

（21）"研发支出"项目，反映单位期末正在进行的无形资产开发项目开发阶段发生的累计支出数。本项目应当根据"研发支出"科目的期末余额填列。

（22）"公共基础设施原值"项目，反映单位期末控制的公共基础设施的原值。本项目应当根据"公共基础设施"科目的期末余额填列。

"公共基础设施累计折旧（摊销）"项目，反映单位期末控制的公共基础设施已计提的累计折旧和累计摊销金额。本项目应当根据"公共基础设施累计折旧（摊销）"科目的期末余额填列。

"公共基础设施净值"项目，反映单位期末控制的公共基础设施的账面价值。本项目应当根据"公共基础设施"科目期末余额减去"公共基础设施累计折旧（摊销）"科目期末余额后的金额填列。

（23）"政府储备物资"项目，反映单位期末控制的政府储备物资的实际成本。本项目应当根据"政府储备物资"科目的期末余额填列。

（24）"文物文化资产"项目，反映单位期末控制的文物文化资产的成本。本项目应当根据"文物文化资产"科目的期末余额填列。

（25）"保障性住房原值"项目，反映单位期末控制的保障性住房的原值。本项目应当根据"保障性住房"科目的期末余额填列。

"保障性住房累计折旧"项目，反映单位期末控制的保障性住房已计提的累计折旧金额。本项目应当根据"保障性住房累计折旧"科目的期末余额填列。

"保障性住房净值"项目，反映单位期末控制的保障性住房的账面价值。本项目应当根据"保障性住房"科目期末余额减去"保障性住房累计折旧"科目期末余额后的金额填列。

（26）"长期待摊费用"项目，反映单位期末已经支出，但应由本期和以后各期负担的分摊期限在1年以上（不含1年）的各项费用。本项目应当根据"长期待摊费用"科目的期末余额填列。

（27）"待处理财产损溢"项目，反映单位期末尚未处理完毕的各种资产的净损失或净溢余。本项目应当根据"待处理财产损溢"科目的期末借方余额填列；如"待处理财产损溢"科目期末为贷方余额，以"-"号填列。

（28）"其他非流动资产"项目，反映单位期末除本表中上述各项之外的其他非流动资产的合计数。本项目应当根据有关科目的期末余额合计数填列。

（29）"非流动资产合计"项目，反映单位期末非流动资产的合计数。本项目应当根据本表中"长期股权投资""长期债券投资""固定资产净值""工程物资""在建工程""无形资产净值""研发支出""公共基础设施净值""政府储备物资""文物文化资产""保障性住房净值""长期待摊费用""待处理财产损溢""其他非流动资产"项目金额的合计数填列。

（30）"受托代理资产"项目，反映单位期末受托代理资产的价值。本项目应当根据"受托代理资产"科目的期末余额与"库存现金""银行存款"科目下"受托代理资产"明细科目的期末余额的合计数填列。

（31）"资产总计"项目，反映单位期末资产的合计数。本项目应当根据本表中"流动资产合计""非流动资产合计""受托代理资产"项目金额的合计数填列。

2. 负债类项目

（1）"短期借款"项目，反映事业单位期末短期借款的余额。本项目应当根据"短期借款"科目的期末余额填列。

（2）"应交增值税"项目，反映单位期末应缴未缴的增值税税额。本项目应当根据"应交增值税"科目的期末余额填列；如"应交增值税"科目期末为借方余额，以"-"号填列。

（3）"其他应交税费"项目，反映单位期末应缴未缴的除增值税以外的税费金额。本项目应当根据"其他应交税费"科目的期末余额填列；如"其他应交税费"科目期末为借方余额，以"-"号填列。

（4）"应缴财政款"项目，反映单位期末应当上缴财政但尚未缴纳的款项。本项目应当根据"应缴财政款"科目的期末余额填列。

（5）"应付职工薪酬"项目，反映单位期末按有关规定应付给职工及为职工支付的各种薪酬。本项目应当根据"应付职工薪酬"科目的期末余额填列。

（6）"应付票据"项目，反映事业单位期末应付票据的金额。本项目应当根据"应付票据"科目的期末余额填列。

（7）"应付账款"项目，反映单位期末应当支付但尚未支付的偿还期限在1年以内（含1年）的应付账款的金额。本项目应当根据"应付账款"科目的期末余额填列。

（8）"应付政府补贴款"项目，反映负责发放政府补贴的行政单位期末按照规定应当支付给政府补贴接受者的各种政府补贴款余额。本项目应当根据"应付政府补贴款"科目的期末余额填列。

（9）"应付利息"项目，反映事业单位期末按照合同约定应支付的借款利息。事业单位到期一次还本付息的长期借款利息不包括在本项目内。本项目应当根据"应付利息"科目的期末余额填列。

（10）"预收账款"项目，反映事业单位期末预先收取但尚未确认收入和实际结算的款项余额。本项目应当根据"预收账款"科目的期末余额填列。

（11）"其他应付款"项目，反映单位期末其他各项偿还期限在1年内（含1年）的应付及暂收款项余额。本项目应当根据"其他应付款"科目的期末余额填列。

（12）"预提费用"项目，反映单位期末已预先提取的已经发生但尚未支付的各项费用。本项目应当根据"预提费用"科目的期末余额填列。

（13）"一年内到期的非流动负债"项目，反映单位期末将于1年内（含1年）偿还的非流动负债的余额。本项目应当根据"长期应付款""长期借款"等科目的明细科目的期末余额分析填列。

（14）"其他流动负债"项目，反映单位期末除本表中上述各项之外的其他流动负债的合计数。本项目应当根据有关科目的期末余额的合计数填列。

（15）"流动负债合计"项目，反映单位期末流动负债合计数。本项目应当根据本表"短期借款""应交增值税""其他应交税费""应缴财政款""应付职工薪酬""应付票据""应付账款""应付政府补贴款""应付利息""预收账款""其他应付款""预提费用""一年内到期的非流动负债""其他流动负债"项目金额的合计数填列。

（16）"长期借款"项目，反映事业单位期末长期借款的余额。本项目应当根据"长期借款"科目的期末余额减去其中将于1年内（含1年）到期的长期借款余额后的金额填列。

（17）"长期应付款"项目，反映单位期末长期应付款的余额。本项目应当根据"长期应付款"科目的期末余额减去其中将于1年内（含1年）到期的长期应付款余额后的金额填列。

（18）"预计负债"项目，反映单位期末已确认但尚未偿付的预计负债的余额。本项目应当根据"预计负债"科目的期末余额填列。

（19）"其他非流动负债"项目，反映单位期末除本表中上述各项之外的其他非流动负债的合计数。本项目应当根据有关科目的期末余额合计数填列。

(20)"非流动负债合计"项目，反映单位期末非流动负债合计数。本项目应当根据本表中"长期借款""长期应付款""预计负债""其他非流动负债"项目金额的合计数填列。

(21)"受托代理负债"项目，反映单位期末受托代理负债的金额。本项目应当根据"受托代理负债"科目的期末余额填列。

(22)"负债合计"项目，反映单位期末负债的合计数。本项目应当根据本表中"流动负债合计""非流动负债合计""受托代理负债"项目金额的合计数填列。

3. 净资产类项目

(1)"累计盈余"项目，反映单位期末未分配盈余（或未弥补亏损）以及无偿调拨净资产变动的累计数。本项目应当根据"累计盈余"科目的期末余额填列。

(2)"专用基金"项目，反映事业单位期末累计提取或设置但尚未使用的专用基金余额。本项目应当根据"专用基金"科目的期末余额填列。

(3)"权益法调整"项目，反映事业单位期末在被投资单位除净损益和利润分配以外的所有者权益变动中累积享有的份额。本项目应当根据"权益法调整"科目的期末余额填列。如"权益法调整"科目期末为借方余额，以"-"号填列。

(4)"无偿调拨净资产"项目，反映单位本年度截至报告期期末无偿调入的非现金资产价值扣减无偿调出的非现金资产价值后的净值。本项目仅在月度报表中列示，年度报表中不列示。月度报表中本项目应当根据"无偿调拨净资产"科目的期末余额填列；"无偿调拨净资产"科目期末为借方余额时，以"-"号填列。

(5)"本期盈余"项目，反映单位本年度截至报告期期末实现的累计盈余或亏损。本项目仅在月度报表中列示，年度报表中不列示。月度报表中本项目应当根据"本期盈余"科目的期末余额填列；"本期盈余"科目期末为借方余额时，以"-"号填列。

(6)"净资产合计"项目，反映单位期末净资产合计数。本项目应当根据本表中"累计盈余""专用基金""权益法调整""无偿调拨净资产"[月度报表]、"本期盈余"[月度报表]项目金额的合计数填列。

(7)"负债和净资产总计"项目，应当按照本表中"负债合计""净资产合计"项目金额的合计数填列。

二、收入费用表的编制

（一）概念及作用

收入费用表是反映政府会计主体在一定会计期间运行情况的报表，反映单位在某一会计期间内发生的收入、费用计当期盈余情况。按照规定，行政事业单位的收入费用表应当按月度和年度编制。

收入费用表可以提供某会计期间内单位收入和费用的总额及其构成情况，以及盈余及其分配情况，有助于财政部门、主管部门、单位管理者及其他会计信息使用者分析了解单位运行情况和业务活动成果，并作出相关决策和评价。

（二）报表格式

收入费用表按照本期收入、本期费用及本期盈余分别列示，按照收入、费用构成项目分层次排列，月报分栏反映各组成项目的"本月数"和"本年累计数"，年报分栏反映各组成项目的"本年数"和"上年数"。表中数据平衡计算公式为：本期收入 – 本期费用 = 本期盈余。收入费用表的格式见表 8 – 2：

表 8 – 2　　　　　　　　　　　　收入费用表　　　　　　　　　　　会政财 02 表
编制单位：××单位　　　　　　　　　2×2×年度　　　　　　　　　　　单位：元

项目	本月（年）数	本年累计数（上年数）
一、本期收入		
（一）财政拨款收入		
其中：政府性基金收入		
（二）事业收入		
（三）上级补助收入		
（四）附属单位上缴收入		
（五）经营收入		
（六）非同级财政拨款收入		
（七）投资收益		
（八）捐赠收入		
（九）利息收入		
（十）租金收入		
（十一）其他收入		
二、本期费用		
（一）业务活动费用		
（二）单位管理费用		
（三）经营费用		
（四）资产处置费用		
（五）上缴上级费用		
（六）对附属单位补助费用		
（七）所得税费用		
（八）其他费用		
三、本期盈余		

（三）收入费用表的编列方法

收入费用表反映单位在某一会计期间内发生的收入、费用及当期盈余情况。

收入费用表"本月数"栏反映各项目的本月实际发生数，编制年度收入费用表时，将本栏改为"本年数"，反映本年度各项目的实际发生数；"本年累计数"栏反映各项目自年初至报告期期末的累计实际发生数，编制年度收入费用表时，将本栏改为"上年数"，反映上年度各项目的实际发生数，"上年数"栏应当根据上年年度收入费用表中"本年数"栏内所列数字填列。

如果本年度收入费用表规定的项目的名称和内容同上年度不一致，应当对上年度收入费用表项目的名称和数字按照本年度的规定进行调整，将调整后的金额填入本年度收入费用表的"上年数"栏内。如果本年度单位发生了因前期差错更正、会计政策变更

第八章 政府会计报告

等调整以前年度盈余的事项,还应当对年度收入费用表中"上年数"栏中的有关项目金额进行相应调整。

收入费用表"本月数"栏各项目的内容和填列方法:

1. 本期收入

(1)"本期收入"项目,反映单位本期收入总额。本项目应当根据本表中"财政拨款收入""事业收入""上级补助收入""附属单位上缴收入""经营收入""非同级财政拨款收入""投资收益""捐赠收入""利息收入""租金收入""其他收入"项目金额的合计数填列。

(2)"财政拨款收入"项目,反映单位本期从同级政府财政部门取得的各类财政拨款。本项目应当根据"财政拨款收入"科目的本期发生额填列。其中"政府性基金收入"项目,反映单位本期取得的财政拨款收入中属于政府性基金预算拨款的金额,本项目应当根据"财政拨款收入"相关明细科目的本期发生额填列。

(3)"事业收入"项目,反映事业单位本期开展专业业务活动及其辅助活动实现的收入。本项目应当根据"事业收入"科目的本期发生额填列。

(4)"上级补助收入"项目,反映事业单位本期从主管部门和上级单位收到或应收的非财政拨款收入。本项目应当根据"上级补助收入"科目的本期发生额填列。

(5)"附属单位上缴收入"项目,反映事业单位本期收到或应收的独立核算的附属单位按照有关规定上缴的收入。本项目应当根据"附属单位上缴收入"科目的本期发生额填列。

(6)"经营收入"项目,反映事业单位本期在专业业务活动及其辅助活动之外开展非独立核算经营活动实现的收入。本项目应当根据"经营收入"科目的本期发生额填列。

(7)"非同级财政拨款收入"项目,反映单位本期从非同级政府财政部门取得的财政拨款,不包括事业单位因开展科研及其辅助活动从非同级财政部门取得的经费拨款。本项目应当根据"非同级财政拨款收入"科目的本期发生额填列。

(8)"投资收益"项目,反映事业单位本期股权投资和债券投资所实现的收益或发生的损失。本项目应当根据"投资收益"科目的本期发生额填列;如为投资净损失,以"-"号填列。

(9)"捐赠收入"项目,反映单位本期接受捐赠取得的收入。本项目应当根据"捐赠收入"科目的本期发生额填列。

(10)"利息收入"项目,反映单位本期取得的银行存款利息收入。本项目应当根据"利息收入"科目的本期发生额填列。

(11)"租金收入"项目,反映单位本期经批准利用国有资产出租取得并按规定纳入本单位预算管理的租金收入。本项目应当根据"租金收入"科目的本期发生额填列。

(12)"其他收入"项目,反映单位本期取得的除以上收入项目外的其他收入的总额。本项目应当根据"其他收入"科目的本期发生额填列。

2. 本期费用

(1)"本期费用"项目,反映单位本期费用总额。本项目应当根据本表中"业务活动费用""单位管理费用""经营费用""资产处置费用""上缴上级费用""对附属单位补助费用""所得税费用"和"其他费用"项目金额的合计数填列。

（2）"业务活动费用"项目，反映单位本期为实现其职能目标，依法履职或开展专业业务活动及其辅助活动所发生的各项费用。本项目应当根据"业务活动费用"科目本期发生额填列。

（3）"单位管理费用"项目，反映事业单位本期本级行政及后勤管理部门开展管理活动发生的各项费用，以及由单位统一负担的离退休人员经费、工会经费、诉讼费、中介费等。本项目应当根据"单位管理费用"科目的本期发生额填列。

（4）"经营费用"项目，反映事业单位本期在专业业务活动及其辅助活动之外开展非独立核算经营活动发生的各项费用。本项目应当根据"经营费用"科目的本期发生额填列。

（5）"资产处置费用"项目，反映单位本期经批准处置资产时转销的资产价值以及在处置过程中发生的相关费用或者处置收入小于处置费用形成的净支出。本项目应当根据"资产处置费用"科目的本期发生额填列。

（6）"上缴上级费用"项目，反映事业单位按照规定上缴上级单位款项发生的费用。本项目应当根据"上缴上级费用"科目的本期发生额填列。

（7）"对附属单位补助费用"项目，反映事业单位用财政拨款收入之外的收入对附属单位补助发生的费用。本项目应当根据"对附属单位补助费用"科目的本期发生额填列。

（8）"所得税费用"项目，反映有企业所得税缴纳义务的事业单位本期计算应交纳的企业所得税。本项目应当根据"所得税费用"科目的本期发生额填列。

（9）"其他费用"项目，反映单位本期发生的除以上费用项目外的其他费用的总额。本项目应当根据"其他费用"科目的本期发生额填列。

3. 本期盈余

"本期盈余"项目，反映单位本期收入扣除本期费用后的净额。本项目应当根据本表中"本期收入"项目金额减去"本期费用"项目金额后的金额填列；如为负数，以"-"号填列。

三、净资产变动表的编制

（一）概念及作用

净资产变动表是反映单位在某一会计期间净资产项目变动情况的报表。按照规定，行政事业单位的收入费用表应当按年度编制。

净资产变动表可以提供某一会计期间内单位净资产总额及其构成项目的变动情况，有助于财政部门、主管部门、单位管理者及其他会计信息使用者分析了解单位净资产变动的具体构成和原因。

（二）报表格式

净资产变动表按照净资产的累计盈余、专用基金、权益法调整等各组成部分的本年数和上年数分栏列示，同时按照净资产的变动情况和变动原因分项列示，如上年年末余额、以前年度盈余调整、本年年初余额、本年变动金额等，并对本年变动金额按构成项目分层次排列，变动情况构成及原因与净资产的组成部分形成清晰对应。

第八章 政府会计报告

表中数据平衡计算公式为：上年年末余额＋以前年度盈余调整＝本年年初余额；本年年初余额＋本年变动金额＝本年年末余额。净资产变动表的格式见表8-3：

表8-3　　　　　　　　　　　　净资产变动表　　　　　　　　　　会政财03表

编制单位：××单位　　　　　　　2×2×年度　　　　　　　　　　单位：元

项目	本年数				上年数			
	累计盈余	专用基金	权益法调整	净资产合计	累计盈余	专用基金	权益法调整	净资产合计
一、上年年末余额								
二、以前年度盈余调整（减少以"-"号填列）		——	——			——	——	
三、本年年初余额								
四、本年变动金额（减少以"-"号填列）								
（一）本年盈余		——	——			——	——	
（二）无偿调拨净资产								
（三）归集调整预算结转结余								
（四）提取或设置专用基金								
其中：从预算收入中提取								
从预算结余中提取								
设置的专用基金								
（五）使用专用基金								
（六）权益法调整	——	——			——	——		
五、本年年末余额								

注："——"标识单元格不需填列。

（三）净资产变动表的编列方法

净资产变动表反映单位在某一会计年度内净资产项目的变动情况。净资产变动表"本年数"栏反映本年度各项目的实际变动数，"上年数"栏反映上年度各项目的实际变动数，应当根据上年度净资产变动表中"本年数"栏内所列数字填列。如果上年度净资产变动表规定的项目的名称和内容与本年度不一致，应对上年度净资产变动表项目的名称和数字按照本年度的规定进行调整，将调整后金额填入本年度净资产变动表"上年数"栏内。

净资产变动表"本年数"栏各项目的内容和填列方法：

（1）"上年年末余额"行，反映单位净资产各项目上年年末的余额。本行各项目应当根据"累计盈余""专用基金""权益法调整"科目上年年末余额填列。

（2）"以前年度盈余调整"行，反映单位本年度调整以前年度盈余的事项对累计盈余进行调整的金额。本行"累计盈余"项目应当根据本年度"以前年度盈余调整"科目转入"累计盈余"科目的金额填列；如调整减少累计盈余，以"-"号填列。

（3）"本年年初余额"行，反映经过以前年度盈余调整后，单位净资产各项目的本年年初余额。本行"累计盈余""专用基金""权益法调整"项目应当根据其各自在"上年年末余额"和"以前年度盈余调整"行对应项目金额的合计数填列。

（4）"本年变动金额"行，反映单位净资产各项目本年变动总金额。本行"累计盈余""专用基金""权益法调整"项目应当根据其各自在"本年盈余""无偿调拨净资产""归集调整预算结转结余""提取或设置专用基金""使用专用基金""权益法调整"行对应项目金额的合计数填列。

（5）"本年盈余"行，反映单位本年发生的收入、费用对净资产的影响。本行"累计盈余"项目应当根据年末由"本期盈余"科目转入"本年盈余分配"科目的金额填列；如转入时借记"本年盈余分配"科目，则以"－"号填列。

（6）"无偿调拨净资产"行，反映单位本年无偿调入、调出非现金资产事项对净资产的影响。本行"累计盈余"项目应当根据年末由"无偿调拨净资产"科目转入"累计盈余"科目的金额填列；如转入时借记"累计盈余"科目，则以"－"号填列。

（7）"归集调整预算结转结余"行，反映单位本年财政拨款结转结余资金归集调入、归集上缴或调出，以及非财政拨款结转资金缴回对净资产的影响。本行"累计盈余"项目应当根据"累计盈余"科目明细账记录分析填列；如归集调整减少预算结转结余，则以"－"号填列。

（8）"提取或设置专用基金"行，反映单位本年提取或设置专用基金对净资产的影响。本行"累计盈余"项目应当根据"从预算结余中提取"行"累计盈余"项目的金额填列。本行"专用基金"项目应当根据"从预算收入中提取""从预算结余中提取""设置的专用基金"行"专用基金"项目金额的合计数填列。

"从预算收入中提取"行，反映单位本年从预算收入中提取专用基金对净资产的影响。本行"专用基金"项目应当通过对"专用基金"科目明细账记录的分析，根据本年按有关规定从预算收入中提取基金的金额填列。

"从预算结余中提取"行，反映单位本年根据有关规定从本年度非财政拨款结余或经营结余中提取专用基金对净资产的影响。本行"累计盈余""专用基金"项目应当通过对"专用基金"科目明细账记录的分析，根据本年按有关规定从本年度非财政拨款结余或经营结余中提取专用基金的金额填列；本行"累计盈余"项目以"－"号填列。

"设置的专用基金"行，反映单位本年根据有关规定设置的其他专用基金对净资产的影响。本行"专用基金"项目应当通过对"专用基金"科目明细账记录的分析，根据本年按有关规定设置的其他专用基金的金额填列。

（9）"使用专用基金"行，反映单位本年按规定使用专用基金对净资产的影响。本行"累计盈余""专用基金"项目应当通过对"专用基金"科目明细账记录的分析，根据本年按规定使用专用基金的金额填列；本行"专用基金"项目以"－"号填列。

（10）"权益法调整"行，反映单位本年按照被投资单位除净损益和利润分配以外的所有者权益变动份额而调整长期股权投资账面余额对净资产的影响。本行"权益法调整"项目应当根据"权益法调整"科目本年发生额填列；若本年净发生额为借方时，以"－"号填列。

（11）"本年年末余额"行，反映单位本年各净资产项目的年末余额。本行"累计盈余""专用基金""权益法调整"项目应当根据其各自在"本年年初余额""本年变动金额"行对应项目金额的合计数填列。

(12) 本表各行"净资产合计"项目,应当根据所在行"累计盈余""专用基金""权益法调整"项目金额的合计数填列。

四、现金流量表

(一) 概念及作用

现金流量表是反映单位在一定会计期间现金流入和流出信息的报表。按照规定,现金流量表为按年度编制报表,行政事业单位可根据实际情况自行选择编制现金流量表。

现金流量表可以提供某一会计期间内单位日常活动、投资和筹资活动的现金构成及其流入流出变动信息,有助于财政部门、主管部门、单位管理者及其他会计信息使用者分析了解单位现金流量情况,与单位财务状况和业务运行状况结合作出相关决策和评价。

(二) 报表格式

现金流量表分别日常活动产生的现金流量、投资活动产生的现金流量和筹资活动产生的现金流量分项列示,按其构成项目分层次列示,同时分栏列示本年和上年金额。现金流量表的格式见表8-4:

表 8-4　　　　　　　　　　　现金流量表　　　　　　　　　　会政财04表
编制单位:××单位　　　　　　　2×2×年度　　　　　　　　　　单位:元

项　目	本年金额	上年金额
一、日常活动产生的现金流量:		
财政基本支出拨款收到的现金		
财政非资本性项目拨款收到的现金		
事业活动收到的除财政拨款以外的现金		
收到的其他与日常活动有关的现金		
日常活动的现金流入小计		
购买商品、接受劳务支付的现金		
支付给职工以及为职工支付的现金		
支付的各项税费		
支付的其他与日常活动有关的现金		
日常活动的现金流出小计		
日常活动产生的现金流量净额		
二、投资活动产生的现金流量:		
收回投资收到的现金		
取得投资收益收到的现金		
处置固定资产、无形资产、公共基础设施等收回的现金净额		
收到的其他与投资活动有关的现金		
投资活动的现金流入小计		
购建固定资产、无形资产、公共基础设施等支付的现金		

续表

项 目	本年金额	上年金额
对外投资支付的现金		
上缴处置固定资产、无形资产、公共基础设施等净收入支付的现金		
支付的其他与投资活动有关的现金		
投资活动的现金流出小计		
投资活动产生的现金流量净额		
三、筹资活动产生的现金流量：		
财政资本性项目拨款收到的现金		
取得借款收到的现金		
收到的其他与筹资活动有关的现金		
筹资活动的现金流入小计		
偿还借款支付的现金		
偿还利息支付的现金		
支付的其他与筹资活动有关的现金		
筹资活动的现金流出小计		
筹资活动产生的现金流量净额		
四、汇率变动对现金的影响额		
五、现金净增加额		

(三) 现金流量表的编列方法

现金流量表反映单位在某一会计年度内现金流入和流出的信息。现金流量表所指的现金，是指单位的库存现金以及其他可以随时用于支付的款项，包括库存现金、可以随时用于支付的银行存款、其他货币资金、零余额账户用款额度、财政应返还额度，以及通过财政直接支付方式支付的款项。现金流量表所指的现金流量，是指现金的流入和流出。

现金流量表应当按照日常活动、投资活动、筹资活动的现金流量分别反映。现金流量表"本年金额"栏反映各项目的本年实际发生数，"上年金额"栏反映各项目的上年实际发生数，应当根据上年现金流量表中"本年金额"栏内所列数字填列。

单位应当采用直接法编制现金流量表，即以收入费用表中的收入为起点，通过现金流入、流出的主要类别直接反映现金流量。

现金流量表"本年金额"栏各项目的填列方法：

1. 日常活动产生的现金流量

（1）"财政基本支出拨款收到的现金"项目，反映单位本年接受财政基本支出拨款取得的现金。本项目应当根据"零余额账户用款额度""财政拨款收入""银行存款"等科目及其所属明细科目的记录分析填列。

（2）"财政非资本性项目拨款收到的现金"项目，反映单位本年接受除用于购建固定资产、无形资产、公共基础设施等资本性项目以外的财政项目拨款取得的现金。本项目应当根据"银行存款""零余额账户用款额度""财政拨款收入"等科目及其所属明细科目的记录分析填列。

（3）"事业活动收到的除财政拨款以外的现金"项目，反映事业单位本年开展专业业务活动及其辅助活动取得的除财政拨款以外的现金。本项目应当根据"库存现金""银行存款""其他货币资金""应收账款""应收票据""预收账款""事业收入"等科目及其所属明细科目的记录分析填列。

（4）"收到的其他与日常活动有关的现金"项目，反映单位本年收到的除以上项目之外的与日常活动有关的现金。本项目应当根据"库存现金""银行存款""其他货币资金""上级补助收入""附属单位上缴收入""经营收入""非同级财政拨款收入""捐赠收入""利息收入""租金收入""其他收入"等科目及其所属明细科目的记录分析填列。

（5）"日常活动的现金流入小计"项目，反映单位本年日常活动产生的现金流入的合计数。本项目应当根据本表中"财政基本支出拨款收到的现金""财政非资本性项目拨款收到的现金""事业活动收到的除财政拨款以外的现金""收到的其他与日常活动有关的现金"项目金额的合计数填列。

（6）"购买商品、接受劳务支付的现金"项目，反映单位本年在日常活动中用于购买商品、接受劳务支付的现金。本项目应当根据"库存现金""银行存款""财政拨款收入""零余额账户用款额度""预付账款""在途物品""库存物品""应付账款""应付票据""业务活动费用""单位管理费用""经营费用"等科目及其所属明细科目的记录分析填列。

（7）"支付给职工以及为职工支付的现金"项目，反映单位本年支付给职工以及为职工支付的现金。本项目应当根据"库存现金""银行存款""零余额账户用款额度""财政拨款收入""应付职工薪酬""业务活动费用""单位管理费用""经营费用"等科目及其所属明细科目的记录分析填列。

（8）"支付的各项税费"项目，反映单位本年用于缴纳日常活动相关税费而支付的现金。本项目应当根据"库存现金""银行存款""零余额账户用款额度""应交增值税""其他应交税费""业务活动费用""单位管理费用""经营费用""所得税费用"等科目及其所属明细科目的记录分析填列。

（9）"支付的其他与日常活动有关的现金"项目，反映单位本年支付的除上述项目之外与日常活动有关的现金。本项目应当根据"库存现金""银行存款""零余额账户用款额度""财政拨款收入""其他应付款""业务活动费用""单位管理费用""经营费用""其他费用"等科目及其所属明细科目的记录分析填列。

（10）"日常活动的现金流出小计"项目，反映单位本年日常活动产生的现金流出的合计数。本项目应当根据本表中"购买商品、接受劳务支付的现金""支付给职工以及为职工支付的现金""支付的各项税费""支付的其他与日常活动有关的现金"项目金额的合计数填列。

（11）"日常活动产生的现金流量净额"项目，应当按照本表中"日常活动的现金流入小计"项目金额减去"日常活动的现金流出小计"项目金额后的金额填列；如为负数，以"－"号填列。

2. 投资活动产生的现金流量

（1）"收回投资收到的现金"项目，反映单位本年出售、转让或者收回投资收到的现金。本项目应该根据"库存现金""银行存款""短期投资""长期股权投资""长期债券投资"等科目的记录分析填列。

（2）"取得投资收益收到的现金"项目，反映单位本年因对外投资而收到被投资单位分配的股利或利润，以及收到投资利息而取得的现金。本项目应当根据"库存现金""银行存款""应收股利""应收利息""投资收益"等科目的记录分析填列。

（3）"处置固定资产、无形资产、公共基础设施等收回的现金净额"项目，反映单位本年处置固定资产、无形资产、公共基础设施等非流动资产所取得的现金，减去为处置这些资产而支付的有关费用之后的净额。由于自然灾害所造成的固定资产等长期资产损失而收到的保险赔款收入，也在本项目反映。本项目应当根据"库存现金""银行存款""待处理财产损溢"等科目的记录分析填列。

（4）"收到的其他与投资活动有关的现金"项目，反映单位本年收到的除上述项目之外与投资活动有关的现金。对于金额较大的现金流入，应当单列项目反映。本项目应当根据"库存现金""银行存款"等有关科目的记录分析填列。

（5）"投资活动的现金流入小计"项目，反映单位本年投资活动产生的现金流入的合计数。本项目应当根据本表中"收回投资收到的现金""取得投资收益收到的现金""处置固定资产、无形资产、公共基础设施等收回的现金净额""收到的其他与投资活动有关的现金"项目金额的合计数填列。

（6）"购建固定资产、无形资产、公共基础设施等支付的现金"项目，反映单位本年购买和建造固定资产、无形资产、公共基础设施等非流动资产所支付的现金；融资租入固定资产支付的租赁费不在本项目反映，在筹资活动的现金流量中反映。本项目应当根据"库存现金""银行存款""固定资产""工程物资""在建工程""无形资产""研发支出""公共基础设施""保障性住房"等科目的记录分析填列。

（7）"对外投资支付的现金"项目，反映单位本年为取得短期投资、长期股权投资、长期债券投资而支付的现金。本项目应当根据"库存现金""银行存款""短期投资""长期股权投资""长期债券投资"等科目的记录分析填列。

（8）"上缴处置固定资产、无形资产、公共基础设施等净收入支付的现金"项目，反映本年单位将处置固定资产、无形资产、公共基础设施等非流动资产所收回的现金净额予以上缴财政所支付的现金。本项目应当根据"库存现金""银行存款""应缴财政款"等科目的记录分析填列。

（9）"支付的其他与投资活动有关的现金"项目，反映单位本年支付的除上述项目之外与投资活动有关的现金。对于金额较大的现金流出，应当单列项目反映。本项目应当根据"库存现金""银行存款"等有关科目的记录分析填列。

（10）"投资活动的现金流出小计"项目，反映单位本年投资活动产生的现金流出的合计数。本项目应当根据本表中"购建固定资产、无形资产、公共基础设施等支付的现金""对外投资支付的现金""上缴处置固定资产、无形资产、公共基础设施等净收入支付的现金""支付的其他与投资活动有关的现金"项目金额的合计数填列。

（11）"投资活动产生的现金流量净额"项目，应当按照本表中"投资活动的现金流入小计"项目金额减去"投资活动的现金流出小计"项目金额后的金额填列；如为负数,以"-"号填列。

3. 筹资活动产生的现金流量

(1)"财政资本性项目拨款收到的现金"项目,反映单位本年接受用于购建固定资产、无形资产、公共基础设施等资本性项目的财政项目拨款取得的现金。本项目应当根据"银行存款""零余额账户用款额度""财政拨款收入"等科目及其所属明细科目的记录分析填列。

(2)"取得借款收到的现金"项目,反映事业单位本年举借短期、长期借款所收到的现金。本项目应当根据"库存现金""银行存款""短期借款""长期借款"等科目记录分析填列。

(3)"收到的其他与筹资活动有关的现金"项目,反映单位本年收到的除上述项目之外与筹资活动有关的现金。对于金额较大的现金流入,应当单列项目反映。本项目应当根据"库存现金""银行存款"等有关科目的记录分析填列。

(4)"筹资活动的现金流入小计"项目,反映单位本年筹资活动产生的现金流入的合计数。本项目应当根据本表中"财政资本性项目拨款收到的现金""取得借款收到的现金""收到的其他与筹资活动有关的现金"项目金额的合计数填列。

(5)"偿还借款支付的现金"项目,反映事业单位本年偿还借款本金所支付的现金。本项目应当根据"库存现金""银行存款""短期借款""长期借款"等科目的记录分析填列。

(6)"偿付利息支付的现金"项目,反映事业单位本年支付的借款利息等。本项目应当根据"库存现金""银行存款""应付利息""长期借款"等科目的记录分析填列。

(7)"支付的其他与筹资活动有关的现金"项目,反映单位本年支付的除上述项目之外与筹资活动有关的现金,如融资租入固定资产所支付的租赁费。本项目应当根据"库存现金""银行存款""长期应付款"等科目的记录分析填列。

(8)"筹资活动的现金流出小计"项目,反映单位本年筹资活动产生的现金流出的合计数。本项目应当根据本表中"偿还借款支付的现金""偿付利息支付的现金""支付的其他与筹资活动有关的现金"项目金额的合计数填列。

(9)"筹资活动产生的现金流量净额"项目,应当按照本表中"筹资活动的现金流入小计"项目金额减去"筹资活动的现金流出小计"金额后的金额填列;如为负数,以"-"号填列。

4. "汇率变动对现金的影响额"项目,反映单位本年外币现金流量折算为人民币时,所采用的现金流量发生日的汇率折算的人民币金额与外币现金流量净额按期末汇率折算的人民币金额之间的差额。

5. "现金净增加额"项目,反映单位本年现金变动的净额。本项目应当根据本表中"日常活动产生的现金流量净额""投资活动产生的现金流量净额""筹资活动产生的现金流量净额"和"汇率变动对现金的影响额"项目金额的合计数填列;如为负数,以"-"号填列。

五、会计报表附注

（一）概念及作用

会计报表附注是对在会计报表中列示的项目所作的进一步说明，以及对未能在会计报表中列示项目的说明。凡对报表使用者的决策有重要影响的会计信息，不论政府会计制度是否有明确规定，单位均应当在会计报表附注中充分披露。

会计报表附注是单位财务报表的重要组成部分，会计报表附注反映的信息是对会计报表反映信息的重要和必要补充，有助于财政部门、主管部门、单位管理者及其他会计信息使用者分析了解单位全面情况，与会计报表信息结合作出相关决策和评价。

（二）内容及格式

按照政府会计制度的规定，会计报表附注主要包括下列内容：

1. 单位的基本情况

单位应当简要披露其基本情况，包括单位主要职能、主要业务活动、所在地、预算管理关系等。

2. 会计报表编制基础

3. 遵循政府会计准则、制度的声明

4. 重要会计政策和会计估计

单位应当采用与其业务特点相适应的具体会计政策，并充分披露报告期内采用的重要会计政策和会计估计。主要包括以下内容：

（1）会计期间。

（2）记账本位币，外币折算汇率。

（3）坏账准备的计提方法。

（4）存货类别、发出存货的计价方法、存货的盘存制度，以及低值易耗品和包装物的摊销方法。

（5）长期股权投资的核算方法。

（6）固定资产分类、折旧方法、折旧年限和年折旧率；融资租入固定资产的计价和折旧方法。

（7）无形资产的计价方法；使用寿命有限的无形资产，其使用寿命估计情况；使用寿命不确定的无形资产，其使用寿命不确定的判断依据；单位内部研究开发项目划分研究阶段和开发阶段的具体标准。

（8）公共基础设施的分类、折旧（摊销）方法、折旧（摊销）年限，以及其确定依据。

（9）政府储备物资分类，以及确定其发出成本所采用的方法。

（10）保障性住房的分类、折旧方法、折旧年限。

（11）其他重要的会计政策和会计估计。

（12）本期发生重要会计政策和会计估计变更的，变更的内容和原因、受其重要影响的报表项目名称和金额、相关审批程序，以及会计估计变更开始适用的时点。

5. 会计报表重要项目说明

单位应当按照资产负债表和收入费用表项目列示顺序，采用文字和数据描述相结合的方式按照规定格式披露重要项目的明细信息。报表重要项目的明细金额合计,应当与报表项目金额相衔接。报表重要项目说明包括但不限于以下内容(列出部分项目披露格式):

(1)货币资金的明细信息,包括库存现金、银行存款、其他货币资金等货币资金的种类及其年初余额、期末余额情况;

(2)应收账款的明细信息,包括单位内部、外部和其他等债务人类别、债务人名称及应收各债务人款项的年初余额、期末余额等情况;应收票据、预付账款、其他应收款可比照应收账款进行披露;

(3)存货的明细信息,包括存货的种类,每种存货的年初余额、期末余额等情况;

(4)其他流动资产的明细信息,包括其他流动资产的具体项目,每项其他流动资产的年初余额、期末余额等情况;

(5)长期投资的明细信息,包括长期债券投资的明细信息、长期股权投资的明细信息、当期发生的重大投资净损益项目、金额及原因。其中,长期债券投资的明细信息包括债券发行主体名称及每个主体的年初余额、本期增减变动数额、期末余额等情况;长期股权投资的明细信息包括被投资单位名称及每个被投资单位的核算方法、年初余额、本期增减变动数额、期末余额等情况;

(6)固定资产的明细信息,包括固定资产各分类的资产原值、累计折旧、账面价值及其年初余额、本期增减变动数额、期末余额;已提足折旧的固定资产名称、数量等情况;出租、出借固定资产以及固定资产对外投资等情况;披露格式见表8-5:

表8-5　　　　　　　　　　固定资产明细表　　　　　　　　　　单位:元

项　目	年初余额	本期增加额	本期减少额	期末余额
一、原值合计				
其中:房屋及构筑物				
通用设备				
专用设备				
文物和陈列品				
图书、档案				
家具、用具、装具及动植物				
二、累计折旧合计				
其中:房屋及构筑物				
通用设备				
专用设备				
家具、用具、装具				
三、账面价值合计				
其中:房屋及构筑物				
通用设备				
专用设备				
文物和陈列品				
图书、档案				
家具、用具、装具及动植物				

（7）在建工程的明细信息，包括在建工程的项目名称，各项目的年初余额、本期增减变动数额、期末余额等情况；

（8）无形资产的明细信息，包括无形资产的种类及每种无形资产的原值、累计摊销账面价值、年初余额、本期增减变动数额、期末余额，计入当期损益的研发支出金额、确认为无形资产的研发支出金额，无形资产出售、对外投资等处置情况；

（9）公共基础设施的明细信息，包括公共基础设施的市政、交通、水利及其他分类和具体项目，每项公共基础设施的原值、累计折旧、账面价值、年初余额、本期增减变动数额、期末余额等情况；确认为公共基础设施的单独计价入账的土地使用权的账面余额、累计摊销额及变动情况，已提足折旧继续使用的公共基础设施的名称、数量等；

（10）政府储备物资的明细信息，包括政府储备物资类别及各类物资的年初余额、本期增减变动数额、期末余额等情况；

（11）受托代理资产的明细信息，包括受托代理资产类别及各类资产的年初余额、本期增减变动数额期末余额情况；披露格式见表 8-6：

表 8-6　　　　　　　　　　　受托代理资产明细表　　　　　　　　　　　单位：元

资产类别	年初余额	本期增加额	本期减少额	期末余额
货币资金				
受托转赠物资				
受托存储保管物资				
罚没物资				
其他				
合计				

（12）应付账款的明细信息，包括单位内部、外部和其他等债权人类别、债权人名称及应付各债权人款项的年初余额、期末余额等情况；应付票据、预收账款、其他应付款、长期应付款可比照应付账款进行披露；

（13）其他流动负债的明细信息，包括其他流动负债的项目及其年初余额和期末余额；预计负债、其他非流动负债可比照其他流动负债进行披露；

（14）长期借款的明细信息，包括债权人的名称向各债权人借款的年初余额和期货末余额；单位有基建借款的，应当分基建项目披露长期借款年初数、本年变动数、年末数和到期期限；

（15）事业收入的明细信息，包括事业收入的来源及单位名称，每项来源事业收入的本期及上期发生额等；披露格式见表 8-7：

表 8-7　　　　　　　　　　　事业收入明细表　　　　　　　　　　　　　单位：元

收入来源	本期发生额	上期发生额
来自财政专户管理资金		
本部门内部单位		
单位 1		
……		

续表

收入来源	本期发生额	上期发生额
本部门以外同级政府单位		
单位1		
……		
其他		
单位1		
……		
合计		

（16）非同级财政拨款收入的明细信息，包括非同级财政拨款收入的来源及单位名称，每项来源收入的本期及上期发生额等；披露格式见表8-8：

表8-8　　　　　　　　　　非同级拨款收入明细表　　　　　　　　　　单位：元

收入来源	本期发生额	上期发生额
本部门以外同级政府单位		
单位1		
……		
本部门以外非同级政府单位		
单位1		
……		
合计		

（17）其他收入的明细信息，包括非同级财政拨款收入的来源及单位名称，每项来源收入的本期及上期发生额等；披露格式见表8-9：

表8-9　　　　　　　　　　其他收入明细表　　　　　　　　　　单位：元

收入来源	本期发生额	上期发生额
本部门内部单位		
单位1		
……		
本部门以外同级政府单位		
单位1		
……		
本部门以外非同级政府单位		
单位1		
……		
其他		
单位1		
……		
合计		

(18) 业务活动费用的明细信息，包括按经济分类和支付对象分类的明细信息，有单位管理费用、经营费用的，可比照业务活动费用进行披露。其中按支付对象分类的明细信息包括支付对象（单位）名称及本期和上期发生额；按经济分类的明细信息包括费用项目及本期及上期发生额，披露格式见表 8-10：

表 8-10　　　　　　　　　　业务活动费用明细表　　　　　　　　　　　单位：元

项　　目	本期发生额	上期发生额
工资福利费用		
商品和服务费用		
对个人和家庭的补助费用		
对企业补助费用		
固定资产折旧费		
无形资产摊销费		
公共基础设施折旧（摊销）费		
保障性住房折旧费		
计提专用基金		
合计		

(19) 其他费用的明细信息，包括其他费用的利息费用、坏账损失、罚没支出等各类别的本期发生额和上期发生额；

(20) 本期费用的明细信息，包括本期费用各项目的本年数和上年数，披露格式见表 8-11：

表 8-11　　　　　　　　　　本期费用明细表　　　　　　　　　　　　单位：元

项　　目	本年数	上年数
工资福利费用		
商品和服务费用		
对个人和家庭的补助费用		
对企业补助费用		
固定资产折旧费		
无形资产摊销费		
公共基础设施折旧（摊销）费		
保障性住房折旧费		
计提专用基金		
所得税费用		
资产处置费用		
上缴上级费用		
对附属单位补助费用		
其他费用		
本期费用合计		

6. 本年盈余与预算结余的差异情况说明

为了反映单位财务会计和预算会计因核算基础和核算范围不同所产生的本年盈余数与本年预算结余数之间的差异，单位应当按照重要性原则，对本年度发生的各类影响收入（预算收入）和费用（预算支出）的业务进行适度归并和分析，披露格式将年度预算收入支出表中"本年预算收支差额"调节为年度收入费用表中"本期盈余"的信息。

单位应通过财务软件完成相关业务分录标识和报表设置，以信息化的方式生成"本年预算收支差额和本期盈余调节表"，表中数据平衡计算公式为：本年预算结余 + 重要事项的差异 + 其他事项差异 = 本年盈余，表中"本年预算结余"应与单位"预算收入支出表"中"本年预算收支差额"数据一致，表中"本年盈余"应与单位"收入费用表"中"本年盈余一致"。"本年预算收支差额和本期盈余调节表"格式见表 8 - 12：

表 8 - 12　　　　　　　　本年预算收支差额和本期盈余调节表　　　　　　　　单位：元

项　目	金额
一、本年预算结余（本年预算收支差额）	
二、差异调节	——
（一）重要事项的差异	
加：1. 当期确认为收入但没有确认为预算收入	
（1）应收款项、预收账款确认的收入	
（2）接受非货币性资产捐赠确认的收入	
2. 当期确认为预算支出但没有确认为费用	
（1）支付应付款项、预付账款的支出	
（2）为取得存货、政府储备物资等计入物资成本的支出	
（3）为购建固定资产等的资本性支出	
（4）偿还借款本息支出	
减：1. 当期确认为预算收入但没有确认为收入	
（1）收到应收款项、预收账款确认的预算收入	
（2）取得借款确认的预算收入	
2. 当期确认为费用但没有确认为预算支出	
（1）发出存货、政府储备物资等确认的费用	
（2）计提的折旧费用和摊销费用	
（3）确认的资产处置费用（处置资产价值）	
（4）应付款项、预付账款确认的费用	
（二）其他事项差异	
三、本年盈余（本年收入与费用的差额）	

7. 其他重要事项说明

（1）资产负债表日存在的重要或有事项说明。没有重要或有事项的，也应说明。

（2）以名义金额计量的资产名称、数量等情况，以及以名义金额计量理由的说明。

（3）通过债务资金形成的固定资产、公共基础设施、保障性住房等资产的账面价值、使用情况、收益情况及与此相关的债务偿还情况等的说明。

（4）重要资产置换、无偿调入（出）、捐入（出）、报废、重大毁损等情况的说明。

（5）事业单位将单位内部独立核算单位的会计信息纳入本单位财务报表情况的说明。

（6）政府会计具体准则中要求附注披露的其他内容。

（7）有助于理解和分析单位财务报表需要说明的其他事项。

第二节 政府单位预算报告

按照《政府会计制度——行政事业单位会计科目及报表》规定，行政事业单位应当以收付实现制为基础，以单位预算会计核算生成的数据为准编制预算会计报表。政府预算会计报表指行政事业单位编制的预算会计报表，包括预算收入支出表、预算结转结余变动表和财政拨款预算收入支出表。本章对预算会计报表的概念、格式和编制方法进行讲解。

一、预算收入支出表的编制

（一）概念和作用

预算收入支出表是反映行政事业单位预算收支情况的报表，反映单位在某一会计年度内各项预算收入、预算支出和预算收支差额的情况。按照规定，行政事业单位的预算收入支出表应当按年度编制。

预算收入支出表用于提供某一会计年度内预算收入总额、支出总额及其构成情况的信息，如：某单位年度内财政拨款收入、事业预算收入、事业支出、其他支出等信息，同时通过计算预算收入总额减去预算支出总额，提供某一会计年度内预算收支差额的信息。通过分析单位各类收入、支出和收支差额信息，便于单位和主管及财政部门了解单位预算执行情况和安排下一年度预算收支计划。

（二）报表格式

预算收入支出表按照本年预算收入、本年预算支出的构成和本年预算收支差额情况分项列示，并按本年数和上年数分栏列示。表中数据信息计算公式为：本年预算收入－本年预算支出＝本年预算收支差额。预算收入支出表格式见表 8-13：

表 8-13　　　　　　　　　预算收入支出表　　　　　　　　　会政预 01 表

编制单位：××单位　　　　　　　　2×2×年　　　　　　　　　　单位：元

项　目	本年数	上年数
一、本年预算收入		
（一）财政拨款预算收入		
其中：政府性基金收入		
（二）事业预算收入		

续表

项　目	本年数	上年数
（三）上级补助预算收入		
（四）附属单位上缴预算收入		
（五）经营预算收入		
（六）债务预算收入		
（七）非同级财政拨款预算收入		
（八）投资预算收益		
（九）其他预算收入		
其中：利息预算收入		
捐赠预算收入		
租金预算收入		
二、本年预算支出		
（一）行政支出		
（二）事业支出		
（三）经营支出		
（四）上缴上级支出		
（五）对附属单位补助支出		
（六）投资支出		
（七）债务还本支出		
（八）其他支出		
其中：利息支出		
捐赠支出		
三、本年预算收支差额		

（三）预算收入支出表的编列方法

本表反映单位在某一会计年度内各项预算收入、预算支出和预算收支差额的情况。本表"本年数"栏反映各项目的本年实际发生数。本表"上年数"栏反映各项目上年度的实际发生数，应当根据上年度预算收入支出表中"本年数"栏内所列数字填列。如果本年度预算收入支出表规定的项目的名称和内容同上年度不一致，应当对上年度预算收入支出表项目的名称和数字按照本年度的规定进行调整，将调整后金额填入本年度预算收入支出表的"上年数"栏。

本表"本年数"栏各项目的内容和填列方法：

1. 本年预算收入

（1）"本年预算收入"项目，反映单位本年预算收入总额。本项目应当根据本表中"财政拨款预算收入""事业预算收入""上级补助预算收入""附属单位上缴预算收入""经营预算收入""债务预算收入""非同级财政拨款预算收入""投资预算收益""其他预算收入"项目金额的合计数填列。

（2）"财政拨款预算收入"项目，反映单位本年从同级政府财政部门取得的各类财政拨款。本项目应当根据"财政拨款预算收入"科目的本年发生额填列。其中"政府性基金收入"项目，反映单位本年取得的财政拨款收入中属于政府性基金预算拨款的金额。本项目应当根据"财政拨款预算收入"相关明细科目的本年发生额填列。

（3）"事业预算收入"项目，反映事业单位本年开展专业业务活动及其辅助活动取得的预算收入。本项目应当根据"事业预算收入"科目的本年发生额填列。

（4）"上级补助预算收入"项目，反映事业单位本年从主管部门和上级单位取得的非财政补助预算收入。本项目应当根据"上级补助预算收入"科目的本年发生额填列。

（5）"附属单位上缴预算收入"项目，反映事业单位本年收到的独立核算的附属单位按照有关规定上缴的预算收入。本项目应当根据"附属单位上缴预算收入"科目的本年发生额填列。

（6）"经营预算收入"项目，反映事业单位本年在专业业务活动及其辅助活动之外开展非独立核算经营活动取得的预算收入。本项目应当根据"经营预算收入"科目的本年发生额填列。

（7）"债务预算收入"项目，反映事业单位本年按照规定从金融机构等借入的、纳入部门预算管理的债务预算收入。本项目应当根据"债务预算收入"的本年发生额填列。

（8）"非同级财政拨款预算收入"项目，反映单位本年从非同级政府财政部门取得的财政拨款。本项目应当根据"非同级财政拨款预算收入"科目的本年发生额填列。

（9）"投资预算收益"项目，反映事业单位本年取得的按规定纳入单位预算管理的投资收益。本项目应当根据"投资预算收益"科目的本年发生额填列。

（10）"其他预算收入"项目，反映单位本年取得的除上述收入以外的纳入单位预算管理的各项预算收入。本项目应当根据"其他预算收入"科目的本年发生额填列。

"利息预算收入"项目，反映单位本年取得的利息预算收入。本项目应当根据"其他预算收入"科目的明细记录分析填列。单位单设"利息预算收入"科目的，应当根据"利息预算收入"科目的本年发生额填列。

"捐赠预算收入"项目，反映单位本年取得的捐赠预算收入。本项目应当根据"其他预算收入"科目明细账记录分析填列。单位单设"捐赠预算收入"科目的，应当根据"捐赠预算收入"科目的本年发生额填列。

"租金预算收入"项目，反映单位本年取得的租金预算收入。本项目应当根据"其他预算收入"科目明细账记录分析填列。单位单设"租金预算收入"科目的，应当根据"租金预算收入"科目的本年发生额填列。

2. 本年预算支出

（1）"本年预算支出"项目，反映单位本年预算支出总额。本项目应当根据本表中"行政支出""事业支出""经营支出""上缴上级支出""对附属单位补助支出""投资支出""债务还本支出"和"其他支出"项目金额的合计数填列。

（2）"行政支出"项目，反映行政单位本年履行职责实际发生的支出。本项目应当根据"行政支出"科目的本年发生额填列。

（3）"事业支出"项目，反映事业单位本年开展专业业务活动及其辅助活动发生的支出。本项目应当根据"事业支出"科目的本年发生额填列。

(4)"经营支出"项目,反映事业单位本年在专业业务活动及其辅助活动之外开展非独立核算经营活动发生的支出。本项目应当根据"经营支出"科目的本年发生额填列。

(5)"上缴上级支出"项目,反映事业单位本年按照财政部门和主管部门的规定上缴上级单位的支出。本项目应当根据"上缴上级支出"科目的本年发生额填列。

(6)"对附属单位补助支出"项目,反映事业单位本年用财政拨款收入之外的收入对附属单位补助发生的支出。本项目应当根据"对附属单位补助支出"科目的本年发生额填列。

(7)"投资支出"项目,反映事业单位本年以货币资金对外投资发生的支出。本项目应当根据"投资支出"科目的本年发生额填列。

(8)"债务还本支出"项目,反映事业单位本年偿还自身承担的纳入预算管理的从金融机构举借的债务本金的支出。本项目应当根据"债务还本支出"科目的本年发生额填列。

(9)"其他支出"项目,反映单位本年除以上支出以外的各项支出。本项目应当根据"其他支出"科目的本年发生额填列。

"利息支出"项目,反映单位本年发生的利息支出。本项目应当根据"其他支出"科目明细账记录分析填列。单位单设"利息支出"科目的,应当根据"利息支出"科目的本年发生额填列。

"捐赠支出"项目,反映单位本年发生的捐赠支出。本项目应当根据"其他支出"科目明细账记录分析填列。单位单设"捐赠支出"科目的,应当根据"捐赠支出"科目的本年发生额填列。

3. 本年预算收支差额

"本年预算收支差额"项目,反映单位本年各项预算收支相抵后的差额。本项目应当根据本表中"本期预算收入"项目金额减去"本期预算支出"项目金额后的金额填列;如相减后金额为负数,以"-"号填列。

二、预算结转结余变动表的编制

(一)概念和作用

预算结转结余变动表是反映单位在某一会计年度内预算结转结余变动情况的报表。按照规定,行政事业单位的预算结转结余变动表应当按年度编制。

预算结转结余变动表可以提供某一会计年度内预算结转结余项目的金额变动情况,例如:某会计年度内由本年财政拨款收支差额、归集调入、归集上缴或调出等原因引起的;可以提供年末预算结转结余构成情况,例如,年末财政拨款结转、财政拨款结余、非财政拨款结转、非财政拨款结余、专用结余等信息。通过分析单位预算结转结余变化和存量情况,便于单位和主管及财政部门统筹安排财政预算结转结余资金。

(二)报表格式

单位预算结转结余变动表按照财政拨款结转结余、其他资金结转结余的本年数和上年数分栏列示,同时按照年初预算结转结余、年初余额调整、本年变动金额和年末预算结转结存等项目分层次填列。表中数据采用的计算公式为:年初预算结转结余±年初余额调整±本年变动金额＝年末预算结转结余。预算结转结余变动表的格式见表8－14。

表8－14　　　　　　　　　　预算结转结余变动表　　　　　　　　会政预02表
编制单位：××单位　　　　　　　　　　2×2×年　　　　　　　　　　单位：元

项　　目	本年数	上年数
一、年初预算结转结余		
（一）财政拨款结转结余		
（二）其他资金结转结余		
二、年初余额调整（减少以"－"号填列）		
（一）财政拨款结转结余		
（二）其他资金结转结余		
三、本年变动金额（减少以"－"号填列）		
（一）财政拨款结转结余		
1. 本年收支差额		
2. 归集调入		
3. 归集上缴或调出		
（二）其他资金结转结余		
1. 本年收支差额		
2. 缴回资金		
3. 使用专用结余		
4. 支付所得税		
四、年末预算结转结余		
（一）财政拨款结转结余		
1. 财政拨款结转		
2. 财政拨款结余		
（二）其他资金结转结余		
1. 非财政拨款结转		
2. 非财政拨款结余		
3. 专用结余		
4. 经营结余（如有余额，以"－"号填列）		

（三）预算结转结余变动表的编列方法

预算结转结余变动表反映单位在某一会计年度内预算结转结余的变动情况。本表"本年数"栏反映各项目的本年实际发生数。本表"上年数"栏反映各项目的上年实际发生数，应当根据上年度预算结转结余变动表中"本年数"栏内所列数字填列。如果本年度预算结转结余变动表规定的项目的名称和内容同上年度不一致，应当对上年度预算结转结余变动表项目的名称和数字按照本年度的规定进行调整，将调整后金额填入本年度预算结转结余变动表的"上年数"栏。本表中"年末预算结转结余"项目金额等于"年初预算结转结余""年初余额调整""本年变动金额"三个项目的合计数。

本表"本年数"栏各项目的内容和填列方法：

1. "年初预算结转结余"项目

反映单位本年预算结转结余的年初余额。本项目应当根据本项目下"财政拨款结转结余""其他资金结转结余"项目金额的合计数填列。

（1）"财政拨款结转结余"项目，反映单位本年财政拨款结转结余资金的年初余额。本项目应当根据"财政拨款结转""财政拨款结余"科目本年年初余额合计数填列。

（2）"其他资金结转结余"项目，反映单位本年其他资金结转结余的年初余额。本项目应当根据"非财政拨款结转""非财政拨款结余""专用结余""经营结余"科目本年年初余额的合计数填列。

2. "年初余额调整"项目

反映单位本年预算结转结余年初余额调整的金额。本项目应当根据本项目下"财政拨款结转结余""其他资金结转结余"项目金额的合计数填列。

（1）"财政拨款结转结余"项目，反映单位本年财政拨款结转结余资金的年初余额调整金额。本项目应当根据"财政拨款结转""财政拨款结余"科目下"年初余额调整"明细科目的本年发生额的合计数填列；如调整减少年初财政拨款结转结余，以"-"号填列。

（2）"其他资金结转结余"项目，反映单位本年其他资金结转结余的年初余额调整金额。本项目应当根据"非财政拨款结转""非财政拨款结余"科目下"年初余额调整"明细科目的本年发生额的合计数填列；如调整减少年初其他资金结转结余，以"-"号填列。

3. "本年变动金额"项目

反映单位本年预算结转结余变动的金额。本项目应当根据本项目下"财政拨款结转结余""其他资金结转结余"项目金额的合计数填列。

（1）"财政拨款结转结余"项目，反映单位本年财政拨款结转结余资金的变动。本项目应当根据本项目下"本年收支差额""归集调入""归集上缴或调出"项目金额的合计数填列。

①"本年收支差额"项目，反映单位本年财政拨款资金收支相抵后的差额。本项目应当根据"财政拨款结转"科目下"本年收支结转"明细科目本年转入的预算收入与预算支出的差额填列；差额为负数的，以"-"号填列。

②"归集调入"项目，反映单位本年按照规定从其他单位归集调入的财政拨款结转资金。本项目应当根据"财政拨款结转"科目下"归集调入"明细科目的本年发生额填列。

③"归集上缴或调出"项目，反映单位本年按照规定上缴的财政拨款结转结余资金及按照规定向其他单位调出的财政拨款结转资金。本项目应当根据"财政拨款结转""财政拨款结余"科目下"归集上缴"明细科目，以及"财政拨款结转"科目下"归集调出"明细科目本年发生额的合计数填列，以"-"号填列。

（2）"其他资金结转结余"项目，反映单位本年其他资金结转结余的变动。本项目应当根据本项目下"本年收支差额""缴回资金""使用专用结余""支付所得税"项目金额的合计数填列。

①"本年收支差额"项目，反映单位本年除财政拨款外的其他资金收支相抵后的差额。本项目应当根据"非财政拨款结转"科目下"本年收支结转"明细科目、"其他结余"科目、"经营结余"科目本年转入的预算收入与预算支出的差额的合计数填列；如为负数，以"－"号填列。

②"缴回资金"项目，反映单位本年按照规定缴回的非财政拨款结转资金。本项目应当根据"非财政拨款结转"科目下"缴回资金"明细科目本年发生额的合计数填列，以"－"号填列。

③"使用专用结余"项目，反映本年事业单位根据规定使用从非财政拨款结余或经营结余中提取的专用基金的金额。本项目应当根据"专用结余"科目明细账中本年使用专用结余业务的发生额填列，以"－"号填列。

④"支付所得税"项目，反映有企业所得税缴纳义务的事业单位本年实际缴纳的企业所得税金额。本项目应当根据"非财政拨款结余"明细账中本年实际缴纳企业所得税业务的发生额填列，以"－"号填列。

4．"年末预算结转结余"项目

反映单位本年预算结转结余的年末余额。本项目应当根据本项目下"财政拨款结转结余""其他资金结转结余"项目金额的合计数填列。

（1）"财政拨款结转结余"项目，反映单位本年财政拨款结转结余的年末余额。本项目应当根据本项目下"财政拨款结转""财政拨款结余"项目金额的合计数填列。本项目下"财政拨款结转""财政拨款结余"项目，应当分别根据"财政拨款结转""财政拨款结余"科目的本年年末余额填列。

（2）"其他资金结转结余"项目，反映单位本年其他资金结转结余的年末余额。本项目应当根据本项目下"非财政拨款结转""非财政拨款结余""专用结余""经营结余"项目金额的合计数填列。本项目下"非财政拨款结转""非财政拨款结余""专用结余""经营结余"项目，应当分别根据"非财政拨款结转""非财政拨款结余""专用结余""经营结余"科目的本年年末余额填列。

三、财政拨款预算收入支出表的编制

（一）概念和作用

财政拨款预算收入支出表是反映单位本年财政拨款预算资金收入、支出及相关变动具体情况的报表。按照规定，行政事业单位的财政拨款预算收入支出表应当按年度编制。

财政拨款预算收入支出表可以提供某一会计年度内单位财政拨款预算收支各个组成项目的资金增减变动具体信息，如，提供某一会计年度内单位一般公共预算财政拨款基本支出（人员和公用经费）、各财政项目支出的年初财政拨款结转结余、本年归集调入、本年归集上缴或调出、单位内部调剂、本年财政拨款收入、本年财政拨款支出、年末财政拨款结转结余等信息。相对于预算结转结余变动表，财政拨款预算收入支出表更加清晰的反映财政拨款预算资金及其增减变动情况，便于核对预算信息和掌握单位预算执行的具体情况。

第八章 政府会计报告

(二) 报表格式

财政拨款预算收入支出表应当分别按照应当分别按照一般公共预算财政拨款和政府性基金预算财政拨款及其基本支出和项目支出具体构成项目分项列示,同时分栏反映各构成项的年初结转结余数、本年增减变动数和年末结转结余数。本年增减变动数包括调整年初结转结余数、本年归集调入数、本年归集上缴或调出数、单位内部调剂数、本年财政拨款收入数、本年财政拨款支出数。财政拨款预算收入支出表的格式见表 8-15:

表 8-15　　　　　　　　　　　财政拨款预算收入支出表　　　　　　　　　　会政预 02 表

编制单位:××单位　　　　　　　　　　　2×2×年　　　　　　　　　　　　单位:元

项目	年初财政拨款结转结余		调整年初财政拨款结转结余	本年归集调入	本年归集上缴或调出	单位内部调剂		本年财政拨款收入	本年财政拨款支出	年末财政拨款结转结余	
	结转	结余				结转	结余			结转	结余
一、一般公共预算财政拨款											
(一) 基本支出											
1. 人员经费											
2. 日常公用经费											
(二) 项目支出											
1. ××项目											
2. ××项目											
……											
二、政府性基金预算财政拨款											
(一) 基本支出											
1. 人员经费											
2. 日常公用经费											
(二) 项目支出											
1. ××项目											
2. ××项目											
……											
总计											

(三) 财政拨款预算收入支出表编列方法

财政拨款预算收入支出表"项目"栏内各项目,应当根据单位取得的财政拨款种类分项设置。其中"项目支出"项目下,根据每个项目设置;单位取得除一般公共财政预算拨款和政府性基金预算拨款以外的其他财政拨款的,应当按照财政拨款种类增加相应的资金项目及其明细项目。

各栏及其对应项目的内容和填列方法:

1. "年初财政拨款结转结余"栏中各项目

反映单位年初各项财政拨款结转结余的金额。各项目应当根据"财政拨款结转"

"财政拨款结余"及其明细科目的年初余额填列。本栏中各项目的数额应当与上年度财政拨款预算收入支出表中"年末财政拨款结转结余"栏中各项目的数额相等。

2. "调整年初财政拨款结转结余"栏中各项目

反映单位对年初财政拨款结转结余的调整金额。各项目应当根据"财政拨款结转""财政拨款结余"科目下"年初余额调整"明细科目及其所属明细科目的本年发生额填列;如调整减少年初财政拨款结转结余,以"-"号填列。

3. "本年归集调入"栏中各项目

反映单位本年按规定从其他单位调入的财政拨款结转资金金额。各项目应当根据"财政拨款结转"科目下"归集调入"明细科目及其所属明细科目的本年发生额填列。

4. "本年归集上缴或调出"栏中各项目

反映单位本年按规定实际上缴的财政拨款结转结余资金,以及按照规定向其他单位调出的财政拨款结转资金金额。各项目应当根据"财政拨款结转""财政拨款结余"科目下"归集上缴"科目和"财政拨款结转"科目下"归集调出"明细科目及其所属明细科目的本年发生额填列,以"-"号填列。

5. "单位内部调剂"栏中各项目

反映单位本年财政拨款结转结余资金在单位内部不同项目等之间的调剂金额。各项目应当根据"财政拨款结转"和"财政拨款结余"科目下的"单位内部调剂"明细科目及其所属明细科目的本年发生额填列;对单位内部调剂减少的财政拨款结余金额,以"-"号填列。

6. "本年财政拨款收入"栏中各项目

反映单位本年从同级财政部门取得的各类财政预算拨款金额。各项目应当根据"财政拨款预算收入"科目及其所属明细科目的本年发生额填列。

7. "本年财政拨款支出"栏中各项目

反映单位本年发生的财政拨款支出金额。各项目应当根据"行政支出""事业支出"等科目及其所属明细科目本年发生额中的财政拨款支出数的合计数填列。

8. "年末财政拨款结转结余"栏中各项目

反映单位年末财政拨款结转结余的金额。各项目应当根据"财政拨款结转""财政拨款结余"科目及其所属明细科目的年末余额填列。

第三节

政府综合财务报告

一、政府综合财务报告的概述

政府综合财务报告以权责发生制为编制基础,由政府财政部门编制,主要反映政府整体财务状况、运行情况和财政中长期可持续性的报告。(具体详见书后附录)

政府综合财务报告的目标是向财务报告使用者提供与政府的财务状况、运行情况

（含运行成本）和现金流量等有关信息，反映政府会计主体公共受托责任履行情况，有助于财务报告使用者作出决策或者进行监督管理。可作为考核地方政府绩效、开展地方政府信用评级、评估预警地方政府债务风险、编制全国和地方资产负债表以及制定财政中长期规划和其他相关规划的重要依据。

政府综合财务报告使用者包括各级人民代表大会常务委员会、债权人、各级政府及其有关部门、政府会计主体自身和其他利益相关者。

政府综合财务报告包括会计报表、报表附注、财政经济分析、政府财政财务管理情况等。会计报表主要包括资产负债表、收入费用表及当期盈余与预算结余差异表等。资产负债表重点反映政府整体年末财务状况；按照资产、负债和净资产分类列示。收入费用表重点反映政府整体年度运行情况；按照收入、费用和盈余分类分项列示。当期盈余与预算差异表反映政府整体权责发生制基础当期盈余与现行会计制度下当期预算结余之间的差异。

政府综合财务报告数据质量审核重点是报告的真实性、准确性、完整性和规范性；具体包括：内容真实性，报表数据与会计账簿数据是否相符，是否有漏报、虚报和瞒报等现象。数据准确性，财务报表表内、表间勾稽关系是否衔接，纸质数据与电子数据、分户数据与合并汇总数据是否保持一致。范围完整性，是否涵盖所有报告主体和事项。格式规范性，会计报表、报表附注、分析说明的格式等是否符合政府综合财务报告编制制度规定。

政府综合会计报表属于合并会计报表，在汇总本级政府各部门财务报表、财政总预算会计报表、农业综合开发资金会计报表、土地储备资金财务报表、物资储备资金会计报表等被合并主体报表基础上，采用抵销、调整等方法合并编制形成。其中，抵销是指对本级政府各部门之间、政府财政与部门之间、政府内部之间的经济业务或事项进行抵销；调整是指按照权责发生制原则将被合并主体报表中的收入和支出，调整为应归属于当期的收入和费用。

编制政府综合会计报表的数据主要源于以下报表：

（一）政府部门财务报表

（二）财政总预算会计报表

（三）农业综合开发资金会计报表

（四）土地储备资金财务报表

（五）物资储备资金会计报表

（六）政府持有股份的企业财务会计决算报表

（一）至（五）类报表称为被合并主体报表，（六）类报表称为权益报表。

财政总预算会计报表反映一般公共预算资金、政府性基金预算资金、国有资本经营预算资金、财政专户管理资金、专用基金和代管资金等资金活动的信息。

农业综合开发资金专户已撤销且执行财政总预算会计制度的无需从农业综合开发资金会计报表取数。物资储备资金会计报表仅适用中央部门。

二、资产负债表和收入费用表编制

资产负债表和收入费用表采用汇总工作表方式，按照以下步骤编制形成。汇总工作表属于工作底稿。

（一）按照"被合并主体报表项目与政府综合会计报表项目对照表"（以下简称"报表项目对照表"）将被合并主体报表各项目数据填列到汇总工作表对应栏

将政府部门财务报表、财政总预算会计报表、农业综合开发资金会计报表、土地储备资金财务报表、物资储备资金会计报表中的年末资产、年末负债、年末净资产、本期收入、本期支出项目数据按照"报表项目对照表"分项填入汇总工作表对应栏中。其中，能够直接对应到政府综合会计报表项目的，直接填入对应栏；不能直接对应的，分析填列至相应栏或填入"待抵销调整项目"。

（二）对被合并主体之间发生的经济业务或事项，按照"抵消调整事项清单"编制抵销分录，填入汇总工作表"抵销分录"栏

1. 抵销政府部门之间发生的经济业务或事项

政府财政部门应当根据政府部门财务报表项目明细信息，对经确认的本级政府部门之间发生的经济业务或事项进行抵销。

（1）抵销政府部门之间的债权债务事项。政府部门之间发生的待抵销债权债务事项主要涉及应收账款、预付账款、其他应收款、应付账款、预收账款、其他应付款、长期应付款等报表项目。对于经确认抵销的债权债务事项，要编制抵销分录：借记"应付账款""预收账款""其他应付款""长期应付款"；贷记"应收账款""预付账款""其他应收款"。

（2）抵销政府部门之间的收入费用事项。政府部门之间发生的待抵销收入费用事项主要涉及事业收入、经营收入、其他收入、商品和服务费用、经营费用等报表项目。对于经确认抵销的收入费用事项，编制抵销分录：借记"事业收入（来自同级政府部门）""经营收入（来自同级政府部门）""其他收入（来自同级政府部门）"，贷记"商品和服务费用（支付给同级政府部门）""经营费用（支付给同级政府部门）"。

2. 抵销财政与部门及相关资金主体之间发生的经济业务或事项

（1）财政总预算会计报表中的"应付国库集中支付结余"与政府部门财务报表、土地储备资金财务报表、物资储备资金会计报表中的"财政应返还额度""财政预算额度"之间存在抵销关系，应经相关方确认后抵销。抵销分录为：借记"应付国库集中支付结余"，贷记"财政预算额度""财政应返还额度"。

（2）财政总预算会计报表中的"一般公共预算本级支出""政府性基金预算本级支出"等财政预算支出项目与政府部门财务报表及相关资金主体会计报表的"财政拨款收入"存在抵销关系，应经相关方确认后抵销。抵销分录为：借记"财政拨款收入"，贷记"一般公共预算本级支出""政府性基金预算本级支出"。

（3）财政总预算会计报表中的"财政专户管理资金支出"与政府部门财务报表的"事业收入"中来自财政专户拨入的部分之间存在抵销关系，应经相关方确认后抵销。抵销分录为：借记"事业收入（财政专户管理资金）"，贷记"财政专户管理资金支出"。

（4）财政总预算会计报表"借出款项"与政府部门财务报表中"其他应付款"之间存在抵销关系，应经确认后抵销。抵销分录为：借记"其他应付款"，贷记"借出款项"。

(5)财政总预算会计报表中的"预拨经费"与政府部门财务报表中的"其他应付款"之间存在抵销关系,应经确认后抵销。抵销分录为:借记"其他应付款",贷记"预拨经费"。

(6)财政代管预算单位资金,单位通过"其他应收款"核算的,财政总预算会计报表中的"应付代管资金"与政府部门财务报表中的"其他应收款"之间存在抵销关系,应经确认后抵销。抵销分录为:借记"应付代管资金",贷记"其他应收款"。

3. 抵销财政内部之间发生的经济业务或事项

(1)财政总预算会计报表"专用基金收入"中来自一般公共预算安排的部分与"一般公共预算本级支出"之间存在抵销关系,应经确认后抵销。抵销分录为:借记"专用基金收入",贷记"一般公共预算本级支出"。

(2)财政总预算会计报表中不同预算类型资金之间的"调入资金"和"调出资金"之间存在抵销关系,应经确认后抵销。抵销分录为:借记"调入资金",贷记"调出资金"。

(三)对应按权责发生制调整的事项,按照"抵销调整事项清单"编制调整分录,填入汇总工作表"调整分录"栏

1. 调减财政总预算会计报表中的应付代管资金

财政代管预算单位资金,单位通过"银行存款"核算的,为避免重复,应调减财政受托代理资产和负债部分。调整分录为:借记"应付代管资金",贷记"其他财政存款"。

2. 将财政总预算会计报表中"专用基金收入"分析调整至政府综合会计报表的"其他收入"

财政总预算会计报表"专用基金收入"中不属于通过一般公共预算本级支出安排的部分,按照资金性质应列入政府综合会计报表中的"其他收入"项目。调整分录为:借记"专用基金收入",贷记"其他收入"。

3. 调减国有资本经营预算收入

按照权责发生制原则,当年取得的国有资本经营预算收入中,利润收入、股利和股息收入实际是收到的报告年度以前年度应收国有资本经营收益,不属于当年收入;产权转让收入、清算收入等属于资产交易所得,不属于收入,应调减收入总额。调整分录为:借记"国有资本经营预算收入",贷记"净资产"。

4. 调减预算稳定调节基金相关收支

按照权责发生制原则,财政总预算会计报表中的"动用预算稳定调节基金"不属于政府综合会计报表中的收入项目,应调减收入总额。调整分录为:借记"动用预算稳定调节基金",贷记"净资产"。同理,财政总预算会计报表中的"安排预算稳定调节基金"不属于政府综合会计报表中的费用项目,应调减费用总额。调整分录为:借记"净资产",贷记"安排预算稳定调节基金"。

5. 调减债务收入、债务转贷收入

按照权责发生制原则,财政总预算会计报表中的"债务收入""债务转贷收入"不属于政府综合会计报表中的收入项目,应予以调减收入总额。调整分录为:借记"债务收入""债务转贷收入",贷记"净资产"。

6. 调减债务还本支出、债务转贷支出

按照权责发生制原则，财政总预算会计报表中的"债务还本支出""债务转贷支出"不属于政府综合会计报表中的费用项目，应予以调减费用总额。调整分录为：借记"净资产"，贷记"债务还本支出""债务转贷支出"。

7. 调减股权投资等资本性支出

按照权责发生制原则，财政总预算会计报表中属于财政部门直接发生的用于股权投资等方面的资本性支出不属于政府综合会计报表中的费用项目，应调减费用总额。调整分录为：借记"净资产"，贷记"一般公共预算本级支出""政府性基金预算本级支出""国有资本经营预算本级支出"等。

8. 将财政直接支出分析调整填入相应费用栏

未安排到部门预算且由财政直接安排的一般公共预算本级支出、政府性基金预算本级支出等支出中属于工资福利费用、商品和服务费用、对个人和家庭的补助、对企事业单位的补贴的部分，应分析调整填入上述费用。借记"工资福利费用""商品和服务费用""对个人和家庭的补助""对企事业单位的补贴"等，贷记"一般公共预算本级支出""政府性基金预算本级支出"等。

9. 将财政总预算会计报表中"专用基金支出"分析调整至政府综合会计报表相应的费用项目

对财政总预算会计报表中的专用基金支出，应按支出经济分类分析调整为政府综合会计报表中的"商品和服务支出""对个人和家庭的补助""对企事业单位的补贴"等项目。调整分录为：借记"商品和服务费用""对个人和家庭的补助""对企事业单位的补贴"等，贷记"专用基金支出"。

10. 调增长期投资、应收股利、投资收益

（1）关于财政总预算会计尚未核算的政府持有股权的企业股权投资及相关收益的调整。编制政府综合会计报表时，应根据政府持有股权的企业财务会计决算报表中资产负债表的所有者权益和应付股利，以及利润表中的综合收益总额，乘以国有权益比重分别计算长期投资、应收股利、投资收益的金额，并编制调整分录。调整分录为：借记"长期投资""应收股利"，贷记"净资产""投资收益"。

长期投资调整额 = 所有者权益年末数 × 国有权益比重

应收股利调整额 = 应付股利年末数 × 国有权益比重

投资收益调整额 = 企业综合收益 × 国有权益比重

净资产调整额 = 长期投资调整额 + 应收股利调整额 − 投资收益调整额

已实行国有资本经营预算的地区，可按照报告年度的下一年度国有资本经营预算数填列应收股利，同时将国有资本经营预算数与上述公式计算得到的应收股利数的差额转入长期投资。

（2）关于财政总预算会计已核算的政府股权投资产生的投资收益的调整。按照《财政总预算会计制度》规定，政府股权投资当期取得的投资收益，应确认计入"资产基金"科目。编制政府综合会计报表时，对于已确认入账的投资收益部分，应将其从资产负债表的"净资产"项目调至收入费用表的"投资收益"项目。调整分录为：借记"净资产"，贷记"投资收益"。

11. 调减土地储备资金财务报表中的"交付项目支出"

按照权责发生制原则，土地储备资金财务报表中"交付项目支出"从经济性质上属于资本性支出，不属于费用，应调减费用总额。调整分录为：借记"净资产"，贷记"交付项目支出"。

12. 根据调整分录中收入调整总额与费用调整总额的差额，调整净资产项目

由于对收入和费用的调整最终会影响净资产总额，因此应当按照收入调整总额与费用调整总额的差额，调整净资产。按照所有调整分录汇总后计算（收入调增额－收入调减额－费用调增额＋费用调减额）的差额，如果差额为整数，则调增"净资产"；如果差额为负数，则调减"净资产"。

（四）将汇总工作表各项目对应的原始数据栏、抵销分录栏、调整分录栏中的数据，分别计算出经过抵销调整后的金额

1. 资产类项目

资产类项目中，各项目"被合并主体报表对应项目"栏金额加总，得到"原有金额合计"；"原有金额合计"加上该项目"抵销分录"借方金额，减去该项目"抵销分录"栏贷方金额，得到"包括抵销后合计"；"包括抵销后合计"加上该项目"调整分录"借方金额，减去"调整分录"贷方金额，得到"包括抵销调整后合计"。

"待抵销调整项目"抵销调整后原则上无余额。若有余额，填入"其他资产"。

资产类各项目加总后，计算出"原有金额合计""包括抵销后合计""包括抵销调整后合计"对应的"资产合计"数。

2. 负债类项目

负债类项目，各项目"被合并主体报表对应项目"栏金额加总，得到"原有金额合计"；"原有金额合计"；"原有金额合计"减去该项目"抵销分录"借方金额，加上该项目"抵销分录"栏贷方金额，得到"包括抵销后合计"；"包括抵销后合计"减去该项目"调整分录"借方金额，加上该项目"调整分录"贷方金额，得到"包括抵销调整后合计"。

"待抵销调整项目"抵销调整后原则上无余额。若有余额，填入"其他负债"。

负债类各项目加总后，计算出"原有金额合计""包括抵销后合计""包括抵销调整后合计"对应的"负债合计"数。

3. 净资产类项目

将"被合并主体报表对应项目"栏金额加总，得到"原有金额合计"；"原有金额合计"减去该项目"抵销分录"借方金额，加上该项目"抵销分录"栏贷方金额，得到"包括抵销后合计"；"包括抵销后合计"减去该项目"调整分录"借方金额，加上"调整分录"贷方金额，得到"包括抵销调整后合计"。

净资产类各项目加总后，计算出"原有金额合计""包括抵销后合计""包括抵销调整后合计"对应的"净资产合计数"。

4. 收入类项目

收入类项目，各项目"被合并主体报表对应项目"栏金额加总，得到"原有金额合计"；"原有金额合计"减去该项目"抵销分录"借方金额，加上该项目"抵销分录"栏贷方金额，得到"包括抵销后合计"；"包括抵销后合计"减去该项目"调整分

录"借方金额,加上"调整分录"贷方金额,得到"包括抵销调整后合计"。

"待抵销调整项目"抵销调整后原则上无余额。若有余额,填入"其他收入"。

收入类各项目加总后,计算出"原有金额合计""包括抵销后合计""包括抵销调整后合计"对应的"收入合计"数。

5. 费用类项目

费用类项目,各项目"被合并主体报表对应项目"栏金额加总,得到"原有金额合计";"原有金额合计"加上该项目"抵销分录"借方金额,减去该项目"抵销分录"栏贷方金额,得到"包括抵销后合计";"包括抵销后合计"加上该项目"调整分录"借方金额,减去"调整分录"贷方金额,得到"包括抵销调整后合计"。

"待抵销调整项目"抵销调整后原则上无余额。若有余额,填入"其他费用"。

费用类各项目加总后,计算出"原有金额合计""包括抵销后合计""包括抵销调整后合计"对应的"费用合计"数。

6. 当期盈余项目

按照"当期盈余=本期收入−本期费用",计算各报表及政府当期盈余数额。

(五)试算平衡后,将数据填入政府综合会计报表对应项目,生成政府综合会计报表

对调整后的各项目金额进行试算平衡。试算平衡方法:按照"期末净资产总额=原始报表期末净资产总额+根据所有调整分录汇总的净资产调整额"计算政府综合会计报表中政府期末净资产总额。所计算的期末净资产总额应当符合恒等式"期末净资产总额=期末资产总额−期末负债总额"计算的政府期末净资产总额。

试算平衡后,将汇总工作表"包括抵销调整后合计"栏数据对应填入政府综合会计报表中"资产负债表"各项目"年末数"栏,"收入费用表"各项目的"本年数"栏。

三、当期盈余与预算结余差异表编制

当期盈余与预算结余差异表根据本级政府财政汇总工作表和本级政府各部门当期盈余与预算结余差异表的相关数据编制。

(一)当期预算结余

本项目根据汇总工作表中的"原有金额合计"栏对应的"原有收支差额",减去汇总工作表中"政府部门会计报表项目"栏对应的"当期盈余",加上政府部门当期盈余与预算结余差异表中的"当期预算结余"后填列。

(二)日常活动产生的差异

本项目所包含的具体项目填列方法如下:

(1)安排预算稳定调节基金,根据调整分录中"安排预算稳定调节基金"项目的贷方金额填列。

(2)动用预算稳定调节基金,根据调整分录中"动用预算稳定调节基金"项目的借方金额填列。

(3)其他项目根据本级政府部门当期盈余和预算结余差异表加总后的对应项目金额直接填列。

（三）投资活动产生的差异

本项目所包含的具体项目填列方法如下：

（1）当期应取得的政府股权投资收益，根据调整分录中"投资收益"项目的贷方金额加总填列。

（2）当期财政直接发生的资本性支出，根据调整分录中"一般公共预算本级支出""政府性基金预算本级支出""国有资本经营预算本级支出"等项目的贷方金额分析加总填列。

（3）土地储备资金中的交付项目支出，根据调整分录中"交付项目支出"项目的贷方金额填列。

（4）国有资本经营预算收入，根据调整分录中"国有资本经营预算本级收入"项目的借方金额填列。

（5）当期政府部门发生的资本性支出，根据本级政府各部门当期盈余和预算结余差异表加总后的对应项目金额直接填列。

（四）筹资活动产生的差异

本项目所包含的具体项目填列方法如下：

（1）债务还本支出，根据调整分录中"债务还本支出"项目的贷方金额填列。

（2）债务转贷支出，根据调整分录中"债务转贷支出"项目的贷方金额填列。

（3）债务收入，根据调整分录中"债务收入"项目的借方金额填列。

（4）债务转贷收入，根据调整分录中"债务转贷收入"项目的借方金额填列。

（五）当期盈余

本项目根据"当期预算结余＋日常活动产生的差异＋投资活动产生的差异＋筹资活动产生的差异"计算填列。该项目应当与政府综合会计报表中收入费用表的"当期盈余"项目金额一致。

四、会计报表附注的编制

会计报表附注具体应包括下列内容：会计报表编制基础、遵循相关规定的声明、会计报表包含的主体范围、重要会计政策与会计估计、报表重要事项明细信息及说明、未在报表中列示的重大项目，以及需要说明的其他事项。

政府综合财务报告中的会计报表以权责发生制为基础编制。

政府财政部门应当声明编制的会计报表符合政府会计准则、相关会计制度和财务报告编制规定的要求，如实反映政府整体的财务状况、运行情况等有关信息。

会计报表包含的主体至少包括以下内容：

（一）资金主体

本级政府财政管理的各项资金，以及土地储备资金和物资储备资金等。

（二）单位主体

纳入政府综合财务报告编报范围的部门清单及部门所属的行政单位、事业单位和社会团体的数量、人员编制情况等。

对会计报表重要项目的含义、确认原则、计量方法等会计政策和会计估计进行解释和说明。涉及长期投资的，应说明相应的确认原则。涉及固定资产和公共基础设施资产的，应说明固定资产和公共基础设施资产的类别、折旧年限及折旧方法；涉及无形资产的，应说明无形资产的类别、摊销年限及摊销方法。

按照资产负债表和收入费用表项目列示顺序，采用文字和数字描述相结合方式披露重要项目的明细信息。报表重要明细信息的金额合计，应当与会计报表中的相应项目金额衔接一致。

报表重要项目明细信息应包括但不仅限于下列报表：货币资金明细表、应收及预付款项明细表、短期投资明细表、长期投资明细表、应收转贷款明细表、固定资产明细表、在建工程明细表、无形资产明细表、政府储备资产明细表、公共基础实施明细表、公共基础实施在建工程明细表、应付及预收款项明细表、应付长期政府债券明细表、应付转贷款明细表、长期借款明细表、政府间转移性收入明细表、政府间转移性支出明细表。

未在会计报表中列示但对政府财务状况有重大影响的事项需要在报表附注中披露。

（一）社保基金。按照社保基金的种类，分别列示社保基金的收入、支出及结余情况。

（二）政府股权投资的投资成本。按照投资对象分别列示股权投资成本。

（三）资产负债表日后重大事项。

（四）或有和承诺事项。逐笔披露政府或有事项的事由和金额，如担保事项、未决诉讼或仲裁的财务影响等，若无法预计应说明理由；逐笔披露政府承诺事项的具体内容。

（五）对于政府部门管理的公共基础设施、文物文化遗产、保障性住房、自然资源资产等重要资产，披露种类和实物数量等相关信息。

（六）在建工程中土地收储项目金额、面积等情况。

（七）其他未在会计报表中列示但对政府财务状况有重大影响的事项。

会计报表附注对应会计政策、会计估计变更，以前年度差错更正等其他需要说明的事项进行披露。

五、政府财政经济分析

政府财政经济分析以政府综合财务报表为依据，结合宏观经济形势，分析政府财务状况、运行情况，以及财政中长期可持续性等，主要包括以下内容：

（一）政府财务状况分析

（1）资产方面，重点分析政府资产的构成及分布，对于货币资金、长期投资、政府储备资产、公共基础设施、保障性住房等重要项目，分析各项目比重、变化趋势以及对于政府偿债能力和公共服务能力的影响。

（2）负债方面，重点分析政府负债规模、结构以及变化趋势。

（3）通过政府资产负债率、现金比率、流动比率等指标，分析政府财务风险及可控程度，需要采取的措施等。

（二）政府运行情况分析

（1）收入方面，重点分析政府收入规模、结构及来源分布、重点收入项目的比重及变化趋势，特别是宏观经济运行、相关行业发展、税收政策、非税收入政策等对财政收入变动的影响。

(2) 费用方面,重点按照经济分类分析政府费用规模及构成、特别是政府投融资情况对政府费用变动的影响。

(3) 运用政府收入费用率、税收收入比重等指标,分析政府财政财务运行质量和效率。

(三) 财政中长期可持续性分析

基于当前政府财政财务状况和运行情况,结合本地区经济形势、重点产业发展趋势、财政体制、财税政策、社会保障政策、通货膨胀率等,全面分析政府未来中长期收入支出变化趋势、预测财政收支缺口以及相关负债占 GDP 比重等。

六、政府财政财务管理情况

政府财政财务管理情况,主要反映政府财政财务管理的政策要求、主要措施和取得成效等。分析政府财政经济状况时,可采取比率分析法、比较分析法、结构分析法和趋势分析法等方法。分析政府财政经济状况时,可参考使用以下分析指标,见表 8-16。

表 8-16

序号	指标名称	公式	指标说明
一、政府财务状况分析指标			
1	资产负债率	负债总额/资产总额	反映政府偿付债务能力
2	流动比率	流动资产/流动负债	反映政府利用流动资产偿还短期负债的能力
3	现金比率	货币资金/流动负债	反映政府利用货币资金偿还短期负债的能力
4	金融资产负债率	(流动资产合计数 - 存货 + 长期投资 + 应收转贷款) /负债总额	反映政府利用金融资产偿还负债的能力
5	总负债规模同比变化	(负债总额年末数 - 负债总额年初数) /负债总额年初数	反映负债的增长速度。同比增速是否过快可参考全国地方政府债务限额增幅
6	主要负债占比	主要负债项目/负债总额	反映政府主要负债项目占总负债的比重
7	单位负债占比	单位负债总额/负债总额	反映政府单位负债占总负债的比重,进而评估政府的直接债务风险和间接债务风险
8	流动负债占比	流动负债/负债总额	反映政府负债结构是否合理,政府面临负债集中偿付的压力
9	一般债务率	(一般债务余额/债务年限) /一般公共预算可偿债财力×100%	反映地方政府可偿债财力对偿债需求的保障能力。可偿债财力等于综合财力扣除用于保障人员工资、机关运转、民生支出等刚性支出后的财力
10	专项债务率	(专项债务余额/债务年限) /政府性基金预算可偿债能力×100%	
二、政府运行情况分析指标			
11	收入费用率	年度总费用/年度总收入	反映政府总费用与总收入的比率

续表

序号	指标名称	公式	指标说明
12	政府自给率	（支出总额－政府间转移性支出）/（收入总额－政府间转移性收入）	反映地方政府自给能力大小
13	税收收入比重	年度税收收入/年度收入总额	反映政府收入的稳定性及质量
14	税收依存度	年度税收收入/年度一般公共预算收入	反映税收在一般公共预算收入中的占比
15	利息保障倍数	（当期盈余＋利息支出）/利息支出	反映政府偿还债务利息的能力
16	人均工资福利费用	工资福利费用/政府工作人员人数	反映人均工资福利费用情况。政府工作人员的数目取自部门决算机构人员情况表在职人员与其他人员数量之和
三、财政中长期可持续性分析指标			
17	负债率	债务总额/地区生产总值	反映经济增长对债务的依赖程度
18	税收收入弹性	年度税收收入增长率/本地区GDP增长率	反映税收收入变动对本地区GDP变动的敏感程度
19	固定资产成新率	固定资产账面净值/固定资产原值	反映政府固定资产的持续服务能力
20	公共基础设施成新率	公共基础设施净值/公共基础设施原值	反映政府公共基础设施的持续服务能力

七、政府综合财务报告的审核

政府综合财务报告数据质量审核重点是报告的真实性、准确性、完整性和规范性；具体包括：内容真实性，报表数据与会计账簿数据是否相符，是否有漏报、虚报和瞒报等现象。数据准确性，财务报表表内、表间勾稽关系是否衔接，纸质数据与电子数据、分户数据与合并汇总数据是否保持一致。范围完整性，是否涵盖所有报告主体和事项。格式规范性，会计报表、报表附注、分析说明的格式等是否符合政府综合财务报告编制制度规定。

政府综合财务报告的审核采取人工审核和计算机审核相结合方式进行，审核方法主要包括政策性审核、规范性审核等。政策性审核主要依据政府会计准则、相关财务会计制度和有关政策规定，对财务报告进行审核；规范性审核侧重于财务报告编制的准确性和真实性及勾稽关系等方面的审核。

政府综合财务报告及其审计报告，应依法报送本级人民代表大会常务委员会备案，并按规定向社会公开。

第三篇 政府财政会计

第九章

政府财政会计的管理与核算

【教学目标】

通过本章学习，了解政府财政会计的概念、会计对象、确认基础和计量方法；熟练掌握政府财政会计收入、支出的内容和会计核算方法；理解掌握政府财政会计资产、负债和净资产的会计核算方法；了解政府财政的财务报告的内容及主要会计报表的编制方法。

【重点难点】

"双分录"涉及的资产、负债和净资产科目与核算。

【关键名词】

一般公共预算本级收入　一般公共预算本级支出　政府性基金预算本级收入　政府性基金预算本级支出　国有资本经营预算本级收入　国有资本经营预算本级支出

课前案例：

2019年7月全国一般公共预算收支和政府性基金预算收支情况如下：

一、全国一般公共预算收支情况

（一）一般公共预算收入情况

1-7月累计，全国一般公共预算收入 125 623 亿元，同比增长 3.1%。其中，中央一般公共预算收入 60 411 亿元，同比增长 3.3%；地方一般公共预算本级收入 65 212 亿元，同比增长 3%。全国一般公共预算收入中的税收收入 108 046 亿元，同比增长 0.3%；非税收入 17 577 亿元，同比增长 24.8%。

1—7月累计，主要收入项目情况如下：

(1) 国内增值税41 017亿元，同比增长5.4%。

(2) 国内消费税9 414亿元，同比增长21.1%。

(3) 企业所得税30 369亿元，同比增长4%。

(4) 个人所得税6 433亿元，同比下降30.3%。

(5) 进口货物增值税、消费税9 548亿元，同比下降5%；关税1 649亿元，同比下降3.8%。

(6) 出口退税10 736亿元，同比增长23.6%。

(7) 城市维护建设税3 029亿元，同比增长1.3%。

(8) 车辆购置税2 142亿元，同比增长2.9%。

(9) 印花税1 597亿元，同比增长6.5%。其中，证券交易印花税867亿元，同比增长16.1%。

(10) 资源税1 135亿元，同比增长12.7%。

(11) 土地和房地产相关税收中，契税3 711亿元，同比增长8.8%；土地增值税4 002亿元，同比增长7.8%；房产税1 755亿元，同比下降1.1%；耕地占用税857亿元，同比增长1.7%；城镇土地使用税1 365亿元，同比下降13.9%。

(12) 环境保护税165亿元，同比增长70.4%。

(13) 车船税、船舶吨税、烟叶税等其他各项税收收入合计596亿元，同比增长12.4%。

(二) 一般公共预算支出情况

1—7月累计，全国一般公共预算支出137 963亿元，同比增长9.9%。其中，中央一般公共预算本级支出19 608亿元，同比增长9.5%；地方一般公共预算支出118 355亿元，同比增长10%。

1—7月累计，主要支出科目情况如下：

(1) 教育支出20 053亿元，同比增长9.6%。

(2) 科学技术支出4 661亿元，同比增长17.7%。

(3) 文化旅游体育与传媒支出1 903亿元，同比增长5.1%。

(4) 社会保障和就业支出19 245亿元，同比增长7.9%。

(5) 卫生健康支出10 891亿元，同比增长8.3%。

(6) 节能环保支出3 434亿元，同比增长17.4%。

(7) 城乡社区支出14 803亿元，同比增长11.2%。

(8) 农林水支出11 300亿元，同比增长10.3%。

(9) 交通运输支出7 728亿元，同比增长21.1%。

(10) 债务付息支出50 74亿元，同比增长15.4%。

二、全国政府性基金预算收支情况

(一) 政府性基金预算收入情况

1—7月累计，全国政府性基金预算收入38 691亿元，同比增长5.5%。分中央和地方看，中央政府性基金预算收入 2 277 亿元，同比增长 3.1%；地方政府性基金预算本级收入 36 414 亿元，同比增长 5.6%，其中土地出让收入同比增长 3.1%。

（二）政府性基金预算支出情况

1—7 月累计，全国政府性基金预算支出 44 446 亿元，同比增长 33.8%。分中央和地方看，中央政府性基金预算本级支出 1 309 亿元，同比增长 43.1%；地方政府性基金预算相关支出 43 137 亿元，同比增长 33.5%，其中土地出让收入安排的支出增长 9.4%。

（资料来源：财政部国库司政务信息统计数据，2019 年 8 月 16 日）

点评：上述案例中财政预算收支涉及一般公共预算收支和政府性基金预算收支，分中央和地方看，一般公共预算收入包括税收收入和非税收入，税收收入占比较高，是预算收入的主要资金来源。会计核算涉及一般公共预算本级收支和政府性基金预算本级收支的核算。

第一节　政府财政会计概述

一、政府财政会计概述

（一）政府财政会计概念

政府财政会计，也称财政总预算会计，是各级政府财政部门对财政总预算执行情况和财政资金活动进行核算与监督的专业会计。政府财政会计的会计主体是各级政府，其执行机构为各级政府的财政机关。

我国的政府财政总预算按照"统一领导，分级管理"的原则，实行一级政府、一级财政、一级财政总预算，通常简称为中央、省、市、县、乡等五级财政总预算。

财政机关是组织国家财政收支，办理国家预算、决算的专职管理机关。其主要任务是将一部分国民收入以税收、上缴利润和其他缴款方式集中起来，形成政府的财政资金，再根据国家的社会发展规划和国民经济发展计划，通过预算的形式有计划地进行分配，为国家行政管理、国民经济建设、国防建设以及教科文卫体等各方面事业的发展服务。

财政机关的职能决定了财政会计的对象和内容。财政机关集中各项财政资金形成财政收入，是一级财政的资金来源；以拨款和支出的形式分配使用财政资金形成财政支出，是财政资金的运用；在执行财政收支后，尚未使用的资金形成各项资金结余，是一级政府财政预算执行的结果。这种财政资金的收支、结存活动就是财政会计反映、监督的基本内容。因此，财政会计的对象就是各级政府的财政资金收支活动，是财政机关在执行总预算过程中，各项财政资金的集中、分配及其执行结果。

（二）政府财政会计核算的对象

政府财政会计核算的对象是由财政部管理的财政资金内容所决定的。政府财政部门管理的财政资金主要包括以下几种：

1. 一般公共预算资金

一般公共预算资金是国家为了实现其职能，通过国家权力所集中的、没有特定来源和用途的全部纳入国家财政预算管理的资金。一般预算资金的主要来源是国家税收，用于国家的经济建设、社会管理、维护国防安全、发展文化事业各个方面。

2. 政府性基金预算资金

政府性基金预算资金是按政府的规定收取、转入或通过当年财政安排的，由各级财政管理并具有指定用途的全部纳入国家财政预算管理的政府性基金。基金预算收入来源主要是政府非税收入。政府性基金预算资金是一种收入和用途都有特定要求的资金，各个基金收支自求平衡、分别核算、报告。

3. 专用基金

专用基金是各级政府财政机关管理的、从一般公共预算资金中安排、具有专门用途的资金。目前财政部门管理的专用基金主要是各级政府设立的粮食风险基金。

4. 财政专户管理资金

财政专户管理资金是行政事业单位或其他单位为履行或代行政府职能，依国家法律法规而收取、提取和安排使用的纳入财政专户管理的财政性资金。按照"收支两条线，财政专户管理"的方式行政事业单位收取的各项收费必须按一定方式上缴财政专户，使用资金必须经过财政部门审批，由财政专户核拨。

5. 国有资本经营预算资金

国有资本经营预算资金是指政府从国有企业经营中取得的、专门用于国有企业投资或补贴的资金。国有资本经营的收入、支出、结余是国有资本经营预算资金运动的主要组成部分。政府财政会计应当对国有资本经营预算收入、支出和结余进行单独的核算。国有资本经营预算应当按照收支平衡的原则编制，不列赤字，并安排资金调入一般公共预算资金。

6. 社会保险基金预算资金

社会保险基金预算资金是指由财政部门及政府社会保障机构管理的各项社会保险资金，主要包括社会保险缴款、一般公共预算安排和其他方式筹集的资金。主要有基本医疗保险资金、基本养老保险资金、失业保险资金、工伤保险资金、生育保险资金等。社会保障基金的实质权利人属于各个社会保险受益人。因此，社会保险基金预算资金属于政府的托管基金。社会保险基金预算资金应当按照统筹层次和社会保险项目分别编制，做到收支平衡。

（三）政府财政会计目标与确认计量属性

政府财政会计为"双目标"，既为财政预算管理服务，向决算报告使用者提供与政府预算执行情况有关的会计信息，也要为政府宏观经济管理服务，向财务报告使用者提供与政府财务状况、运行情况有关信息，反映政府受托责任履行情况。

政府财政会计为"双基础"，一般采用收付实现制，适当引用权责发生制核算基础，兼顾了预算管理和财务管理的需要。政府财政会计在预算会计职能基础上，增加财务会计功能,既反映预算执行情况,也反映政府资产负债情况。对于各项资产、负债的核算,通常以权责发生制基础确认。同时引入"双分录"核算方法,对与预算收支相关的资产、负债项目的业务和事项同时进行两项记录,一方面反映预算收支情况,另一方面反映与预算收支变动相关的资产负债情况。编写决算报告和综合财务报告"双报告",综合反映政府预算信息和财务信息。

政府会计主体对资产、负债进行计量时,一般采用历史成本。采用其他计量属性的,应当保证所确定资产、负债金额能够持续、可靠计量。

二、政府财政会计核算的会计规范与会计科目

1. 政府财政会计核算的会计规范

目前政府财政会计规范主要包括:财务会计法律法规、会计准则和会计制度三个部分。

财务会计法律法规由财务会计法律和财务会计行政法规组成。财务会计法律主要有《中华人民共和国预算法》(以下简称《预算法》)和《中华人民共和国会计法》(以下简称《会计法》)。财务会计行政法规有《中华人民共和国预算法实施细则》《中华人民共和国采购法实施条例》《权责发生制政府综合财务报告制度改革方案》等。

2. 政府财政会计的会计科目

财政总预算会计根据其业务特点设置了资产、负债、净资产、收入和支出五个会计要素。会计科目也相应地划分为五大类。财政总预算会计科目是政府预算会计和政府财务会计融合,既包含政府预算会计科目也包含政府财务会计科目。本书政府财政会计的会计科目见表9-1。

表9-1 财政总预算会计会计科目表

序号	编号	科目名称	序号	编号	科目名称
		一、资产类	14	1071	股权投资
1	1001	国库存款	15	1081	待发国债
2	1003	国库现金管理存款			二、负债类
3	1004	其他财政存款	16	2001	应付短期政府债券
4	1005	财政零余额账户存款	17	2011	应付国库集中支付结余
5	1006	有价证券	18	2012	与上级往来
6	1007	在途款	19	2015	其他应付款
7	1011	预拨经费	20	2017	应付代管资金
8	1021	借出款项	21	2021	应付长期政府债券
9	1022	应收股利	22	2022	借入款项
10	1031	与下级往来	23	2026	应付地方政府债券转贷款
11	1036	其他应收款	24	2027	应付主权外债转贷款
12	1041	应收地方政府债券转贷款	25	2045	其他负债
13	1045	应收主权外债转贷款	26	2091	已结报支出

续表

序号	编号	科目名称	序号	编号	科目名称
		三、净资产类	43	4013	地区间援助收入
27	3001	一般公共预算结转结余	44	4021	调入资金
28	3002	政府性基金预算结转结余	45	4031	动用预算稳定调节基金
29	3003	国有资本经营预算结转结余	46	4041	债务收入
30	3005	财政专户管理资金结余	47	4042	债务转贷收入
31	3007	专用基金结余			五、支出类
32	3031	预算稳定调节基金	48	5001	一般公共预算本级支出
33	3033	预算周转金	49	5002	政府性基金预算本级支出
34	3081	资产基金	50	5003	国有资本经营预算本级支出
35	3082	待偿债净资产	51	5005	财政专户管理资金支出
		四、收入类	52	5007	专用基金支出
36	4001	一般公共预算本级收入	53	5011	补助支出
37	4002	政府性基金预算本级收入	54	5012	上解支出
38	4003	国有资产经营预算本级收入	55	5013	地区间援助支出
39	4005	财政专户管理资金收入	56	5021	调出资金
40	4007	专用基金收入	57	5031	安排预算稳定调节基金
41	4011	补助收入	58	5041	债务还本支出
42	4012	上解收入	59	5042	债务转贷支出

会计科目是各级财政总预算会计设置会计账户的主要依据，一律不得擅自变更会计科目的名称。

第二节

财政预算收入和支出的管理与核算

一、财政预算收入的核算

财政预算收入是政府财政为实现政府职能，根据法律法规等所筹集的资金。财政总预算会计的收入包括本级预算收入、转移性收入、债务性收入和其他财政资金收入。

（一）本级预算收入核算

1. 一般公共预算本级收入的核算

各级政府财政会计办理一般公共预算本级收入的核算，主要是以同级国库报来的预算收入报表和分成收入计算日报表以及所附的缴款书等原始凭证为依据。政府财政会计要对每日报来的上述原始凭证证进行审核，经审核无误后才能进行会计核算。

（1）一般预算收入核算的会计科目。为了正确核算一般公共预算本级收入，政府财政会计应设置"一般公共预算本级收入"科目。该科目用来核算各级财政部门组织纳入预算的各项收入,"一般公共预算本级收入"科目属于收入类科目,其贷方登记从国库报来的各项预算收入增加数,当日预算收入为负数时,以红字记入(采用计算机记账时,用负数反映),借方登记年终结转数。平时贷方余额反映预算收入累计数,月末,应将该科目贷方余额全数转入"一般公共预算结转结余"科目。"一般公共预算本级收入"科目应根据政府预算收支科目中的一般预算公共预算本级收入科目(不含一般预算转移收入类)设置相应明细科目。

由于库款的报解需要一定的邮递时间,年终就会存在国库经收处或各级国库已经在年前收纳,但尚未转划到支库或尚未报解到各该上级国库的各种收入,这些款项称为在途款。为了在年终决算中全面反映各级收入总额,各级财政总会计应设置"在途款"科目。该科目属于资产类科目,用来核算决算清理期内发生的上、下年度收入支出业务以及需要通过本科目过渡处理的资金数。借方登记发生数,贷方登记冲转数。

(2)一般公共预算本级收入的账务处理。政府财政会计收到国库报来的预算收入日报表时,经审核无误,应按所列当日预算收入数,借记"国库存款"科目,贷记"一般公共预算本级收入"科目。如果当日的收入数为负数,应以红字记入。月末,将"一般公共预算本级收入"科目的贷方余额全数转入"一般公共预算结转结余"科目,借记"一般公共预算本级收入",贷记"一般公共预算结转结余"科目。

【例9-1】某县财政局有关一般公共预算本级收入业务如下:

(1)某县财政局202×年1月3日收到县支库报来的本级预算收入日报表,列报收到的县级预算收入为120 000元,属于本县财政的固定收入。根据县支库报来的预算收入日报表等原始凭证编制会计分录如下:

借:国库存款　　　　　　　　　　　　　　　　　　　120 000
　　贷:一般公共预算本级收入　　　　　　　　　　　　　120000

(2)某县财政局202×年1月5日收到县支库报来的分成收入计算日报表,列报总收入金额为500 000元,县级财政分成40%,收入金额为200 000元;市级财政分成60%、收入金额为300 000元。根据县支库报来的分成收入计算日报表等原始凭证编制会计分录如下:

借:国库存款　　　　　　　　　　　　　　　　　　　200 000
　　贷:一般公共预算本级收入　　　　　　　　　　　　　200 000

(3)某县财政局在202×年1月6日收到县支库报来上年预算收入日报表,列报预算收入80 000元已收到。该县政府财政会计在上年度旧账上的会计分录为:

借:在途款　　　　　　　　　　　　　　　　　　　　80 000
　　贷:一般公共预算本级收入　　　　　　　　　　　　　80 000

202×年度收到该预算收入时的会计分录为:

借:国库存款　　　　　　　　　　　　　　　　　　　80 000
　　贷:在途款　　　　　　　　　　　　　　　　　　　　80 000

2. 政府性基金预算本级收入的核算

(1)政府性基金预算本级收入核算的要求。基金是一种专用性资金。在管理与核算上不同于一般的预算资金。政府财政会计在管理与核算政府性基金预算本级收入时,

应当遵循以下两点要求:

第一,先收后支,自求平衡。政府财政会计必须在已有政府性基金预算收入数额的范围内办理政府性基金预算支出,要求政府性基金预算收入与政府性基金预算支出在时间和数量上都收支平衡。

第二,专款专用,分项核算。政府性基金预算收入应当专款专用,相应的政府性基金预算收入当用于相应的政府性基金预算支出,各项政府性基金预算收入与政府性基金预算支出之间不能相互调剂使用。政府财政会计在核算政府性基金预算收入时,要分项核算,按照政府预算收支科目中的政府性基金预算收支科目设置明细账。

(2)政府性基金预算本级收入的账务处理。为了核算各级财政部门管理的政府性基金预算收入,政府财政会计应设置"政府性基金预算本级收入"科目。该科目属于收入类会计科目,贷方登记取得基金预算收入的数额,借方登记月末转入"政府性基金预算结转结余"科目的数额,平时余额在贷方,反映当月政府性基金预算收入累计数。月末时,应将该科目贷方余额全数转入"政府性基金预算结转结余"科目。

政府财政会计在核算取得政府性基金预算收入时,应借记"国库存款"科目,贷记"政府性基金预算本级收入"科目;

【例9-2】某市财政局202×年发生政府性基金预算本级收入的业务和会计分录如下:

(1)收到的地方铁路建设基金收入18 500元。

借:国库存款 18 500
　　贷:政府性基金预算本级收入——地方铁路建设基金收入 18 500

(2)收到地方教育附加收入共计12 000元。

借:国库存款 12 000
　　贷:政府性基金预算本级收入——地方教育附加收入 12 000

3. 国有资本经营预算本级收入的核算

国有资本经营资金是各级政府财政收入与支出的重要组成部分。为了核算和监督国有资本经营的活动,加强对这部分资金的预算管理,财政总预算会计必须将国有资本经营活动纳入其核算范围。

(1)国有资本经营预算本级收入内容。依据财政部颁布的《政府收支分类科目》,国有资本经营预算本级收入属于非税收入类,具体包括利润收入、股利和利息收入、产权转让收入、清算收入和其他国有资本经预算收入。

利润收入是指各类国有企业实现并上缴财政的利润。股利和股息收入是指国有控股或参股公司支付给国有股东的股利、股息。产权转让收入是指国有股权、股份转让取得的收入或者国有独资企业产权转让取得的收入。清算收入是指国有股权、股份清算或国有独资企业清算取得的收入。

(2)国有资本经营预算本级收入的账务处理。为了核算和监督国有资本经营本级收入,财政会计应设置"国有资本经营预算本级收入"科目。"国有资本经营预算本级收入"科目属于收入类科目,本科目核算各级财政部门管理的国有资本经营预算本级收入。取得国有资本经营预算本级收入时,借记"国库存款"科目,贷记本科目。年终转账时,将本科目贷方余额全数转入"国有资本经营预算结转结余"科目,借记本科目,贷记"国有资本经营预算结转结余"科目。本科目平时贷方余额,反映当年国有资本经营预算本级收入累计数。本科目应按政府收支分类科目中"国有资本经营预算本级收入"款级科目下的项、目级科目设置相应明细账。

【例9-3】某市财政局202×年发生国有资本经营收入业务和会计分录如下:
(1) 9月5日,收到市属国有独资企业上缴的利润7 800 000元,已存入国库。

借:国库存款　　　　　　　　　　　　　　　　　　7 800 000
　　贷:国有资本经营预算本级收入　　　　　　　　　　　7 800 000

(2) 9月10日,收到转让国有股权收入4 900 000元,已存入国库。

借:国库存款　　　　　　　　　　　　　　　　　　4 900 000
　　贷:国有资本经营预算本级收入　　　　　　　　　　　4 900 000

(二) 转移性收入核算

财政资金调拨是中央财政与地方财政、地方上下级财政、地区间政府财政的援助等不同级财政之间以及同级财政不同资金项目之间调拨资金、平衡各级预算收支的一种手段。财政资金调拨主要包括:(1) 上下级财政之间通过上级补助和下级上解方式进行的资金调拨;(2) 同级财政不同资金项目之间的资金调拨,主要用于弥补预算赤字,平衡预算收支;(3) 地区间政府财政援助,经济发达地区地方政府向经济落后地区地方政府提供资金,支持其社会和经济发展。此外,各级财政部门为了弥补财政短收年份预算执行收支缺口,还要设置预算稳定调节基金等。主要包括:补助收入、上解收入、调入资金、地区间援助收入和动用预算稳定调节基金。

1. 补助收入的核算

(1) 预算补助的内容。预算补助是指按财政体制规定或因专项需要由上级财政补助给下级财政的款项。对于下级财政则是补助收入,对于上级财政来说是补助支出。预算补助按具体内容可分为体制补助和单项补助两种。

①体制补助。体制补助是指上级财政对支出大于收入的地区,在财政体制划定的预算收支范围内弥补其支出大于收入部分的款项。

②单项补助。单项补助是指没有纳入预算包干体制,按规定年终单独结算、由上级财政专项补助的款项,以及一些临时性补助。上级财政对下级财政的某些一次性、不宜固定包干的预算支出,可采用单项补助方式。如自然灾害、企业上划、价格调整等导致下级财政减收增支的事项可由上级给予单项补助。

(2) 预算补助收入的账务处理。为了核算预算补助的收入,政府财政会计应设置"补助收入"科目。"补助收入"科目属于收入类会计科目,用来核算上级财政部门拨来的补助款,包括税收返还收入、按财政体制规定由上级财政补助的款项、上级财政对本级的专项补助和临时性补助。该科目贷方登记实际收到的上级财政拨来的补助款,借方登记退还上级补助数及年终转出数,平时余额在贷方,反映上级补助收入累计数,年终时,该科目贷方余额应转入"一般公共预算结转结余"和"政府性基金预算结转结余"等科目。该科目应按补助资金性质设置"一般公共预算补助收入"和"政府性基金预算补助收入"两个明细科目。

政府财政会计在核算本级财政收到上级拨来的补助款时,应借记"国库存款"科目,贷记"补助收入"科目;财政部门与上级财政的往来款项中一部分转作上级补助收入时,应从"与上级往来"科目转入"补助收入"科目,借记"与上级往来"科目,贷记"补助收入"科目;财政部门退还上级补助时,应借记"补助收入"科目,贷记"国库存款"科目。年终,将"补助收入"科目余额分别转入"一般公共预算结转结余"或"政府性基金预算结转结余"科目。借记"补助收入"科目,贷记"一般公共预算结转结余"或"政府性基金预算结转结余"科目。

【例9-4】甲县财政局有关补助收入的业务如下:

(1) 收到市财政局用一般预算资金拨来的专项补助款200 000元。

借:国库存款　　　　　　　　　　　　　　　　　　200 000
　　贷:补助收入——一般公共预算补助收入　　　　　　　　200 000

(2) 收到市财政局用一般预算资金拨来的居民粮油价格补助款580 000元。

借:国库存款　　　　　　　　　　　　　　　　　　580 000
　　贷:补助收入——一般公共预算补助收入　　　　　　　　580 000

(3) 在业务(2)的粮油价格补助款中,因计算有误,多拨了90 000元,甲县财政局收到市财政局通知。应将多拨90 000元退回市财政,先转作往来款处理。

借:补助收入——一般公共预算补助收入　　　　　　90 000
　　贷:与上级往来　　　　　　　　　　　　　　　　　　90 000

(4) 收到市财政局通知,将往来款400 000元转作对该县一般公共预算补助。

借:与上级往来　　　　　　　　　　　　　　　　　400 000
　　贷:补助收入——一般公共预算补助收入　　　　　　　400 000

2. 上解收入的核算

(1) 预算上解的内容。预算上解也称下级上解,是指按财政体制规定,将下级财政的一部分预算资金解缴到上级财政。预算上解,对于上级财政来说是上解收入,而对于下级财政来说,则是上解支出。预算上解,按其具体内容和方式可分为体制上解和单项上解。

体制上解是上级财政对预算收入大于支出的地区核定上解比例或数额,由国库逐日根据预算收入的入库情况和规定的上解比例或上解数额办理分成上解,年终再按体制和已上解数额进行结算。

单项上解是指下级财政部门按规定要求专项上解的款项和其他一次性、临时性的上解款项。在国家预算执行过程中,由于国家采取某些财政经济措施或机构调整,引起上下级财政收入发生变化,如收入转移,打破了原来收入级次归属,形成原来上级的预算收入转为下级预算收入,或原来下级预算收入转为上级预算收入。这样,就要在上下级财政之间调整收支。单项上解就是下级财政部门将所增加的收入上解给上级财政部门。

(2) 预算上解收入的账务处理。政府财政会计为了核算预算上解的收入与支出情况,应设置"上解收入"科目与"上解支出"科目。

"上解收入"科目属于收入类科目,用来核算下级财政上缴的预算上解款,具体包括:①按体制规定由国库在下级财政预算收入中直接划解给本级财政的款项;②按体制结算后,下级财政预算收入中补缴给本级财政的款项和各种专项上解款项。该科目贷方登记上解收入的增加数,借方登记退还数和年终结转数,平时余额在贷方,反映下级上解收入累计数。年终时,该科目贷方余额应转入"一般公共预算结转结余"和"政府性基金预算结转结余"等科目。该科目应按上解资金性质设置"一般公共预算上解收入"和"政府性基金预算上解收入"两个明细科目。本级财政的"上解收入"应与所属下级财政的"上解支出"数额相等。

政府财政会计在核算本级财政收到下级上解款时,应借记"国库存款"科目,贷记"上解收入"科目;如果发生收入退回,应按退回数,借记"上解收入"科目,贷记"国库存款"科目。年终,将"上解收入"科目的余额全数转入"一般公共预算结转结余"或"政府性基金预算结转结余"等科目。借记"上解收入"科目,贷记"一般公共预算结转结余"或"政府性基金预算结转结余"科目。

【例9-5】某市财政局有关预算上解的业务和会计分录如下:
(1) 市财政局收到所属甲县的一般公共预算上解款600 000元。

借:国库存款　　　　　　　　　　　　　　　　　　　　600 000
　　贷:上解收入——一般公共预算上解收入　　　　　　600 000

(2) 市财政局将已收到的所属乙县的一般公共预算上解款530 000元退还给乙县财政。

借:上解收入——一般公共预算上解款　　　　　　　　　530 000
　　贷:国库存款　　　　　　　　　　　　　　　　　　530 000

(3) 年终,市财政局将"上解收入——一般公共预算上解收入"科目贷方余额820 000元转入"一般公共预算结转结余"科目。

借:上解收入——一般公共预算上解收入　　　　　　　　820 000
　　贷:一般公共预算结转结余　　　　　　　　　　　　820 000

3. 调入资金的核算

调入资金是为了平衡预算从其他类型预算资金以及按规定从其他渠道调入资金。财政预算资金包括一般公共预算资金、政府性基金预算资金和国有资本经营预算资金。

为了核算各级财政部门因平衡预算收支而从其他类型预算资金以及其他渠道调入的资金,政府财政会计应设"调入资金"科目。该科目属于收入类会计科目,应按调入资金类别设置二级科目,如"一般公共预算调入资金""政府性基金预算调入资金"和"国有资本经营预算调入资金"等。从其他类型预算资金调入时,借记"调出资金",贷记"调入资金"科目。从其他渠道调入资金时,应借记"国库存款",贷记"调入资金"科目。年终,该科目贷方余额应转"一般公共预算结转结余""政府性基金预算结转结余"等科目,借记"调入资金"科目,贷记"一般公共预算结转结余""政府性基金预算结转结余"等科目。

【例9-6】某市财政局有关资金调拨的业务和会计分录如下:
(1) 市财政局将自筹资金300 000元调入预算内。

借:国库存款　　　　　　　　　　　　　　　　　　　　300 000
　　贷:调入资金——一般公共预算调入资金　　　　　　300 000

(2) 市财政局为平衡一般公共预算,从政府性基金预算中的国有土地收益基金结余中调入360 000元。

借:调出资金——政府性基金预算调出资金　　　　　　　360 000
　　贷:调入资金——一般公共预算调入资金　　　　　　360 000

4. 地区间援助收入的核算

地区间援助收入是指受援方政府财政收到援助方政府财政转来的可统筹使用的各类援助、捐赠等资金收入。受援方政府与援助方政府并非同一地区的上下级政府，是跨地区（省、市、县）之间的政府。对于受援方政府来说是地区间援助收入，对于援助方政府来说是地区间援助支出。

为核算受援方政府财政收到援助方政府财政转来的可统筹使用的各类收入。政府财政会计应设"地区间援助收入"科目。该科目属于收入类会计科目，应按援助地区及管理需要进行相应的明细核算。收到援助方政府财政转来的资金时，借记"国库存款"科目，贷记"地区间援助收入"科目。年终，该科目贷方余额应转入"一般公共预算结转结余"科目，借记"地区间援助收入"科目，贷记"一般公共预算结转结余"科目。

【例9-7】某市财政局有关地区间援助收入的业务和会计分录如下：

市财政收到国库报送的预算收入日报表，列示援助方政府财政转来款项700 000元，对本级政府财政予以经济援助。

借：国库存款　　　　　　　　　　　　　　　　　　　700 000
　　贷：地区间援助收入——某市财政　　　　　　　　　　　700 000

5. 动用预算稳定调节基金的核算

动用预算稳定调节基金是指政府财政为弥补本年度预算资金不足，调用的预算稳定调节基金。预算稳定调节基金是从财政超收收入中安排的用于调节年度预算资金不足的储备资金。预算稳定调节基金核算财政总预算会计中预算稳定调节基金的增减变动情况。为了核算需要，设置"动用预算稳定调节基金"科目。

为核算财政调用的预算稳定调节基金，政府财政设置"动用预算稳定调节基金"科目，该科目属于收入类科目，本科目无规定的明细科目。调用预算稳定调节基金时，借记"预算稳定调节基金"科目，贷记本科目。年终转账时，将"动用预算稳定调节基金"科目余额全部转入"一般公共预算预算结转结余"科目，借记"动用预算稳定调节基金"科目，贷记"一般公共预算结转结余"科目。

【例9-8】某市财政局有关预算稳定调节基金的业务和会计分录如下：

202×年市财政局为了弥补预算缺口，从预算稳定调节基金中调用7 000 000元。

借：预算稳定调节基金　　　　　　　　　　　　　　　7 000 000
　　贷：动用预算稳定调节基金　　　　　　　　　　　　　7 000 000

（三）债务性收入核算

债务性收入是指政府财政根据法律法规等规定，通过发行债券、向外国政府和国际金融组织借款以举借债务的方式筹集资金所取得的收入。财政总预算会计核算的债务性收入包括债务收入和债务转贷收入。

1. 债务收入的核算

债务收入核算中央政府、省级政府财政部门作为债务主体，发行地方政府债券、向外国政府和国际金融组织借款收到的纳入预算管理的资金收入。中央政府可以通过发行国债、向外国政府和国际金融组织借款取得债务收入。省级政府的债务收入只能通过发行地方债券方式筹集。发行的地方政府一般债券纳入省级财政的一般公共预算管理，发行的地方政府专项债券纳入政府性基金预算管理。政府财政会计应设置"债务收入"科目，该科目属于收入类会计科目，应按照《政府收支分类科目》规定设置明细账区分为一般债务收入和专项债务收入。省级以上政府（含省级）通常设置本科目。

债务收入采用"双分录"核算方法。"双分录"核算是为兼顾预算管理与财务管理的需要，对发生的某一业务或事项同时进行两项记录，一项侧重所发生的预算支出，另一项侧重所形成的资产或负债。在财政总预算会计中，与预算收支相关的资产、负债项目应当采用"双分录"核算方法。政府财政举借债务涉及收入和负债两个事项，应当同时确认举借债务所取得的收入和承担的债务。

政府财政部门发行国债、向外国政府和国际金融组织借款取得债务收入时，一方面，借记"国库存款"科目，贷记"债务收入"科目；债券实际发行额和发行收入的差额借记或贷记"一般公共预算本级支出"或"政府性基金预算本级支出"科目；另一方面按照到期应付的政府债券本金金额或实际承担的债务金额，借记"待偿债净资产"科目，贷记"应付短期政府债券""应付长期政府债券""借入款项"等科目。年终转账时，将本科目贷方余额全部转入"一般公共预算结转结余"或"政府性基金预算结转结余"科目，借记本科目，贷记"一般公共预算结转结余"或"政府性基金预算结转结余"科目，本科目平时贷方余额反映政府财政部门当年实际发行收入或借入金额的累计数。

【例9-9】经批准202×年中央财政向社会公开发行记账式附息国债面值200亿元，票面年利率为3.14%，按年付息，5年期。发行面额与面值相同，发行费用为发行额的0.5%，发行收入，发行收入199亿元已经缴入国库。

借：国库存款　　　　　　　　　　　　　　　　19 900 000 000
　　一般公共预算本级支出　　　　　　　　　　　　100 000 000
　贷：债务收入——一般债务收入　　　　　　　20 000 000 000
同时：
借：待偿债净资产——应付长期政府债券　　　　20 000 000 000
　贷：应付长期政府债券——应付国债　　　　　20 000 000 000

2. 债务转贷收入

债务转贷收入核算省级以下财政部门（不含省级）收到的来自上级财政部门转贷的债务收入。政府财政会计应设置"债务转贷收入"科目，该科目属于收入类科目，按照《政府收支分类科目》规定设置"一般债务转贷收入"和"专项债务转贷收入"明细科目。地方政府一般债务转贷收入纳入一般公共预算管理，地方政府专项债务转贷收入纳入政府性基金预算管理。

债务转贷收入也要采用"双分录"核算省级以下财政部门一方面，实际收到债务转贷收入时，借记"国库存款"科目，贷记"债务转贷收入"科目；另一方面，按照到期应偿还的转贷款本金金额，借记"待偿债净资产"科目，贷记"应付地方政府债券转贷款"科目。年终转账时，将本科目贷方余额全部转入"一般公共预算结转结余"或"政府性基金预算结转结余"科目，借记本科目，贷记"一般公共预算结转结余"或"政府性基金预算结转结余"科目，本科目平时贷方余额，反映省级以下财政部门当年实际收到的来自上级财政部门转贷的债务收入累计数。

第九章 政府财政会计的管理与核算

【例9-10】202×年甲省财政部门用发行的地方政府债券收入转贷给下级乙市政府财政部门3亿元。

乙市财政会计应编制如下会计分录：

借：国库存款　　　　　　　　　　　　　　　　　　300 000 000
　　贷：债务转贷收入——一般债务转贷收入　　　　　　300 000 000

同时：

借：待偿债净资产——应付长期政府债券　　　　　　300 000 000
　　贷：应付地方政府债券转贷款——应付地方政府一般债券转贷款
　　　　　　　　　　　　　　　　　　　　　　　　　300 000 000

（四）其他财政性资金收入核算

其他财政资金收入是指在财政预算资金以外，由政府财政部门管理的其他财政性资金所取得的收入。财政总预算会计核算的其他财政资金收入包括财政专户管理资金收入和专用基金收入。

1. 财政专户管理资金收入

财政专户管理资金收入是指政府财政纳入专户管理资金所取得的收入。财政专户管理资金是行政事业单位或其他单位为履行或代行政府职能，依国家法律法规而收取、提取和安排使用的纳入财政专户管理的财政性资金。按照"收支两条线，财政专户管理"的方式行政事业单位收取的各项收费必须按一定方式上缴财政专户，使用资金必须经过财政部门审批，由财政专户核拨，目前，纳入财政专户管理的资金主要是教育收费。

财政总预算会计设置"财政专户管理资金收入"科目，核算政府财政纳入财政专户管理的教育收费等资金收入。本科目按照《政府收支分类科目》中收入分类科目的规定进行明细核算。同时根据管理的需要，按部门（单位）等进行明细核算。

财政专户管理资金收入在收到时按照实际收到的数额确认。收到财政专户管理资金时借记"其他财政存款"科目，贷记"财政专户管理资金收入"科目。

【例9-11】某政府财政设置的财政专户收到某高等学校缴来的本年度学生学费800 000元款项已经缴入财政专户。

借：其他财政存款　　　　　　　　　　　　　　　　　800 000
　　贷：财政专户管理资金收入——教育行政事业收费收入（××学校）
　　　　　　　　　　　　　　　　　　　　　　　　　800 000

2. 专用基金收入

专用基金收入是用来核算财政部门按规定设置或取得的专用基金。专用基金是财政部门按规定设置或取得的单独管理的资金，一般要求开设专户存储。专用基金必须专款专用，不能随意改变用途，而且在管理上应当先收后支，量入为出。

政府财政会计设置"专用基金收入"科目，用来核算财政部门按规定设置或取得的专用基金收入。该科目贷方登记取得的专用基金收入，借方登记专用基金收入的退回或转出数，平时余额在贷方，反映专用基金收入的累计数。月末，应将该科目贷方余额全部转入"专用基金结余"科目。

政府财政会计在核算从上级财政部门或通过本级预算支出安排取得的专用基金收入时，应借记"其他财政存款"科目，贷记"专用基金收入"科目；退回专用基金收入时,作相反的会计分录;月末转账时,将"专用基金收入"科目余额全部转入"专用基金结余"科目,借记"专用基金收入"科目,贷记"专用基金结余"科目。专用基金收入的核算应以政府财政会计实际收到的数额为准。

【例9-12】某市财政局202×年发生专用基金收入的业务和会计分录如下:

(1) 从上级财政部门取得专用基金收入800 000元。

借:其他财政存款——专用基金存款　　　　　　　800 000
　　贷:专用基金收入　　　　　　　　　　　　　　　　　800 000

(2) 从本级一般公共预算支出安排取得专用基金收入260 000元。

借:一般公共预算本级支出　　　　　　　　　　　260 000
　　贷:国库存款　　　　　　　　　　　　　　　　　　　260 000

同时,

借:其他财政存款——专用基金存款　　　　　　　260 000
　　贷:专用基金收入　　　　　　　　　　　　　　　　　260 000

(3) 退回从上级财政部门取得的专用基金收入190 000元。

借:专用基金收入　　　　　　　　　　　　　　　190 000
　　贷:其他财政存款——专用基金存款　　　　　　　　190 000

二、财政预算支出的管理与核算

(一) 财政预算支出的管理

财政预算支出是政府为实现其职能,对财政资金的再分配和使用,主要包括一般公共预算本级支出、政府性基金预算本级支出、转移性支出等。

1. 财政预算支出的概念

一般公共预算本级支出是指列入各级政府财政预算,用预算收入安排的支出。它是国家对集中的预算收入有计划地分配和使用而安排的支出,主要用于发展经济、提高人民物质和文化生活水平、加强国家行政管理、巩固国防等方面的开支。一般公共预算本级支出项目的设置和内容,应符合《政府收支分类科目》的规定。

政府性基金预算本级支出是用政府性基金预算本级收入安排的支出,其支出内容与政府性基金预算本级收入相对应。

2. 财政预算支出的分类

在现代财政学中,支出可按不同的分类标准进行多种分类,如按支出功能分类、按支出用途分类、按费用类别分类、按经济性质分类等(详见第一章第三节)。

3. 财政预算支出的确认原则

政府财政会计对一般预算支出的核算应以收付实现制为主要确认原则,这有利于如实反映当期财政资金的支出情况,有利于加强预算管理,提高预算资金的利用效率。但是,对于个别预算支出事项,可以采用权责发生制进行确认。根据现行制度规定,中央财政总预算会计的下列会计事项可以采用权责发生制进行确认:

(1) 预算已经安排,由于政策性因素,当年未能实现的支出。如年初中央财政预算中已经安排,但在执行中由于国家发改委未能按预算足额下达投资计划等原因,需根据权责发生制作结转处理。

(2) 预算已经安排，由于用款进度的原因，当年未能实现的支出。如在实行国库单一账户核算情况下，由于用款进度的原因，年终有一部分资金留在政府财政会计账面上拨不出去，为了不虚增财政结余，需根据权责发生制作结转处理。

(3) 动支中央预备费安排，因国务院审批较晚，当年未能及时拨付的支出。

(4) 为平衡预算需要，当年未能实现的支出。

对于以上会计事项，由于年终结账前才能最后确定当年应支未支的数额，因此，在平时可不进行账务处理，待年终结账时，根据经确认的结转数额，按照权责发生制进行账务处理。

4. 财政预算支出的支付方式

在采用国库单一账户制度下，预算支出的支付方式主要分为财政直接支付、财政授权支付和划拨资金支付三种方式（详见第一章第三节）。

（二）财政预算支出的核算

财政总预算会计预算支出的核算包括本级预算支出、转移性支出、债务性支出和其他财政性资金的核算。

1. 本级预算支出核算

(1) 一般公共预算本级支出。为了核算一般预算支出，政府财政会计应设置"一般公共预算本级支出"科目，该科目属于支出类科目，用来核算各级政府财政会计办理的应由预算资金支付的各项支出。该科目借方登记支出发生数，贷方登记支出收回或年终转出数。反应预算支出累计数。平时余额为借方，反映预算支出累计数额，月末该科目借方余额应全部转入"一般公共预算结转结余"科目。"一般公共预算本级支出"科目应根据《政府收支分类科目》中的"功能支出"（不含一般预算调拨支出类）分"类""款""项"设置明细账。

对于预算已经安排，但当年未能实现的支出，可设置"未付预算款"科目，该科目属于负债类科目，贷方登记年终未实现支出的预算资金数，借方登记结转数。

政府财政会计办理各种预算直接支出时，应借记"一般公共预算本级支出"科目，贷记"国库存款"等有关科目；支出收回或冲销转账时，应借记"国库存款"等有关科目，贷记"一般公共预算本级支出"科目；月末时，"一般公共预算本级支出"科目的借方余额应全数转入"一般公共预算结转结余"科目，借记"一般公共预算结转结余"科目，贷记"一般公共预算本级支出"科目。

【例 9-13】某市财政会计有关一般预算支出的业务如下：

(1) 某市财政机关按预算拨付给市民政局本季度经费 50 000 元。

借：一般公共预算本级支出   50 000
  贷：国库存款   50 000

(2) 某市财政机关根据预算安排，拨给市机电局科技三项费用 150 000 元。

借：一般公共预算本级支出   150 000
  贷：国库存款   150 000

(3) 月末，将"一般公共预算本级支出"科目借方余额 500 00 元转入"一般公共预算结转结余"科目。

借：一般公共预算结转结余   500 000

贷：一般公共预算本级支出　　　　　　　　　　　　　　　　500 000

【例9－14】年终，中央财政总预算会计确定一项已经安排预算的资金1 000万元，由于用款单位用款进度的原因，未能拨付出去。

中央政府财政会计应按权责发生制将该项资金列为预算支出，其会计分录为：
借：一般公共预算本级支出　　　　　　　　　　　　　　　10 000 000
　　贷：暂存款　　　　　　　　　　　　　　　　　　　　　　10 000 000

下一年度，该项资金拨付给用款单位，应作如下会计分录：
借：暂存款　　　　　　　　　　　　　　　　　　　　　　10 000 000
　　贷：国库存款　　　　　　　　　　　　　　　　　　　　　10 000 000

（2）政府性基金预算本级支出。政府性基金预算本级支出的会计核算，可以比照一般公共预算本级支出的会计处理方法。

政府财政会计为了核算各级财政部门用政府性基金预算收入安排的支出，应设置"政府性基金预算本级支出"科目。该科目属于支出类会计科目，借方登记发生的政府性基金预算本级支出数，贷方登记支出收回或冲销数，平时余额在借方，反映政府性基金预算本级支出累计数，月末应将该科目借方余额全数转入"政府性基金预算结转结余"科目。根据《政府收支分类科目》，政府性基金预算本级支出需要进行功能分类与经济分类。

政府财政会计在核算政府性基金预算本级支出时，应借记"政府性基金预算本级支出"科目，贷记"国库存款"或"其他财政存款"科目等；支出收回或冲销转账时，应借记有关科目，贷记"政府性基金预算本级支出"科目。月末，"政府性基金预算本级支出"科目借方余额转入"政府性基金预算结转结余"科目时，应借记"政府性基金预算结转结余"科目，贷记"政府性基金预算本级支出"科目。

【例9－15】某市财政局202×年发生政府性基金预算本级支出的业务和会计分录如下：

（1）用旅游发展基金安排旅游发展支出30 000元。
借：政府性基金预算本级支出——旅游发展基金支出　　　　30 000
　　贷：国库存款　　　　　　　　　　　　　　　　　　　　　30 000

（2）发生水资源补偿费支出28 500元。
借：政府性基金预算本级支出——水资源补偿费支出　　　　28 500
　　贷：国库存款　　　　　　　　　　　　　　　　　　　　　28 500

（3）发生文化事业建设费支出40 000元。
借：政府性基金预算本级支出——文化事业建设费支出　　　40 000
　　贷：国库存款　　　　　　　　　　　　　　　　　　　　　40 000

（3）国有资本经营预算本级支出。国有资本经营预算本级支出是指政府财政资金用于国有资本经营活动方面发生的支出。按照国有资本经营预算支出的功能分类，主要包括农、林、水业务支出，交通运输支出，采掘、电力信息等事务支出，粮油物资储备及金融监管等事务支出、转移性支出。

"国有资本经营预算本级支出"科目属于支出类科目，本科目核算各级财政部门用国有资本经营预算本级收入安排的支出。发生国有资本经营预算本级支出时，借记本科目，贷记"国库存款"等有关科目；年终转账时，将本科目借方余额全数转入"国有资本经营预算结转结余"科目，借记"国有资本经营预算结转结余"科目，贷记本科目。本科目平时借方余额，反映当年国有资本经营预算本级支出累计数。本科目应根据有关国有资本经营预算本级支出的支出功能分类科目分行业设置明细科目。

2. 转移性支出核算

（1）补助支出。为了核算预算补助支出，政府财政会计应设置"补助支出"科目。"补助支出"科目属于支出类会计科目，用来核算本级财政对下级财政的补助支出，包括税收返还支出、按财政体制结算应补助给下级财政的款项、专项补助或临时性补助。该科目借方登记补助支出的增加数，贷方登记补助支出的减少数，平时余额在借方，反映补助支出累计数。年终时，该科目借方余额应转入"一般公共预算结转结余""政府性基金预算结转结余"等科目。该科目应按补助地区及资金性质设置明细科目。上级财政的"补助支出"与所属下级财政的"补助收入"的数额应相等。

政府财政会计在核算本级财政对所属下级财政的补助支出时，应借记"补助支出"科目，贷记"国库存款"科目或"其他财政存款"科目；本级财政将其与下级财政的往来款转作对下级的补助支出时，应借记"补助支出"科目，贷记"与下级往来"科目；本级财政收到对下级财政补助支出的退回时，应借记"国库存款"科目或"其他财政存款"科目，贷记"补助支出"科目。年终，"补助支出"科目的借方余额应转入"一般公共预算结转结余""政府性基金预算结转结余"等科目，借记"一般公共预算结转结余""政府性基金预算结转结余"科目，贷记"补助支出"科目。

【例9-16】某市财政局有关补助支出的业务如下：

（1）市财政局一般公共预算资金拨付给所属甲县自然灾害专项补助款700 000元。

借：补助支出——甲县——一般公共预算补助支出　　　700 000
　　贷：国库存款　　　　　　　　　　　　　　　　　　　　　　700 000

（2）市财政局按财政体制拨付给乙县一般公共预算补助款900 000元。

借：补助支出——乙县——一般公共预算补助支出　　　900 000
　　贷：国库存款　　　　　　　　　　　　　　　　　　　　　　900 000

（3）市财政局将与所属丙县的往来款项20 000元，转作对丙县的一般预算补助支出。

借：补助支出——丙县——一般公共预算补助支出　　　200 000
　　贷：与下级往来——丙县　　　　　　　　　　　　　　　　200 000

（4）在业务（3）中，市财政局通知丙县财政局将多发款30 000元退回，转作往来款处理。

借：与下级往来　　　　　　　　　　　　　　　　　　　　30 000
　　贷：补助支出——丙县——一般公共预算补助　　　　　30 000

（2）上解支出。政府财政会计为了核算预算上解的支出情况，应设置"上解支出"科目。"上解支出"科目属于支出类会计科目，用来核算解缴上级财政的款项，具体包括：

①按体制由国库在本级预算收入中直接划解上级财政的款项；

②按体制结算补解给上级财政的款项和各种专项上解款项。该科目借方登记上解支

出的增加数,贷方登记上解支出退还数和年终结转数,平时余额在借方,反映上解支出累计数。年终,该科目借方余额应转入"一般公共预算结转结余""政府性基金预算结转结余"等科目。该科目应按上解资金类别设置明细科目。

政府财政会计在核算本级财政发生上解支出时,应借记"上解支出"科目,贷记"国库存款"科目;如果发生上解支出退还时,应按退还数,借记"国库存款"科目,贷记"上解支出"科目;年终,将"上解支出"科目余额转入"一般公共预算结转结余""政府性基金预算结转结余"等科目时,借记"一般公共预算结转结余""政府性基金预算结转结余"等科目,贷记"上解支出"科目。

【例9-17】甲、乙两县有关上解支出的业务和会计分录如下:

(1) 甲县上解市财政180 000元一般预算款时,该县财政会计应作如下会计分录:

借:上解支出——一般公共预算上解支出　　　　　　　　180 000
　　贷:国库存款　　　　　　　　　　　　　　　　　　　　180 000

(2) 乙县财政收到市财政退还的上解款200 000元时,乙县财政会计应作如下会计分录:

借:国库存款　　　　　　　　　　　　　　　　　　　　200 000
　　贷:上解支出——一般公共预算上解支出　　　　　　　　200 000

(3) 地区间援助支出。地区间援助支出是指援助方政府财政安排用于受援方政府财政统筹使用的各类援助、捐赠等资金支出。根据政府间的援助机制,经济发达地区的地方政府财政有义务向经济落后地区的地方政府提供资金,支持其社会与经济发展。

财政总预算会计设置"地区间援助支出"科目,核算援助方政府财政安排用于受援方政府财政统筹使用的各类支出。本科目应当按照受援地区及管理需要进行相应明细核算。支付地区间援助款时,借记"地区间援助支出"科目,贷记"国库存款"科目。

【例9-18】某政府财政根据政府间的援助安排,向对口援助方政府财政支付援助资金700 000元。

借:地区间援助支出——某政府财政　　　　　　　　　　700 000
　　贷:国库存款　　　　　　　　　　　　　　　　　　　　700 000

(4) 调出资金。为了核算各级财政部门从基金预算的地方财政税费附加收入结余中调出用于平衡预算收支的资金,政府财政会计应设置"调出资金"科目。该科目属于支出类会计科目,应按调出资金类别设置二级科目,如"一般公共预算调出资金""政府性基金预算调出资金"等。调出基金预算结余时,借记"调出资金"科目,贷记"调入资金"科目。年终转账时,应将本科目借方余额转入"一般公共预算结转结余""政府性基金预算结转结余"等科目,借记"一般公共预算结转结余""政府性基金预算结转结余"等科目,贷记"调出资金"科目。

【例9-19】市财政局从政府性基金预算结余中调出480 000元,用于平衡预算收支。

借:调出资金——政府性基金预算调出资金　　　　　　　480 000
　　贷:调入资金——一般公共预算调入资金　　　　　　　　480 000

(5) 安排预算稳定调节基金。安排预算稳定调节基金是指政府财政按照有关规定安排的预算稳定调节基金。根据《中华人民共和国预算法》,各级政府财政一般公共预算可以设置预算稳定调节基金，用于弥补以后年度预算资金的不足。超收收入或一般公共预算结余补充预算稳定调节基金，是预算稳定调节基金的重要来源。

财政总预算会计设置"安排预算稳定调节基金"科目，核算政府财政按照有关规定安排的预算稳定调节基金。本科目无规定的明细科目。使用超收收入或一般公共预算结余补充预算稳定调节基金时，借记"安排预算稳定调节基金"科目，贷记"预算稳定调节基金"科目。年终转账时，将"安排预算稳定调节基金"科目余额全部转入"一般公共预算结转结余"科目，借记"一般公共预算结转结余"科目，贷记"安排预算稳定调节基金"科目。

【例 9 - 20】某市财政局从本年财政超收收入中安排补充预算稳定调节基金 50 000 000 元。

借：安排预算稳定调节基金　　　　　　　　　　　　　50 000 000
　　贷：预算稳定调节基金　　　　　　　　　　　　　　50 000 000

3. 债务性支出核算

债务性支出是指政府财政偿还本级政府承担的债务本金，以及向下级政府财政转贷形成的支出。财政总预算会计核算的债务性支出包括债务还本支出和债务转贷支出。

（1）债务转贷支出的核算。为核算地方各级财政部门对下级财政部门转贷的债务支出，省级以下（不含省级）政府财政不得以发行债券等方式举借债务，但可以通过省级政府财政发行债券，省级政府财政以转贷的形式向下级政府财政支付债务资金。

财政会计应设置"债务转贷支出"科目，该科目属于支出类会计科目，应按照《政府收支分类科目》规定设置"地方政府一般债务转贷支出""地方政府专项债务转贷支出"明细科目。同时按照转贷地区财政进行明细核算。省级以上（包括省级）政府财政通常设置本科目。

债务转贷涉及支出和债权两个事项，为兼顾预算管理与资产管理的需要，应当采用"双分录"的核算方法，同时确认转贷所发生的支出和增加的债权。债务转贷支出应当按照实际转贷的金额入账。本级政府财政向下级政府财政转贷地方政府债券或主权外债资金时，应当同时作两项记录：一是按照实际转贷的金额，借记"债务转贷支出"科目，贷记"国库存款"科目；二是按照到期应收回的转贷款本金金额，借记"应收地方政府债券转贷款""应收主权外债转贷款"等科目，贷记"资产基金"科目。年终转账时，应将本科目借方余额全部转入"一般公共预算结转结余""政府性基金预算结转结余"科目，借记"一般公共预算结转结余""政府性基金预算结转结余"科目，贷记本科目。

【例 9 - 21】某省财政拟发行地方政府一般债券筹集资金，现通过国库向所属某市财政转贷地方政府债券款 6 亿元。

借：债务转贷支出——地方政府一般债务转贷支出（市财政）600 000 000
　　贷：国库存款　　　　　　　　　　　　　　　　　　600 000 000

同时：

借：应收地方政府债券转贷款——应收地方政府一般债券转贷款
　　　　　　　　　　　　　　　　　　　　　　　　　600 000 000
　　贷：资产基金——应收地方政府债券转贷款　　　　600 000 000

(2) 债务还本支出。债务还本支出是指政府财政偿还本级政府承担的债务本金支出。债务还本支出只核算政府偿还债务本金的支出，支付债务利息的支出记入"一般公共预算本级支出"等科目。政府财政承担的债务，纳入本级政府财政的预算管理，包括中央政府财政发行的国债、向外国政府和国际金融组织的借款、省级政府财政发行的地方债券，以及省级以下（包括市、区县、乡镇）政府取得的转贷债务。政府财政承担的债务应当按期偿还。

财政总预算会计设置"债务还本支出"科目，核算政府财政偿还本级政府财政承担的纳入预算管理的债务本金支出。本科目应当根据《政府收支分类科目》中"债务还本支出"有关规定设置明细科目，并区分一般债务还本支出和专项债务还本支出。

政府财政偿还债务涉及支出和负债两个事项，为兼顾预算管理与债务管理的需要，应当采用"双分录"的核算方法，同时确认偿还债务所发生的支出和减少的债务。债务还本支出应当按照实际偿还的金额入账。偿还本级政府财政承担的债务本金时，应当同时作两项记录：一是按照实际偿还的金额，借记"债务还本支出"科目，贷记"国库存款""其他财政存款"等科目；二是按照实际偿还的本金金额，借记"应付短期政府债券""应付长期政府债券""借入款项""应付地方政府债券转贷款""应付主权外债转贷款"等负债科目，贷记"待偿债净资产"科目。

【例9-22】某省政府财政发行的201512期地方政府一般债券到期，通过国库拨付资金偿还债券本金10亿元。

借：债务还本支出——地方政府债券还本（一般债务还本支出）

                1 000 000 000

  贷：国库存款   1 000 000 000

同时：

借：应付长期政府债券——应付地方政府一般债券 1 000 000 000

  贷：待偿债净资产——应付长期政府债券   1000 000 000

4. 其他财政性资金支出核算

(1) 财政专户管理资金支出。财政专户管理资金支出是指政府财政用纳入财政专户管理的资金安排的支出。目前，纳入财政专户管理的资金主要是教育收费等。按照"收支两条线，财政专户管理"的要求，教育收费应当缴入财政专户统一管理，支用时通过财政专户核拨。

财政总预算会计设置"财政专户管理资金支出"科目，核算政府财政用未纳入预算并实行财政专户管理的用教育收费等资金安排的支出。本科目应当按照《政府收支分类科目》中支出功能分类科目设置相应明细科目。同时，根据管理需要，按照支出经济分类科目、部门（单位）等进行明细核算。该科目借方登记发生的财政专户管理资金支出数，贷方登记财政专户管理资金支出的收回或转销数，平时余额在借方，反映财政专户管理支出累计数。月末，该科目余额应全数转入"财政专户管理资金结余"科目。

政府财政会计在核算发生财政专户管理资金支出时，借记"财政专户管理资金支出"科目，贷记"其他财政存款"等有关科目。在收回支出时，应作相反的会计分录。月末转账时，将"财政专户管理资金支出"科目余额转入"财政专户管理资金结余"科目，应借记"财政专户管理资金结余"科目，贷记"财政专户管理资金支出"科目。

【例9-23】某政府财政运用财政专户管理的资金,通过在商业银行开设的专户,向某学校核拨教育经费1 600 000元。

借:财政专户管理资金支出——教育支出　　　　　　1600 000
　　贷:其他财政存款　　　　　　　　　　　　　　　　　1600 000

(2)专用基金支出。专用基金支出是指用专用基金收入安排的支出。为了核算各级财政部门的专用基金支出,政府财政会计应设置"专用基金支出"科目。该科目借方登记发生的专用基金支出数,贷方登记专用基金支出的收回或转销数,平时余额在借方,反映专用基金支出累计数。月末,该科目余额应全数转入"专用基金结余"科目。

政府财政会计在核算发生专用基金支出时,应借记"专用基金支出"科目,贷记"其他财政存款"科目;在收回支出时,应做相反的会计分录。月末转账时,将"专用基金支出"科目余额转入"专用基金结余"科目,应借记"专用基金结余"科目,贷记"专用基金支出"科目。

【例9-24】某市财政局202×年发生专用基金支出的业务和会计分录如下:

(1)用专用基金收入安排的支出为100 000元。

借:专用基金支出　　　　　　　　　　　　　　　　　100 000
　　贷:其他财政存款——专用基金存款　　　　　　　　　100 000

(2)收回专用基金支出共计30 000元。

借:其他财政存款——专用基金存款　　　　　　　　　30 000
　　贷:专用基金支出　　　　　　　　　　　　　　　　　30 000

第三节

财政总预算资产、负债和净资产的核算

一、财政总预算资产的核算

资产是政府财政占有或控制的,能以货币计量的经济资源。按资产的内容划分,财政总预算会计核算的资产包括财政存款、应收及暂付款、预拨经费与在途款、有价证券与股权投资、应收转贷款等。

(一)财政存款

财政性存款是财政部门代表政府所掌管的财政资金,包括国库存款、国库现金管理存款、其他财政存款和财政零余额账户存款。国家的财政收入,经过各级国家金库按规定收纳、划分、报解和上下级财政之间的调拨,形成各级财政部门的财政性存款,它是各级财政部门的可支配资金,用于各方面的预算支出。财政性存款的支配权属于同级财政部门,并由政府财政会计负责管理,通过国库单一账户统一收付。

1. 国库存款

"国库存款"科目属于资产类科目,用来核算各级政府财政会计在国库的预算资金(含一般预算存款和基金预算存款)。该科目借方登记国库存款的增加数,贷方登记国

库存款减少数,借方余额反映国库存款的结存数。政府财政会计收到预算收入时,应根据国库报来的预算收入日报表入账;办理库款支付时,根据支付凭证回单入账。该科目可按一般公共预算存款和政府性基金预算存款进行明细核算。

2. 国库现金管理存款

国库现金管理存款是指政府财政实行国库现金管理业务存放在商业银行的预算资金。国库现金管理是在确保财政国库支付需要前提下,以实现国库现金余额最小化和投资收益最大化为目标的一系列财政管理活动。国库现金管理的操作方式包括商业银行定期存款、买回国债等。其中,商业银行定期存款是指将国库现金存放在商业银行,商业银行以国债为质押获得存款并向财政部门支付利息的交易行为。

财政总预算会计设置"国库现金管理存款"科目,核算政府财政实行国库现金管理业务存放在商业银行的款项。国库现金管理存款的主要账务处理如下:

(1) 按照国库现金管理有关规定,将库款转存商业银行时,按照存入商业银行的金额,借记"国库现金管理存款"科目,贷记"国库存款"科目。

(2) 国库现金管理存款收回国库时,按照实际收回的金额,借记"国库存款"科目,按照原存入商业银行的存款本金金额,贷记"国库现金管理存款"科目,按照两者的差额,贷记"一般公共预算本级收入"科目。本科目期末借方余额反映政府财政实行国库现金管理业务持有的存款。

【例9-25】某政府财政实行国库现金管理业务,本期存款量为50 000 000元,存款期限9个月。某商业银行通过定期存款业务招投标系统中标,中标年利率为4.65%。开具划款凭证,将款项转入商业银行账户。编制的会计分录如下:

借:国库现金管理存款　　　　　　　　　　　　　　50 000 000
　　贷:国库存款　　　　　　　　　　　　　　　　　　50 000 000

【例9-26】接上例,实行国库现金管理的存款到期收回本金,并收到支付的利息1 743 750元。

借:国库存款　　　　　　　　　　　　　　　　　　51 743 750
　　贷:国库现金管理存款　　　　　　　　　　　　　　50 000 000
　　　　一般公共预算本级收入　　　　　　　　　　　　1 743 750

3. 其他财政存款

"其他财政存款"科目属于资产类科目,用来核算各级政府财政会计未列入"国库存款"科目的各项财政性存款,包括未设国库的乡(镇)财政在专业银行的预算资金存款以及部分由财政部指定存入专业银行的专用基金存款和未纳入预算并实行财政专户管理的资金存款等。该科目借方登记其他财政存款增加数,贷方登记其他财政存款减少数。该科目借方余额反映其他财政存款的实际结存数,其年终余额结转下年。政府财政会计核算其他财政存款收入时,应根据经办银行报来的收入日报表或银行收款通知入账;核算其他财政存款支付时,应根据有关支付凭证的回单入账。为了便于分类管理,"其他财政存款"科目应按交存地点和资金性质分设明细科目。

在国库单一账户制度下,政府财政会计还应设置"财政零余额账户存款"科目和"已结报支出"科目。这两个会计科目是财政国库支付执行机构进行会计核算所使用的科目。财政国库支付执行机构会计是财政总预算会计的延伸,其会计核算执行《财政总预算会计制度》。"财政零余额账户存款"科目属于资产类会计科目，用于核算财政国库支付执行机构在银行办理财政直接支付的业务。该科目贷方登记财政国库支付执行机构当天发生直接支付的资金数；借方登记当天国库单一账户存款划入冲销数，该科目当日资金结算后余额为零。"已结报支出"科目属于负债类会计科目，用于核算财政国库资金已结清的支出数。每天业务结束后，该科目余额应等于一般预算支出和基金预算支出之和。年终转账时，作相反分录，借记该科目，贷记"一般公共预算本级支出""政府性基金预算本级支出支出"科目。

【例 9-27】某市财政总预算会计和财政国库支付执行机构会计有关财政性存款的业务和会计分录如下：

(1) 202×年8月12日，某市财政国库支付执行机构为市教育局直接支付一般预算安排的款项80 000元。财政国库支付执行机构会计编制的会计分录为：

借：一般公共预算本级支出——财政直接支付　　　　80 000
　　贷：财政零余额账户存款　　　　　　　　　　　　　　　　80 000

(2) 202×年8月12日，某市财政国库支付执行机构汇总编制预算支出结算清单，其中汇总的财政直接支付应结算资金数额为80 000元。该预算支出结算清单已与中国人民银行国库划款凭证核对无误，并已送财政总预算会计结算资金。财政国库支付执行机构会计编制的会计分录为：

借：财政零余额账户存款　　　　　　　　　　　　　　　80 000
　　贷：已结报支出——财政直接支付　　　　　　　　　　　　80 000

(3) 202×年8月12日，某市财政总预算会计根据财政国库支付执行机构报来的上述预算支出结算清单，在与中国人民银行国库划款凭证核对无误后，登记入账。财政总预算会计编制如下会计分录：

借：一般公共预算本级支出——市教育局　　　　　　80 000
　　贷：国库存款　　　　　　　　　　　　　　　　　　　　　　80 000

(4) 202×年11月8日，某市财政国库支付执行机构收到代理银行报来的财政支出日报表，列示以一般公共预算安排的授权支出8 000元，以政府性基金预算安排的授权支出8 000元，经与中国人民银行国库划款凭证核对无误后，财政国库支付执行机构会计编制如下会计分录：

借：一般公共预算本级支出——单位零余额账户额度　　8 000
　　政府性基金预算本级支出——单位零余额账户额度　　5 000
　　贷：已结报支出——财政授权支付　　　　　　　　　　　13 000

(5) 202×年11月8日，某市财政预算会计根据代理银行汇总的预算单位零余额账户授权支付数，与中国人民银行国库汇总划款凭证及财政国库支付执行机构汇总的预算支出结算清单核对无误后，编制如下会计分录：

借：一般公共预算本级支出　　　　　　　　　　　　　　　8 000
　　政府性基金预算本级支出　　　　　　　　　　　　　　　5 000
　　贷：国库存款　　　　　　　　　　　　　　　　　　　　　13 000

(6) 年终，财政国库支付执行机构将预算支出与有关方面核对一致，其中一般公共预算本级支出中单位零余额账户额度支出为8 000元，政府性基金预算本级支出单位零余额账户额度支出为 5 000 元。财政国库支付执行机构会计应编制如下会计分录：

```
借：已结报支出——财政直接支付                    80 000
            ——财政授权支付                    13 000
    贷：一般公共预算本级支出——财政直接支付            80 000
                    ——单位零余额账户额度          8 000
        政府性基金预算本级支出——单位零余额账户额度      5 000
```

（二）应收及暂付款

应收及暂付款是指政府财政在业务活动中形成的债权资产，如与下级政府财政的待结算款项、应当收取的投资收益和其他应收及暂付款项。应收及暂付款属于流动资产。财政总预算会计核算的应收及暂付款包括与下级往来、应收股利和其他应收款等。

1. 与下级往来

"与下级往来"科目属于资产类科目，用来核算与下级财政的往来待结算款项。借给下级财政款时，借记"与下级往来"科目，贷记"国库存款"科目；体制结算中应由下级财政上缴的收入数，借记"与下级往来"科目，贷记"上解收入"科目；借款收回、转作补助支出或体制结算中应补助下级财政数时，借记"国库存款""补助支出"等科目，贷记"与下级往来"科目。该科目借方余额反映下级财政应归还本级财政的款项；贷方余额反映本级财政欠下级财政的款项。因此，该科目不是单纯的资产类科目，它是双重性质科目，如果出现贷方余额，在"资产负债表"中应以负数反映。该科目应及时清理结算，应转作补助支出的部分，在当年结清，其他年终未能结清的余额结转下年。该科目应按资金性质和下级财政部门名称设置明细科目。

【例 9-28】某市财政局与县财政局有关往来款项的业务和会计分录如下：

（1）市财政局同意县财政局的申请，借给该县财政局临时周转金 460 000 元。

市政府财政会计作如下会计分录：

```
借：与下级往来                              460 000
    贷：国库存款                              460 000
```

县政府财政会计收到借款时作如下会计分录：

```
借：国库存款                              460 000
    贷：与上级往来                              460 000
```

（2）市财政局将（1）中借给县财政局的款项 150 000 元转作对该县的补助。

市政府财政会计作如下会计分录：

```
借：补助支出——一般公共预算补助支出              150 000
    贷：与下级往来                              150 000
```

县政府财政会计作如下会计分录：

```
借：与上级往来                              150 000
    贷：补助收入——一般公共预算补助收入              150 000
```

2. 应收股利

应收股利是指政府因持有股权投资应当收取的现金股利或利润。股权投资是政府持有各类股权投资资产。采用权益法进行核算时，持有股权投资期间，被投资方宣告现金股利或利润的分配方案，政府财政享有取得现金股利或利润的权利。

财政总预算会计设置"应收股利"科目,核算政府因持有股权投资应当收取的现金股利或利润。本科目应当按照被投资主体进行明细核算。本科目期末借方余额反映政府财政尚未收回的现金股利或利润。

应收股利需要采用"双分录"的核算方法,其主要账务处理如下。(1) 被投资主体宣告发放现金股利或利润时,应当同时作两项记录:一是按应上缴政府财政的部分,借记"应收股利"科目,贷记"资产基金——应收股利"科目;二是按照相同的金额,借记"资产基金——股权投资"科目,贷记"股权投资(损益调整)"科目。(2) 实际收到现金股利或利润时,也应当同时作两项记录:一是按照收到的金额,借记"国库存款"等科目,贷记"一般公共预算本级收入"等收入科目;二是按照相同的金额,借记"资产基金——应收股利"科目,贷记"应收股利"科目。

【例9-29】某政府财政持有华夏投资基金的股权。

(1) 华夏投资基金宣告发放现金股利,归于投资方政府财政的部分为3 900 000元。

借:应收股利——华夏投资基金　　　　　　　　　　　　　3 900 000
　　贷:资产基金——应收股利　　　　　　　　　　　　　　　　3 900 000

同时:

借:资产基金——股权投资　　　　　　　　　　　　　　　3 900 000
　　贷:股权投资——投资基金股权投资(损益调整)　　　　　　3 900 000

(2) 收到华夏投资基金发放的现金股利3 900 000元。

借:国库存款　　　　　　　　　　　　　　　　　　　　　3 900 000
　　贷:一般公共预算本级收入——非税收入(国有资本投资收益)
　　　　　　　　　　　　　　　　　　　　　　　　　　　　3 900 000

同时:

借:资产基金——应收股利　　　　　　　　　　　　　　　3 900 000
　　贷:应收股利——华夏投资基金　　　　　　　　　　　　　　3 900 000

3. 其他应收款

其他应收款是指政府财政业务活动临时发生的应收及暂付款项,主要包括应收款项、暂付款项和垫付款项,以及政府财政履行担保责任,为项目单位代偿的外国政府和国际金融组织贷款的本息费。其他应收款并非对外借款,既可以收回债权,也可以将债权转作预算支出。

【例9-30】政府财政为项目单位的国际金融组织贷款承担担保责任,收回本息3 000 000元,未收回款项50 000元经核准列作当期支出。

借:国库存款　　　　　　　　　　　　　　　　　　　　　3 000 000
　　一般公共预算本级支出　　　　　　　　　　　　　　　　　50 000
　　贷:其他应收款——项目单位　　　　　　　　　　　　　　3 050 000

(三) 预拨经费与在途款

1. 预拨经费

预拨经费是指各级财政机关根据核定的预算计划用预算资金拨给用款单位的待结算资金。凡是年度预算执行中财政会计用预算资金预拨出应在以后各期列支的款项,以及会计年度终了前预拨给用款单位的下年度经费款均应作为预拨经费管理。各项预拨款项应按实际预拨数额记账。预拨经费（不含预拨下年度经费）应在年终前转列支出或清理收回。

政府财政会计核算预拨经费，应设置"预拨经费"会计科目。"预拨经费"科目属于资产类科目，用来核算财政部门预拨给行政事业单位，尚未列作本期预算支出的经费。该科目借方登记财政预拨款数，贷方登记各单位交回财政机关数。其借方余额反映尚未转列支出或尚待收回的预拨经费数。该科目应按拨款单位名称设置明细账。凡是拨出经费属于本期支出的，应直接通过有关支出科目核算，不能记入本科目。

政府财政会计在向用款单位预拨经费时，应借记"预拨经费"科目，贷记"国库存款"科目；转列支出或收到交回财政部门数时，借记"一般公共预算本级支出"或"国库存款"科目，贷记"预拨经费"科目。

【例9-31】某市财政局202×年发生预拨经费的业务和会计分录如下：

（1）用一般公共预算资金预拨给市教育局教育经费1 500元，预拨给水利部门事业经费40 000元。

  借：预拨经费——教育事业费   1 500
      ——水利事业费   40 000
    贷：国库存款   41 500

（2）收到农业部门交回多余的预拨事业经费12 000元。

  借：国库存款   12 000
    贷：预拨经费   12 000

（3）年终，市财政将预拨的各项事业经费950 000元全部转列支出。

  借：一般公共预算本级支出   950 000
    贷：预拨经费   950 000

2. 在途款

在途款是指在规定的决算清理期内，收到应属于上年度收入的款项和收回上年不应列支的款项，或需要通过"在途款"科目过渡处理的资金数。由于库款报解有一定的传递时间，就会出现本年收到的款项却是属于上年度的，从上年度的角度来看，这些款项尚未到达，需要用"在途款"作过渡性核算。

为核算决算清理期和库款报解整理期内发生的上下年度收入、支出业务以及需要过渡处理的资金数额，总预算会计设置资产类"在途款"科目。决算清理期内收到属于上年度的收入时，借记本科目，贷记"一般公共预算本级收入""补助收入""上解收入"等收入科目；收回属于上年度拨款或支出时，借记本科目，贷记"预拨经费"或"一般公共预算本级支出"等科目；冲转在途款时，借记"国库存款"科目，贷记本科目。

【例9-32】决算清理期中，某市国库收到属于上年度一般公共预算本级收入2 600 000元。该市在上年度旧账上记：

  借：在途款   2 600 000
    贷：一般公共预算本级收入   2 600 000

在本年度新账上记：

  借：国库存款   2 600 000

　　　　贷：在途款　　　　　　　　　　　　　　　　　　　　　　2 600 000

【例9-33】决算清理期，该市收回属于上年度多拨经费830 000元。在上年度旧账上记：

　　　　借：在途款　　　　　　　　　　　　　　　　　　　　　830 000
　　　　　贷：预拨经费　　　　　　　　　　　　　　　　　　　　　 830 000

在本年度新账上记：

　　　　借：国库存款——一般公共预算存款　　　　　　　　　　　830 000
　　　　　贷：在途款　　　　　　　　　　　　　　　　　　　　　　 830 000

（四）有价证券与股权投资

1. 有价证券

有价证券是由国家指定的证券发行部门依照法定程序发行，并约定在约定期限内还本付息的信用凭证。地方各级财政如果财政资金有结余，可以购买中央政府发行的各种有价证券。中央政府向地方政府发行国库券等有价证券，是中央财政向地方财政借款的一种方法，是平衡中央预算收支，控制地方支出规模的辅助手段。

地方财政只能用各项财政结余购买国家指定可由地方各级政府购买的有价证券。有价证券购入时，政府财政会计不能作为支出核算，应冲减相应存款。有价证券到期兑换时，其本金按原资金渠道恢复存款，利息收入也按购买时的资金性质分别作相应收入处理。

政府财政会计应设置"有价证券"这一资产类科目，用以核算各级政府按国家统一规定用各项财政结余购买的有价证券的库存数。购入有价证券时，借记"有价证券"科目，贷记"国库存款""其他财政存款"科目；到期兑换有价证券时，其兑付本金部分，借记"国库存款""其他财政存款"科目，贷记"有价证券"科目；其利息收入记入有关收入类科目。本科目借方余额反映有价证券的实际库存数。

有价证券应按实际取得时支付的价款记账，有价证券票据（含债券收款单）应视同货币资金妥善保管。

【例9-34】某市财政局关于有价证券的业务和会计分录如下：

（1）用一般公共预算结余资金购买国库券100 000元。

　　　　借：有价证券　　　　　　　　　　　　　　　　　　　　100 000
　　　　　贷：国库存款——一般公共预算存款　　　　　　　　　　　100 000

（2）用政府性基金预算结余资金购买国库券80 000元。

　　　　借：有价证券　　　　　　　　　　　　　　　　　　　　 80 000
　　　　　贷：国库存款基——政府性基金预算存款　　　　　　　　　 80 000

（3）市财政局以前年度购买的国库券3 200 000元到期兑付本金和利息，其中用一般公共预算结余资金购买的国库券，兑付本金2 200 000元，利息收入210 000元；用政府性基金预算结余资金购买的国库券，兑付本金100 000元，利息收入为230 000元。

收回本金的处理：

　　　　借：国库存款——一般公共预算存款　　　　　　　　　　2 200 000
　　　　　　　　　——政府性基金预算存款　　　　　　　　　　1 000 000
　　　　　贷：有价证券　　　　　　　　　　　　　　　　　　　　3 200 000

收到国库券利息收入的处理：

借：国库存款——一般公共预算存款　　　　　　　210 000
　　贷：一般公共预算本级收入　　　　　　　　　　　　210 000
借：国库存款——政府性基金预算存款　　　　　　230 000
　　贷：政府性基金预算本级收入　　　　　　　　　　　230 000

2. 股权投资

股权投资是政府进行的权益性投资活动。政府通过取得被投资单位的股权，实施对被投资单位的控制，获取现金股利或利润。政府股权投资主要包括国际金融组织股权投资、投资基金股权投资、国有企业股权投资等。

财政总预算会计设置"股权投资"科目，核算政府持有的各类股权投资。本科目应当按照"国际金融组织股权投资""投资基金股权投资""企业股权投资"设置一级明细科目，在一级明细科目下，可根据管理需要，按照被投资主体进行明细核算。对每一被投资主体还可按"投资成本""收益转增投资""损益调整""其他权益变动"进行明细核算。本科目期末借方余额反映政府财政持有的各种股权投资金额。

股权投资一般采用权益法进行核算，取得股权投资时以投资成本计量，在投资持有期间需要根据享有被投资单位权益份额的变动，对股权投资的账面价值进行相应的调整。股权投资应当采用"双分录"的核算方法，其主要账务处理如下：(1) 政府财政进行股权投资时，按照实际支付的金额，借记"一般公共预算本级支出"等科目，贷记"国库存款"等科目；同时，按照实际支付的金额，借记"股权投资（投资成本）"科目，按照确定的在被投资单位中占有的权益金额，贷记"资产基金——股权投资"科目，如果在被投资单位中占有的权益金额与实际支付的金额有差异，按照两者的差额借记或贷记"股权投资（其他权益变动）"科目。(2) 年末，根据政府财政在被投资单位当期净利润或净亏损中占有的份额，借记或贷记"股权投资（损益调整）"科目，贷记或借记"资产基金——股权投资"科目。(3) 被投资单位宣告或发放现金股利或利润的账务处理，参见"应收股利"科目中的讲解。(4) 因期满、清算等收回投资时，按照实际收回的资金，借记"国库存款"等科目，按照收回的原实际出资部分，贷记"一般公共预算本级支出"等科目，按照超出原实际出资的部分，贷记"一般公共预算本级收入"等科目；同时，按照因收回股权投资而减少在被投资基金中占有的权益金额，借记"资产基金——股权投资"科目，贷记"股权投资（投资成本）"科目。

【例 9-35】某政府财政对某投资基金进行股权投资。

(1) 用一般公共预算资金向华夏投资基金支付 7 000 000 元，取得等额的投资权益。

借：一般公共预算本级支出　　　　　　　　　　　7 000 000
　　贷：国库存款　　　　　　　　　　　　　　　　　　7 000 000

同时：

借：股权投资——投资基金股权投资（投资成本）　7 000 000
　　贷：资产基金——股权投资　　　　　　　　　　　　7 000 000

(2) 年末，根据华夏投资基金的当期净利润及投资所占有的份额计算，应调增股权投资 600 000 元。

借：股权投资——投资基金股权投资（损益调整）　600 000

　　　　贷：资产基金——股权投资　　　　　　　　　　　　　　　　600 000

（五）应收转贷款

1. 应收地方政府债券转贷款

应收地方政府债券转贷款是指本级政府财政将通过发行地方政府债券筹措的资金转贷给下级政府财政而形成的应收款项，包括转贷的地方政府债券本金和利息。由于转贷的是地方政府债券，所以转贷方通常为省级政府财政，被转贷方为省级以下政府财政。

财政总预算会计设置"应收地方政府债券转贷款"科目，核算本级政府财政转贷给下级政府财政的地方政府债券资金的本金及利息。本科目下应当设置"应收地方政府一般债券转贷款"和"应收地方政府专项债券转贷款"明细科目，其下分别设置"应收本金"和"应收利息"两个明细科目，并按照转贷对象进行明细核算。本科目期末借方余额反映政府财政应收未收的地方政府债券转贷款本金和利息。应收地方政府债券转贷款应当采用"双分录"的核算方法，同时确认转贷所形成的支出和债权。

2. 应收主权外债转贷款

应收主权外债转贷款是指本级政府财政将取得的外国政府和国际金融组织贷款等主权外债转贷给下级政府财政而形成的应收款项，包括转贷的主权外债本金和利息。由于转贷的是主权外债，所以转贷方通常为中央政府财政，被转贷方为省级或省级以下政府财政。

财政总预算会计设置"应收主权外债转贷款"科目，核算本级政府财政转贷给下级政府财政的外国政府和国际金融组织贷款等主权外债资金的本金及利息。本科目下应当设置"应收本金"和"应收利息"两个明细科目，并按照转贷对象进行明细核算。本科目期末借方余额反映政府财政应收未收的主权外债转贷款本金和利息。同应收地方政府债券转贷款类似，应收主权外债转贷款也应当采用"双分录"的核算方法。

二、财政总预算负债的核算

负债是指政府财政承担的能以货币计量、需以资产偿付的债务。财政总预算会计核算的负债按照流动性，分为流动负债和非流动负债。流动负债是指预计在1年内（含1年）偿还的负债；非流动负债是指流动负债以外的负债。按负债的内容划分，财政总预算会计核算的负债包括应付及暂收款、应付政府债券与借入款项、应付转贷款和其他负债。

（一）应付及暂收款

应付及暂收款属于流动负债，财政总预算会计核算的应付及暂收款包括应付国库集中支付结余、与上级往来、其他应付款和应付代管资金等。

1. 与上级往来

"与上级往来"属于负债类科目，用来核算与上级财政的往来待结算款项。向上级财政借款或体制结算中应补交上级财政款项时，借记"国库存款""上解支出"科目，贷记"与上级往来"科目；归还借款、转作上级补助收入数或体制结算中应由上级补给款项时，借记"与上级往来"科目，贷记"国库存款""补助收入"等科目。该科目可能出现借方余额，也可能出现贷方余额，因此，它是双重性质科目，贷方余额反映本级财政欠上级财政的款项，属于负债，借方余额反映上级财政欠本级财政的款项，属于资产。如为借方余额,在资产负债表中应以负数表示。该科目应及时清理结算,年终未能结清的余额结转下年。与上级往来的账务处理参见 [例9-28]。

2. 应付国库集中支付结余、其他应付款和应付代管资金

应付国库集中支付结余是指国库集中支付中,预算单位当年未支而需结转下一年度支付的款项采用权责发生制列支后形成的债务。实行国库集中收付制度后,预算单位的经费通过国库单一账户统一拨付。年初,政府财政根据部门预算的安排下达各预算单位用款额度。年终,如果预算单位有未使用的用款额度,需要对其进行注销,并在下一年初予以恢复。根据财政总预算会计制度的要求,当年形成的国库集中支付结余,可按照权责发生制基础确认预算支出,与其同时确认的应付款项即为应付国库集中支付结余。

其他应付款是指政府财政业务活动中临时发生的暂收及应付款项,包括收到的不明性质款项、代征入库的社会保险费,以及收到的由项目单位使用并承担还款责任的外国和国际金融组织贷款。

应付代管资金是指政府财政代为管理的,使用权属于被代管主体的资金。代管资金政府财政根据职能安排代其他单位管理的款项,应当按照委托单位的要求使用。

(二) 应付政府债券与借入款项

应付政府债券与借入款项是指政府财政通过发行债券、借款等方式筹措资金而形成的债务。财政总预算会计核算的应付政府债券与借入款项包括应付短期政府债券、应付长期政府债券和借入款项。应付短期政府债券属于流动负债,应付长期政府债券和借入款项属于非流动负债。

1. 应付政府债券

应付政府债券包括应付短期政府债券和应付长期政府债券。

应付短(长)期政府债券是指政府财政部门以政府名义发行的期限≤1年(超过1年)的债券,包括中央政府财政发行的短(长)期国债和省级地方政府发行的短(长)期地方政府债券。应付短(长)期政府债券的数额,包括应付债券的本金和应付债券的利息。

财政总预算会计设置"应付短(长)期政府债券"科目,核算政府财政部门以政府名义发的短(长)期国债和短(长)期地方政府债券的应付本金和利息。本科目下应当设置"应付国债""应付地方政府一般债券""应付地方政府专项债券"等一级明细科目,在一级明细科目再分别设置"应付本金""应付利息"明细科目,分别核算政府债券的应付本金和利息。期末贷方余额,反映政府财政未偿还的政府债券本金和利息。政府财政发行短(长)期债券,应当采用"双分录"的核算方法,同时确认举借债务所取得的收入和承担的债务。

2. 借入款项

借入款项是指政府财政部门以政府名义向外国政府、国际金融组织等借入的款项,以及通过经国务院批准的其他方式借款形成的负债。

财政总预算会计应设置"借入款项"总账科目。该科目下应当设置"应付本金""应付利息"明细科目,分别对借入款项的应付本金和利息进行明细核算,还应当按照债权人进行明细核算。债务管理部门应当设置相应的辅助账,详细记录每笔借入款项的期限、借入日期、偿还及付息情况等。本科目期末贷方余额反映反应本级政府财政尚未

偿还的借入款项本金和利息。借入款项应当采用"双分录"的核算方法，同时确认举借债务所取得的收入和承担的债务。

【例9-36】中央财政从某国际金融组织借入主权外债款项500 000美元，折算为人民币4 000 000元。

  借：其他财政存款   4 000 000
    贷：债务收入——国外债务收入   4 000 000
  同时：
  借：待偿债净资产——借入款项   4 000 000
    贷：借入款项——应付本金（国际金融组织）   4 000 000

（三）应付转贷款

1. 应付地方政府债券转贷款

应付地方政府债券转贷款是指本级政府财政因借入上级政府财政发行地方政府债券转贷资金而形成的应付款项，包括转贷的地方政府债券本金和利息。转贷方通常为省级政府财政，被转贷方为省级以下政府财政。

财政总预算会计设置"应付地方政府债券转贷款"科目，核算本级政府财政从上级政府财政借入的地方政府债券转贷款的本金及利息。本科目下应当设置"应付地方政府一般债券转贷款"和"应付地方政府专项债券转贷款"明细科目，其下分别设置"应付本金"和"应付利息"两个明细科目进行明细核算。本科目期末贷方余额反映政府财政应付未付的地方政府债券转贷款本金和利息。应付地方政府债券转贷款应当采用"双分录"的核算方法，同时确认转贷所形成的收入和债务。

2. 应付主权外债转贷款

应付主权外债转贷款是指因借入上级政府财政主权外债转贷资金而形成的应付款项，包括转贷的主权外债贷款本金和利息。转贷方通常为中央政府财政，被转贷方为省级或省级以下政府财政。

财政总预算会计设置"应付主权外债转贷款"科目，核算本级政府财政从上级政府财政借入主权外债资金的本金及利息。本科目下应当设置"应付本金"和"应付利息"两个明细科目明细核算。本科目期末贷方余额反映政府财政尚未偿还的主权外债转贷款本金和利息。同应付地方政府债券转贷款类似，应付主权外债转贷款也应当采用"双分录"的核算方法。

三、财政总预算净资产的核算

在财政总预算会计中，净资产是指政府财政资产减去负债的差额。财政总预算会计核算的净资产包括资产基金与待偿债净资产、预算稳定调节基金与预算周转金、各项结转结余等。

（一）资产基金和待偿债净资产

1. 资产基金

资产基金是指政府财政持有的应收地方政府债券转贷款、应收主权外债转贷款、股权投资和应收股利等资产（与其相关的资金收支纳入预算管理）在净资产中占用的金额。

为核算资产基金业务,财政总预算会计应设置"资产基金"总账科目。该科目下应当设置"应收地方政府债券转贷款""应收主权外债转贷款""股权投资"和"应收股利"等明细科目,进行明细核算。本科目期末贷方余额,反映政府财政持有应收地方政府债券转贷款、应收主权外债转贷款、股权投资和应收股利等资产(与其相关的资金收支纳入预算管理)在净资产中占用的金额。

资产基金的账务处理参见[例9-35]。

2. 待偿债净资产

待偿债净资产是指政府财政因发生应付政府债券、借入款项、应付地方政府债券转贷款、应付主权外债转贷款、其他负债等负债(与其相关的资金收支纳入预算管理)相应需在净资产中冲减的金额。

为核算待偿债净资产业务,财政总预算会计应设置"待偿债净资产"总账科目。该科目下应当设置"应付短期政府债券""应付长期政府债券""借入款项""应付地方政府债券转贷款""应付主权外债转贷款"和"其他负债"等明细科目,进行明细核算。本科目期末借方余额,反映政府财政承担应付政府债券、借入款项、应付地方政府债券转贷款、应付主权外债转贷款和其他负债等负债(与其相关的资金收支纳入预算管理)而相应需冲减净资产的金额。

待偿债净资产的账务处理参见[例9-36]。

(二)预算周转金与预算稳定调节基金

1. 预算周转金

预算周转金是各级财政部门为了调剂预算年度内季节性收入与支出的差额,保证及时用款而设置的周转资金。预算周转金来源于一般公共预算结转结余。

国家预算在年度执行过程中,由于季节性等原因,可能出现暂时的入不敷出情况,这就要求设置一笔供临时周转垫支使用的预算周转金。设置必要的预算周转金,是各级财政灵活调度预算资金的重要保证。预算周转金只供平衡预算收支的临时周转使用,不能用于安排财政开支,未经上级财政机关批准,预算周转金年终必须保证原数,不能随意减少。预算周转金的数额,应当随着预算支出规模的扩大,逐年有所补充。

为了核算预算周转金,政府财政会计设置"预算周转金"科目。该科目属于基金类会计科目。其贷方登记设置或补充预算周转金的数额,借方登记核减数,贷方余额反映预算周转金实有数。政府财政会计在核算设置或补充预算周转金时,应借记"一般公共预算结转结余"科目,贷记"预算周转金"科目。

【例9-37】某县财政局经上级财政机关批准,从本县上年一般公共预算结转结余中设置预算周转金580 000元。

　　借:一般公共预算结转结余　　　　　　　　　　　　　　　580 000
　　　　贷:预算周转金　　　　　　　　　　　　　　　　　　　　　　580 000

2. 预算稳定调节基金

此部分内容已经介绍,详见"安排预算稳定调节基金"的核算。

(三)结转结余

结转结余是财政收支相抵后的余额及历年滚存的资金余额。财政预算收支相抵后的余额,应当分为结转资金和结余资金。结转资金是指当年预算已执行但未完成,或者因故未执行，下一年度需要按照原用途继续使用的资金；结余资金是指当年预算工作目标已完成，或者因故终止，当年剩余的资金。结转结余主要包括一般公共预算结转结余、政府性基金预算结转结余、国有资本经营预算结转结余、专用基金结余和财政专户管理资金结余等。各项结转结余分别核算。

1. 一般公共预算结转结余核算

一般公共预算结转结余是政府财政一般公共预算管理收支的执行结果，每月月末结算一次。政府财政会计设置"一般公共预算结转结余"科目核算一般公共预算管理收支相抵形成的结转结余。月末结转结余时，将一般公共预算的有关收入科目的贷方余额转入本科目借方，一般公共预算的有关支出科目的借方余额转入本科目贷方，本科目年终贷方余额反映一般公共预算收支相抵后的滚存结转结余。

【例9-38】某市财政局202×年末转账前各收入、支出账户的余额见表9-2。

表9-2　　　　　　　一般公共预算收支科目余额表　　　　　　　单位：万元

收支科目	借方余额	贷方余额
一般公共预算本级收入		682 000
补助收入——一般公共预算补助收入		342 000
上解收入——一般公共预算上解收入		210 000
地区间援助收入		15 200
调入资金——一般公共预算调入资金		11 900
债务收入——一般债务收入		65 000
债务转贷收入——地方政府一般债务转贷收入		5 000
动用预算稳定调节基金		8 000
收入合计		1 327 400
一般公共预算本级支出	523 000	
补助支出——一般公共预算补助支出	420 000	
上解支出——一般公共预算上解支出	325 000	
地区间援助支出	2 200	
调出资金——一般公共预算调出资金	3 000	
债务支出——一般债务支出	45 000	
债务转贷支出——地方政府一般债务转贷支出	2 000	
安排预算稳定调节基金	4 000	
支出合计	1 324 200	

会计分录如下：

借：一般公共预算本级收入　　　　　　　　　　　　　　682 000

　　补助收入——一般公共预算补助收入　　　　　　　　342 000

　　上解收入——一般公共预算上解收入　　　　　　　　210 000

　　地区间援助收入　　　　　　　　　　　　　　　　　15 200

　　调入资金——一般公共预算调入资金　　　　　　　　11 900

　　债务收入——一般债务收入　　　　　　　　　　　　65 000

债务转贷收入——地方政府一般债务转贷收入　　　　　　5 000
　　动用预算稳定调节基金　　　　　　　　　　　　　　　　8 000
　　　贷：一般公共预算结转结余　　　　　　　　　　　　　　1 327 400
借：一般公共预算结转结余　　　　　　　　　　　　　　　1 324 200
　　　贷：一般公共预算本级支出　　　　　　　　　　　　　　523 000
　　　　　补助支出——一般公共预算补助支出　　　　　　　　420 000
　　　　　上解支出——一般公共预算上解支出　　　　　　　　325 000
　　　　　地区间援助支出　　　　　　　　　　　　　　　　　2 200
　　　　　调出资金——一般公共预算调出资金　　　　　　　　3 000
　　　　　债务支出——一般债务支出　　　　　　　　　　　　45 000
　　　　　债务转贷支出——地方政府一般债务转贷支出　　　　2 000
　　　　　安排预算稳定调节基金　　　　　　　　　　　　　　4 000

2. 政府性基金预算结转结余核算

政府性基金预算结转结余是政府财政政府性基金预算管理收支的执行结果，每月月末结算一次。政府财政会计设置"政府性基金预算结转结余"科目核算政府性基金预算管理收支相抵形成的结转结余。月末结转结余时，将政府性基金预算的有关收入科目的贷方余额转入本科目借方，政府性基金预算的有关支出科目的借方余额转入本科目贷方，本科目年终贷方余额反映政府性基金预算收支相抵后的滚存结转结余。

【例9-39】某市财政局202×年末转账前各收入、支出账户的余额见表9-3。

表9-3　　　　　　　　政府性基金预算收支科目余额表　　　　　　　　单位：万元

收支科目	借方余额	贷方余额
政府性基金预算本级收入		188 000
补助收入——政府性基金预算补助收入		32 200
上解收入——政府性基金预算上解收入		56 300
债务收入——专项债务收入		2 000
收入合计		278 500
政府性基金预算本级支出	206 000	
补助支出——政府性基金预算补助支出	5 500	
上解支出——政府性基金预算上解支出	6 900	
调出资金——政府性基金预算调出资金	52 000	
债务还本支出——专项债务还本支出	2 000	
债务转贷支出——地方政府专项债务转贷支出	5 000	
支出合计	277 400	

会计分录如下：
借：政府性基金预算本级收入　　　　　　　　　　　　　　188 000
　　补助收入——政府性基金预算补助收入　　　　　　　　　32 200
　　上解收入——政府性基金预算上解收入　　　　　　　　　56 300
　　债务收入——专项债务收入　　　　　　　　　　　　　　2 000

　　　　贷：政府性基金预算结转结余　　　　　　　　　　　　　　278 500
　　　借：政府性基金预算结转结余　　　　　　　　　　　　　　277 400
　　　　贷：政府性基金预算本级支出　　　　　　　　　　　　　206 000
　　　　　　补助支出——政府性基金预算补助支出　　　　　　　　5 500
　　　　　　上解支出——政府性基金预算上解支出　　　　　　　　6 900
　　　　　　调出资金——政府性基金预算调出资金　　　　　　　 52 000
　　　　　　债务还本支出——专项债务还本支出　　　　　　　　　2 000
　　　　　　债务转贷支出——地方政府专项债务转贷支出　　　　　5 000

3. 国有资本经营预算结转结余核算

国有资本经营预算结转结余是政府财政国有资本经营预算管理收支的执行结果，每月月末结算一次。政府财政会计设置"国有资本经营预算结转结余"科目核算国有资本经营预算管理收支相抵形成的结转结余。月末结转结余时，将国有资本经营预算的有关收入科目的贷方余额转入本科目借方，国有资本经营预算的有关支出科目的借方余额转入本科目贷方，本科目年终贷方余额反映国有资本经营预算收支相抵后的滚存结转结余，转入下年度。

【例9-40】某市财政局202×年末转账前各收入、支出账户的余额见表9-4。

表9-4　　　　　　　　国有资本经营预算收支科目余额表　　　　　　　单位：万元

收支科目	借方余额	贷方余额
国有资本经营预算收入		312 200
国有资本经营预算支出	305 000	

会计分录如下：
　　　借：国有资本经营预算本级收入　　　　　　　　　　　　　312 200
　　　　贷：国有资本经营预算结转结余　　　　　　　　　　　　312 200
　　　借：国有资本经营预算结转结余　　　　　　　　　　　　　305 000
　　　　贷：国有资本经营预算本级支出　　　　　　　　　　　　305 000

4. 专用基金结余核算

专用基金结余是政府财政管理的专用基金收支的执行结果，每月月末结算一次。政府财政会计设置"专用基金结余"科目核算专用基金收支相抵形成的结余。月末结转结余时，将专用基金的有关收入科目的贷方余额转入本科目借方，专用基金的有关支出科目的借方余额转入本科目贷方，本科目年终贷方余额反映专用基金收支相抵后的滚存结余。

【例9-41】某市财政局202×年末转账前各收入、支出账户的余额见表9-5。

表9-5　　　　　　　　　专用收支科目余额表　　　　　　　　　　单位：万元

收支科目	借方余额	贷方余额
专用基金收入		89 600
专用基金支出	88 500	

会计分录如下:
借: 专用基金收入　　　　　　　　　　　　　　89 600
　　　贷: 专用基金结余　　　　　　　　　　　　　　89 600
借: 专用基金结余　　　　　　　　　　　　　　88 500
　　　贷: 专用基金支出　　　　　　　　　　　　　　88 500

5. 财政专户管理资金结余核算

"财政专户管理资金结余"科目核算未纳入预算并实行财政专户管理的资金收支相抵形成的结余，包括教育收费、彩票发行机构和彩票销售机构业务费等资金的结余。月末转账时，应将财政专户管理资金收入等有关收入科目的贷方余额转入本科目借方，财政专户管理资金支出的有关支出科目的借方余额转入本科目贷方，本科目年终贷方余额反映未纳入预算并实行财政专户管理的资金收支相抵后的滚存结余，转入下年度。

【例9-42】某市财政局202×年末转账前各收入、支出账户的余额见表9-6。

表9-6　　　　　　　　　　财政专户收支科目余额表　　　　　　　　　单位:万元

收支科目	借方余额	贷方余额
财政专户管理资金收入		15 000
财政专户管理资金支出	12 400	

会计分录如下:
借: 财政专户管理资金收入　　　　　　　　　　15 000
　　　贷: 财政专户管理资金结余　　　　　　　　　　15 000
借: 财政专户管理资金结余　　　　　　　　　　12 400
　　　贷: 财政专户管理资金支出　　　　　　　　　　12 400

财政部门办理年终结账前，应当进行年终清理结算。把各项结算收支入账后，即可办理年终结账。年终结账工作一般分为年终转账、结清旧账和记入新账。

第四节 财政会计财务报告

政府财政会计财务报告在财政总预算会计报表的基础上，编写政府决算报告和综合财务报告。根据财政总预算会计信息及其他相关资料，披露政府的预算信息和财务信息。

一、年终清理结算

各级总预算会计在会计年度结束前，应当全面进行年终清理结算，然后办理年终结账，据此编制总预算会计年报。

(一) 年终清理

政府财政部门应当及时进行年终清理结算。年终清理结算的主要事项如下:

第九章 政府财政会计的管理与核算

（1）核对年度预算。预算是预算执行和办理会计结算的依据。年终前，总会计应配合预算管理部门将本级政府财政全年预算指标与上、下级政府财政总预算和本级各部门预算进行核对，及时办理预算调整和转移支付事项。本年预算调整和对下转移支付一般截止到 11 月底；各项预算拨款，一般截止到 12 月 25 日。

（2）清理本年预算收支。认真清理本年预算收入，督促征收部门和国家金库年终前如数缴库。应在本年预算支领列报的款项，非特殊原因，应在年终前办理完毕。

清理财政专户管理资金和专用基金收支。凡属应列入本年的收入，应及时催收，并缴入国库或指定财政专户。

（3）组织征收部门和国家金库进行年度对账。年度终了后，按照国库管理制度的规定，支库应设置 10 天的库款报解整理期（设置决算清理期的年度，库款报解整理期相应顺延）。

（4）清理核对当年拨款支出。总会计对本级各单位的拨款支出应与单位的拨款收入核对无误。属于应收回的拨款，应及时收回，并按收回数相应冲减预算支出。属于预拨下年度的经费，不得列入当年预算支出。

（5）核实股权、债权和债务。财政部门内部相关资产、债务管理部门应于 12 月 20 日前向总会计提供与股权、债权、债务等核算和反映相关的资料。总会计对股权投资、借出款项、应收股利、应收地方政府债券转贷款、应收主权外债转贷款、借入款项、应付短期政府债券、应付长期政府债券、应付地方政府债券转贷款、应付主权外债转贷款、其他负债等余额应与相关管理部门进行核对，记录不一致的要及时查明原因，按规定调整账务，做到账实相符，账账相符。

（6）清理往来款项。政府财政要认真清理其他应收款、其他应付款等各种往来款项，在年度终了前予以收回或归还。应转作收入或支出的各项款项，要及时转入本年有关收支账。

（二）年终结算

财政预算管理部门要在年终清理的基础上，于次年元月底前结清上下级政府财政的转移支付收支和往来款项。总会计要按照财政管理体制的规定，根据预算结算单，与年度预算执行过程中已补助和已上解数额进行比较，结合往来款和借垫款情况，计算出全年最后应补或应退数额，填制"年终财政决算结算单"，经核对无误后，作为年终财政结算凭证，据以入账。

总会计对年终决算清理期内发生的会计事项，应当划清会计年度。属于清理上年度的会计事项，记入上年度会计账；属于新年度的会计事项，记入新年度会计账，防止错记漏记。

【例 9-43】某市财政局，根据"年终财政决算结算单"，列明年度预算计算应上解数为 185 460 000 元，年度预算执行中实际上解数额为 179 600 000 元，上级应专项补助该市 2 000 000 元。

市应解未解数 = 市应上解数 - 市已上解数
    = 185 460 000 - 179 600 000
    = 5 860 000

结算后市应补上解数 = 市应解未解数 - 省应补助数

$$= 5\,860\,000 - 2\,000\,000$$
$$= 3\,860\,000$$

市财政总预算会计编制会计分录如下：

借：上解支出		5 860 000
贷：与上级往来——应解未解		5 860 000
借：与上级往来——应补未补		2 000 000
贷：补助收入		2 000 000

省财政总预算会计编制会计分录如下：

借：与下级往来——应解未解		5 860 000
贷：上解收入		5 860 000
借：补助支出		2 000 000
贷：与下级往来——应补未补		2 000 000

（三）年终结账

财政总预算会计经过年终清理和结算，把各项结算收支记入旧账后，即可办理年终结账。年终结账工作一般分为年终转账、结清旧账和记入新账三个环节。

1. 年终转账

（1）计算出各账户12月份合计数和全年累计数，结出12月末余额；

（2）编制结账前的"资产负债表"，进行试算平衡；

（3）进行年终转账，填制12月份的记账凭单（凭单按12月份连续编号，填列实际处理日期），将各项收支按资金性质分别转入"一般公共预算结转结余""政府性基金预算结转结余""国有资本经营预算结转结余""财政专户管理资金结余"和"专用基金结余"账户冲销。

【例9-44】某省财政总预算会计12月末有关收支账户余额如下表，要求进行年终转账，并结出各预算本年的结转结余资金额，见表9-7。

表9-7

科目名称	金额	科目名称	金额
一般公共预算本级收入	135 326 205 000	一般公共预算本级支出	136 043 250 000
政府性基金预算本级收入	12 994 333 000	政府性基金预算本级支出	12 936 752 000
国有资本经营预算本级收入	13 256 810 000	国有资本经营预算本级支出	13 253 661 000
财政专户管理资金收入	1 215 300 000	财政专户管理资金支出	1 195 630 000
专用基金收入	900 000 000	专用基金支出	900 000 000
补助收入	132 500 000	补助支出	121 600 000
一般公共预算补助收入	132 500 000	一般公共预算补助支出	116 240 000
政府性基金预算补助收入		政府性基金预算补助支出	5 360 000
上解收入	143 887 100	上解支出	97 770 000
一般公共预算上解收入	67 435 000	一般公共预算上解支出	64 270 000
政府性基金预算上解收入	76 452 100	政府性基金预算上解支出	33 500 000
地区间援助收入		地区间援助支出	100 000 000

第九章 政府财政会计的管理与核算

续表

科 目 名 称	金 额	科 目 名 称	金 额
调入资金	76 340 000	调出资金	76 340 000
一般公共预算调入资金	76 340 000	一般公共预算调出资金	
政府性基金预算调入资金		政府性基金预算调出资金	76 340 000
		国有资本经营预算调出资金	
动用预算稳定调节基金		安排预算稳定调节基金	17 000 000
债务收入	5 645 640 000	债务还本支出	6 345 640 000
一般债务收入	2 745 640 000	一般债务还本支出	2 745 640 000
专项债务收入	2 900 000 000	专项债务还本支出	3 600 000 000
债务转贷收入	1 638 000 000	债务转贷支出	29 400 000
一般债务转贷收入		地方政府一般债务转贷支出	29 400 000
专项债务转贷收入	1 638 000 000	地方政府专项债务转贷支出	
合 计	170 429 015 100	合 计	171 117 043 000

(1) 将"一般公共预算本级收入"科目及其他收入类科目下的一般公共预算相关明细科目的贷方余额转入"一般公共预算结转结余"科目贷方。

借:一般公共预算本级收入　　　　　　135 326 205 000
　　补助收入——一般公共预算补助收入　　132 500 000
　　上解收入——一般公共预算上解收入　　67 435 000
　　调入资金——一般公共预算调入资金　　76 340 000
　　债务收入——一般债务收入　　　　　　2 745 640 000
　　贷:一般公共预算结转结余　　　　　　138 348 120 000

(2) 将"一般公共预算本级支出"科目及其他支出类科目下的一般公共预算相关明细科目的借方余额转入"一般公共预算结转结余"借方科目。

借:一般公共预算结转结余　　　　　　139 098 800 000
　　贷:一般公共预算本级支出　　　　　　136 043 250 000
　　　　补助支出——一般公共预算补助支出　　116 240 000
　　　　上解支出——一般公共预算上解支出　　64 270 000
　　　　地区间援助支出　　　　　　　　　　100 000 000
　　　　债务还本支出——一般债务还本支出　　2 745 640 000
　　　　债务转贷支出——一般债务转贷支出　　29 400 000

(3) 本年一般公共预算结转结余额

收入合计－支出合计＝138 348 120 000－139 098 800 000＝－750 680 000（元）

(4) 将"政府性基金预算本级收入"科目及其他收入类科目下的政府性基金预算相关明细科目的贷方余额转入"政府性基金预算结转结余"科目贷方。

借:政府性基金预算本级收入　　　　　　12 994 333 000
　　上解收入——政府性基金预算上解收入　　76 452 100
　　债务收入——专项债务收入　　　　　　2 900 000 000

债务转贷收入——专项债务转贷收入	1 638 000 000
贷：政府性基金预算结转结余	17 608 785 000

（5）将"政府性基金预算本级支出"科目及其他支出类科目下的政府性基金预算相关明细科目的借方余额转入"政府性基金预算结转结余"科目借方。

借：政府性基金预算结转结余	16 651 952 000
贷：政府性基金预算本级支出	12 936 752 000
补助支出——政府性基金预算补助支出	5 360 000
上解支出——政府性基金预算上解支出	33 500 000
调出资金——政府性基金预算调出资金	76 340 000
债务还本支出——专项债务还本支出	3 600 000 000

（6）本年政府性基金预算结转结余额

收入合计－支出合计＝17 608 785 000－16 651 952 000＝956 833 000（元）

（7）将"国有资本经营预算本级收入"科目贷方余额转入"国有资本经营预算结转结余"科目。

借：国有资本经营预算本级收入	13 256 810 000
贷：国有资本经营预算结转结余	13 256 810 000

（8）将"国有资本经营预算本级支出"科目借方余额转入"国有资本经营预算结转结余"科目借方。

借：国有资本经营预算结转结余	13 253 661 000
贷：国有资本经营预算本级支出	13 253 661 000

（9）本年国有资本经营预算结转结余额

收入合计－支出合计＝13 256 810 000－13 253 661 000＝3 149 006（元）

（10）将"财政专户管理资金收入"科目贷方余额转入"财政专户管理资金结余"科目贷方。

借：财政专户管理资金收入	1 215 300 000
贷：财政专户管理资金结余	1 215 300 000

（11）将"财政专户管理资金支出"科目借方余额转入"财政专户管理资金结余"科目借方。

借：财政专户管理资金结余	1 195 630 000
贷：财政专户管理资金支出	1 195 630 000

（12）本年财政专户管理资金结余额

收入合计－支出合计＝1 215 300 000－1 195 630 000＝19 670 000（元）

（13）将"专用基金收入"科目贷方余额转入"专用基金结余"科目贷方。

借：专用基金收入	900 000 000
贷：专用基金结余	900 000 000

（14）将"专用基金支出"科目借方余额转入"专用基金结余"科目借方。

借：专用基金结余	900 000 000
贷：专用基金支出	900 000 000

（15）本年专用基金结余额

第九章　政府财政会计的管理与核算

收入合计－支出合计＝900 000 000－900 000 000＝0（元）

（16）将"安排预算稳定调节基金"科目借方余额转入"预算稳定调节基金"科目借方。

借：预算稳定调节基金　　　　　　　　　　　　　　　　　　7 000 000
　　　贷：安排预算稳定调节基金　　　　　　　　　　　　　　　　7 000 000

（17）本年预算稳定调节基金结余额

收入合计－支出合计＝0－7 000 000＝－7 000 000（元）

2. 结清旧账

将各个收入和支出科目的借方、贷方结出全年总计数。对年终有余额的科目，在"摘要"栏内注明"结转下年"字样，表示转入新账。

3. 记入新账

根据年终转账后的总账和明细账余额编制年终"资产负债表"和有关明细表（不需填制记账凭证），将表列各科目余额直接记入新年度有关总账和明细账年初余额栏内，并在"摘要"栏注明"上年结转"字样，以区别新年度发生数。

决算经本级人民代表大会常务委员会（或人民代表大会）审查批准后，如需更正原报决算草案收入、支出时，则要相应调整有关账目，重新办理结账事项。

各级财政总预算会计在进行年终结账后，应根据上级财政部门颁发的决算编审办法和统一表格，编制年终决算报表即年报。

二、财政财务报告

（一）财政财务报告含义

财务报告是政府财政部门编制的，反映政府财政一定时期预算执行情况、运行情况和特定日期财务状况等信息的书面文件。财政总预算会计兼具政府预算会计和财务会计的功能，需要向决算报告使用者提供与政府预算执行情况有关的信息，综合反映政府预算收支的年度执行结果；需要向财务报告使用者提供与政府财务状况、运行情况和现金流量等有关的信息，综合反映政府公共受托责任履行情况。全面、清晰地反映政府预算管理信息和财务管理信息，为制定相关宏观政策提供依据。

（二）财政财务报告内容

我国的政府财务报告体系正在逐步建立与完善之中。《政府会计准则——基本准则》（自2017年1月1日起施行）要求，政府财政需要在编制财政总预算会计报表的基础上，编写政府决算报告和综合财务报告。这种"双报告"体系，互为补充、有机衔接，形成科学、完整的政府财政财务信息报告体系。

1. 财政总预算会计报表及附注

根据《财政总预算会计制度》，财政总预算会计需要编制资产负债表、收入支出表、预算执行及收支情况明细表及会计报表附注，反映政府财政财务状况、预算执行结果及未能在会计报表中列示项目说明。

2. 政府决算报告

政府决算报告是政府财政部门按年度编制以收付实现制为基础的书面报告，向决算报告使用者提供与政府预算执行情况有关的信息，综合反映政府会计主体预算收支的年度执行结果。通常由决算报表和决算说明与分析组成。

3. 政府综合财务报告

政府综合财务报告是政府财政部门按年度编制以权责发生制为基础的书面报告，向财务报告使用者提供与政府财务状况和运行情况有关信息，综合反映政府公共受托责任履行情况。通常由财务报表、财务经济分析和政府财政财务管理情况说明组成。

三、财政总预算会计报表

（一）财政总预算会计报表的意义

财政总预算会计报表是各级预算收支执行情况及其结果的定期书面报告。是各级政府和上级财政部门了解情况、掌握政策、指导预算执行工作的重要资料，也是编制下年度财政预算的基础。

（二）财政总预算会计报表的分类

总预算会计报表可以按报送时间、报表反映的内容和编制层次分类：

按报送时间分为旬报、月报、年报三种。

按报表反映的内容可分为：资产负债表、收入支出表、一般公共预算执行情况表、政府性基金预算执行情况表、国有资本经营预算执行情况表、财政专户管理资金收支情况表、专用基金收支情况表等会计报表和附注。

按报表按编制的层次分为本级报表和汇总报表。

（三）财政总预算会计报表编制要求

（1）一般公共预算执行情况表、政府性基金预算执行情况表、国有资本经营预算执行情况表应当按旬、月度和年度编制，财政专户管理资金收支情况表、专用基金收支情况表应当按月度和年度编制，资产负债表和附注应当至少按年度编制。

（2）总会计应当根据《财政总预算会计制度》编制并提供真实、完整的会计报表，切实做到账表一致，不得估列代编，弄虚作假。

（3）总会计要严格按照统一规定的种类、格式、内容、计算方法和编制口径填列会计报表，以保证全国统一汇总和分析。

（四）财政总预算会计报表的编制

1. 资产负债表

资产负债表是反映政府财政在某一特定日期财务状况的报表，属于静态报表。资产负债表应当按照资产、负债和净资产分类、分项列示，按"资产 = 负债 + 净资产"平衡。资产负债表分为月度资产负债表和年度资产负债表。

资产负债表分为"年初余额"和"期末余额"两栏。"年初余额"栏内各项数字应当根据上年末资产负债表"期末余额"栏内数字填列。如果本年度资产负债表规定的各个项目的名称和内容同上年度不相一致，应对上年年末资产负债表各项目的名称和数字按照本年度的规定进行调整，填入本表"年初余额"栏内。"期末余额"栏内各项数字应当根据本期会计科目及所属明细科目的期末余额直接填列，或经过分析计算后填列。报表格式见表9-8。

第九章 政府财政会计的管理与核算

表 9–8　　　　　　　　　　　资　产　负　债　表　　　　　　　　　　会财政 01 表

编制单位：　　　　　　　　　　　　年　月　日　　　　　　　　　　金额单位：元

资产	年初余额	期末余额	负债和净资产	年初余额	期末余额
流动资产			流动负债：		
国库存款			应付短期政府债券		
国库现金管理存款			应付利息		
其他财政存款			应付国库集中支付结余		
有价证券			与上级往来		
在途款			其他应付款		
预拨经费			应付代管资金		
借出款项			一年内到期的非流动负债		
应收股利			流动负债合计		
应收利息			非流动负债：		
与下级往来			应付长期政府债券		
其他应收款			借入款项		
流动资产合计			应付地方政府债券转贷款		
非流动资产：			应付主权外债转贷款		
应收地方政府债券转贷款			其他负债		
应收主权外债转贷款			非流动负债合计		
股权投资			负债合计		
待发国债			一般公共预算结转结余		
非流动资产合计			政府性基金预算结转结余		
			国有资本经营预算结转结余		
			财政专户管理资金结余		
			专用基金结余		
			预算稳定调节基金		
			预算周转金		
			资产基金		
			减：待偿债净资产		
			净资产合计		
资产总计			负债和净资产总计		

2. 收入支出表

收入支出表是反映政府财政在某一会计期间各类财政资金收、支、余情况的报表，属于动态报表。收入支出表根据资金性质按照收入、支出、结转结余的构成分类、分项列示。按 "期初结转结余 + 收入合计 – 支出合计 – 结余转出 = 年末结转结余" 平衡。收入支出表分为月报和年报。

月报的收入支出表由 "本月数" 和 "本年累计数" 两栏组成。"本月数" 栏反映各项目的本月实际发生数。其中，年初结转结余、年末结转结余项目栏内各项数字，应根据各结转结余科目及所属明细科目的年初或年末的余额分别资金性质填列。收入项目、支出项目栏内各项数字，应根据该项目所对应的会计科目及所属明细科目的本期发生额分别资金性质填列。"本年累计数"栏反映各项目自年初起至报告期末止的累计实际发生数。

年报的收入支出表由"上年数"和"本年数"两栏组成。"上年数"栏反映上年度各项目的实际发生数，"本年数"栏反映本年度各项目的实际发生数。报表格式见表9-9。

表9-9　　　　　　　　　　　收入支出表　　　　　　　　　　会财政02表

编制单位：　　　　　　　　　　年　月　日　　　　　　　　　金额单位：元

项　目	一般公共预算		政府性基金预算		国有资本经营预算		财政专户管理资金		专用基金	
	本月数	本年累计数	本月数	本年累计数	本月数	本年累计数	本月数	本年累计数	本月数	本年累计数
年初结转结余										
收入合计										
本级收入										
其中：来自预算安排的收入									—	—
补助收入									—	—
上解收入									—	—
地区间援助收入			—	—	—	—				
债务收入					—	—	—	—	—	—
债务转贷收入					—	—	—	—	—	—
动用预算稳定调节基金			—	—	—	—	—	—	—	—
调入资金										
支出合计										
本级支出										
其中：权责发生制列支										
预算安排专用基金的支出									—	—
补助支出									—	—
上解支出									—	—
地区间援助支出			—	—	—	—				
债务还本支出					—	—	—	—	—	—
债务转贷支出					—	—	—	—	—	—
安排预算稳定调节基金			—	—	—	—	—	—	—	—
调出资金										
结余转出			—	—	—	—				
其中：增设预算周转金			—	—	—	—	—	—	—	—
年末结转结余										

注：表中有"—"的部分不必填列

3. 预算收支及收支情况明细表

按收支配比要求，预算收支及收支情况明细表具体分为一般公共预算执行情况表、

第九章 政府财政会计的管理与核算

政府性基金预算执行情况表、国有资本经营预算执行情况表、财政专户管理资金收支情况表、专用基金收支情况表。

（1）一般公共预算执行情况表。一般公共预算执行情况表是反映政府财政在某一会计期间一般公共预算收支执行结果的报表。本表按照旬、月度和年度编制。其基本格式见表9-10。

表9-10　　　　　　　　　一般公共预算执行情况表　　　　　会财政03-1表

编制单位：　　　　　　　　　　　年　月　旬　　　　　　　　　　　单位：元

项　目	本月（旬）数	本年（月）累计数
一般公共预算本级收入		
101 税收收入		
10101 增值税		
1010101 国内增值税		
……		
一般公共预算本级支出		
201 一般公共服务支出		
20101 人大事务		
2010101 行政运行		
……		

（2）政府性基金预算执行情况表。政府性基金预算执行情况表是反映政府财政在某一会计期间政府性基金预算收支执行结果的报表。本表按照旬、月度和年度编制。其基本格式见表9-11。

表9-11　　　　　　　　　政府性基金预算执行情况表　　　　　会财政03-2表

编制单位：　　　　　　　　　　　年　月　旬　　　　　　　　　　　单位：元

项　目	本月（旬）数	本年（月）累计数
政府性基金预算本级收入		
10301 政府性基金收入		
1030102 农网还贷资金收入		
103010201 中央农网还贷资金收入		
……		
政府性基金预算本级支出		
206 科学技术支出		
20610 核电站乏燃料处理处置基金支出		
2061001 乏燃料运输		
……		

（3）国有资本经营预算执行情况表。国有资本经营预算执行情况表是反映政府财政在某一会计期间国有资本经营预算收支执行结果的报表。本表按照旬、月度和年度编

制。其基本格式见表9-12。

表9-12　　　　　　　国有资本经营预算执行情况表　　　　　　　会财政03-3表

编制单位：　　　　　　　　　　年　月　旬　　　　　　　　　　单位：元

项　目	本月（旬）数	本年（月）累计数
国有资本经营预算本级收入		
10306 国有资本经营收入		
1030601 利润收入		
103060103 烟草企业利润收入		
……		
国有资本经营预算本级支出		
208 社会保障和就业支出		
20804 补充全国社会保障基金		
2080451 国有资本经营预算补充社保基金支出		
……		

（4）财政专户管理资金收支情况表。财政专户管理资金收支情况表是反映政府财政在某一会计期间财政专户管理资金收支执行结果的报表。本表按照月度和年度编制。其基本格式见表9-13。

表9-13　　　　　　　财政专户管理资金收支情况表　　　　　　　会财政04表

编制单位：　　　　　　　　　　年　月　　　　　　　　　　　　单位：元

项　目	本月数	本年累计数
财政专户管理资金收入		
财政专户管理资金支出		

（5）专用基金收支情况表。专用基金收支情况表是反映政府财政在某一会计期间专用基金收支执行结果的报表。本表按照月度和年度编制。其基本格式见表9-14。

第九章 政府财政会计的管理与核算

表 9-14　　　　　　　　　专用基金收支情况表　　　　　　　会财政 05 表

编制单位：　　　　　　　　　　　年　月　　　　　　　　　　单位：元

项　目	本月数	本年累计数
专用基金收入		
粮食风险基金		
……		
专用基金支出		
粮食风险基金		
……		

四、政府决算报告

政府决算报告是指由政府财政部门以收付实现制为基础，综合反映政府会计主体年度预算收支执行结果的报告。向决算报告使用者提供政府预算执行情况相关的信息，有助于决算报告使用者进行监督和管理，并为编制后续年度预算提供参考和依据。

依据预算法和同级财政部门的规定，政府决算报告由决算报表和决算说明与分析组成。政府决算报表是以表格形式反映的政府年度预算执行情况的信息。决算报表中的决算数，应当以预算会计核算生成的数据为基础、并按决算报表要求进行适当调整。决算编制说明是以文字形式对决算报表数据所作的说明和解释。决算分析报告是对年度财政预算管理工作的成绩进行预算绩效评价，分析问题，提出下一年度预算计划。

五、政府综合财务报告

政府综合财务报告是政府财政部门按年度编制以权责发生制为基础，反映政府整体财务状况和运行情况的书面报告，向财务报告使用者提供与政府财务状况和运行情况有关信息，综合反映政府公共受托责任履行情况（详见第八章第三节内容）。

第四篇 民间非营利组织会计

第十章

民间非营利组织会计的管理与核算

【教学目标】

通过本章的学习，要求学生了解民间非营利组织会计和各类会计要素的概念、特点，掌握相关会计科目和会计核算。

【重点难点】

民间非营利组织会计的概念和核算特点。

【关键名词】

民间非营利组织会计　受托代理资产　文物文化资产　限定性净值产　非限定性净资产

课前案例：

中国宋庆龄基金会光大银行阳光专项基金在京启动

2019年6月21日，由中国宋庆龄基金会和中国光大银行共同发起成立的中国宋庆龄基金会光大银行阳光专项基金（下称阳光基金）在京启动。

据了解，中国宋庆龄基金会与中国光大银行将通过阳光基金积极探索与实践"金融　公益"的新模式，聚合双方资金、资源和平台优势，建立新型合作关系。充分发挥阳光基金的使用效力，让阳光照进每一个帮扶对象的心田。阳光基金将在改善困难地区教学条件、提升青少年儿童能力素质、弘扬传承中华优秀文化等方面开展公益项目。该基因为开放性基金，接受社会各界爱心人士或单位的捐赠。

据介绍，阳光基金的具体发展方向主要包括三个方面。其一是"光大阳光，暄爱儿童"，即打破地域差异教育和资源屏障，改善困难地区办学条件、提高教学质量，帮扶困难家庭子女和教师，关心关爱失学儿童、残障儿童和其他特殊儿童；其二是"志与远方、光大未来"，即"读万卷书，行万里路"，通过研究性学习拓展，帮助落后欠发达、发展不均衡、家庭经济困难的少年儿童，拓展视野、丰富知识、提升能力，助其成长；其三是"中华文化、发扬光大"，即搭建交流平台，开展学习活动，帮助青少年感受中华文化的魅力，增强国家民族自豪感，体会国家精神、地域文化、现代科技和人文关爱的力量，传承和弘扬中华传统文化。

（资料来源：人民网，2019年6月23日）

思考："中国宋庆龄基金会"属于什么性质的组织？

第一节

民间非营利组织收入费用和净资产管理与核算

一、民间非营利组织会计概述

（一）民间非营利组织的界定

一般意义上的民间非营利组织应以公共利益为目的，在法律所规范的权利义务下，运用大众捐款与政府补助款、自我生产所得等独立运作，向社会提供组织成立宗旨所标明的服务的民间组织。

目前，我国的民间非营利组织主要在文化与休闲、教育与研究、卫生、社会服务、宗教活动和组织、商会、专业协会等领域开展工作。

1. 我国民间非营利组织的法律规定

在我国，民间组织分布行业较广，数量较多。《民间非营利组织会计制度》中所规范的民间非营利组织，是指民间非营利组织包括依照国家法律、行政法规登记的社会团体、基金会、民办非企业单位和寺院、宫观、清真寺、教堂等。

（1）社会团体。社会团体是指《社会团体登记管理条例》第2条规定中的"中国公民自愿组成，为实现会员共同意愿，按照其章程开展活动的非营利性社会组织"。根据社会团体的性质和任务，社会团体可以分为学术性、行业性、专业性和联合性四类。

（2）民办非企业单位。民办非企业单位是指《民办非企业单位登记管理暂行条例》第2条规定中的"企业事业单位、社会团体和其他社会力量以及公民个人利用非国有资产举办的，从事非营利性社会服务活动的社会组织"。包括：民办教育单位、民办卫生单位、民办文化单位、民办科技单位、民办体育单位、民办非营利劳动组织、民办非营利福利组织、社会中介服务业、民办法律服务业单位等。

（3）基金会。基金会是指《基金会管理条例》第2条规定中的"利用自然人、法人或者其他组织捐赠的财产，以从事公益事业为目的，按照本条例的规定成立的非营利性法人"。基金会开展活动的目的在于促进科研、文教、社会福利等满足公共需求行业的发展。

（4）寺院、宫观、清真寺、教堂。寺院、宫观、清真寺、教堂等是根据国务院宗教事务部门制定的《宗教活动场所登记办法》登记的宗教活动场所。

2. 民间非营利组织的特征

美国财务会计准则委员会（FASB）发布的《财务会计概念公告》第四号"非营利组织财务报告的目标"中规定，非营利组织的主要特征为：①大部分资财来源于资财的供应者，他们不期望收回或据以取得经济上的利益；②业务运营的目的，主要不是为了获取利润或利润等价物而提供产品或劳务；③没有明确界定的所有者权益及其出售、转让或赎回，以及凭借所有权在组织解散时分享一定份额的剩余资财。

在我国，适用本制度的民间非营利组织应当同时具备以下特征：①该组织不以营利为宗旨和目的；②资源提供者向该组织投入资源不取得经济回报；③资源提供者不享有该组织的所有权。

（二）民间非营利组织会计特点

民间非营利组织会计是以货币为主要计量单位，对依法设立的社会团体、基金会、民办非企业、寺院、宫观、清真寺、教堂的经济业务进行核算和监督的专业会计。

民间非营利组织会计的特点主要体现在以下方面：

1. 民间非营利组织的资金具有民间性

民间非营利组织的资金来源主要来自社会各界的捐赠、会员缴纳的会费、接受服务对象缴纳的服务费等，具有显著的民间性。

2. 以权责发生制原则为会计核算基础

民间非营利组织会计采用权责发生制原则作为会计核算基础来确认收支，从而要求民间非营利组织计提固定资产折旧，进行成本核算等，有助于民间非营利组织加强资产负债管理和成本管理，提高运营绩效，有效弥补收付实现制会计的不足。

3. 设置了资产、负债、净资产、收入和费用五个会计要素

民间非营利组织会计设置了资产、负债、净资产、收入和费用五个会计要素。由于民间非营利组织资源提供者既不享有组织的所有权，也不从组织中取得回报，所以民间非营利组织不存在核算"所有者权益"和"利润"问题。但是，民间非营利组织在权责发生制会计核算基础下，需要适当地进行成本核算，要进行收支配比，因此需要设置费用作为会计要素。

4. 计量基础包括历史成本和公允价值

民间非营利组织会计在坚持以历史成本为计量基础的同时，对于一些特殊的交易事项，如捐赠、政府补助等，引入了公允价值等其他计量基础。这主要是由民间非营利组织的业务特征所决定的，其许多资产的取得并没有实际成本，比如捐赠资产、政府补助资产等都是无偿取得的，如果严格按照实际成本原则将难以进行确认和计量，从而难以实现真实、完整反映的目的。

5. 净资产分为限定性净资产和非限定性净资产两类进行核算和列报

民间非营利组织的净资产分为限定性净资产和非限定性净资产两类进行核算和列

报,其中,限定性净资产是指其使用存在时间或(和)用途限制的净资产,除此之外的其他净资产即为非限定性净资产。限定性资产和非限定性资产的划分可以更加如实地反映民间非营利组织净资产的构成和性质等情况。

6. 收入的确认标准具有特殊性

由于民间非营利组织收入来源的特殊性,因此民间非营利组织的收入区分为交换交易形成的收入和非交换交易形成的收入,分别界定其确认标准。对于按照等价交换原则所进行的交易,按照交换交易收入的确认原则进行确认和计量;对于按照非等价交换原则进行的交易,如政府补助、捐赠等,按照非交换交易收入的确认原则进行确认和计量。

(三)民间非营利组织会计目标

会计目标是指会计主体对外提供会计信息的目的。会计目标是会计的重要理论问题,许多国家把它列为会计准则理论框架的首要问题。

民间非营利组织的会计目标,是为会计信息使用者(捐赠人、会员、服务对象、债权人、监管部门等)提供对资源分配决策和受托责任评价的有用信息。

民间非营利组织的资金来源主要来自社会各界的捐赠、会员缴纳的会费、接受服务对象缴纳的服务费等,该制度将满足捐赠人、会员、服务对象、债权人、监管部门等会计信息使用者的决策需要作为民间非营利组织的会计目标,设计其会计报表体系和财务会计报告应予披露的信息。同时,民间非营利组织的资源提供者将资源委托给他人进行管理,而他人对资源的管理水平直接影响资源的利用效率,直接影响民间非营利组织是否能够健康发展,因此,资源提供者有必要对受托者受托责任的履行情况进行评价,而会计信息则能够为资源提供者进行受托责任评价提供重要依据。

(四)民间非营利组织会计的会计科目

会计科目是指对会计要素的具体内容进行分类核算的项目。民间非营利组织会计制度规定设置的会计科目分为资产、负债、净资产、收入和费用五大类。其具体内容见表10-1。

二、民间非营利组织会计收入的核算

(一)民间非营利组织收入概述

收入是指民间非营利组织开展业务活动取得的、导致本期净资产增加的经济利益或者服务潜力的流入。

民间非营利组织要实现持续经营的目的,必须取得合法的收入,以便能补偿其在业务活动中的耗费,重新购买商品(或原材料)、支付工资和费用,从而保证营业活动不间断进行。

民间非营利组织的收入可按不同标准进行分类。

民间非营利组织按收入的来源,可分为捐赠收入、会费收入、提供服务收入、政府补助收入、投资收益、商品销售收入等主要业务活动收入和其他收入等。其中,捐赠收入是指民间非营利组织接受其他单位或个人捐赠所取得的收入;会费收入是指民间非营利组织根据章程等的规定向会员收取的会费;提供服务收入是指民间非营利组织根据章

表 10-1　会计科目名称和编号

一、资产类		二、负债类	
1001	现金	2101	短期借款
1002	银行存款	2201	应付票据
1009	其他货币资金	2202	应付账款
1101	短期投资	2203	预收账款
1102	短期投资跌价准备	2204	应付工资
1111	应收票据	2206	应交税金
1121	应收账款	2209	其他应付款
1122	其他应收款	2301	预提费用
1131	坏账准备	2401	预计负债
1141	预付账款	2501	长期借款
1201	存货	2502	长期应付款
1202	存货跌价准备	2601	受托代理负债
1301	待摊费用	三、净资产类	
1401	长期股权投资	3101	非限定性净资产
1402	长期债权投资	3102	限定性净资产
1421	长期投资减值准备	四、收入类	
1501	固定资产	4101	捐赠收入
1502	累计折旧	4201	会费收入
1505	在建工程	4301	提供服务收入
1506	文物文化资产	4401	政府补助收入
1509	固定资产清理	4501	商品销售收入
1601	无形资产	4601	投资收益
1701	受托代理资产	4901	其他收入
五、费用类			
5101	业务活动成本		
5201	管理费用		
5301	筹资费用		
5401	其他费用		

程等的规定向服务对象提供服务取得的收入，包括学费收入、医疗费收入、培训收入等；政府补贴收入是指民间非营利组织接受政府拨款或者政府机构给予的补助而取得的收入；投资收益是指民间非营利组织因对外投资取得的投资净损益；商品销售收入是指民间非营利组织销售商品（如出版物、药品等）等所形成的收入；其他收入是指除上述主要业务活动以外的其他收入，如固定资产处置净收入、无形资产处置净收入等。

民间非营利组织收入按交易过程是否有实物或权利的交割分类，可分为交换交易收入和非交换交易收入。其中，交换交易收入是指民间非营利组织按照等价交换原则所从事的交易所取得的收入。销售商品、提供劳务等属于交换交易；非交换交易收入是指除交换交易之外的交易取得的收入。如捐赠、政府补助等属于非交换交易。

民间非营利组织按是否存在限定条件分类，可分为非限定性收入和限定性收入。其中，如果资产提供者对资产的使用设置了时间限制或者用途限制，则所确认的相关收入为限定性收入；除此之外的其他收入为非限定性收入。

第十章 民间非营利组织会计的管理与核算

（二）民间非营利组织收入的确认

《民间非营利组织会计制度》规定，民间非营利组织在确认收入时，应当区分交换交易所形成的收入和非交换交易所形成的收入。

1. 交换交易收入的确认

交换交易是指按照等价交换原则所从事的交易，即当某一主体取得资产、获得服务或者解除债务时，需要向交易对方支付等值或者大致等值的现金，或者提供等值或者大致等值的货物、服务等的交易。如按照等价交换原则销售商品、提供劳务等均属于交换交易。

（1）商品销售收入的确认。对于因交换交易所形成的商品销售收入，应当在下列条件下同时满足时予以确认：①已将商品所有权上的主要风险和报酬转移给购货方；②既没有保留通常与所有权相联系的继续管理权，也没有对已售出的商品实施控制；③与交易相关的经济利益能够流入民间非营利组织；④相关的收入和成本能够可靠地计量。

（2）劳务收入的确认。对于因交换交易所形成的提供劳务收入，应当按以下规定予以确认：①在同一会计年度内开始并完成的劳务，应当在完成劳务时确认收入；②如果劳务的开始和完成分属不同的会计年度，可以按完工进度或完成的工作量确认收入。

（3）因让渡资产使用权而发生的收入的确认。对于因交换交易所形成的因让渡资产使用权而发生的收入应当在下列条件同时满足时予以确认：①与交易相关的经济利益能够流入民间非营利组织；②收入的金额能够可靠地计量。

2. 非交换交易收入的确认

非交换交易是指除交换交易之外的交易。在非交换交易中，某一主体取得资产、获得服务或者解除债务时，不必向交易对方支付等值或者大致等值的现金，或者提供等值或者大致等值的货物、服务等；或者某一主体在对外提供货物、服务等时，没有收到等值或者大致等值的现金、货物等。如捐赠、政府补助等均属于非交换交易。

（1）一般非交换交易收入的确认。对于因非交换交易所形成的收入，应当在同时满足下列条件时予以确认：①与交易相关的含有经济利益或者服务潜力的资源能够流入民间非营利组织并为其所控制，或者相关的债务能够得到解除；②交易能够引起净资产的增加；③收入的金额能够可靠地计量。

（2）关于捐赠或政府补助确认的特殊规定。一般情况下，对于无条件的捐赠或政府补助，应当在捐赠或政府补助收到时确认收入；对于附条件的捐赠或政府补助，应当在取得捐赠资产或政府补助资产控制权时确认收入，但当民间非营利组织存在需要偿还全部或部分捐赠资产（或者政府补助资产）或者相应金额的现时义务时，应当根据需要偿还的金额同时确认一项负债和费用。

对于民间非营利组织接受的劳务捐赠，不予确认，但应当在会计报表附注中作相关披露。

（三）民间非营利组织收入的核算

民间非营利组织对于各项收入应当按是否存在限定区分为非限定性收入和限定性收入进行核算。

1. 捐赠收入和政府补助收入的核算

捐赠收入和政府补助收入是民间非营利组织的重要收入，应当视相关资产提供者对资产的使用是否设置了限制，分别限定性收入和非限定性收入进行核算。

（1）捐赠收入的核算。民间非营利组织对接受其他单位或者个人捐赠所取得的收入进行核算时，应设置"捐赠收入"账户。该账户属于收入费用类账户，其贷方登记取得的捐赠收入；借方登记期末转入净资产的捐赠收入，期末结转后无余额。该账户应当按照非限定性收入和限定性收入设置明细账户，进行明细核算。

民间非营利组织接受的捐赠，按照应确认的金额，借记"现金""银行存款""短期投资""存货""长期股权投资""长期债权投资""固定资产""无形资产"等账户，贷记"捐赠收入——限定性收入"或"捐赠收入——非限定性收入"明细账户。

对于民间非营利组织接受的附条件捐赠，如果存在需要偿还全部或部分捐赠资产或者相应金额的现时义务时（比如因无法满足捐赠所附条件而必须将部分捐赠款退还给捐赠人时），按照需要偿还的金额，借记"管理费用"账户，贷记"其他应付款"等账户。

如果限定性捐赠收入的限制在确认收入的当期得以解除，应当将其转为非限定性捐赠收入，借记"捐赠收入——限定性收入"明细账户，贷记"捐赠收入——非限定性收入"明细账户。

期末，将本账户各明细账户的余额分别转入限定性净资产和非限定性净资产，借记"捐赠收入——限定性收入"明细账户，贷记"限定性净资产"账户，借记"捐赠收入——非限定性收入"明细账户，贷记"非限定性净资产"账户。

【例10-1】某民间非营利基金会收到企业捐款300 000元，专门用于特种疾病的手术治疗，款项存入银行。

根据有关凭证编制如下会计分录：

借：银行存款　　　　　　　　　　　　　　　　　　　　　　300 000
　　贷：捐赠收入——限定性收入　　　　　　　　　　　　　　　　300 000

【例10-2】某基金会接受企业捐赠办公用微机10台，该企业提供的发票等凭证标明该设备的原价是100 000元，该微机验收后直接交付使用。

根据有关凭证编制如下会计分录：

借：固定资产——专用设备　　　　　　　　　　　　　　　　100 000
　　贷：捐赠收入——非限定性收入　　　　　　　　　　　　　　　100 000

【例10-3】某民间基金会收到捐款500 000元，捐赠人要求其捐款应用于一癌症患者的医疗。当月该患者去世时共使用该捐款400 000元，余款100 000元解除限制。

根据有关凭证编制如下会计分录：

收到捐款时：

借：现金　　　　　　　　　　　　　　　　　　　　　　　500 000
　　贷：捐赠收入——限定性收入　　　　　　　　　　　　　　　　500 000

支付患者医疗费用时：

借：业务活动成本　　　　　　　　　　　　　　　　　　　400 000
　　贷：银行存款　　　　　　　　　　　　　　　　　　　　　　　400 000

限定性捐赠收入限制解除时：

借：捐赠收入——限定性收入　　　　　　　　　　　　　　100 000

贷：捐赠收入——非限定性收入 100 000

【例10-4】年末，民间非营利基金会将限定性捐赠收入800 000元，非限定性捐赠收入500 000元分别转入限定性净资产和非限定性净资产。

根据有关凭证编制如下会计分录：

借：捐赠收入——限定性收入 800 000
　　贷：限定性净资产 800 000
借：捐赠收入——非限定性收入 500 000
　　贷：非限定性净资产 500 000

（2）政府补助收入的核算。民间非营利组织对接受政府拨款或者政府机构给予的补助而取得的收入进行核算时，应设置"政府补助收入"账户。该账户属于收入费用类账户，其贷方登记取得的政府补助收入；借方登记期末转入净资产的政府补助收入，期末结转后无余额。该账户应当按照非限定性收入和限定性收入设置明细账户，进行明细核算。

民间非营利组织接受的政府补助，按照应确认的金额，借记"现金""银行存款"等账户，贷记本账户"限定性收入"或"非限定性收入"明细账户；对于接受的附条件政府补助，如果民间非营利组织存在需要偿还全部或部分政府补助资产或者相应金额的现时义务时（比如因无法满足政府补助所附条件而必须退还部分政府补助时），按照需要偿还的金额，借记"管理费用"账户，贷记"其他应付款"等账户；如果限定性政府补助收入的限制在确认收入的当期得以解除，应当将其转为非限定性捐赠收入，借记本账户"限定性收入"明细账户，贷记本账户"非限定性收入"明细账户；期末，将本账户各明细账户的余额分别转入限定性净资产和非限定性净资产，借记本账户"限定性收入"明细账户，贷记"限定性净资产"账户，借记本账户"非限定性收入"明细账户，贷记"非限定性净资产"账户。

【例10-5】202×年6月5日某民间非营利扶贫基金会宣布成立，当日收到政府补助款项500 000元，且补助协议规定该资金只能用于特殊的教育项目。收到资金时，会计部门根据有关凭证，编制如下会计分录：

借：银行存款 500 000
　　贷：政府补助收入——限定性收入 500 000

【例10-6】202×年12月31日某民间非营利组织将限定性政府补助收入450 000元，非限定性政府补助收入550 000元，分别转入限定性净资产和非限定性净资产。会计部门根据有关凭证，编制如下会计分录：

借：政府补助收入——限定性收入 450 000
　　贷：限定性净资产 450 000
借：政府补助收入——非限定性收入 550 000
　　贷：非限定性净资产 550 000

2. 其他非限定性收入的核算

民间非营利组织的其他非限定性收入是指除捐赠收入和政府补助收入外的收入，包括会费收入、提供服务收入、投资收益、商品销售收入等主要业务活动收入和其他收入等。这些收入都是非限定性收入，除非相关资产提供者对资产的使用设置了限制。

(1) 会费收入的核算。民间非营利组织对根据章程等的规定向会员收取的会费收入进行核算时，应设置"会费收入"账户。该账户属于收入费用类账户，其贷方登记取得的会费收入；借方登记期末转入净资产的会费收入，期末结转后无余额。该账户应当按照会费种类（如团体会费、个人会费等）设置明细账，进行明细核算。

民间非营利组织向会员收取会费，在满足收入确认条件时，借记"现金""银行存款""应收账款"等账户，贷记本账户"非限定性收入"明细账户，如果存在限定性会费收入，应当贷记本账户"限定性收入"明细账户；期末，将本账户的余额转入非限定性净资产，借记本账户"非限定性收入"明细账户，贷记"非限定性净资产"账户。如果存在限定性会费收入，则将其金额转入限定性净资产，借记本账户"限定性收入"明细账户，贷记"限定性净资产"账户。

【例 10-7】某民间非营利研究会的会费收入采用按年收取，按月确认的方式。202×年 1 月，研究会收到本年度会员缴纳会费 6 000 元，款项全部通过银行收讫。当月确认会费收入 500 元（以后每月同）。年末将会费收入账户余额转入非限定性净资产。

根据有关凭证编制会计分录：

收到会费时：

借：银行存款　　　　　　　　　　　　　　　　　6 000
　　贷：预收账款——非限定性收入　　　　　　　　　　6 000

当月确认会费收入时：

借：预收账款　　　　　　　　　　　　　　　　　500
　　贷：会费收入　　　　　　　　　　　　　　　　　　500

年终将会费收入转入净资产时：

借：会费收入——非限定性收入　　　　　　　　　6 000
　　贷：非限定性净资产　　　　　　　　　　　　　　6 000

(2) 提供服务收入。民间非营利组织对根据章程等的规定向其服务对象提供服务取得的收入进行核算时，应设置"提供服务收入"账户。该账户属于收入费用类账户，其贷方登记取得的提供服务收入；借方登记期末转入净资产的提供服务收入，期末结转后无余额。该账户应当按照提供服务的种类设置明细账，进行明细核算。

一般情况下，民间非营利组织提供服务的收入为非限定性收入，除非相关资产提供者对资产的使用设置了限制。

民间非营利组织提供服务取得收入（如学杂费收入、医疗费收入、培训收入）时，按照实际收到或应当收取的价款，借记"现金""银行存款""应收账款"等账户，按照应当确认提供服务的收入金额，贷记本账户，按照预收的价款，贷记"预收账款"账户；在以后期间确认提供服务收入时，借记"预收账款"账户，贷记本账户"非限定性收入"明细账户，如果存在限定性提供服务收入，应当贷记本账户"限定性收入"明细账户；期末，将本账户的余额转入非限定性净资产，借记本账户"非限定性收入"明细账户，贷记"非限定性净资产"账户。如果存在限定性提供服务收入，则将其金额转入限定性净资产，借记本账户"限定性收入"明细账户，贷记"限定性净资产"账户。

第十章 民间非营利组织会计的管理与核算

【例10-8】某民间非营利医院挂号处报来当日挂号费和诊费收入汇总日报表，同时交来现金3 000元。于下班前存入银行。

根据有关凭证编制如下会计分录：

借：现金　　　　　　　　　　　　　　　　　　　　　　　　3 000
　　贷：提供服务收入——非限定性收入　　　　　　　　　　　　3 000
借：银行存款　　　　　　　　　　　　　　　　　　　　　　　3 000
　　贷：现金　　　　　　　　　　　　　　　　　　　　　　　3 000

【例10-9】期末，民间非营利医院将"提供服务收入——非限定性收入"账户贷方余额300 000元转入非限定性净资产。

借：提供服务收入——非限定性收入　　　　　　　　　　　　300 000
　　贷：非限定性净资产　　　　　　　　　　　　　　　　　　300 000

（3）商品销售收入。民间非营利组织对销售商品（如出版物、药品）等所形成的收入进行核算时，应设置"商品销售收入"账户。该账户属于收入费用类账户，其贷方登记取得的商品销售收入；借方登记期末转入净资产的商品销售收入，期末结转后无余额。该账户应当按照商品的种类设置明细账，进行明细核算。

一般情况下，民间非营利组织的商品销售收入为非限定性收入，除非相关资产提供者对资产的使用设置了限制。

①销售商品取得收入的账务处理。民间非营利组织取得销售商品收入时，按照实际收到或应当收取的价款，借记"现金""银行存款""应收票据""应收账款"等账户，按照应当确认的商品销售收入金额，贷记"商品销售收入——非限定性收入"明细账户，按照预收的价款，贷记"预收账款"账户。在以后期间确认商品销售收入时，借记"预收账款"账户，贷记"商品销售收入——非限定性收入"明细账户，如果存在限定性商品销售收入，应当贷记"商品销售收入——限定性收入"明细账户。

【例10-10】某民间非营利医院门诊收款处交来现金及"门诊药品收入汇总日报表"，药品收入共20 000元，营业终了，将款项存入银行。

根据有关凭证，编制如下会计分录：

借：现金　　　　　　　　　　　　　　　　　　　　　　　　20 000
　　贷：商品销售收入——非限定性收入——西药　　　　　　　　20 000
借：银行存款　　　　　　　　　　　　　　　　　　　　　　20 000
　　贷：现金　　　　　　　　　　　　　　　　　　　　　　20 000

②销售退回的账务处理。销售退回是指民间非营利组织售出的商品，由于质量、品种不符合要求等原因而发生的退货。销售退回应当分别情况处理：

未确认收入的已发出商品的退回，不需要进行会计处理。

已确认收入的销售商品退回，一般情况下直接冲减退回当月的商品销售收入、商品销售成本等。按照应当冲减的商品销售收入，借记"商品销售收入"，按照已收或应收的金额，贷记"银行存款""应收账款""应收票据"等账户，按照退回商品的成本，借记"存货"账户，贷记"业务活动成本"账户；如果该项销售发生现金折扣，应当在退回当月一并处理；

报告期间资产负债表日至财务报告批准报出日之间发生的报告期间或以前期间的销

售退回，应当作为资产负债表日后事项的调整事项处理，调整报告期间会计报表的相关项目：按照应冲减的商品销售收入，借记"非限定性净资产"账户（如果所调整收入属于限定性收入，应当借记"限定性净资产"账户），按照已收或应收的金额，贷记"银行存款""应收账款""应收票据"等账户；按照退回商品的成本，借记"存货"账户，贷记"非限定性净资产"账户。

③现金折扣的账务处理。现金折扣是指民间非营利组织为了尽快回笼资金而发生的理财费用。现金折扣在实际发生时直接计入当期筹资费用。按照实际收到的金额，借记"银行存款"等账户，按照应给予的现金折扣，借记"筹资费用"账户，按照应收的账款，贷记"应收账款""应收票据"等账户。

购买方实际获得的现金折扣，冲减取得当期的筹资费用：按照应付的账款，借记"应付账款""应付票据"等账户，按照实际获得的现金折扣，贷记"筹资费用"账户，按照实际支付的价款，贷记"银行存款"等账户。

④销售折让的账务处理。销售折让是指在商品销售时直接给予购买方的折让。销售折让应当在实际发生时直接从当期实现的销售收入中抵减。

⑤期末，将本账户的余额转入非限定性净资产，借记"商品销售收入"，贷记"非限定性净资产"账户。如果存在限定性商品销售收入，则将其金额转入限定性净资产，借记"商品销售收入"，贷记"限定性净资产"账户。

【例10-11】期末，本民间非营利组织"商品销售收入——非限定性收入"账户的累计贷方余额为200 000元。则根据本期收入结转计算表：

　　借：商品销售收入——非限定性收入　　　　　　　　　　200 000
　　　　贷：非限定性净资产　　　　　　　　　　　　　　　　　200 000

（4）投资收益。民间非营利组织对外投资取得的投资净损益进行核算时，应设置"投资收益"账户。该账户属于收入费用类账户，其贷方登记取得的投资收益；借方登记发生的投资损失、冲减的投资收益和期末转入净资产的投资收益，期末结转后无余额。

一般情况下，民间非营利组织的商品销售收入为非限定性收入，除非相关资产提供者对资产的使用设置了限制。

【例10-12】年末，某民间非营利组织将"投资收益"账户余额转入非限定性净资产：

　　借：投资收益　　　　　　　　　　　　　　　　　　　　　10 000
　　　　贷：非限定性净资产　　　　　　　　　　　　　　　　　10 000

（5）其他收入。民间非营利组织的其他收入是指民间非营利组织在主要业务活动收入以外的其他方面取得的收入，如固定资产处置净收入、无形资产处置净收入、无法支付的应付款项、资产出租收入等。

一般情况下，民间非营利组织的其他收入为非限定性收入，除非相关资产提供者对资产的使用设置了限制。

为了核算和监督民间非营利组织除了捐赠收入、会费收入、提供服务收入、政府补贴收入、商品销售收入和投资收益等主要业务活动收入之外的各种收入的实际情况，应设置"其他收入"账户。该账户属于收入费用类账户，贷方登记本期实现的其他收入额，借方登记期末结转本年净资产的其他收入额，平时余额在贷方反映民间非营利组织当期实现其他收入的累积金额，期末结转本年限定性或非限定性净资产后该账户应无余额。该账户应按照其他收入种类设置明细账户，进行明细核算。

【例10-13】某民间非营利学校将一台不需用的客货两用车出售，该车原价为40 000元，已提折旧15 000元，实际售价30 000元并已收回价款。

该车出售的净收益 = 30 000 - (40 000 - 15 000) - 500 = 4 500 (元)

结转该车出售的净收益时：

借：固定资产清理　　　　　　　　　　　　　　　　　　4 500
　　贷：其他收入——非限定性收入　　　　　　　　　　　　　　4 500

【例10-14】民间非营利组织将一笔确实无法支付的应付账款5 000元，予以转销。

根据上述业务编制会计分录：

借：应付账款——××　　　　　　　　　　　　　　　　5 000
　　贷：其他收入　　　　　　　　　　　　　　　　　　　　　　5 000

【例10-15】年末，民间非营利组织将"其他收入——非限定性收入"账户余额8 000元转入"非限定性净资产"。

借：其他收入——非限定性收入　　　　　　　　　　　　8 000
　　贷：非限定性净资产　　　　　　　　　　　　　　　　　　　8 000

三、民间非营利组织会计费用的核算

费用是指民间非营利组织为开展业务活动所发生的、导致本期净资产减少的经济利益或者服务潜力的流出。

民间非营利组织的费用应当按照其功能分为业务活动成本、管理费用、筹资费用和其他费用等，并且按其发生额计入当期费用。

（一）业务活动成本的核算

业务活动成本是指民间非营利组织为了实现其业务活动目标、开展其项目活动或者提供服务所发生的费用。

民间非营利组织应设置"业务活动成本"账户，核算为了实现其业务活动目标、开展其项目活动或者提供服务所发生的费用。该账户属于收入费用类账户，其借方登记发生的业务成本；贷方登记期末转入非限定性净资产的数额。结转后该账户无余额。

如果民间非营利组织从事的项目、提供的服务或者开展的业务比较单一，可以将相关费用全部归集在"业务活动成本"项目下进行核算和列报；如果民间非营利组织从事的项目、提供的服务或者开展的业务种类较多，民间非营利组织应当在"业务活动成本"项目下分别项目、服务或者业务大类进行核算和列报。

民间非营利组织发生的业务活动成本，借记本账户，贷记"现金""银行存款""存货""应付账款"等账户；期末，将本账户的余额转入非限定性净资产，借记"非限定性净资产"账户，贷记本账户。

【例10-16】某民办非营利大学月初发放工资。本月应发工资总额为200 000元，其中：教学人员工资150 000元，教学辅助人员工资30 000元，行政人员工资20 000元。该款直接转入职工个人的开户行。月末，将本月应付工资进行分配。

发放工资时：
借：应付工资　　　　　　　　　　　　　　　　　200 000
　　贷：银行存款　　　　　　　　　　　　　　　　　　200 000
月末，将本月应付工资进行分配时：
借：业务活动成本——教学人员工资　　　　　　　150 000
　　　　　　　　——教学辅助人员工资　　　　　　30 000
　　管理费用——行政人员工资　　　　　　　　　　20 000
　　贷：应付工资　　　　　　　　　　　　　　　　　200 000

【例10-17】某民间非营利医院口腔科领用库存一次性处置用品，价值1 000元。
根据有关凭证编制会计分录：
借：业务活动成本——医疗成本　　　　　　　　　　1 000
　　贷：存货——医疗材料　　　　　　　　　　　　　　1 000

【例10-18】月末，民间非营利组织将"业务活动成本"账户余额50 000元转入"非限定性净资产"账户。
借：非限定性净资产　　　　　　　　　　　　　　　50 000
　　贷：业务活动成本　　　　　　　　　　　　　　　　50 000

（二）管理费用的核算

管理费用是指民间非营利组织为组织和管理其业务活动所发生的各项费用，包括民间非营利组织董事会（或者理事会或者类似权力机构）经费和行政管理人员的工资、奖金、福利费、住房公积金、住房补贴、社会保障费、离退休人员工资及补助，以及办公费、水电费、邮电费、物业管理费、差旅费、折旧费、修理费、租赁费、无形资产摊销费、资产盘亏损失、资产减值损失、因预计负债所产生的损失、聘请中介机构费和应偿还的受赠资产等。

民间非营利组织对管理费用进行核算时，应设置"管理费用"账户。该账户属于收入费用类账户，其借方登记发生的管理费用；贷方登记期末转入净资产的管理费用，期末结转后无余额。该账户应当按照管理费用的种类设置明细账，进行明细核算。民间非营利组织可以根据具体情况编制管理费用明细表，以满足内部管理等有关方面的信息需要。

管理费用的主要账务处理如下：

现金、存货、固定资产等盘亏，根据管理权限报经批准后，按照相关资产账面价值扣除可以收回的保险赔偿和过失人的赔偿等后的金额，借记"管理费用"，按照可以收回的保险赔偿和过失人赔偿等，借记"现金""银行存款""其他应收款"等账户，按照已提取的累计折旧，借记"累计折旧"账户，按照相关资产的账面余额，贷记相关资产账户。

对于因提取资产减值准备而确认的资产减值损失，借记本账户，贷记相关资产减值准备账户。冲减或转回资产减值准备，借记相关资产减值准备账户，贷记"管理费用"。

提取行政管理用固定资产折旧，借记"管理费用"，贷记"累计折旧"账户。

无形资产摊销时，借记"管理费用"，贷记"无形资产"账户。

发生的应归属于管理费用的应付工资、应交税金等，借记本账户，贷记"应付工资""应交税金"等账户。

对于因确认预计负债而确认的损失，借记"管理费用"，贷记"预计负债"账户。

发生的其他管理费用，借记"管理费用"，贷记"现金""银行存款"等账户。

期末，将本账户的余额转入非限定性净资产，借记"管理费用"，贷记"非限定性净资产"账户。

【例10-19】某民间非营利组织发生如下管理费用。根据以下业务编制会计分录。

（1）盘亏管理用设备一台，原值2 000元，已提折旧1 000元，按规定的程序报批后，根据有关规定，其损失的余额列入管理费用。

列入管理费用金额=2 000-1 000=1 000（元）

借：管理费用　　　　　　　　　　　　　　　　　　　　1 000
　　累计折旧　　　　　　　　　　　　　　　　　　　　1 000
　　贷：固定资产　　　　　　　　　　　　　　　　　　　　2 000

（2）按规定计提行政管理部门固定资产折旧费1 000元，结算行政管理部门人员工资5 000元，转账支付管理费用2 000元。

借：管理费用　　　　　　　　　　　　　　　　　　　　8 000
　　贷：累计折旧　　　　　　　　　　　　　　　　　　　　1 000
　　　　应付工资　　　　　　　　　　　　　　　　　　　　5 000
　　　　银行存款　　　　　　　　　　　　　　　　　　　　2 000

（3）期末，将"管理费用"账户余额转入"非限定性净资产"。

借：非限定性净资产　　　　　　　　　　　　　　　　　　9 000
　　贷：管理费用　　　　　　　　　　　　　　　　　　　　9 000

（三）筹资费用的核算

筹资费用是指民间非营利组织为筹集业务活动所需资金而发生的费用，它包括民间非营利组织为了获得捐赠资产而发生的费用（如举办募款活动费、准备、印刷和发放募款宣传资料费以及其他与募款或者争取捐赠资产有关的费用）、应当计入当期费用的借款费用、汇兑损失（减汇兑收益）等。

民间非营利组织对为筹集业务活动所需资金而发生的费用进行核算时，应设置"筹资费用"账户。该账户属于收入费用类账户，其借方登记发生的筹资费用；贷方登记期末转入净资产的筹资费用，期末结转后无余额。该账户应当按照费用种类设置明细账，进行明细核算。

民间非营利组织发生的筹资费用，借记"筹资费用"，贷记"预提费用""银行存款""长期借款"等账户。发生的应冲减筹资费用的利息收入、汇兑收益，借记"银行存款""长期借款"等账户，贷记"筹资费用"；期末，将本账户的余额转入非限定性净资产，借记"非限定性净资产"账户，贷记"筹资费用"。

【例10-20】某基金会为举办义演募款活动，转账支付印刷宣传资料费5 000元，现金支付劳务费1 000元。

根据有关凭证编制会计分录：

借：筹资费用——获得捐赠资产费用　　　　　　　　　　6 000

    贷：现金 1 000
      银行存款 5 000

【例10-21】 某民办医院用银行存款支付短期借款利息支出500元。

根据有关凭证编制会计分录：

    借：筹资费用 500
      贷：银行存款 500

【例10-22】 年末，民间非营利组织将转筹资费用5 000元转入非限定性净资产。

根据有关凭证编制会计分录：

    借：非限定性净资产 5 000
      贷：筹资费用 5 000

（四）其他费用的核算

其他费用是指民间非营利组织发生的、无法归属到上述业务活动成本、管理费用或者筹资费用中的费用，包括固定资产处置净损失、无形资产处置净损失等。

民间非营利组织的某些费用如果属于多项业务活动或者属于业务活动、管理活动和筹资活动等共同发生的，而且不能直接归属于某一类活动，应当将这些费用按照合理的方法在各项活动中进行分配。

民间非营利组织对发生的、无法确定归属的费用进行核算时，应设置"其他费用"账户。该账户属于收入费用类账户，其借方登记发生的其他费用；贷方登记期末转入净资产的其他费用，期末结转后无余额。该账户应当按照费用种类设置明细账，进行明细核算。

民间非营利组织发生的固定资产处置净损失，借记"其他费用"，贷记"固定资产清理"账户；发生的无形资产处置净损失，按照实际取得的价款，借记"银行存款"等账户，按照该项无形资产的账面余额，贷记"无形资产"账户，按照其差额，借记"其他费用"；期末，将本账户的余额转入非限定性净资产，借记"非限定性净资产"账户，贷记"其他费用"。

【例10-23】 某民办医院的医疗设备一台，因火灾不能继续使用而转入清理。该设备原值200 000元，已提折旧50 000元，以银行存款支付各项清理费2 000元；经与保险公司协商，保险公司同意赔偿100 000元，款项已收回并存入银行。

固定资产处置净损失 = 200 000 - 50 000 + 2 000 - 100 000 = 52 000元。

根据有关凭证编制会计分录：

    借：其他费用——固定资产处置净损失 52 000
      贷：固定资产清理 52 000

【例10-24】 期末，将本期发生的其他费用52 000元转入非限定性净资产。

根据有关凭证编制会计分录：

    借：非限定性净资产 52 000
      贷：其他费用 52 000

四、民间非营利组织会计净资产的核算

民间非营利组织的净资产，是指资产减去负债后的余额，它表明民间非营利组织的

资产总额在抵偿了一切现存义务后的差额部分，显示了该组织的规模和经济实力。

民间非营利组织的净资产主要来源于社会捐赠、会费收入、政府补助、组织运转结余等不需要偿还的资金。

民间非营利组织的净资产按其使用是否受到限制，可以分为限定性净资产和非限定性净资产。

（一）限定性净资产的核算

民间非营利组织的限定性净资产，是指民间非营利组织的资源提供者或者国家有关法律法规对资产或资产所产生的经济利益设置了时间限制或（和）用途限制的净资产。限定性净资产主要来源于限定性收入，如附有条件的捐赠或政府补助等。

时间限制是指资产提供者或者国家有关法律、行政法规要求民间非营利组织在收到资产后的特定时期之内或特定日期之后才能使用该项资产，或者对资产的使用设置了永久限制。时间限制要求民间非营利组织在收到资产后在以后的某一时期或某一特定日期之后才能使用该资产，或在组织存续期内均要按资源提供者或者国家有关法律法规的某种限制性要求使用该资产。

用途限制是指资产提供者或者国家有关法律、行政法规要求民间非营利组织将收到的资产用于某一特定的用途。

如果限定性净资产的限制已经解除，应当对净资产进行重新分类，将限定性净资产转为非限定性净资产。当存在下列情况之一时，可以认为限定性净资产的限制已经解除：①所限定净资产的限制时间已经到期；②所限定净资产规定的用途已经实现（或者目的已经达到）；③资产提供者或者国家有关法律、行政法规撤销了所设置的限制。

如果限定性净资产受到两项或两项以上的限制，应当在最后一项限制解除时，才能认为该项限定性净资产的限制已经解除。

为了反映和监督限定性净资产的增减变动情况，民间非营利组织应设置"限定性净资产"账户。该账户为净资产类账户，其贷方登记期末从各收入类账户所属的"限定性收入"明细账户转来的当期实际发生额；借方登记当限定性资产的限制已经解除时将其转入"非限定性净资产"账户的数额；期末余额在贷方，反映民间非营利组织历年积存的限定性净资产。

民间非营利组织应当在期末将当期限定性收入的实际发生额转为限定性净资产。

在会计期末，民间非营利组织应将各收入类科目所属"限定性收入"明细科目的余额转入"限定性净资产"账户。

如果限定性净资产的限制已经解除，应当对净资产进行重新分类，将限定性净资产转为非限定性净资产，借记"限定性净资产"账户，贷记"非限定性净资产"账户。

如果资产提供者或者国家有关法律、行政法规要求民间非营利组织在特定时期之内或特定日期之后将限定性净资产或者相关资产用于特定用途，该限定性净资产应当在相应期间之内或相应日期之后按照实际使用的相关资产金额或者实际发生的相关费用金额转为非限定性净资产。

如果因调整以前期间收入、费用项目而涉及调整限定性净资产的，应当就需要调整的金额，借记或贷记有关账户，贷记或借记"限定性净资产"账户。

【例10-25】某民间非营利组织202×年12月31日各收入类账户所属的"限定性

收入"明细账户的余额如下：

捐赠收入——限定性收入	200 000
政府补助收入——限定性收入	400 000
合计：	600 000

根据上述经济业务编制如下会计分录：

借：捐赠收入——限定性收入	200 000	
政府补助收入——限定性收入	400 000	
贷：限定性净资产		600 000

（二）非限定性净资产

如果资源提供者对所提供的资产或者资产所产生的经济利益的使用、处置等未提出任何限制条件，国家有关法律法规也未对此设置任何限制，由此形成的净资产即为非限定性净资产。

非限定性净资产一般来源于民间非营利组织提供服务收入、销售商品的收入和向会员收取的会费收入以及对外投资收到的股利和利息等，除非相关资产提供者对资产的使用设置了限制。从数量上看，非限定性净资产等于民间非营利组织报告期内净资产总额减去该期内限定性净资产后的差额。

为了反映和监督非限定性净资产的增减变动情况，民间非营利组织应设置"非限定性净资产"账户。该账户为净资产类账户，其贷方登记期末从各收入类账户所属的"非限定性收入"明细账户转来的当期实际发生额，以及当限定性资产的限制解除时从"限定性资产"账户的借方转入的数额；借方登记从各费用类账户转入的当期实际发生额；期末余额在贷方，反映民间非营利组织历年积存的非限定性净资产。

民间非营利组织应当在期末将当期非限定性收入的实际发生额、当期费用的实际发生额和当期由限定性净资产转为非限定性净资产的金额转入非限定性净资产。

期末，民间非营利组织应将各收入类账户所属"非限定性收入"明细账户的余额转入本账户。同时，将各费用类账户的余额转入本账户。

如果限定性净资产的限制已经解除，应当对净资产进行重新分类，将限定性净资产转为非限定性净资产，借记"限定性净资产"账户，贷记"非限定性净资产"账户。

如果因调整以前期间收入、费用项目而涉及调整非限定性净资产的，应当就需要调整的金额，借记或贷记有关账户，贷记或借记"非限定性净资产"账户。

【例10-26】 某基金会202×年12月31日，各收入费用类账户所属的"非限定性收入"明细账户的余额如下：

捐赠收入——非限定性收入	100 000	业务活动成本	600 000
政府补助收入——非限定性收入	400 000	管理费用	200 000
商品销售收入——非限定性收入	1 000 000	筹资费用	5 000
投资收益——非限定性收入	50 000	其他费用	5 000
合计：	1 550 000	合计：	810 000

根据上述经济业务编制如下会计分录：

借：捐赠收入——非限定性收入	100 000	
政府补助收入——非限定性收入	400 000	

商品销售收入——非限定性收入		1 000 000
投资收益——非限定性收入		50 000
贷：非限定性净资产		1 550 000

同时：

借：非限定性净资产		810 000
贷：业务活动成本		600 000
管理费用		200 000
筹资费用		5 000
其他费用		5 000

【例10-27】某公司于202×年1月10日向民间非营利慈善基金会捐赠银行存款100 000元，要求该笔款项用于资助该地区的贫困大学生。3月，基金会按照捐赠人的要求将该捐赠事项落实。

根据上述经济业务编制如下会计分录：

（1）202×年1月收到捐赠时：

借：银行存款		100 000
贷：捐赠收入——限定性收入		100 000

（2）202×年3月动用该捐款资助当地贫困大学生时，表明部分捐款的限制同时得以解除。

借：业务活动成本		100 000
贷：银行存款		100 000
借：捐赠收入——限定性收入		100 000
贷：捐赠收入——非限定性收入		100 000

第二节

民间非营利组织的资产和负债管理与核算

一、民间非营利组织会计资产的核算

民间非营利组织资产，是指过去的交易或者事项形成并由民间非营利组织拥有或者控制的资源，该资源预期会给民间非营利组织带来经济利益或者服务潜力。不能给民间非营利组织带来经济利益或者服务潜力的，就不能确认为资产。

资产在取得时应当按照实际成本计量。但是，特殊业务应采用公允价值进行计量。

民间非营利组织的资产按其流动性分为流动资产、长期投资、固定资产、无形资产和受托代理资产。

（一）流动资产的核算

流动资产，是指预期可在1年内（含1年）变现或耗用的资产，主要包括现金、银行存款、短期投资、应收款项、预付账款、存货、待摊费用等。

1. 货币资金的核算

货币资金是指民间非营利组织处于货币形态的资产,包括现金、银行存款、其他货币资金。

(1) 现金的核算。现金是通用的支付手段,是单位开展业务活动必不可少的条件。会计核算中的现金是指库存现金。

为了反映和监督现金收入、支出和结存情况,民间非营利组织应设置"现金"账户。该账户为资产类账户,其借方登记现金的增加数,贷方登记现金的减少数,期末余额在借方,反映民间非营利组织实际持有的库存现金。有外币现金的民间非营利组织,还应当分别按人民币和外币进行明细核算。

为了加强对现金的管理,随时掌握现金的收付和库存余额,民间非营利组织应设置现金日记账进行明细分类核算。有外币现金和存款的民间非营利组织,还应当分别按人民币和外币进行明细核算。

(2) 银行存款的核算。银行存款是指民间非营利组织存放在银行或其他金融机构的货币资金。

为了总括反映银行存款的收付及其结存情况,民间非营利组织应设置"银行存款"账户。"银行存款"核算民间非营利组织存入银行或其他金融机构的存款。该账户的借方反映民间非营利组织存款的增加,贷方反映民间非营利组织存款的减少,期末余额在借方,反映民间非营利组织期末存款的余额。

为了全面、系统、连续、详细地反映有关银行存款收支的情况,随时掌握银行存款的收付和结存余额,民间非营利组织应当按照开户银行和其他金融机构、存款种类等,分别设置银行存款日记账。有外币存款的民间非营利组织,应分别人民币和各种外币设置"银行存款日记账"进行明细核算。

(3) 其他货币资金的核算。其他货币资金是指民间非营利组织除现金和银行存款以外的货币资金,包括外埠存款、银行汇票存款、银行本票存款、信用卡存款、信用证保证金存款、存出投资款等。民间非营利组织应加强对其他货币资金的管理,及时办理结算,对于逾期尚未办理结算的银行汇票、银行本票等,按规定及时转回。

为了反映和监督其他货币资金的收支和结存情况,民间非营利组织应设置"其他货币资金"账户,借方登记其他货币资金的增加数,贷方登记其他货币资金的减少数,期末余额在借方,反映民间非营利组织实际持有的其他货币资金。本账户应按其他货币资金的种类设置明细账户。

【例 10-28】某民办医院向开户行提出使用银行汇票申请。

(1) 3月10日,该医院将24 000元交存银行,该业务银行已受理,现已收到有关原始凭证和银行汇票;

(2) 3月14日,医院采购员使用银行汇票购入药品一批,买价14 000元,支付进项税额3 400元,支付运杂费600元,现已办妥各种手续。

根据上述业务编制会计分录:

(1) 3月10日,将款项交存银行时:

借:其他货币资金——银行汇票存款　　　　　　　　　　　　24 000
　　贷:银行存款　　　　　　　　　　　　　　　　　　　　　　　24 000

（2）3月14日，购入药品时：

借：存货——库存商品　　　　　　　　　　　　　　14 600
　　应交税金——应交增值税　　　　　　　　　　　　3 400
　　贷：其他货币资金——银行汇票存款　　　　　　　　18 000

2. 短期投资的核算

民间非营利组织进行短期投资，主要是对暂时闲置的资金加以利用，以谋求一定的收益。

（1）短期投资取得的核算。短期投资是指能够随时变现并且持有时间不准备超过1年（含1年）的投资，包括股票、债券投资等。短期投资具有能够随时变现、持有时间较短、不以控制其他单位为目的等特点。

民间非营利组织的短期投资在取得时应当按照投资成本计量。

为了核算民间非营利组织取得的能随时变现并且持有时间不准备超过一年的各项投资，应设置"短期投资"账户。该账户借方登记取得的各项短期投资的实际成本；贷方登记处置各项短期投资时应冲销的账面价值以及短期投资持有期间因获得的各项收益而冲减的投资成本；期末借方余额，反映民间非营利组织持有的各种股票、债券、基金等短期投资的成本。"短期投资"账户应当按照短期投资种类设置明细账，进行明细核算。

（2）收到短期投资利息和现金股利的核算。民间非营利组织收到短期投资利息和现金股利时，视其不同情况采用不同的处理方法。

短期投资取得时实际支付的价款中包含的已宣告但尚未领取的现金股利，或已到付息期但尚未领取的债券利息，实际支付的价款中包含的自发行日起至取得日止的利息，以实际收到时冲减已记录的应收股利或应收利息，不冲减短期投资的账面价值。

短期投资持有期间所获得的利息或现金股利，除取得时已计入应收项目的利息或现金股利外，以实际收到时作为投资成本的收回，冲减短期投资的账面价值。

短期投资持有期间宣告分派的股票股利，不作账务整理，只在备查账簿中登记所增加的股数。

（3）短期投资期末计价及核算。期末，民间非营利组织应当按照有关规定对短期投资采用成本与市价孰低法进行后续计量，对短期投资是否发生了减值进行检查。

如果短期投资的市价高于其账面价值（账面价值是指某账户的账面余额减去相关的备抵项目后的净额），应当按照账面价值进行计价，无需作会计处理。

如果短期投资的市价低于其账面价值，应当按照市价进行计价，市价低于账面价值的差额计提短期投资跌价准备，确认短期投资跌价损失并计入当期费用。如果已计提跌价准备的短期投资价值在以后期间得以恢复，则应当在已计提跌价准备的范围内部分或全部转回已确认的跌价损失，冲减当期费用。

成本与市价孰低计价可以使会计期间内资产计量更加客观，在损益计量方面较为稳健，会计信息更加可靠。

为了核算民间非营利组织的短期投资跌价准备的计提、冲销和结余情况，应设置"短期投资跌价准备"账户。该账户是"短期投资"账户的备抵账户，贷方登记按期计提的短期投资跌价准备；借方登记因短期投资市价恢复或处置短期投资时而冲销的短期投资跌价准备；期末余额在贷方，反映民间非营利组织已计提的短期投资跌价准备。

如果民间非营利组织短期投资的期末市价低于账面价值，按照市价低于账面价值的差额，借记"管理费用——短期投资跌价损失"账户，贷记本账户。如果以前期间已计提跌价准备的短期投资的价值在当期得以恢复，即短期投资的期末市价高于账面价值，按照市价高于账面价值的差额，在原已计提跌价准备的范围内，借记本账户，贷记"管理费用——短期投资跌价损失"账户。

（4）短期投资处置的核算。短期投资的处置，主要是指短期投资的出售、转让及到期兑现等情形。处置短期投资时，应当将处置时实际取得的价款与短期投资的账面价值的差额确认为当期投资损益。

出售短期投资或到期收回债券本息，按照实际收到的金额，借记"银行存款"账户，按照已计提的减值准备，借记"短期投资跌价准备"账户，按照所出售或收回短期投资的账面余额，贷记本账户，按照未领取的现金股利或利息，贷记"其他应收款"账户，按照其差额，借记或贷记"投资收益"账户。

3. 应收及预付款项的核算

应收与预付款项是民间非营利组织在日常业务活动中发生的各项债权，一般包括应收账款、应收票据、其他应收款和预付账款。

应收款项应当按照实际发生额入账，并按照往来单位或个人等设置明细账，进行明细核算。期末，应当分析应收款项的可收回性，对预计可能产生的坏账损失计提坏账准备，确认坏账损失并计入当期费用。

（1）应收账款的核算。应收账款是指民间非营利组织在日常业务活动（销售商品、提供服务）过程中发生的应向会员、购买单位或接受服务单位等收取的、但尚未实际收到的债权，主要包括民间非营利组织销售货物或提供劳务等应向有关债务人收取的价款、增值税，以及代购货单位垫付的包装费、运杂费等。

为了核算民间非营利组织因销售商品、提供服务等主要业务活动应收取的，但尚未实际收到的款项，应设置"应收账款"账户。该账户借方登记应当向会员、购买单位或接受服务单位等收取的款项；贷方登记已结算债务的金额；期末借方余额，反映民间非营利组织尚未收回的应收账款。该账户按照往来单位或个人等设置明细账，进行明细核算。

【例10-29】某民办学校与咨询公司签订一项培训合同，金额10 000元。培训结束时，学校尚未收到培训款。

根据以上业务编制会计分录：

借：应收账款——咨询公司　　　　　　　　　　　　　10 000
　　贷：提供服务收入　　　　　　　　　　　　　　　　　10 000

（2）坏账准备的核算。民间非营利组织在开展业务的过程中，由于赊销、预付业务的发生，总会有部分应收款项无法收回。无法收回或收回可能性极小的应收款项称为坏账，由此产生的损失称为坏账损失。

民间非营利组织应当定期或者至少于每年年度终了，对应收账款进行全面检查，采用备抵法对可能发生的坏账进行核算。

为了核算民间非营利组织坏账准备的提取、冲销等情况，应设置"坏账准备"账户，该账户是"应收账款""其他应收款"账户的备抵账户，贷方登记期末提取坏账准备以及已转销又予以收回的坏账损失；借方登记已确认无法收回的应收款项以及冲销多计的坏账准备。平时，借方余额表示实际坏账损失大于计提坏账准备的差额，贷方余额表示坏账准备数额，该账户期末（指中期期末或年终）为贷方余额，表示已提取的坏账准备。如果已转销的应收账款在以后期间又收回，按照实际收回的金额，借记本账户，贷记"坏账准备"账户；同时，借记"银行存款"账户，贷记本账户。

（3）应收票据的核算。应收票据指民间非营利组织在日常业务活动过程中发生的一项应收的债权。在我国应收票据即指商业汇票。应收票据一般按其面值计价。

民间非营利组织应设置"应收票据"账户，核算民间非营利组织因销售商品、提供服务等而收到的商业汇票，包括银行承兑汇票和商业承兑汇票。该账户借方反映应收票据的增加；贷方登记应收票据的减少，期末借方余额，反映民间非营利组织持有的商业汇票的票面价值和应计利息。

另外，会计制度还规定，组织应当设置"应收票据登记簿"，逐笔登记每一应收票据的种类、号数和出票日期，票面金额、票面利率、到期日等详细资料。应收票据到期结清票款或退票后，应当在备查簿内逐笔注销。

（4）其他应收款的核算。其他应收款是指民间非营利组织除应收票据、应收账款、预付账款以外的其他各种应收、暂付款项，包括应收股利、应收利息、应向职工收取的各种垫付款项、职工借款、应收保险公司赔款等。

为了核算民间非营利组织除应收票据、应收账款、预付账款以外的其他各种应收、暂付款项的结算情况，应设置"其他应收款"账户。该账户借方登记其他应收款的发生数和转入数，贷方登记收回数额及转出的数额，期末借方余额，反映尚未收回的其他应收款。该账户应按其他应收款的项目进行分类，并按不同的债务人设置明细账，进行明细核算。

【例10-30】某民间非营利组织租入演出服装一批，以银行存款向出租方支付押金2 000元。数日后，演出服装如数退回，收到出租方退还的押金存入银行。

支付押金时：
借：其他应收款——存出保证金　　　　　　　　　　　　　　　2 000
　　贷：银行存款　　　　　　　　　　　　　　　　　　　　　　2 000
收回押金时：
借：银行存款　　　　　　　　　　　　　　　　　　　　　　　2 000
　　贷：其他应收款　　　　　　　　　　　　　　　　　　　　　2 000

（5）预付账款的核算。预付账款是指民间非营利组织预付给商品供应单位或者服务提供单位的款项。

为了反映民间非营利组织预付给商品供应单位或者服务提供单位的预付账款的增减结存情况，应设置"预付账款"账户。该账户借方登记预付和补付的金额，贷方登记收到已预购的材料或商品和收到退回的预付款以及无望收到所购货物转出的预付款，期末借方余额，反映民间非营利组织实际预付的款项。"预付账款"账户应按供应单位设置明细账进行明细核算。

4. 存货的核算

存货是指民间非营利组织在日常业务活动中持有以备出售或捐赠的，或者为了出售或捐赠仍然处在生产过程中的，或者将在生产、提供服务或日常管理过程中耗用的材料、物资、商品等。资产确认的基本前提是成本能够可靠地计量。

（1）存货取得的核算。民间非营利组织存货的取得主要有外购、自制、接受捐赠、非货币性交易等方式。

存货的初始成本应当按照取得时的实际成本入账。存货成本包括采购成本、加工成本和其他成本。加工成本包括直接人工以及按照合理方法分配的与存货加工有关的间接费用。其他成本是指除采购成本、加工成本以外的，使存货达到目前场所和状态所发生的其他支出。

购入存货的成本采购成本确定初始成本。自行加工或委托加工完成的存货按照采购成本、加工成本用和其他成本作为实际成本。接受捐赠的存货应当有关凭据或公允价值作为其入账价值。

为了正确反映民间非营利组织的存货，应设置"存货"账户。该账户核算民间非营利组织在日常业务活动中持有以备出售或捐赠的，或者是为了出售或捐赠仍处在生产过程中的，或者将在生产、提供服务或日常管理过程中耗用的材料、物资、商品等，包括材料、库存商品、委托加工材料，以及达不到固定资产标准的工具、器具等。该账户借方登记取得存货的实际成本，贷方登记发出存货的实际成本，期末借方余额，反映结存存货实际成本。该账户应当按照存货的种类和存在形式设置明细账进行明细核算。

【例10-31】某民间演出团体为小规模纳税人。从厂家购进服装制作用材料一批，货款10 000元，增值税进项税额1 700元，对方代垫运费400元。收到结算凭证，材料验收入库，款项用银行存款支付。

根据上述业务编制会计分录：

借：存货——材料　　　　　　　　　　　　　　　　　　12 100
　　贷：银行存款　　　　　　　　　　　　　　　　　　　　　12 100

【例10-32】某民办学校接受捐赠的图书一批，发票注明金额为10 000元。

根据上述业务编制会计分录：

借：存货——库存商品　　　　　　　　　　　　　　　　10 000
　　贷：捐赠收入　　　　　　　　　　　　　　　　　　　　　10 000

（2）存货发出的核算。民间非营利组织各种存货发出时，可以根据实际情况选择先进先出法、加权平均法、个别计价法等方法，确定其实际成本。

发出存货的实际成本确定后，应按照确定的成本和发出存货的用途列入相关的成本费用中。

（3）存货的期末计价与盘点。期末，民间非营利组织应当对存货是否发生了减值进行检查。该项检查应通过成本与可变现净值孰低法进行。

为了反映民间非营利组织存货跌价准备的提取情况，应设置"存货跌价准备"账户。该账户是"存货"的备抵账户。该账户的贷方登记计提的可变现净值低于成本的存货跌价准备，借方登记已提取跌价准备的存货的价值以后由得以恢复或减少存货而冲减的金额，期末贷方余额，反映民间非营利组织已计提的存货跌价准备。本账户应当按

第十章 民间非营利组织会计的管理与核算

照存货的种类和存在形式设置明细账进行明细核算。

民间非营利组织的各种存货，应当定期进行清查盘点，每年至少盘点一次。对于发生的盘盈、盘亏以及过时、变质、毁损等存货，应于期末前查明原因，并根据管理权限，经理事会、董事会或类似机构批准后，在期末结账前处理完毕。

5. 待摊费用的核算

待摊费用是指民间非营利组织已经支出，但应当由本期和以后各期分别负担的、分摊期在1年以内（含1年）的各项费用，如预付保险费、预付租金等。

为了反映民间非营利组织已经支出，但应当由本期和以后各期分别负担的分摊期限在1年以内（包括1年）的各项费用，如预付保险费、预付租金等，应设置"待摊费用"账户。该账户借方登记支付在先、受益在后的预付费用项目的支出，贷方登记按权责发生制原则已经在受益期间内确认并已摊销的部分，期末余额一般在借方，反映民间非营利组织各种已支出但尚未摊销的费用。"待摊费用"账户应当按照摊销费用种类设置明细账，进行明细核算。

（二）长期投资的核算

长期投资是指除短期投资以外的投资，包括长期股权投资和长期债权投资等。

1. 长期股权投资的核算

民间非营利组织的长期股权投资，是指持有时间准备超过1年（不含1年）的各种股权性质的投资，包括长期股票投资和其他长期股权投资。

（1）长期股权投资取得的核算。长期股权投资取得时，应按初始成本入账。

为了对民间非营利组织持有时间准备超过1年的各种股权性质的投资进行核算，应设置"长期股权投资"账户。该账户借方记增加，贷方记减少，期末该账户的借方余额反映民间非营利组织持有的长期股权投资的价值。该账户应当按照被投资单位设置明细账，进行明细核算。

【例10-33】某民间非营利基金会接受捐赠A公司股票10 000股，当日每股市价3元，予以入账。

根据以上业务编制会计分录：

借：长期股权投资——A公司　　　　　　　　　　　　　　　　30 000
　　贷：银行存款　　　　　　　　　　　　　　　　　　　　　　　　30 000

（2）长期股权投资持有的核算。长期股权投资持有期间，按照不同情况分别采用成本法或者权益法核算。

①成本法。成本法是指民间非营利组织的长期股权投资按投资成本计价的方法。如果民间非营利组织对被投资单位无控制、无共同控制且无重大影响，长期股权投资应当采用成本法进行核算。

在成本法下，长期股权投资以取得时的初始投资成本计价；其后，除了作为投资单位的民间非营利组织追加投资、收回投资等情形外，长期股权投资的账面价值一般应当保持不变。被投资单位经股东大会或者类似权力机构批准宣告发放的利润或现金股利，作为当期投资收益。民间非营利组织确认的投资收益，仅限于所获得的被投资单位在投资后产生的累计净利润的分配额。

被投资单位宣告发放现金股利或利润时，按照宣告发放的现金股利或利润中属于民间非营利组织应享有的部分,确认当期投资收益,借记"其他应收款"账户,贷记"投资收益"账户。实际收到现金股利或利润时,按照实际收到的金额,借记"银行存款"等账户,贷记"其他应收款"账户。

②权益法。作为投资单位的民间非营利组织对被投资单位具有控制、共同控制或重大影响时,长期股权投资应采用权益法核算。

权益法是指长期股权投资最初以投资成本计价,以后年度根据投资单位享有被投资单位所有者权益份额的变动对投资的账面价值进行调整的方法,调整的目的在于完整地反映投资单位在被投资单位的实际权益。

在权益法下,民间非营利组织的长期股权投资的账面价值随着被投资单位所有者权益的变动而变动,包括被投资单位实现的净利润或发生净亏损以及其他所有者权益项目的变动。

(3) 长期股权投资的处置。民间非营利组织处置长期股权投资时,按实际取得的价款与长期股权投资账面价值的差额确认为当期投资损益;处置长期股权投资时,应同时结转已计提的减值准备。部分处置某项长期股权投资时,应按该项投资的总平均成本确定其处置部分的成本,并按相应比例结转已计提的减值准备。

2. 长期债权投资的核算

长期债权投资可以分为长期债券投资和其他长期债权投资。

长期债券投资是指民间非营利组织购入的准备长期持有的国家或其他单位发行的期限超过 1 年的债券。

(1) 长期债券投资取得的核算。长期债权投资在取得时,应当按取得时的实际成本作为初始投资成本。

为了核算民间非营利组织购入的长期性质的债权,民间非营利组织应设置"长期债权投资"账户。该账户为资产类账户,其借方登记长期债权投资的增加;贷方登记长期债权投资的减少或收回;期末余额在借方,反映所拥有的长期债权投资的账面余额。该账户应根据投资性质设置"债券投资""可转换公司债券""其他债权投资"三个二级账户,并在"债券投资"二级账户下设置"面值""溢价""折价""应计利息""债券费用"等明细账户。

【例 10-34】某民间非营利基金会接受捐赠三年期债券,面值 30 000 元,予以入账。

根据以上业务编制会计分录:

借:长期债权投资——面值　　　　　　　　　　　　　　30 000
　　贷:银行存款　　　　　　　　　　　　　　　　　　　　30 000

(2) 长期债权投资持有的核算。长期债权投资持有期间,应当按照票面价值与票面利率按期计算确认利息收入。如为到期一次还本付息的债券投资,借记本账户"债券投资(应收利息)"明细账户,贷记"投资收益"账户,如为分期付息、到期还本的债权投资,借记"其他应收款"账户,贷记"投资收益"账户。

长期债券投资的初始投资成本与债券面值之间的差额,应当在债券存续期间,按照直线法于确认相关债券利息收入时摊销,如初始投资成本高于债券面值,按照应当分摊的金额,借记"投资收益"账户,贷记本账户,如初始投资成本低于债券面值,按照应当分摊的金额，借记本账户，贷记"投资收益"账户。

（3）长期债权投资处置的核算。处置长期债权投资时，应当将实际取得价款与投资账面价值的差额，确认为当期投资损益。具体操作时，按照实际取得的价款，借记"银行存款"等账户，按照已计提的减值准备，借记"长期投资减值准备"账户，按照所处置长期债权投资的账面余额，贷记本账户，按照未领取的债券利息，贷记本账户"债券投资（应收利息）"明细账户或"其他应收款"账户，按照其差额，借记或贷记"投资收益"账户。

（三）固定资产的核算

固定资产是民间非营利组织从事业务活动不可缺少的物质条件。民间非营利组织的固定资产应同时具有以下特征：为行政管理、提供服务、生产商品或者出租目的而持有的；预计使用年限超过1年；单位价值较高。

民间非营利组织应当根据固定资产定义，结合本组织的具体情况，制定适合于本组织的固定资产目录、分类方法、每类或每项固定资产的折旧年限、折旧方法，作为进行固定资产核算的依据。

1. 固定资产取得的核算

民间非营利组织固定资产增加的主要来源包括：购置固定资产、自行建造固定资产、融资租入固定资产、在原有固定资产的基础上改扩建固定资产、接受捐赠固定资产和盘盈固定资产等。

固定资产在取得时，应当按取得时的实际成本入账。

为了核算固定资产增减变动及结存情况，民间非营利组织应设置"固定资产"账户。其借方登记增加的固定资产原值，贷方登记减少的固定资产原值；借方余额为实有固定资产的原值。

【例10-35】某民办医院接受捐赠需安装的设备一台，估价10 000元，运杂费1 000元，安装调试费1 000元，相关费用已用银行存款付讫。

根据有关凭证编制会计分录：

接受捐赠时：

借：在建工程　　　　　　　　　　　　　　　　　　10 000

　　贷：捐赠收入　　　　　　　　　　　　　　　　　　10 000

支付运杂费及安装费用时：

借：在建工程　　　　　　　　　　　　　　　　　　2 000

　　贷：银行存款　　　　　　　　　　　　　　　　　　2 000

安装完工，交付使用时：

借：固定资产——专用设备　　　　　　　　　　　　12 000

　　贷：在建工程　　　　　　　　　　　　　　　　　　12 000

【例10-36】某民间非营利组织决定以一辆货运汽车交换A单位的一台通勤车。交换日，货运汽车的账面价值24 000元，累计折旧10 000元，评估价7 500元；通勤车的账面价值40 000元，累计折旧28 000元，评估价13 000元。假如在交易过程中没有发生相关税费。

根据有关业务编制会计分录：

借：固定资产清理	14 000	
累计折旧	10 000	
贷：固定资产——货运汽车		24 000
借：固定资产——运输机械	14 000	
贷：固定资产清理		14 000

【例 10-37】某民办学校以融资方式租入不需要安装的试验用设备 1 台，租赁合同议定：租赁价款为 100 000 元，租赁价款分 4 年付清，并于每年年末支付。该设备的折旧年限为 5 年，期满净残值为 5 000 元。租赁期满，该设备转归该学校拥有。

根据有关凭证编制会计分录：

租入设备时：

借：固定资产——融资租入固定资产	100 000	
贷：长期应付款		100 000

按年支付融资租赁费时：

每月应付租赁费 =（100 000÷4）= 25 000（元）

借：长期应付款——融资租赁费	25 000	
贷：银行存款		25 000

按月计提固定资产折旧，会计分录略。

租赁期满，资产产权转入民间非营利组织时：

借：固定资产——教学用固定资产	100 000	
贷：固定资产——融资租入固定资产		100 000

民间非营利组织的固定资产如果发生了重大减值，计提减值准备的，应当单独设置"固定资产减值准备"账户进行核算。

2. 固定资产折旧的核算

(1) 固定资产折旧的影响因素和计提范围。民间非营利组织应当对固定资产计提折旧。影响固定资产折旧的因素主要固定资产原始价值、固定资产使用年限、固定资产净残值。民间非营利组织应当根据固定资产的性质和消耗方式，合理地确定固定资产的预计使用年限和预计净残值。

民间非营利组织一般应按月提取折旧，当月增加的固定资产，当月不提折旧，从下月起计提折旧；当月减少的固定资产，当月照提折旧，从下月起不提折旧。

(2) 固定资产折旧计算方法。民间非营利组织应当按照固定资产所含经济利益或者服务潜力的预期实现方式选择折旧方法，可选用的折旧方法包括年限平均法、工作量法、双倍余额递减法和年数总和法。折旧方法一经确定，不得随意变更。

(3) 固定资产折旧的核算。为了核算民间非营利组织固定资产的累计折旧，应设置"累计折旧"账户。当民间非营利组织按月提取固定资产折旧时，按照应提取的折旧金额，借记"存货——生产成本""管理费用"等账户，贷记"累计折旧"账户。

3. 固定资产后续支出的核算

与固定资产有关的后续支出，如果使可能流入民间非营利组织的经济利益或者服务潜力超过了原先的估计，如延长了固定资产的使用寿命，或者使服务质量实质性提高，或者使商品成本实质性降低，则应当计入固定资产账面价值，但其增计后的金额不应当超过该固定资产的可收回金额。其他后续支出，应当计入当期费用。

4. 固定资产处置的核算

固定资产的处置一般包括固定资产的出售和报废、对外捐赠、清查、非货币交易等。

（1）固定资产出售和报废的核算。固定资产出售是指民间非营利组织因调整经营方针或因考虑技术进步等因素，可以将不需用和不适用的固定资产转让；固定资产报废是指由于固定资产使用到期或因遭受非正常损失导致的毁损进行的拆除、整理。

固定资产出售、报废的过程中，往往会发生一些清理费用，同时还可能获得变价收入。

民间非营利组织由于出售、报废或者毁损等原因而发生的固定资产清理净损益，应当计入当期收入或者费用。

为了对因出售、报废和毁损或其他处置等原因转入清理的固定资产进行核算，民间非营利组织应设置"固定资产清理"账户。

"固定资产清理"账户核算固定资产处理的情况。其借方登记转入清理的固定资产的净值和发生的清理费用，贷方登记清理固定资产的变价收入和应由保险公司或过失人承担的损失等。"固定资产清理"的账户余额为固定资产清理净损益，应于清理完毕后转入"其他费用"或"其他收入"账户。其明细账按被清理的固定资产项目设置。

【例10-38】某民间非营利组织报废一幢建筑物，其原值为140 000元。报废时，已提折旧额196 000元，以银行存款支付清理费2 000元，残值收入5 000元，款项已存入银行。

根据有关凭证编制会计分录：

将固定资产净值转账时：

借：固定资产清理　　　　　　　　　　　　4 000
　　累计折旧　　　　　　　　　　　　　196 000
　　贷：固定资产　　　　　　　　　　　　　　　140 000

支付清理费用时：

借：固定资产清理　　　　　　　　　　　　2 000
　　贷：银行存款　　　　　　　　　　　　　　　2 000

收到出售价款时：

借：银行存款　　　　　　　　　　　　　　5 000
　　贷：固定资产清理　　　　　　　　　　　　　5 000

结转固定资产清理时：

借：其他费用　　　　　　　　　　　　　　1 000
　　贷：固定资产清理　　　　　　　　　　　　　1 000

（2）固定资产清查的核算。民间非营利组织对固定资产应当定期或者至少每年清查一次。对盘盈、盘亏的固定资产，应当及时查明原因，并根据管理权限，报经批准后，在期末前结账处理完毕：如为固定资产盘盈，按照其公允价值，借记本账户，贷记"其他收入"账户；如为固定资产盘亏，按照固定资产账面价值扣除可以收回的保险赔偿和过失人的赔偿等后的金额，借记"管理费用"账户，按照可以收回的保险赔偿和过失人赔偿等,借记"现金""银行存款""其他应收款"等账户,按照已提取的累计折旧,借记"累计折旧"账户,按照固定资产的账面余额,贷记本账户。

(四) 文物文化资产的核算

文物文化资产是指用于展览、教育或研究等目的的历史文物、艺术品以及其他具有文化或者历史价值并作为长期或者永久保存的典藏等。

为了核算文物文化资产增减变动及结存情况,应设置"文物文化资产"账户。该账户属于资产类账户,其借方登记增加的文物文化资产价值;贷方登记减少的文物文化资产价值;期末借方余额,反映民间非营利组织结存的文物文化资产的价值。其明细账按文物文化资产类别设置。

文物文化资产在取得时,应当按照取得时的实际成本入账。出售文物文化资产,文物文化资产毁损或者以其他方式处置文物文化资产时,按照所处置文物文化资产的账面余额入账。

民间非营利组织对文物文化资产应当定期或者至少每年实地盘点一次。对盘盈、盘亏的文物文化资产,应当及时查明原因,并根据管理权限,报经批准后,在期末前结账处理完毕。

民间非营利组织应当设置文物文化资产登记簿和文物文化资产卡片,按文物文化资产类别等设置明细账,进行明细核算。

【例10-39】某民间非营利组织接受赠品书画作品两件,确定的成本为140 000元。

根据上述业务,账务处理如下:

借:文物文化资产　　　　　　　　　　　　　　　　140 000
　　贷:捐赠收入　　　　　　　　　　　　　　　　　　　140 000

【例10-40】某民间非营利组织出售艺术品一件,该艺术品的账面余额30 000元,取得销售收入40 000元,款项存入银行。

借:固定资产清理　　　　　　　　　　　　　　　　30 000
　　贷:文物文化资产　　　　　　　　　　　　　　　　30 000
借:银行存款　　　　　　　　　　　　　　　　　　40 000
　　贷:固定资产清理　　　　　　　　　　　　　　　　40 000
借:固定资产清理　　　　　　　　　　　　　　　　10 000
　　贷:其他收入　　　　　　　　　　　　　　　　　　10 000

(五) 无形资产的核算

1. 无形资产的确认和计量

无形资产是指民间非营利组织为开展业务活动、出租给他人或为管理目的而持有的且没有实物形态的非货币性长期资产,包括专利权、非专利技术、商标权、著作权、土地使用权等。无形资产应当按照取得时的实际成本入账。

2. 无形资产的核算

为了核算民间非营利组织无形资产的增减变动及其结存情况,应设置"无形资产"账户。该账户属于资产类账户,其借方登记无形资产的增加;贷方登记无形资产的减少及摊销的无形资产价值。账户的期末余额反映民间非营利组织已入账但尚未摊销的无形资产的摊余价值。其明细账应按无形资产类别设置。

【例10-41】某民间非营利组织购入专利权一项140 000元，另付手续费3 000元。价款及手续费以银行存款支付。

根据有关凭证编制会计分录：

借：无形资产——专利权　　　　　　　　　　　143 000
　　贷：银行存款　　　　　　　　　　　　　　　　　143 000

【例10-42】某民间非营利医院接受某专家捐赠专利技术，捐赠人并未提供有关标明专利的金额凭据，根据该项专利的社会影响，其公允价值为140 000元。

根据有关凭证编制会计分录：

借：无形资产　　　　　　　　　　　　　　　　140 000
　　贷：捐赠收入　　　　　　　　　　　　　　　　　140 000

【例10-43】某民间非营利组织的一项专利权当月摊销额为2 000元，予以入账。

根据有关凭证编制会计分录：

借：管理费用　　　　　　　　　　　　　　　　　2 000
　　贷：无形资产　　　　　　　　　　　　　　　　　　2 000

【例10-44】某民间非营利组织转让一项著作权。该著作权账面价值10 000元，实现转让收入18 000元，款项已存入银行。现金支付转让业务费用500元。

根据有关凭证编制会计分录：

借：银行存款　　　　　　　　　　　　　　　　18 000
　　贷：无形资产　　　　　　　　　　　　　　　　　10 000
　　　　现金　　　　　　　　　　　　　　　　　　　　500
　　　　其他收入　　　　　　　　　　　　　　　　　7 500

（六）受托代理资产的核算

1. 受托代理资产的确认和计量

受托代理资产是指民间非营利组织因从事受托代理交易而从委托方取得的资产。在受托代理交易过程中，民间非营利组织通常只是从委托方收到受托资产，并按照委托人的意愿将资产转赠给指定的其他组织或者个人，或者按照有关规定将资产转交给指定的其他组织或者个人，民间非营利组织本身并不拥有受托资产的所有权和使用权，它只是在交易过程中起中介作用，无权改变受托代理资产的用途或者变更受益人。

民间非营利组织应当对受托代理资产进行确认和计量。受托代理资产的确认和计量原则依照民间非营利组织接受捐赠资产的确认和计量原则。但是，当民间非营利组织在确认一项受托代理资产时，应当同时确认一项受托代理负债。

2. 受托代理资产的核算

为了对民间非营利组织的受托代理资产进行核算，应设置"受托代理资产"账户，核算民间非营利组织接受委托方委托从事委托代理业务而收到的资产。该账户属于资产类账户，其借方登记受托代理资产的增加，贷方登记受托代理资产的减少。其期末借方余额，反映民间非营利组织期末尚未转出的受托代理资产价值。

民间非营利组织应当设置受托代理资产登记簿，并根据具体情况设置明细账，进行明细核算。

【例10-45】某儿童基金会收到外商委托代管图书一批，价值500 000元。根据代管协议，该批财产于次年用于西部扶贫项目。

根据有关凭证编制会计分录：

借：受托代理资产　　　　　　　　　　　　　　　　　500 000
　　贷：受托代理负债　　　　　　　　　　　　　　　　　500 000

次年，该基金会转出受托代理资产时，编制会计分录：

借：受托代理负债　　　　　　　　　　　　　　　　　500 000
　　贷：受托代理资产　　　　　　　　　　　　　　　　　500 000

二、民间非营利组织会计负债的核算

负债是指由于过去的交易或者事项形成的现时义务，履行该义务预期会导致含有经济利益或者服务潜力的资源流出民间非营利组织。

民间非营利组织的负债按其流动性，可以分为流动负债、长期负债和受托代理负债等。

（一）流动负债的核算

流动负债是指将在 1 年内（含 1 年）偿还的负债，主要包括短期借款、应付款项、应付工资、应交税金、预收账款、预提费用和预计负债等。

按照不同的标准，可以将流动负债分成不同的类别。按产生的原因，流动负债可以分为因融资产生的流动负债、结算过程中产生的流动负债、运营过程中产生的流动负债；按金额是否确定，流动负债可以分为金额确定的流动负债、金额取决于业务成果的流动负债、金额不确定需予以估计的流动负债、或有负债；按流动负债所形成的环节分类，可将流动负债分为营业环节负债、融资活动负债、收益分配环节负债。

各项流动负债应当按实际发生额入账。

1. 短期借款的核算

短期借款是指民间非营利组织向银行或其他金融机构借入的期限在 1 年以下（含 1 年）的各种借款。短期借款应当按照借款本金和确定的利率按期计提利息，计入当期费用。

短期借款为因融资产生的流动负债，民间非营利组织借入的短期借款一般用来维持其日常的营业活动或用来抵偿其他债务。

民间非营利组织可设置"短期借款"账户对借入的期限在 1 年以下的各种借款进行核算。该账户为负债类账户，贷方登记借入的款项的本金，借方登记已偿还的借入款项的本金，账户的期末余额在贷方，反映尚未偿还的借入款项的本金。该账户应当按照债权人设置明细账，并按照借款种类及期限等进行明细核算。

2. 应付票据的核算

应付票据是指民间非营利组织购买材料、商品和接受服务供应等而开出、承兑的商业汇票。商业汇票按承兑人不同分为银行承兑汇票和商业承兑汇票。我国商业汇票的付款期限最长不超过 6 个月。

民间非营利组织应设置"应付票据"账户来核算商业汇票的签发与结算。该账户贷方登记签发、承兑商业汇票的面值和带息票据计算的应付利息；借方登记到期支付（或结转）票据款，期末账户余额在贷方，反映民间非营利组织持有的尚未到期的应付票据本息。

除了设置总账外，民间非营利组织还应当设置应付票据备查簿，详细登记每一应付票据的种类、号数、签发日期、到期日、票面金额、票面利率、合同交易号、收款人姓名或工作单位名称，以及付款日期和金额等资料。票据到期结清时，应当在备查簿中逐笔注销。

3. 应付账款的核算

应付账款是指民间非营利组织因购买材料、商品和接受服务供应等而应付给供应单位的款项。这是买卖双方在购销活动中取得货物与支付货款时间上不一致而产生的负债。

民间非营利组织应设置"应付账款"账户来核算这项未清偿的债务。该账户的贷方登记因购货、接受服务供应等而产生的应付款项以及到期无款支付的应付票据款；借方登记偿还、抵付的应付账款以及转销无法支付的应付账款；期末贷方余额，反映民间非营利组织尚未支付的应付账款。该账户应按债权人设置明细账，进行明细核算。

4. 预收账款的核算

预收账款是指民间非营利组织向服务和商品购买单位预收的各种款项。它是买卖双方协议商定，由供货方或提供劳务方预先向购货方或接受劳务方收取一部分货款或订金而形成的一项负债。

为了核算和监督预收账款的形成及结算情况，民间非营利组织应设置"预收账款"账户，以核算民间非营利组织向服务和商品购买单位预收的各种款项。该账户贷方登记收到购货方预付的货款及补付的货款，借方登记实际发出商品的价税款及退回的余额，期末贷方余额，反映民间非营利组织向购货单位预收的款项；期末如为借方余额，表示应由购货单位补付的款项。"预收账款"账户应当按照购货单位设置明细账，进行明细核算。

5. 应付工资的核算

工资是民间非营利组织支付给职工的劳动报酬，应付工资是指民间非营利组织应付未付的员工工资，包括在工资总额内的各种工资、奖金、津贴等，属于运营过程中应确认的流动负债。

民间非营利组织应设置"应付工资"账户对应付给职工的工资总额进行核算。"应付工资"账户借方登记实际发放的工资数额，贷方登记分配工资费用的数额，"应付工资"账户期末一般应无余额。民间非营利组织应当设置应付工资明细账进行登记。

【例10-46】某民间非营利组织根据"工资结算汇总表"结算本月应付工资总额400 000元。其中，代扣个人所得税30 000元，现将实发工资的资金转入职工工资开户行。月末编制工资费用分配汇总表，本月应付工资总额中，行政管理部门人员工资100 000元，从事销售等各项业务活动人员工300 000元，予以入账。

将工资转入职工工资开户行时：

借：应付工资　　　　　　　　　　　　　　　　　　　　370 000
　　贷：银行存款　　　　　　　　　　　　　　　　　　　　370 000

确认代扣代缴的职工应缴个人所得税时：

借：应付工资　　　　　　　　　　　　　　　　　　　　 30 000

        贷：应交税金——应交个人所得税   30 000
分配工资时：
    借：管理费用   100 000
        业务活动成本   300 000
        贷：应付工资   400 000

6. 应交税金的核算

应交税金是指民间非营利组织按照国家规定应该交纳的各种税费，包括营业税、增值税、所得税、房产税、个人所得税等。

民间非营利组织各种税费的计提和交纳情况，一般应设置"应交税金"账户进行核算。该账户贷方登记按规定计算结转应交的各种税金，借方登记实际交纳的各种税金和应抵扣的税金，期末贷方余额，反映民间非营利组织尚未交纳的税费；期末如为借方余额，反映民间非营利组织多交的税费。"应交税金"账户一般应按应交税金的种类设置明细账，进行各种应交税金的明细分类核算。

7. 预提费用的核算

预提费用是指民间非营利组织按照规定从费用中预先提取但尚未支付的费用。如预提的租金、保险费、借款利息等。

民间非营利组织为了反映预提费用的提取和支付情况，应设置"预提费用"账户进行核算。

8. 预计负债的核算

预计负债是指民间非营利组织对因或有事项所产生的现时义务而确认的负债。

民间非营利组织应设置"预计负债"账户来核算民间非营利组织对因或有事项所发生的现时义务而确认的负债。该账户贷方登记按规定的预计项目和预计金额确认的预计负债，借方登记实际偿付的金额，期末贷方余额，反映民间非营利组织已预计尚未支付的债务。"预计负债"账户应当按照预计负债项目设置明细账，进行明细核算。

【例10-47】某民间非营利组织提供甲公司担保100 000元。该民间非营利组织因甲公司破产偿付担保金额。

根据有关凭证，编制如下会计分录：
    借：管理费用   100 000
        贷：预计负债   100 000
    借：预计负债   100 000
        贷：银行存款   100 000

（二）长期负债的核算

长期负债是指偿还期限在1年以上（不含1年）的负债，是民间非营利组织向债权人筹集的可供长期使用的资金，包括长期借款、长期应付款和其他长期负债等项目。

1. 长期借款的核算

长期借款是指民间非营利组织向银行或其他金融机构等借入的期限在1年以上（不含1年）的各种借款。

民间非营利组织借款费用可以根据会计制度的规定费用化（直接作为筹资费用，记入当期损益）或资本化（记入相关资产的成本）。

为反映和监督向银行或其他金融机构等借入的期限在1年以上（不含1年）的各种借款的取得、计息和归还情况，民间非营利组织应设置"长期借款"账户。该账户属于负债类账户，其贷方登记借入贷款的本金及计提的相应利息；借方登记偿还的贷款本金及支付的借款利息；期末贷方余额，反映民间非营利组织尚未偿还的长期借款本息。该账户应按照贷款单位设置明细账户，并按贷款种类进行明细核算。

【例10-48】某民间非营利组织20×1年1月1日向银行借入一笔为期2年的长期借款10万元用于固定资产购建（该固定资产的建设需要三年完成），年利率5%，到期一次还本付息。

根据上述经济业务，编制如下会计分录：
20×1年1月1日借入时：
借：银行存款　　　　　　　　　　　　　　　　　　　100 000
　　贷：长期借款　　　　　　　　　　　　　　　　　　　100 000
20×1年年末应支付利息5 000元（100 000×5%）。
20×1年年末应支付利息时：
借：在建工程　　　　　　　　　　　　　　　　　　　　5 000
　　贷：长期借款　　　　　　　　　　　　　　　　　　　5 000
20×2年年末还本付息共计110 000元。
借：长期借款　　　　　　　　　　　　　　　　　　　105 000
　　在建工程　　　　　　　　　　　　　　　　　　　　5 000
　　贷：银行存款　　　　　　　　　　　　　　　　　　110 000

2. 长期应付款的核算

长期应付款主要是指民间非营利组织融资租入固定资产发生的应付租赁款。

民间非营利组织应设置"长期应付款"账户，核算各项长期应付款。该账户属于负债类账户，其贷方登记长期应付款的增加额；借方登记长期应付款的减少额；期末贷方余额，反映尚未支付的各项长期应付款。其明细账应当按照长期应付款的种类设置，例题见【例10-37】。

（三）受托代理负债

受托代理负债是指民间非营利组织因从事受托代理交易、接受受托代理资产而产生的负债。受托代理负债应当按照相对应的受托代理资产的金额予以确认和计量。

为了核算民间非营利组织因从事受托代理业务、接受受托代理资产而产生的负债，应设置"受托代理负债"账户。民间非营利组织收到受托代理资产，按照应确认的入账金额，借记"受托代理资产"账户，贷记本账户。转赠或者转出受托代理资产，按照转出受托代理资产的账面余额，借记本账户，贷记"受托代理资产"账户。本账户期末贷方余额，反映民间非营利组织尚未清偿的受托代理负债。本账户应当按照指定的受赠组织或个人，或者指定的应转交的组织或个人设置明细账，进行明细核算。

第三节

民间非营利组织会计报表

一、民间非营利组织会计报表的内容

（一）财务会计报表及其作用

财务会计报表是反映民间非营利组织财务状况、业务活动情况和现金流量等的书面文件。

民间非营利组织通过日常的会计核算，虽然可以提供反映其经济活动的财务收支情况。但是，由于这些日常核算资料分散在会计凭证和账簿上，不能集中地揭示和反映该会计期间业务活动和财务收支的全貌。为了满足会计信息使用者的需要，有必要对日常的核算资料进行加工整理，编制成财务会计报告，向有关方面报告民间非营利组织财务状况、业务成果和现金流量的总括情况。

编制与分析财务会计报表是财务会计工作的最后一个环节。因此，根据财务报表提供的有关信息资料，可以考核、分析民间非营利组织收入、费用和结余情况，资金使用情况，借以评价民间非营利组织经济工作的质量，分析、研究、预测其经济前景，以利于作出决策，并加强会计管理。

（二）财务会计报表的构成及内容

财务会计报表体系是由会计报表、会计报表附注和财务情况说明书构成的。

1. 会计报表主表

会计报表是指以会计账簿记录和有关资料为依据，按照规定的报表格式，全面、系统地反映民间非营利组织财务状况、业务成果和现金流量的一种报告文件。

会计报表是财务会计报表的主体，民间非营利组织向外界传递的最相关和最重要的会计信息主要是通过会计报表来反映的。会计报表主表应当包括资产负债表、业务活动表、现金流量表。

2. 会计报表附注

会计报表附注是指为了帮助会计信息使用者理解会计报表的内容而对报表有关项目等所作的解释。

会计报表附注至少应当包括下列内容：重要会计政策及其变更情况的说明；董事会（或者理事会或者类似权力机构）成员和员工的数量、变动情况以及获得的薪金等报酬情况的说明；会计报表重要项目及其增减变动情况的说明；资产提供者设置了时间或用途限制的相关资产情况的说明；受托代理交易情况的说明，包括受托代理资产的构成、计价基础和依据、用途等；重大资产减值情况的说明；公允价值无法可靠取得的受赠资产和其他资产的名称、数量、来源和用途等情况的说明；对外承诺和或有事项情况的说明；接受劳务捐赠情况的说明；资产负债表日后非调整事项的说明；有助于理解和分析会计报表需要说明的其他事项。

3. 财务情况说明书

财务情况说明书是指对民间非营利组织一定期间经济活动进行分析总结的文字报告。它是在会计报表的基础上，对民间非营利组织财务状况、业务成果、资金周转情况及其发展前景等所作的总括说明。

财务情况说明书至少应当对下列情况作出说明：民间非营利组织的宗旨、组织结构以及人员配备等情况；民间非营利组织业务活动基本情况，年度计划和预算完成情况，产生差异的原因分析，下一会计期间业务活动计划和预算等；对民间非营利组织业务活动有重大影响的其他事项。

财务会计报表分为年度财务会计报表和中期财务会计报表。以短于一个完整的会计年度的期间（如半年度、季度和月度）编制的财务会计报表称为中期财务会计报表。年度财务会计报表则是以整个会计年度为基础编制的财务会计报表。

民间非营利组织的年度财务会计报告至少应当于年度终了后 4 个月内对外提供。如果民间非营利组织被要求对外提供中期财务会计报告的，应当在规定的时间内对外提供。

民间非营利组织的年度和中期财务会计报告，至少应当反映两个或两个相关会计期间的比较数据。

民间非营利组织编制财务会计报告要做到数字真实、计算准确、内容完整、报送及时。

二、民间非营利组织会计报表的编制

（一）资产负债表的编制

1. 资产负债表及其结构

资产负债表是反映民间非营利组织某一特定日期财务状况的报表。

资产负债表根据"资产 = 负债 + 净资产"的会计等式，依照一定的分类和一定的程序，把民间非营利组织一定日期的资产、负债和净资产项目予以适当排列，按照一定的编制要求编制而成。它是民间非营利组织特定日期所拥有或控制的资产、承担的债务责任以及净资产的静态反映。

资产负债表的结构由表头和基本内容两部分组成。

表头部分包括报表名称、编制单位、编制日期、货币种类和金额单位等内容。

基本内容部分是资产负债表的核心，它以"账户式"形式分项列示民间非营利组织的资产、负债和净资产。

为了反映和比较不同时期资产、负债和净资产增减变化的状况，会计报表根据需要采用前后期对比方式进行编制，将报表金额栏分设"年初数""期末数"两栏。

资产负债表的"资产"项目根据资产流动性强弱进行排序，即按流动资产、长期投资、固定资产、无形资产、受托代理资产顺序排列，流动资产又按流动性强弱排列为货币资金、短期投资、应收款项、预付账款、存货、待摊费用、一年内到期的长期债权投资等。

资产负债表的"负债及净资产"项目是按照资金退出民间非营利组织的先后顺序排列。由于负债是在民间非营利组织业务活动过程中清偿；而净资产只有在民间非营利组织清算时才转交政府或其他民间非营利组织。因此，负债排列在先，净资产排列在后。负债部分是按照债务清偿权缓急排列，流动负债需要在一年内偿还，排在最先，长期负债排在其后。净资产按其金额是否加以限定，分为非限定性净资产和限定性净资产。

在资产负债表中，资产各项目年初总计数和期末总计数，应分别与负债、净资产方各项目年总计数和期末总计数相等。

2. 资产负债表的格式

会计制度规定的资产负债表的格式见表 10-2。

表 10-2　　　　　　　　　　　资产负债表　　　　　　　　　　　会民非 01 表

编制单位：　　　　　　　　　　××年××月××日　　　　　　　　　　　单位：元

资产	行次	年初数	期末数	负债和净资产	行次	年初数	期末数
流动资产：				流动负债：			
货币资金				短期借款			
短期投资				应付款项			
应收款项				应付工资			
预付账款				应交税金			
存货				预收账款			
待摊费用				预提费用			
一年内到期的长期债权投资				预计负债			
其他流动资产				一年内到期的长期负债			
流动资产合计				其他流动负债			
长期投资				流动负债合计			
长期股权投资				长期负债			
长期债权投资				长期借款			
长期投资合计				长期应付款			
固定资产				其他长期负债			
固定资产原值				长期负债合计			
减：累计折旧				受托代理负债			
固定资产净值				负债合计			
在建工程				净资产			
文物文化资产				非限定性净资产			
固定资产清理				限定性净资产			
固定资产合计				净资产合计			
无形资产：							
无形资产							
受托代理资产：							
受托代理资产							
资产合计				负债和净资产合计			

3. 资产负债表的编制方法

资产负债表"年初数"栏内各项数字，应当根据上年年末资产负债表"期末数"栏内数字填列。如果本年度资产负债表规定的各个项目的名称和内容同上年度不相一致，应对上年年末资产负债表各项目的名称和数字按照本年度的规定进行调整，填入本表"年初数"栏内。

资产负债表"期末数"各项目的内容和填列方法：

"货币资金"项目，反映民间非营利组织期末库存现金、存放银行的各类款项以及其他货币资金的合计数。本项目应当根据"现金""银行存款""其他货币资金"账户的期末余额合计填列。如果民间非营利组织的受托代理资产为现金、银行存款或其他货币资金且通过"现金""银行存款""其他货币资金"账户核算，还应当扣减"现金""银行存款""其他货币资金"账户中"受托代理资产"明细账户的期末余额。

"短期投资"项目，反映民间非营利组织持有的各种能够随时变现并且持有时间不准备超过1年（含1年）的投资，包括短期股票、债券投资和短期委托贷款、委托投资等。本项目应当根据"短期投资"账户的期末余额，减去"短期投资跌价准备"账户的期末余额后的金额填列。

"应收款项"项目，反映民间非营利组织期末应收票据、应收账款和其他应收款等应收未收款项。本项目应当根据"应收票据""应收账款""其他应收款"账户的期末余额合计，减去"坏账准备"账户的期末余额后的金额填列。

"预付账款"项目，反映民间非营利组织预付给商品或者服务供应单位等的款项。本项目应当根据"预付账款"账户的期末余额填列。

"存货"项目，反映民间非营利组织在日常业务活动中持有以备出售或捐赠的，或者为了出售或捐赠仍处在生产过程中的，或者将在生产、提供服务或日常管理过程中耗用的材料、物资、商品等。本项目应当根据"存货"账户的期末余额，减去"存货跌价准备"账户的期末余额后的金额填列。

"待摊费用"项目，反映民间非营利组织已经支出，但应当由本期和以后各期分别负担的、分摊期在1年以内（含1年）的各项费用，如预付保险费、预付租金等。本项目应当根据"待摊费用"账户的期末余额填列。

"一年内到期的长期债权投资"项目，反映民间非营利组织将在1年内（含1年）到期的长期债权投资。本项目应当根据"长期债权投资"账户的期末余额中将在1年内（含1年）到期的长期债权投资余额，减去"长期投资减值准备"账户的期末余额中1年内（含1年）到期的长期债权投资减值准备余额后的金额填列。

"其他流动资产"项目，反映民间非营利组织除以上流动资产项目外的其他流动资产。本项目应当根据有关账户的期末余额分析填列。如果其他流动资产价值较大的，应当在会计报表附注中单独披露其内容和金额。

"长期股权投资"项目，反映民间非营利组织不准备在1年内（含1年）变现的各种股权性质的投资的可收回金额。本项目应当根据"长期股权投资"账户的期末余额，减去"长期投资减值准备"账户的期末余额中长期股权投资减值准备余额后的金额填列。

"长期债权投资"项目，反映民间非营利组织不准备在1年内（含1年）变现的各种债权性质的投资的可收回金额。本项目应当根据"长期债权投资"账户的期末余额，减去"长期投资减值准备"账户的期末余额中长期债权投资减值准备余额，再减去本表"一年内到期的长期债权投资"项目金额后的金额填列。

"固定资产"项目，反映民间非营利组织的各项固定资产的账面价值。本项目应当根据"固定资产"账户的期末余额，减去"累计折旧"账户的期末余额后的金额填列。

"在建工程"项目，反映民间非营利组织期末各项未完工程的实际支出，包括交付安装的设备价值、已耗用的材料、工资和费用支出、预付出包工程的价款等。本项目应当根据"在建工程"账户的期末余额填列。

"文物文化资产"项目，反映民间非营利组织用于展览、教育或研究等目的的历史文物、艺术品以及其他具有文化或者历史价值并作为长期或者永久保存的典藏等。本项目应当根据"文物文化资产"账户的期末借方余额填列。

"固定资产清理"项目，反映民间非营利组织因出售、毁损、报废等原因转入清理但尚未清理完毕的固定资产的账面价值，以及固定资产清理过程中发生的清理费用和变价收入等各项金额的差额。本项目应当根据"固定资产清理"账户的期末借方余额填列；如果"固定资产清理"账户期末为贷方余额，则以"-"号填列。

"无形资产"项目，反映民间非营利组织拥有的为开展业务活动、出租给他人或为管理目的而持有的没有实物形态的非货币性长期资产，包括专利权、非专利技术、商标权、著作权、土地使用权等。本项目应当根据"无形资产"账户的期末余额填列。

"受托代理资产"项目，反映民间非营利组织接受委托方委托从事受托代理业务而收到的资产。本项目应当根据"受托代理资产"账户的期末余额填列。如果民间非营利组织的受托代理资产为现金、银行存款或其他货币资金且通过"现金""银行存款""其他货币资金"账户核算，还应当加上"现金""银行存款""其他货币资金"账户中"受托代理资产"明细账户的期末余额。

"短期借款"项目，反映民间非营利组织向银行或其他金融机构等借入的、尚未偿还的期限在1年以下（含1年）的各种借款。本项目应当根据"短期借款"账户的期末余额填列。

"应付款项"项目，反映民间非营利组织期末应付票据、应付账款和其他应付款等应付未付款项。本项目应当根据"应付票据""应付账款""其他应付款"账户的期末余额合计填列。

"应付工资"项目，反映民间非营利组织应付未付的员工工资。本项目应当根据"应付工资"账户的期末贷方余额填列；如果"应付工资"账户期末为借方余额，以"-"号填列。

"应交税金"项目，反映民间非营利组织应交未交的各种税费。本项目应当根据"应交税金"账户的期末贷方余额填列；如果"应交税金"账户期末为借方余额，则以"-"号填列。

"预收账款"项目，反映民间非营利组织向服务和商品购买单位等预收的各种款项。本项目应当根据"预收账款"账户的期末余额填列。

"预提费用"项目，反映民间非营利组织预先提取的已经发生但尚未实际支付的各项费用。本项目应当根据"预提费用"账户的期末贷方余额填列。

第十章 民间非营利组织会计的管理与核算

"预计负债"项目,反映民间非营利组织对因或有事项所产生的现时义务而确认的负债。本项目应当根据"预计负债"账户的期末贷方金额填列。

"一年内到期的长期负债"项目,反映民间非营利组织承担的将于1年内(含1年)偿还的长期负债。本项目应当根据有关长期负债账户的期末余额中将在1年内(含1年)到期的金额分析填列。

"其他流动负债"项目,反映民间非营利组织除以上流动负债之外的其他流动负债。本项目应当根据有关账户的期末余额填列。如果其他流动负债金额较大的,应当在会计报表附注中单独披露其内容和金额。

"长期借款"项目,反映民间非营利组织向银行或其他金融机构等借入的期限在1年以上(不含1年)的各种借款本息。本项目应当根据"长期借款"账户的期末余额减去其中将于1年内(含1年)到期的长期借款余额后的金额填列。

"长期应付款"项目,反映民间非营利组织承担的各种长期应付款,如融资租入固定资产发生的应付租赁款。本项目应当根据"长期应付款"账户的期末余额减去其中将于1年内(含1年)到期的长期应付款余额后的金额填列。

"其他长期负债"项目,反映民间非营利组织除以上长期负债项目之外的其他长期负债。本项目应当根据有关账户的期末余额减去其中将于1年内(含1年)到期的其他长期负债余额后的金额分析填列。如果其他长期负债金额较大的,应当在会计报表附注中单独披露其内容和金额。

"受托代理负债"项目,反映民间非营利组织因从事受托代理业务、接受受托代理资产而产生的负债。本项目应当根据"受托代理负债"账户的期末余额填列。

"非限定性净资产"项目,反映民间非营利组织拥有的非限定性净资产期末余额。本项目应当根据"非限定性净资产"账户的期末余额填列。

"限定性净资产"项目,反映民间非营利组织拥有的限定性净资产期末余额。本项目应当根据"限定性净资产"账户的期末余额填列。

(二)业务活动表的编制

1. 业务活动表及其结构

业务活动表是反映民间非营利组织在某一会计期间内开展业务活动的实际情况,是民间非营利组织基本报表之一,它能够反映民间非营利组织业务活动成果,可以为评价管理机构、管理者业绩提供依据,有助于反映净资产增减变动情况。

业务活动表由表头和基本内容两部分组成,基本内容是报表主体,采用自上而下分项列示的报告式结构。

业务活动表的基本内容包括"项目"栏和"金额"栏两部分。

业务活动表的项目包括收入、费用、限定性净资产转为非限定性净资产、净资产变动额。其中,收入应列示捐赠收入、会费收入、提供服务收入、政府补助收入、投资收益、商品销售收入、其他收入;费用应列示业务活动成本、管理费用、筹资费用、其他费用。

业务活动表的金额有本月数、本年累计数。

业务活动表中的项目和金额各数据应按非限定性和限定性分别列示。

民间非营利组织的业务活动表的格式见表10-3。

表 10-3　　　　　　　　　　　　　业 务 活 动 表　　　　　　　　　　会民非 02 表

编制单位：　　　　　　　　　　　　　年　　月　　　　　　　　　　　　　单位：元

项目	行次	本月数			本年累计		
		非限定性	限定性	合计	非限定性	限定性	合计
一、收入							
其中：捐赠收入	1						
会费收入	2						
提供服务收入	3						
政府补助收入	4						
其他收入	9						
收入合计	11						
二、费用							
（一）业务活动成本	12						
其中：	13						
	14						
	15						
	16						
（二）管理费用	13						
（三）筹资费用	24						
（四）其他费用	28						
费用合计	35						
三、限定性净资产转为非限定性净资产	40						
四、净资产变动额（若为净资产减少额，以"－"号填列）	45						

2. 业务活动表的填列方法

（1）业务活动表各项目的填列方法。业务活动表各项目在填列时，应以账簿记录的发生额和账户余额为主要的数据来源，主要采用直接填列法进行填列。

"捐赠收入"项目，反映民间非营利组织接受其他单位或者个人捐赠所取得的收入总额。本项目应当根据"捐赠收入"账户的发生额填列。

"会费收入"项目，反映民间非营利组织根据章程等的规定向会员收取的会费总额。本项目应当根据"会费收入"账户的发生额填列。

"提供服务收入"项目，反映民间非营利组织根据章程等的规定向其服务对象提供服务取得的收入总额。本项目应当根据"提供服务收入"账户的发生额填列。

"商品销售收入"项目，反映民间非营利组织销售商品等所形成的收入总额。本项目应当根据"商品销售收入"账户的发生额填列。

"政府补助收入"项目，反映民间非营利组织接受政府拨款或者政府机构给予的补助而取得的收入总额。本项目应当根据"政府补助收入"账户的发生额填列。

第十章 民间非营利组织会计的管理与核算

"投资收益"项目，反映民间非营利组织以各种方式对外投资所取得的投资净损益。本项目应当根据"投资收益"账户的贷方发生额填列；如果为借方发生额，则以"－"号填列。

"其他收入"项目，反映民间非营利组织除上述收入项目之外所取得的其他收入总额。本项目应当根据"其他收入"账户的发生额填列。

上述各项收入项目应当区分"限定性"和"非限定性"分别填列。

"业务活动成本"项目，反映民间非营利组织为了实现其业务活动目标、开展其项目活动或者提供服务所发生的费用。本项目应当根据"业务活动成本"账户的发生额填列。

民间非营利组织应当根据其所从事的项目、提供的服务或者开展的业务等具体情况，按照"业务活动成本"账户中各明细账户的发生额，在本表第12行至第13行之间填列业务活动成本的各组成部分。

"管理费用"项目，反映民间非营利组织为组织和管理其业务活动所发生的各项费用总额。本项目应当根据"管理费用"账户的发生额填列。

"筹资费用"项目，反映民间非营利组织为筹集业务活动所需资金而发生的各项费用总额，包括利息支出（减利息收入）、汇兑损失（减汇兑收益）以及相关手续费等。本项目应当根据"筹资费用"账户的发生额填列。

"其他费用"项目，反映民间非营利组织除以上费用项目之外发生的其他费用总额。本项目应当根据有关账户的发生额填列。

"限定性净资产转为非限定性净资产"项目，反映民间非营利组织当期从限定性净资产转入非限定性净资产的金额。本项目应当根据"限定性净资产""非限定性净资产"账户的发生额分析填列。

"净资产变动额"项目，反映民间非营利组织当期净资产变动的金额。本项目应当根据本表"收入合计"项目的金额，减去"费用合计"项目的金额，再加上"限定性净资产转为非限定性净资产"项目的金额后填列。

（2）业务活动表中"本月数"和"本年累计数"的填列方法。业务活动表中的"本月数"栏反映各项目的本月实际发生数；在编制季度、半年度等中期财务会计报告时，应当将本栏改为"本季度数""本半年度数"等本中期数栏，反映各项目本中期的实际发生数。在提供上年度比较报表时，应当增设可比期间栏目，反映可比期间各项目的实际发生数。如果本年度业务活动表规定的各个项目的名称和内容同上年度不相一致，应对上年度业务活动表各项目的名称和数字按照本年度的规定进行调整，填入本表上年度可比期间栏目内。

业务活动表中的"本年累计数"栏反映各项目自年初起至报告期末止的累计实际发生数。

业务活动表中的"非限定性"栏反映本期非限定性收入的实际发生数、本期费用的实际发生数和本期由限定性净资产转为非限定性净资产的金额；本表"限定性"栏反映本期限定性收入的实际发生数和本期由限定性净资产转为非限定性净资产的金额（以"－"号填列）。在提供上年度比较报表项目金额时，限定性和非限定性栏目的金额可以合并填列。

(三) 现金流量表

1. 现金流量表的基本涵义

现金流量表是反映民间非营利组织在某一会计期间内现金和现金等价物流入与流出信息的会计报表。

编制现金流量表的目的是向报表使用者提供民间非营利组织一定时期内现金流入与流出的信息，有助于他们了解和评价组织获取现金的能力，据以预测未来的现金流量。

现金流量表中涉及的重要概念是现金、现金等价物和现金流量。

现金是指民间非营利组织的库存现金以及可以随时用于支付的存款，包括现金、可以随时用于支付的银行存款和其他货币资金。

现金等价物是指民间非营利组织持有的期限短、流动性强、易于转换为已知金额现金、价值变动风险很小的投资（除特别指明外，以下所指的现金均包含现金等价物）。

现金流量是一定时期内民间非营利组织现金流入和流出量的数量。当民间非营利组织从各种业务活动收进现金，我们称为现金流入，当民间非营利组织为各种业务活动付出现金，我们称为现金流出。现金流入量减现金流出量的差额，叫作现金流量净额。

按照民间非营利组织业务活动的不同性质，民间非营利组织一定期间内的现金流量分为以下三类，即：业务活动产生的现金流量、投资活动产生的现金流量、筹资活动产生的现金流量。

业务活动现金流量是指民间非营利组织投资活动和筹资活动以外的所有交易和事项而发生的现金流入和流出。利用业务活动形成的现金流量，可以判明在不动用民间非营利组织外部筹资的情况下，民间非营利组织通过业务活动产生的现金流量是否足以偿还贷款，维持民间非营利组织的业务活动以及对外投资。此外，利用本期业务活动所形成的现金流量，还可以预测未来同类现金流量的变化趋势。

投资活动现金流量是指民间非营利组织长期资产的购建和不包括在现金等价物范围内的投资及其处置活动而发生的现金流入和流出。投资活动的现金流量代表着民间非营利组织为了获得未来现金流量而转出资源的程度，以及以前资源转出带来的现金流入的信息。

筹资活动现金流量，是指导致民间非营利组织债务规模发生变化的活动而发生的现金流入和流出。通过计算筹资活动形成的现金流量，可以分析民间非营利组织筹资能力。

2. 现金流量表的格式

现金流量表是由表头和基本内容两部分组成。表头部分包括报表名称、编制单位、编制日期和货币种类金额单位等内容。基本内容部分是现金流量表的核心，按照民间非营利组织业务活动的性质主要分为业务活动产生的现金流量、投资活动产生的现金流量和筹资活动产生的现金流量三部分。每一类现金流量，一般按现金流入和现金流出总额反映。此外，为了采用的现金流量发生日的汇率或期初汇率折算的人民币金额与本表"现金及现金等价物净增加额"中外币现金净增加额按期末汇率折算的人民币金额之间的差额，表中还设置了"汇率变动对现金的影响额"项目；为了反映民间非营利组织本年度现金及现金等价物变动的金额，设置了"现金及现金等价物净增加额"项目。

现金流量表的具体格式见表 10-4。

第十章　民间非营利组织会计的管理与核算

表 10-4　　　　　　　　　　　现金流量表　　　　　　　　　会民非 03 表
编制单位：　　　　　　　　　　×年×月×日　　　　　　　　　　单位：元

项目	行次（略）	金额
一、业务活动产生的现金流量		
接受捐赠收到的现金		
收取会费收到的现金		
提供服务收到的现金		
销售商品收到的现金		
政府补助收到的现金		
收到的其他与业务活动有关的现金		
现金流入小计		
提供捐赠或者资助支付的现金		
支付给员工以及为员工支付的现金		
购买商品、接受服务支付的现金		
支付的其他与业务活动有关的现金		
现金流出小计		
业务活动产生的现金流量净额		
二、投资活动产生的现金流量		
收回投资所收到的现金		
取得投资收益所收到的现金		
处置固定资产和无形资产所收回的现金		
收到的其他与投资活动有关的现金		
现金流入小计		
购建固定资产和无形资产所支付的现金		
对外投资所支付的现金		
支付的其他与投资活动有关的现金		
现金流出小计		
投资活动产生的现金流量净额		
三、筹资活动产生的现金流量		
借款所收到的现金		
收到的其他与筹资活动有关的现金		
现金流入小计		
偿还借款所支付的现金		
偿付利息所支付的现金		
支付的其他与筹资活动有关的现金		
现金流出小计		
筹资活动产生的现金流量净额		
四、汇率变动对现金的影响额		
五、现金及现金等价物净增加额		

3. 现金流量表的编制方法

民间非营利组织应当采用直接法编制业务活动产生的现金流量。采用直接法编制业务活动现金流量时,有关现金流量的信息可以从会计记录中直接获得,也可以在业务活动表收入和费用数据基础上,通过调整存货和与业务活动有关的应收应付款项的变动、投资以及固定资产折旧、无形资产摊销等项目后获得。

现金流量表各项目的内容和填列方法:

(1)"接受捐赠收到的现金"项目,反映民间非营利组织接受其他单位或者个人捐赠取得的现金。本项目可以根据"现金""银行存款""捐赠收入"等账户的记录分析填列。

(2)"收取会费收到的现金"项目,反映民间非营利组织根据章程等的规定向会员收取会费取得的现金。本项目可以根据"现金""银行存款""应收账款""会费收入"等账户的记录分析填列。

(3)"提供服务收到的现金"项目,反映民间非营利组织根据章程等的规定向其服务对象提供服务取得的现金。本项目可以根据"现金""银行存款""应收账款""应收票据""预收账款""提供服务收入"等账户的记录分析填列。

(4)"销售商品收到的现金"项目,反映民间非营利组织销售商品取得的现金。本项目可以根据"现金""银行存款""应收账款""应收票据""预收账款""商品销售收入"等账户的记录分析填列。

(5)"政府补助收到的现金"项目,反映民间非营利组织接受政府拨款或者政府机构给予的补助而取得的现金。本项目可以根据"现金""银行存款""政府补助收入"等账户的记录分析填列。

(6)"收到的其他与业务活动有关的现金"项目,反映民间非营利组织收到的除以上业务之外的现金。本项目可以根据"现金""银行存款""其他应收款""其他收入"等账户的记录分析填列。

(7)"提供捐赠或者资助支付的现金"项目,反映民间非营利组织向其他单位和个人提供捐赠或者资助支出的现金。本项目可以根据"现金""银行存款""业务活动成本"等账户的记录分析填列。

(8)"支付给员工以及为员工支付的现金"项目,反映民间非营利组织开展业务活动支付给员工以及为员工支付的现金。本项目可以根据"现金""银行存款""应付工资"等账户的记录分析填列。

民间非营利组织支付的在建工程人员的工资等,在本表"购建固定资产、无形资产所支付的现金"项目中反映。

(9)"购买商品、接受服务支付的现金"项目,反映民间非营利组织购买商品、接受服务而支付的现金。本项目可以根据"现金""银行存款""应付账款""应付票据""预付账款""业务活动成本"等账户的记录分析填列。

(10)"支付的其他与业务活动有关的现金"项目,反映民间非营利组织除上述项目之外支付的其他与业务活动有关的现金。本项目可以根据"现金""银行存款""其他应付款""管理费用""其他费用"等账户的记录分析填列。

(11)"收回投资所收到的现金"项目,反映民间非营利组织出售、转让或者到期收回除现金等价物之外的短期投资、长期投资而收到的现金。不包括长期投资收回的股利、利息,以及收回的非现金资产。本项目可以根据"现金""银行存款""短期投资""长期股权投资""长期债权投资"等账户的记录分析填列。

(12)"取得投资收益所收到的现金"项目,反映民间非营利组织因对外投资而取得的现金股利、利息,以及从被投资单位分回利润收到的现金;不包括股票股利。本项目可以根据"现金""银行存款""投资收益"等账户的记录分析填列。

(13)"处置固定资产和无形资产所收回的现金"项目,反映民间非营利组织处置固定资产和无形资产所取得的现金,减去为处置这些资产而支付的有关费用之后的净额。由于自然灾害所造成的固定资产等长期资产损失而收到的保险赔款收入,也在本项目反映。本项目可以根据"现金""银行存款""固定资产清理"等账户的记录分析填列。

(14)"收到的其他与投资活动有关的现金"项目,反映民间非营利组织除上述各项之外收到的其他与投资活动有关的现金。其他现金流入如果金额较大的,应当单列项目反映。本项目可以根据"现金""银行存款"等有关账户的记录分析填列。

(15)"购建固定资产和无形资产所支付的现金"项目,反映民间非营利组织购买和建造固定资产,取得无形资产和其他长期资产所支付的现金。不包括为购建固定资产而发生的借款利息资本化的部分,以及融资租入固定资产支付的租赁费。借款利息和融资租入固定资产支付的租赁费,在筹资活动产生的现金流量中反映。本项目可以根据"现金""银行存款""固定资产""无形资产""在建工程"等账户的记录分析填列。

(16)"对外投资所支付的现金"项目,反映民间非营利组织进行对外投资所支付的现金,包括取得除现金等价物之外的短期投资、长期投资所支付的现金,以及支付的佣金、手续费等附加费用。本项目可以根据"现金""银行存款""短期投资""长期股权投资""长期债权投资"等账户的记录分析填列。

(17)"支付的其他与投资活动有关的现金"项目,反映民间非营利组织除上述各项之外,支付的其他与投资活动有关的现金。如果其他现金流出金额较大的,应当单列项目反映。本项目可以根据"现金""银行存款"等有关账户的记录分析填列。

(18)"借款所收到的现金"项目,反映民间非营利组织举借各种短期、长期借款所收到的现金。本项目可以根据"现金""银行存款""短期借款""长期借款"等账户的记录分析填列。

(19)"收到的其他与筹资活动有关的现金"项目,反映民间非营利组织除上述项目之外,收到的其他与筹资活动有关的现金。如果其他现金流入金额较大的,应当单列项目反映。本项目可以根据"现金""银行存款"等有关账户的记录分析填列。

(20)"偿还借款所支付的现金"项目,反映民间非营利组织以现金偿还债务本金所支付的现金。本项目可以根据"现金""银行存款""短期借款""长期借款""筹资费用"等账户的记录分析填列。

(21)"偿付利息所支付的现金"项目,反映民间非营利组织实际支付的借款利息、债券利息等。本项目可以根据"现金""银行存款""长期借款""筹资费用"等账户的记录分析填列。

(22)"支付的其他与筹资活动有关的现金"项目,反映民间非营利组织除上述项目之外，支付的其他与筹资活动有关的现金，如融资租入固定资产所支付的租赁费。本项目可以根据"现金""银行存款""长期应付款"等有关账户的记录分析填列。

（23）"汇率变动对现金的影响额"项目，反映民间非营利组织外币现金流量及境外所属分支机构的现金流量折算为人民币时，所采用的现金流量发生日的汇率或期初汇率折算的人民币金额与本表"现金及现金等价物净增加额"中外币现金净增加额按期末汇率折算的人民币金额之间的差额。

（24）"现金及现金等价物净增加额"项目，反映民间非营利组织本年度现金及现金等价物变动的金额。本项目应当根据本表"业务活动产生的现金流量净额""投资活动产生的现金流量净额""筹资活动产生的现金流量净额"和"汇率变动对现金的影响额"项目的金额合计填列。

附录

政府综合财务报告样式

××××年度×××省（市、县）政府综合财务报告

报送单位：（公章）

单位负责人：（签名并盖章）
处室负责人：（签名并盖章）
编制人：（签章）
报送日期：　　年　月

目 录

一、政府综合财务报表
(一) 会计报表
    1. 资产负债表
    2. 收入费用表
    3. 当期盈余与预算结余差异表
(二) 会计报表附注
    1. 会计报表的编制基础
    2. 遵循相关规定的声明
    3. 会计报表包含的主体范围
    4. 重要会计政策与会计估计
    5. 会计报表重要项目明细信息及说明
    6. 未在会计报表中列示但对政府财务状况有重大影响的项目
    7. 需要说明的其他事项

二、政府财政经济分析
(一) 政府财务状况分析
(二) 政府运行情况分析
(三) 财政中长期可持续性分析

三、政府财政财务管理情况
(一) 政府预算管理情况
(二) 政府资产负债管理情况
(三) 政府收支管理情况

附录 政府综合财务报告样式

一、政府综合财务报表

（一）会计报表

表1　　　　　　　　　　　资产负债表

编制单位：　　　　　　　　　　　年　月　日　　　　　　　　　　　　　　单位：万元

项目	附注	年初数	年末数
流动资产			
货币资金	附表1		
应收及预付款项	附表2		
应收利息			
应收股利			
短期投资	附表3		
存货			
一年内到期的非流动资产			
非流动资产			
长期投资	附表4		
应收转贷款	附表5		
固定资产净值	附表6		
在建工程	附表7		
无形资产净值	附表8		
政府储备资产	附表9		
公共基础设施净值	附表10		
公共基础设施在建工程	附表11		
其他资产			
受托代理资产			
资产合计			
流动负债			
应付短期政府债券			
短期借款			
应付及预收款项	附表8		
应付利息			
应付职工薪酬			
应付政府补贴款			
一年内到期的非流动负债			
非流动负债			
应付长期政府债券	附表8		
应付转贷款	附表14		
长期借款	附表15		
长期应付款			
其他负债			
受托代理负债			
负债合计			
净资产			
负债及净资产合计			

附录　政府综合财务报告样式

表 2　　　　　　　　　　　　　　收入费用表

编制单位：　　　　　　　　　　　　　　年　　　　　　　　　　　　　　　　单位：万元

项目	附注	上年数	本年数
税收收入			
非税收入			
事业收入			
经营收入			
投资收益	附表 4		
政府间转移性收入	附表 16		
其他收入			
收入合计			
工资福利费用			
商品和服务费用			
对个人和家庭的补助			
对企事业单位的补贴			
政府间转移性支出	附表 17		
折旧费用			
摊销费用			
财务费用			
经营费用			
其他费用			
费用合计			
当期盈余			

表 3　　　　　　　　　　　　　当期盈余与预算结余差异表

编制单位：　　　　　　　　　　　　　年　　　　　　　　　　　　　　　　单位：万元

项目	金额
当期预算结余	
日常活动产生的差异	
加：安排预算稳定调节基金	
当期预付的商品和服务金额*	
支付应付未付的商品和服务金额*	
当期购买的存货和政府储备资产金额*	
减：动用预算稳定调节基金	
当期收到已预付账款的商品和服务金额*	
当期发生的应付未付商品和服务金额*	
当期领用的存货和发出的政府储备资产金额*	
当期折旧费用*	
当期摊销费用*	
投资活动产生的差异	
加：当期应取得的政府股权投资收益	
当期财政直接发生的资本性支出	
土地储备资金中的交付项目支出	

续表

项目	金额
当期政府部门发生的资本性支出 *	
减：国有资本经营预算收入	
筹资活动产生的差异	
加：债务还本支出	
债务转贷支出	
减：债务收入	
债务转贷收入	
当期盈余	

注：表中带"＊"的项目从政府部门财务报告的当期盈余与预算结余差异表中直接取得。

（二）会计报表附注

1. 会计报表的编制基础
2. 遵循相关规定的声明
3. 会计报表包含的主体范围
4. 重要会计政策与会计估计

重要会计政策与会计估计应包括以下内容：

（1）会计期间。

（2）记账本位币，外币折算汇率。

（3）会计报表中重要资产、负债及收入和费用项目的含义、确认原则、计量方法等会计政策，以及具体会计方法的解释和说明。

（4）长期投资的确认原则。

（5）固定资产、公共基础设施的分类、折旧年限及折旧方法。

（6）无形资产的分类、摊销年限及摊销方法。

（7）其他。

5. 会计报表重要项目明细信息及说明

（1）货币资金明细信息如下：

附表1　　　　　　　　　　　　货币资金明细表　　　　　　　　　　　　单位：万元

项目	年初数	年末数
库存现金		
国库存款		
国库现金管理存款		
其他财政存款		
银行存款		
其中：土地储备资金存款		
物资储备资金存款		
其他货币资金		
合计		

(2) 应收及预付款项明细信息如下：

附表2　　　　　　　　　　应收及预付款项明细表　　　　　　　　　　单位：万元

主体	年初数	年末数
财政		
政府部门		
部门1		
部门2		
……		
其他		
合计		

注：1. 本表中的"财政"是指承担核算财政预算资金、农业综合开发资金等各类资金职能的政府财政部门。"政府部门"是指纳入本级政府综合财务报告合并范围的部门。"其他"是指土地储备资金和物资储备资金等资金主体。

2. 本表反映被合并主体抵销后的应收及预付款项金额。

(3) 短期投资明细信息如下：

附表3　　　　　　　　　　短期投资明细表　　　　　　　　　　单位：万元

主体	年初数	年末数
财政		
政府部门		
部门1		
部门2		
……		
合计		

注：1. 本表中的"财政"是指承担核算财政预算资金、农业综合开发资金等各类资金职能的政府财政部门。"政府部门"是指纳入本级政府综合财务报告合并范围的部门。

(4) 长期投资及投资收益明细表如下：

附表4　　　　　　　　　　长期投资及投资收益明细表　　　　　　　　　　单位：万元

项目	长期投资				投资收益	
	年初数	本年增加	本年减少	年末数	上年数	本年数
股权投资（××家）						
对企业股权投资（××家）						
企业1						
企业2						
企业3						
……						
其他企业（××家）						

附录　政府综合财务报告样式

续表

项目	长期投资				投资收益	
	年初数	本年增加	本年减少	年末数	上年数	本年数
对投资基金股权投资（××家）						
投资基金1						
投资基金2						
投资基金3						
……						
其他股权投资						
债券投资						
合计						

注：1. 本表按照长期投资年末数从小到大排列。

2. 对企业股权投资原则上列示前50家，超过部分合并填入其他企业。

（5）应收转贷款明细信息如下：

附表5　　　　　　　　　　应收转贷款明细表　　　　　　　　　　单位：万元

项目	年初数	年末数
应收地方政府债券转贷款		
地区1		
地区2		
地区3		
……		
应收主权外债转贷款		
地区1		
地区2		
地区3		
……		
合计		

注：1. 本表按照转贷对象列示明细。

2. 本表仅包含本金金额。

（6）固定资产明细信息如下：

附表6　　　　　　　　　　固定资产明细表　　　　　　　　　　单位：万元

项目	年初数	本年增加	本年减少	年末数
原值合计				
房屋及构筑物				
通用设备				
专用设备				
文物和陈列品				
图书、档案				
家具、用具、装具及动植物				

续表

项目	年初数	本年增加	本年减少	年末数
累计折旧合计				
房屋及构筑物				
通用设备				
专用设备				
文物和陈列品				
图书、档案	—	—	—	—
家具、用具、装具及动植物	—	—	—	—
净值合计				
房屋及构筑物				
通用设备				
专用设备				
文物和陈列品				
图书、档案				
家具、用具、装具及动植物				

（7）在建工程明细信息如下：

附表7　　　　　　　　　　在建工程明细表　　　　　　　　　　单位：万元

主体	年初数	本年增加	本年减少	年末数
部门1				
部门2				
……				
合计				

（8）无形资产明细信息如下：

附表8　　　　　　　　　　无形资产明细表　　　　　　　　　　单位：万元

项目	年初数	本年增加	本年减少	年末数
原值合计				
著作权				
土地使用权				
专利权				
非专利技术				
其他				
累计摊销合计				
著作权				
土地使用权				
专利权				
非专利技术				
其他				

续表

项目	年初数	本年增加	本年减少	年末数
净值合计				
著作权				
土地使用权				
专利权				
非专利技术				
其他				

(9) 政府储备资产明细信息如下：

附表 9-1　　　　　　　　　政府储备资产明细表　　　　　　　　单位：万元

主体	年初数	本年增加	本年减少	年末数
部门1				
部门2				
……				
合计				

注：本表按照政府储备资产持有部门列示明细。

附表 9-2　　　　　　　　　政府储备资产明细表　　　　　　　　单位：万元

项目	年初数	本年增加	本年减少	年末数
战略储备物资				
综合物资				
成品油				
火工物资				
天然铀				
其他				
粮、棉、糖、肉、药				
粮食				
棉花				
食糖				
肉				
医药				
自然灾害救助物资				
防汛抗旱储备物资				
森林（草原）防火储备物资				
城市排水防涝设备物资				
应急储备物资				
石油				
其他储备物资				
合计				

注：本表按照政府储备资产种类列示明细。

(10) 公共基础设施明细信息如下:

附表 10-1　　　　　　　　公共基础设施明细表 (原值)　　　　　　单位: 万元

项目	年初数	本年增加	本年减少	年末数
交通运输基础设施				
公路				
航道				
港口				
水利基础设施				
市政基础设施				
市政道路设施				
城市轨道交通				
城市排水与污水处理				
城市公共供水				
城市环卫				
城市道路照明				
公园绿地				
公共文化体育				
其他公共基础设施				
原值合计				

附表 10-2　　　　　　　　公共基础设施明细表 (累计折旧)　　　　单位: 万元

项目	年初数	本年增加	本年减少	年末数
交通运输基础设施				
公路				
航道				
港口				
水利基础设施				
市政基础设施				
市政道路设施				
城市轨道交通				
城市排水与污水处理				
城市公共供水				
城市环卫				
城市道路照明				
公园绿地				
公共文化体育				
其他公共基础设施				
累计折旧合计				

附录 政府综合财务报告样式

附表 10-3　　　　　　　　公共基础设施明细表（净值）　　　　　　　　单位：万元

项目	年初数	本年增加	本年减少	年末数
交通运输基础设施				
公路				
航道				
港口				
水利基础设施				
市政基础设施				
市政道路设施				
城市轨道交通				
城市排水与污水处理				
城市公共供水				
城市环卫				
城市道路照明				
公园绿地				
公共文化体育				
其他公共基础设施				
净值合计				

（11）公共基础设施在建工程明细信息如下：

附表 11　　　　　　　　公共基础设施在建工程明细表　　　　　　　　单位：万元

项目	年初数	本年增加	本年减少	年末数
交通运输基础设施				
公路				
航道				
港口				
水利基础设施				
市政基础设施				
市政道路				
城市轨道交通				
城市排水与污水处理				
城市公共供水				
城市环卫				
城市道路照明				
公园绿地				
公共文化体育				
其他公共基础设施				
合计				

(12) 应付及预收账款明细信息如下：

附表 12　　　　　　　　　应付及预收款项明细表　　　　　　　单位：万元

主体	年初数	年末数
财政		
政府部门		
部门 1		
部门 2		
……		
其他		
合计		

注：1. 本表中的"财政"是指承担核算财政预算资金、农业综合开发资金等各类资金职能的政府财政部门。"政府部门"是指纳入本级政府综合财务报告合并范围的部门。
"其他"是指土地储备资金和物资储备资金等资金主体。
2. 本表反映被合并主体抵销后的应付及预收款项金额。

(13) 应付长期政府债券明细信息如下：

附表 13 − 1　　　　　　　应付长期政府债券明细表　　　　　　　单位：万元

项目	年初数	年末数
国债		
地方政府一般债券		
地方政府专项债券		
合计		

注：本表按照长期政府债券种类列示明细。

附表 13 − 2　　　　　　　应付长期政府债券明细表　　　　　　　单位：万元

项目	年初数	年末数
1 − 3 年（不含 1 年）		
3 − 5 年（不含 3 年）		
5 年以上（不含 5 年）		
合计		

注：本表按照长期政府债券种类列示明细。

(14) 应付转贷款明细信息如下：

附表 14 − 1　　　　　　　　　应付转贷款明细表　　　　　　　　单位：万元

项目	年初数	年末数
应付地方政府债券转贷款		
其中：地方政府一般债券		
地方政府专项债券		
应付主权外债转贷款		
合计		

注：1. 本表按照应付转贷款种类列示明细。
2. 本表仅列示本金金额。

附录 政府综合财务报告样式

附表14-2　　　　　　　　　应付转贷款明细表　　　　　　　　　　单位：万元

到期期限	年初数	年末数
1-3年（不含1年）		
3-5年（不含3年）		
5年以上（不含5年）		
合计		

注：本表按照应付转贷款到期期限列示。

（15）长期借款明细信息如下：

附表15-1　　　　　　　　　长期借款明细表　　　　　　　　　　单位：万元

债务人	年初数	年末数
财政		
政府部门		
部门1		
部门2		
……		
其他		
合计		

注：1. 本表按照债务人列示明细，并按长期借款年末数从大到小排列。

2. 本表中的"财政"是指承担核算财政预算资金、农业综合开发资金等各类资金职能的政府财政部门。"政府部门"是指纳入本级政府综合财务报告合并范围的部门。"其他"是指土地储备资金和物资储备资金等资金主体。

附表15-2　　　　　　　　　长期借款明细表　　　　　　　　　　单位：万元

债权人	年初数	年末数
机构1		
机构2		
机构3		
……		
其他机构		
合计		

注：1. 本表按照债权人列示明细，并按长期借款年末数从大到小排列。

2. 本表债权人原则上列示前100家，超过部分合并填入其他机构。

附表15-3　　　　　　　　　长期借款明细表　　　　　　　　　　单位：万元

到期期限	年初数	年末数
1-3年（不含1年）		
3-5年（不含3年）		
5年以上（不含5年）		
合计		

注：本表按照长期借款到期期限列示明细。

(16) 政府间转移性收入明细信息如下：

附表16　　　　　　　　政府间转移性收入明细表　　　　　　　　单位：万元

主体	上年数	本年数
上级政府		
下级政府		
其他		
合计		

注：本表按照政府间转移性收入来源主体列示明细。其中，上下级政府转移性收入填列上下级政府财政间的转移性收入。

(17) 政府间转移性支出明细信息如下：

附表17　　　　　　　　政府间转移性支出明细表　　　　　　　　单位：万元

对象	上年数	本年数
上级政府		
下级政府		
其他		
合计		

注：本表按照政府间转移性支出对象列示明细。其中，上下级政府转移性支出填列上下级政府财政间的转移性支出。

6. 未在会计报表中列示但对政府财务状况有重大影响的项目

(1) 本级政府社保基金情况。

基金	年初数	本年收入	本年支出	结余	年末数

(2) 按投资对象列示政府股权投资的投资成本。

(3) 资产负债表日后重大事项。

(4) 或有和承诺事项。

(5) 政府部门管理的公共基础设施、文物文化资产、保障性住房、自然资源资产等重要资产的种类和实物量等相关信息。

(6) 在建工程中土地收储项目金额、面积等情况。

(7) 其他未在报表中列示，但对政府财务状况有重大影响的事项。

7. 需要说明的其他事项

(1) 会计政策变更。

(2) 会计估计变更。

(3) 以前年度差错更正。

二、政府财政经济分析

(一) 政府财务状况分析

1. 资产方面，重点分析政府资产的构成及分布，对于货币资金、长期投资、政府储备资产、公共基础设施、保障性住房等重要项目,分析各项目比重、变化趋势以及对于政府偿债能力和公共服务能力的影响。

2. 负债方面,重点分析政府负债规模、结构以及变化趋势。

3. 通过政府资产负债率、现金比率、流动比率等指标,分析政府当期及未来中长期财务风险及可控程度,需要采取的措施等。

（二）政府运行情况分析

1. 收入方面,重点分析政府收入规模、结构及来源分布、重点收入项目的比重及变化趋势,特别是宏观经济运行、相关行业发展、税收政策、非税收入政策等对政府收入变动的影响。

2. 费用方面,重点按照经济分类分析政府费用规模及构成,特别是政府投融资情况对政府费用变动的影响。

3. 运用政府收入费用率、税收收入比重等指标,分析政府财政财务运行质量和效率。

（三）财政中长期可持续性分析

基于当前政府财政财务状况和运行情况,结合本地区经济形势、重点产业发展趋势、财政体制、财税政策、社会保障政策等,全面分析政府未来中长期收入支出变化趋势、预测财政收支缺口以及相关负债占GDP比重等。

三、政府财政财务管理情况

（一）政府预算管理情况

主要反映政府预算编制管理、预算执行管理、财政监督管理、绩效管理等方面的政策要求、主要措施和取得的成效。

（二）政府资产负债管理情况

主要反映政府资产管理、负债管理等方面的政策要求、主要措施和取得的成效。

（三）政府收支管理情况

主要反映政府收入管理、支出管理等方面的政策要求、主要措施和取得的成效。

湖北武汉,
一座令世人动容的、英雄般的城市,
14亿人心头萦绕,76个日夜交替。

世界在改变,时间会走远,
作为同学的我们,是在茫茫人海中邂逅的伙伴,
我们很可能彼此成为一生的好朋友。

你陪我长大,我陪你变老,
父母在,不远行,
时刻记得,家是永远可以安睡的港湾
那里有父母爱的怀抱。

惟愿,
我们的祖国繁荣昌盛,
惟愿,
我们的民族自强不息,
惟愿,
在这片热土上,尽情的奋斗与奔跑,
只争朝夕,不负韶华。